心理学形态研究系列

"十二五"国家重点图书出版规划项目
上海文化发展基金会图书出版专项基金资助项目

国家出版基金项目
NATIONAL PUBLICATION FOUNDATION

PSYCHOLOGY

葛鲁嘉　著

宗教形态的心理学

——宗教传统和研究的心理学智慧

上海教育出版社
SHANGHAI EDUCATIONAL
PUBLISHING HOUSE

丛 书 总 序

心理学的探索和研究已经有了众多的学科分支和丰富的具体研究,有了广泛的生活应用和大众的认知接纳,有了学术的创造支撑。但是,心理学本身依然缺乏反思、界限不清。任何一个成熟的学科,都应该有强大的自我反思、自我定向、自我驱动、自我矫正和自我扩展的能力。心理学在快速的发展进程中,最需要的就是这样的能力。这直接涉及的就是心理学的视野、框架、形态、资源与未来,"视野""框架""形态""资源"与"未来"是把握心理学学科总体、促进心理学学科进步的关键词,也是"心理学形态研究系列"丛书的核心内涵。

任何一位投身心理学事业的研究者和学习者、对心理学感兴趣的其他学科和行业的探索者与从业者,或是对心理学很好奇的思想者和普通人,都可以在这套丛书中有所收获。

心理学研究者如何看待自己的学科? 心理学爱好者如何借鉴跨界的学科? 如何张望陌生的学科? 这需要具有宽广的视野。所谓视野就是人的眼界。同样都有眼睛,但是不同的人在现实生活中能够看到的广度和深度却完全不同。因此,最重要的是心灵的眼睛。这套丛书可以极大地扩展审视、观望和看待心理学的视野。

无论是心理学研究者还是心理学的应用者、爱好者,想要从整体上掌握和运用心理学,最重要的就是有一个整体的框架,包括学科的框架、思想的框架、理论的框架和知识的框架。只有有了这样的框架,才能够对五花八门、纷繁复杂和丰富多样的心理学探索、研究与应用进行梳理和分类。

心理学具有多重性的身份,也有着多样化的角色和多元化的形态。当然,科学的或实证的心理学曾经试图定位自己是唯一合理的心理学形态,从而也就将其他不同的心理学形态及探索丢进了垃圾箱。这在给心理学带来纯洁性的同时,也使得心理学割断了与自身学科土壤的关联。因此,对不同形态的心理学的探索,可以大大丰富关于心理学的理解,扩展心理学的发展空间。

对心理学的多重形态的探索,并不是要分裂心理学、肢解心理学和打碎心理学,而是要在心理资源、学术资源、思想资源、理论资源等方面去重新理解心理学。资源化的处理是心理学学科发展获取学术养分、思想营养和理论滋养的最重要的突破。任何资源都在于挖掘、提取、转化和运用,心理学的资源同样如此。

资源也许汇聚和代表了过去、传统和遗产,但实际上,资源最重要的核心作用是能够指向和引领心理学学科发展的前景、未来和成长。心理学应该成为也能够成为一个强大的学科。这种学科自身的昌盛和繁荣就应该植根于养分丰富的学科资源。这也是探索不同形态的心理学最重要的价值、意义和作用所在。

这套"心理学形态研究系列"丛书包含八部心理学学术著作:《心理科学论总——心理学命运与前途的全景考察》《心理学本土化——中国本土心理学的选择与突破》《常识形态的心理学——心理学的生活形态和日常存在》《哲学形态的心理学——哲学心理学与心理学哲学》《宗教形态的心理学——宗教传统和研究的心理学智慧》《类同形态的心理学——不同科学门类中的心理学探索》《科学形态的心理学——心理学的科学追求与科学身份》和《资源形态的心理学——心理资源的基本性质与核心内涵》。这八部著作直接涉及和探索心理学的视野、框架、形态、资源与未来。

《心理科学论总——心理学命运与前途的全景考察》是关于心理科学本身的学术梳理、学术反思、学术突破和学术建构的。书中对如何推进心理学的学术进步,如何扩展心理学的学术空间,如何引领心理学的学术未来,如何确立心理学的本土根基,如何激发心理学的学术创新等,进行了一系列的学术思考。

《心理学本土化——中国本土心理学的选择与突破》是对中国本土心理学在追求科学化历程中经历的西方化历程的文化性、思想性和历史性的反叛。心理学的本土化也是心理学在更大的范围内去寻求自己学科和学术发展的资源。关于心理学的本土走向,要涉及心理学研究的本土定位、本土资源、本土理论、本土方法和本土技术。心理学的本土化实际上就是心理学的一个新生的过程。中国心理学的本土化也就是中国心理学的创生过程。

立足西方文化传统的"科学的"心理学一直认为自己是唯一合理的心理学，除此之外的心理学探索，或者立足不同文化传统的心理学探索，都可以划归为"非科学的"心理学，而所谓"非科学的"，也就是被淘汰的、已过时的、无价值的。心理学的本土化则来自对西方心理学唯一合理性的质疑，来自对各种不同心理学探索的合理性的确认和把握。心理学的文化转向是心理学本土化的方向问题。心理学曾经靠摆脱、放弃、回避或越过文化的存在来发展自己。也就是说，在心理学成为独立的科学门类之后，在追求科学性的过程中，把科学的客观性和普遍性与文化的建构性和独特性对立起来，心理学早期以排斥文化的存在来保证自己对所有文化的普遍适用性。然而现在，心理学必须靠包容、探讨和体现文化的存在来发展自己，来保证自己对所有文化的普遍适用性。

心理学本土化的发展是把心理学确立为创新的心理学。中国心理学的本土化并没有现成的道路好走，没有现成的东西可以继承，没有现成的方式可以照搬。这就决定了中国心理学的本土化历程必然和必须走创新发展的道路。对于中国本土心理学来说，原始性的创新应该成为重要的学术目标。然而，对于中国现代心理学来说，这是非常薄弱的环节。对于许多中国心理学的从业者和研究者来说，好像只有引进的才是心理学，创新的却很难被看成是真正的心理学。

中国本土心理学的研究涉及心理学学术创新和理论建构的学术资源，而获取什么资源和怎样获取资源，就成为重要的任务。心理学的演变和发展有自己的资源根基，这可以体现为不同的心理学历史形态、现实演变和未来发展。当代心理学的发展应该将不同形态的心理学作为自己学术创新的资源，只有掌控和运用这些资源，心理学才能够扩大视野，挖掘潜能，丰富自己的研究，完善自己的功能。

心理学的发展有着属于自身的文化、历史、传统、思想、理论、学科的资源。心理学有着十分不同的历史发展和长期演变的形态，所有不同的心理学形态都是心理学的发展可以借用的学术资源。心理学资源可以体现为心理学历史形态、心理学现实演变和心理学未来发展，共包括六种不同的心理学形态：常识形态的心理学、哲学形态的心理学、宗教形态的心理学、类同形态的心理学、科学形态的心理学和资源形态的心理学。解读这些不同形态的心理学，考察不同形态心理学之间的关系，对心理学的发展有着至关重要的作用。当代心理学的发展不应该是不同形态的心理学之间的相互排斥、对立和对抗，所有不同形态的心理学都应该属于心理学学术创新的文化、历史、思想和学术的资源。

中国本土的心理学、中国本土的理论心理学，最重要的就是自身的理论建构。这主要是确立中国本土心理学的理论思想、理论框架、理论内涵、理论预设和理论构成。中国心理学对外国心理学的理论复制和理论模仿，导致对本土心理学的理论创新和理论开拓的抑制和忽视，而中国心理学理论创新的弱化也直接导致对国外心理学知识和理论的大量引进，这造成了限制中国心理学理论发展的恶性循环。甚至，中国的心理学研究者反而不习惯于心理学的理论创新，对任何创新的尝试都横加阻抑和指责。这导致中国心理学的发展极度缺少理论创新，特别是立足本土文化的原始性理论创新。强化理论心理学的研究可以促进中国心理学的理论创新，特别是原始性的理论创新。

因此，最重要的就是能够对所有相关的心理学资源进行系统化的梳理与整合。心理学资源既可以成为常人的心理生活的资源，也可以成为专家的心理科学的资源。心理学必然面临如何理解、看待、保护、挖掘、提取和转用资源的问题。心理学的发展显然不应该抛弃自己的文化历史传统，而应该将其作为学术性资源。

常识形态的心理学也被称为民俗心理学、素朴心理学等。这是普通人在日常生活中创建的心理学，是存在于普通人生活经验中的心理学。常识心理学既是普通人心灵活动的指南，也是普通人理解心灵的指南。常识心理学是科学心理学发展的文化资源。哲学形态的心理学是心理学最古老的形态之一。在科学心理学诞生之前，心理学就"寄生"在哲学中，是哲学的一个探索领域。对心理学研究的理论前提或理论预设的反思就是心理学哲学的探索。这种探索的目的在于使心理学的研究能够从盲目走向自觉。宗教形态的心理学包含两种不同的和关联的内容。一种是科学的含义或是科学传统中的宗教心理学，是科学家运用科学方法对宗教心理的研究。这是科学心理学的一个分支。另一种是宗教的含义或是宗教传统中的宗教心理学,是宗教家按照宗教的方式对人的心理行为的说明、解释和干预。类同形态的心理学是与科学心理学相类同或相类似的其他科学分支中的心理学思想、理论、方法和技术。心理学发展应该去吸取、提炼、接受、消化和融会类同形态的心理学研究。科学形态的心理学是通过科学的理论、方法和技术来考察、描述、说明和干预心理行为,并在很短的进程中取得了飞速的发展,但依然面临着许多重大的和核心的课题。资源形态的心理学探讨和论述的是心理学未来发展的基本形态。这是科学形态的心理学的进步、扩展和提升。资源形态的心理学把心理学的学术性资源的开发、累积和运用,确立为心理学未来发展的核心任务。

在心理学发展和演变的进程中,科学形态的心理学曾被确立为唯一合理的存在,其他各种不同的心理学形态则受到忽视、排斥和抛弃。因此,从未有过对各种不同心理学形态的系统性和学术性的考察与研究。心理学形态研究将会是对心理学学术研究的全新突破。这将奠定中国本土心理学发展的学术资源的基础,会给中国本土心理学的未来进步带来长久的、巨大的和深远的影响。

中国心理学长期以来依赖于对国外心理学全面、系统和不断的引入、翻译、介绍、评判、学习和模仿,这为中国本土的心理学家了解世界心理学发展和演变的进程与趋势,包括把握西方心理学的发展和走向,掌握苏联、俄罗斯心理学的过去和现状,填补中国心理学研究的空白和缺失,推动中国心理学的研究和应用,提供了基础和前提。在中国心理学的发展历程中,从老一代的心理学家开始,就有对国外心理学的引进、介绍、评判和模仿,体现为重视研究心理学发展史,特别是重视研究西方心理学流派。在一个多世纪的时间里,这给中国心理学的发展和繁荣奠定了坚实的基础,实现了中国心理学的跨越式发展。而追踪和模仿发达国家的心理学,也会导致中国本土心理学创新性和创造力的弱化。这直接造成引进的心理学特别是引进的外国心理学的理论、知识、方法、技术和工具,会与中国本土的文化传统、社会生活、心理行为等存在巨大的隔阂。

本土心理学研究主要体现为对中国心理学思想史、中国心理学史以及中国古代、近代和当代的心理学思想、理论、学说、方法、技术及工具的研究、考察和探索,从而系统梳理中国文化历史、文化传统及思想创造中所包含的心理学思想、心理学解说和心理学内容。这是在与西方心理学或国外心理学不同的中国本土的文化历史、文化思想、文化传统和文化创造的基础之上,去重新认识、理解和把握心理学。关于中国本土文化传统中的心理学研究,在研究尺度、评判标准、理论依据、学术把握等方面一直存在学术争议。有的研究按照西方文化或西方科学文化的尺度,按照西方心理学或西方实证科学心理学的尺度,来筛淘和衡量中国本土文化传统中的心理学内容,也有研究者强调应按照中国本土的文化传统、价值尺度、学术标准,来重新衡量、梳理和探讨中国本土的心理学传统。

中国本土的心理学正在寻求自身的创新性发展。这种创新倡导的是,中国心理学的发展不应该仅仅是对国外心理学的修补和改进,也不应该仅仅就是对中国历史传统中的心理学思想的解释和解说,中国本土心理学真正需要的是寻求本土文化的心理学根基和心理学资源,并立足这种本土文化中的心理学核心内容来建构真正属于中国本土的创新的心理学。关于中国本土心理学的发展应该倡导和推动原始性的创新,特别是原始性的理论创新,这已经开始白最初的呼吁逐渐成为付诸行动的学术追求。中国心理学的这种原始性创新的努力,也开始由不同分支学科、不同理论知识、不同研究方法、不同技术手段等分散的方面,转向对更宏大的心理学理论原则、理论框架、理论构成等方面的突破。

中国现代意义上的科学心理学是从国外引入的,包括近代从欧美等科学心理学先导和发达的国家引入的实证科学的心理学,也包括新中国建立初期开始从苏联引进的以巴甫洛夫的高级神经活动学说为代表的唯物主义心理学。这两个不同来源的心理学都存在于中国现代心理学的研究之中。改革开放后,中国心理学开始挖掘和整理中国本土的传统心理学思想,但是,这方面的研究还存在重大的缺陷,最大的问题是认为中国本土文化中并没有心理学,只有一些零散的、猜测的心理学思想,认为这方面的研究仅在于证明现代心理学研究的古代猜想。这就形成了两个巨大的鸿沟:一是翻译、引进和介绍的国外研究与中国本土文化和生活之间的鸿沟;二是中国古代的心理学思想与中国当代的心理学创新之间的鸿沟。这也就导致中国本土心理学的两个重大缺失:一是长期的引进和模仿导致中国本土心理学研究原创性的严重缺失和弱化；二是中国古代心理学思想研究仅仅是为现代心理学研究提供历史的佐证，导致中国本土心理学根基的垮塌和资源的流失。总括起来，中国本土心理学所缺失的是建立在中国本土心理学资源基础之上的心理学原始性的理论创新和建构。这套丛书最核心的学术价值和创新意义就在于，通过立足本土文化的理论创新和建构，开辟中国本土心理学未来的学科发展和创新的理论演进道路。

在中国本土心理学的研究中，关于中国本土文化传统中的心理学理论根基和学术资源的探索是最重要和关键的走向，也是最核心和根本的未来。这套丛书旨在挖掘和把握中国本土的心理学资源、心理学传统和心理学根基，从而推动和引领中国本土心理学的创新性发展。例如，在中国古老的和悠久的心性文化传统中，就存在丰富的心理学资源、特定的心理学传统和深厚的心理学根基，这就是中国文化的心性学说。从心理学的角度加以考察和挖掘，可以将这种心性学说转换为心性心理学，这是中国文化非常独特和重要的心理学理论贡献。中国本土文化中的心性学说和心性心理学有着非常重要的心理学学术性价值，问题是怎样将这种心性心理学的传统转换成为中国心理学理论创新的资源。这套丛书的研究就是对中国本土心理学的研究进行重新定位，就是要厘清中国本土心性心理学的内涵，深入挖掘中国本土的心性心理学，并将心性心理学的思想框架和理论核心引入中国本土心理学的具体研究中。

正所谓"条条大路通罗马"，不同的心理学探索、不同的心理学形态，都是通往人类心理的门户。在通道的沿途，有着各不相同、别具洞天的境遇和景色。心理学的探索者不应该去关闭那些可能的通路。为什么不去探险呢？无限风光在险途！

吉林大学哲学社会学院心理学系

葛鲁嘉

2014 年 10 月

目录
Contents

第一章 宗教形态的
心理学概论

    宗教形态的心理学是心理学的一个特定形态。它提供的是一个全新的研究框架,其中包含了对两种不同基础和根源的宗教心理学的探索和研究。这也就是宗教的宗教心理学和科学的宗教心理学。因此,关于宗教心理学研究的归类,可以有不同的尺度和方式,形成的是不同性质和类型的宗教心理学探索。宗教的宗教心理学体现在不同的宗教流派或宗派中,基督教、佛教和伊斯兰教都有自己的宗教教义,也都有宗教的心理学阐释。科学的宗教心理学是科学性质的或实证形态的心理学,是科学心理学的一个分支学科,属于科学的阵营。这两类宗教心理学既存在重要的区别,也有不可忽视的联系。

第一节 宗教形态的心理学研究

    宗教、宗教信仰、宗教活动不仅是人们重要的社会性信仰活动,而且是人们重要的精神性改变活动。或者,宗教不仅是系列的组织、制度、活动、规范等,也不仅是多样的学派、思想、理论、学说等,而且是特定的心理、意识、信仰、皈依、灵性、体验等,是特定的行动、实践、作为、验证、弘扬等。在心理学研究中,就有关于人的自由意志与行为责任的探讨。[①] 在中国哲学的探索中,也有关于人心与人生的专题研究。[②] 不同的学科视角都涉及对宗教心理

---

① 里奇拉克.发现自由意志与个人责任[M].许泽民,等,译.贵阳:贵州人民出版社,1994:5-12.
② 梁漱溟.人心与人生[M].上海:上海人民出版社,2005:15.

的考察。宗教心理是非常重要的人的心理存在，它不仅是科学心理学的研究对象，而且也是宗教学说的解说内容。

宗教心理学是一个十分重要的学科门类，它有两种不同的含义或理解，也就是有两种不同性质的宗教心理学。第一种是实证科学的含义和科学传统中的宗教心理学，是科学心理学家运用科学的理论、方法和技术对宗教心理的研究。这在西方宗教心理学的研究中得到了相应的体现，[①]也在宗教心理学经典的和当代的探索中得到了表达。[②] 在实证科学的研究中，宗教心理学实际上是科学心理学的一个分支学科，形成的是科学形态的宗教心理学，可以简称为"科学的宗教心理学"。第二种是宗教体系的含义和宗教传统中的宗教心理学，是宗教家按照宗教的方式和宗教的教义对人的心理行为的说明、解释和干预。这是宗教历史的文化学创造，是宗教形态的心理学传统。这是宗教提供的心理学资源，是宗教涉及的心理学内容，是宗教开发的心理学方式，所形成的是宗教形态的宗教心理学，可以简称为"宗教的宗教心理学"或者"信仰的宗教心理学"。

宗教的宗教心理学是指宗教传统中或宗教源流下的宗教心理学，也就是由特定的宗教创立的宗教心理学，是宗教中蕴含的宗教心理学，是宗教传承的宗教心理学。尽管宗教的宗教心理学并不是科学心理学的方式，不是科学形态的心理学，但它是十分重要的文化学的资源、宗教学的资源和心理学的资源。当然，在科学心理学独立、发展和演变的过程中，很长时期以来，科学心理学和科学心理学家并没有去重视和提取乃至开发利用这种重要的心理学传统资源。[③] 其实，这种宗教心理学提供了非常丰厚的心理学的理论知识、探索方法和实用技术。这种宗教心理学传统不仅考察人的心理，解释人的心理，而且干预人的心理，影响人的心理。世界上有三大宗教，即基督教、伊斯兰教和佛教。中国的文化传统中也有三大流派，即儒家、道家和佛家。无论是哪一种宗教还是哪一个派别，都非常关注人的心灵的性质、功能

---

① Spilka, B. & McIntosh, D. N. *The psychology of religion: Theoretical approaches*. Boulder, CO: Westview Press, 1997, pp. 3 - 10.

② Wulff, D. M. *Psychology of religion: Classic and contemporary view*. New York: John Wiley & Sons, Inc. 1997, pp. 2 - 30.

③ 葛鲁嘉. 心理文化论要——中西心理学传统跨文化解析[M]. 大连：辽宁师范大学出版社，1995：12 - 13.

和活动,都有对人心理行为和内心生活的系统阐述和全面干预。其中就包括儒家思想中的心理学内容,①包括道家思想中的心性心理学思想,②包括儒家心性学说中的心理学内容,③还包括佛家思想中的心理学阐释。

这可以佛教为例,中国的禅宗是佛教的一个流派。禅宗的心理学思想对人的心理行为的阐述有着非常重要的意义和价值。这有着佛教哲学的思想基础,④也有关于禅宗与道家的思想探索,⑤并体现在中国禅宗的思想历程之中。⑥ 禅宗的禅与精神分析有着相近的关于人的心理的理解。⑦

有研究者通过心王与禅定的概念,考察了佛教心理学的研究对象与方法。⑧ 研究指出,佛教心理学有着严密的理论体系和构架。佛教以心为要,佛教心理学研究凸显心理现象背后的隐微心理,对深层心理作系统剖析,认为心法由深至浅可分为心、意、识三个层次;禅定及体证是佛教心理学最重要、最具特色的研究方法,是对传统思辨与实证方法的双重超越。佛教历史悠远,博大精深。近代科学心理学产生以后,一些研究佛教的学者就认识到,佛教典籍中蕴含着可供现代心理学研究和汲取的内容。

佛教对心的特殊关注是佛教区别于其他宗教的显著特征。从心理学出发的佛学,对心理现象(心法)的论述可谓精彩纷呈。佛教心理学研究探究心理现象背后的隐微心理,这种对深层心理运作过程的精细分析,恰是佛教心理学的特长。佛教唯识学有"八识心王"说。佛典将心的功能分为心法和心所法。心法是指心识自体具有的主要功能,是心理活动中的主导力量,故又名心王。心所法是指因心王而引起的具体的心理活动,属于心王所有,故又称为心所。

佛教心理学的研究重点是隐微难见的心,这种心对于个体而言是潜在的,是人的本心。个体如何去体认到自己的本心呢? 心如何能知心呢? 佛

---

① 杜维明.儒家思想新论——创造性转换的自我[M].曹幼华,等,译.南京:江苏人民出版社,1991:48-63.
② 张广保.金元全真道内丹心性学[M].北京:生活·读书·新知三联书店,1995:250.
③ 蔡仁厚.儒家心性之学论要[M].台湾:文津出版社,1980.
④ 方立天.佛教哲学[M].北京:中国人民大学出版社,1986:4-8.
⑤ 南怀瑾.禅宗与道家[M].上海:复旦大学出版社,1991:37,206.
⑥ 潘桂明.中国禅宗思想历程[M].北京:今日中国出版社,1992:16.
⑦ 铃木大拙,弗洛姆.禅与心理分析[M].孟祥森,译.北京:中国民间文艺出版社,1986:31.
⑧ 彭彦琴,张志芳."心王"与"禅定":佛教心理学的研究对象与方法[J].西北师大学报(社会科学版),2009(6):127-131.

学对此的回答是肯定的：人完全可以"自知其心"，只是这种知不同于通常对某种知识之知的认知，而是一种证知，这是一种以心见心的内省活动，用佛教术语来说，就是禅定。禅定就是一种通过意识的自主控制达到知自心的训练技术。

禅宗心理学强调的是常心和本心的区分。以常心去观察和以本心去观察，会看到完全不同的东西，会体悟和见证到完全不同的生活。从见山是山和见水是水，到见山不是山和见水不是水，再到见山还是山和见水还是水，这就是禅悟的过程，是一种心理的意义系统的转换。同样的山和同样的水，但是山和水的意义已经发生根本性的转变，人的心理生活也就会发生根本性的变化。那么，怎样才能够从常心证见到本心？禅宗给出了一套修身养性的功夫。所谓的禅悟、禅定、解脱、证见等，都有其特定的心理学含义和价值。因此，这就是根据禅宗的基本学说来阐释和改变人的心理的禅宗心理学。这种宗教的心理学就是科学心理学发展非常重要的源流，心理学可以从宗教的源流中获得有意义的资源和启示。

第二节　宗教形态的心理学传统

在宗教的宗教心理学中，也有关于人的心理行为的系统的理解和解说。尽管这种独特的心理学并不具有科学的意义，却是一种重要的心理学传统资源。科学心理学的成长和壮大可以从宗教的宗教心理学中得到重要的启示，获取有价值的原料，提炼可利用的成分，补充能吸收的营养。强调宗教的宗教心理学作为资源，并不是要降低科学的宗教心理学的地位，而是为了壮大科学心理学，提升科学心理学的地位，扩展科学心理学的影响。蕴含在宗教中或由宗教提供的宗教心理学，拥有十分丰富的心理学的学术，以及十分重要的心理学的学术价值，这主要体现在如下几个方面。

首先，宗教的宗教心理学以宗教的方式给出了关于信仰、信念、价值定位、价值追求等人的心理的意向性方面的解释和阐释。这正是实证科学的心理学在自己的历史发展中有所回避、放弃和否定的方面。在科学心理学诞生之后，科学心理学家曾经把运用实证方法看作是心理学作为科学的唯一尺度。实证方法实际上是建立在研究者感官证实的基础之上,对于人的心理的意向性方面来说,研究者感官是无法直接把握到的,科学心理学研究本身是无法证实或揭示的。无论是人的信仰、信念、意向、价值等,都很难给予合理的科学探索,也都很难运用科学的方法证实。既然无法加以科学的证实,就意味着这是可以放弃的或是可以忽略的存在,意味着这是根本不实的或完全虚假的存在。因此,在相当长的历史时段里,实证的科学心理学并没有去认真系统地研究和考察人的心理的意向性或价值性的方面。或者,对信仰信念和价值取向的研究,实证的心理学至多是将其当作客观的对象加以考察,仅仅是去描述、证明或验证其作为心理现象的存在。或者,这样的研究就只能是中立的、客观的和价值无涉的。因此,实证心理学的研究根本无法说明、解释乃至给出和引导对人的心理生活来说是非常重要的价值取向、价值定位、价值赋予、价值评判、价值取舍等。这就等于,心理学研究放弃原本在人的心理生活中起着非常重要作用的价值问题。科学心理学的当代发展正在努力填补这样的缺失,正在努力克服自己的不足。从宗教的宗教心理学中就可以获取相关的学术资源。

其次,在宗教的宗教心理学中,宗教家或宗教学者把人的一些独特的心理行为置于重要的地位,给予十分特殊的关注,进行宗教方式的探索。可以说,这些独特的心理行为是在人的宗教以外的其他活动领域中很少存在的,或者是在人的宗教以外的日常生活中很少出现的。但是,这些独特的心理行为却在人的日常宗教信仰的生活中占有十分重要的地位。这实际上就包括宗教活动中的那种奇异体验、茅塞顿开、出神入化、心悦神服、顿然开悟、宁静平和、幸福安详、超拔解脱、喜悦极乐,也包括宗教信仰者实际上得到的种种关于美好、高尚、圣洁、完善、永恒等的心理体验,种种对事物本质、存在价值、高峰体验、终极意义、神圣使命、神人相合等的心理体悟。对于这些独特的心理行为的考察,对于这些涉及内在体验和精神追求的解说,正是实证的科学心理学研究中长期遗留和缺少考察的研究空白,也正是其必须面对的研究难题。尽管宗教的宗教心理学并不是以科学的方式去说明和解释上述那些独特的心理行为,但其以宗教的方式体现了这些心理行为的现实存在和宗教意义。

再次,宗教的宗教心理学还给出了各种各样十分独特的力求实现和达成目标的方式、手段、途径、步骤、程序等。无论是基督教、伊斯兰教还是佛教，都提供了净化人的心灵、提升人的精神境界、引导人心向善的方式和方法。例如，佛教中的禅宗心理学实际上提供了关于达成顿悟、入静、止念、超拔、无牵无挂、无虑无忧、无滞无碍、精神解脱、大彻大悟、极乐无忧等境界的方式方法。对于改变、转换或提升人的心理境界来说，这些技术和手段都是十分独特的，也都有着特殊功效。其实，宗教的宗教心理学正是通过相应的技术和手段来改变人的心理和提升人的境界，来验证自己的理论和确立自己的学说。

可以肯定地说，宗教的宗教心理学是一种十分重要的传统资源和文化资源，也是一种十分重要的学术资源和心理资源。对于科学心理学的发展来说，重要的不仅是自己的学术目标，而且是自己的学术资源。实际的问题就在于，心理学或科学心理学应该探讨怎样去挖掘历史资源，提取传统资源，利用学术资源和转换创新资源。这就是考察、探索和研究宗教形态的心理学所实际具有的意义和价值。

第三节　宗教形态的心理学演变

在原有的关于心理学和宗教心理学研究的历史进程的理解中，实际上存在一种单一维度的接替式的研究进程。这也就是科学心理学的出现，以及在此基础上的科学的宗教心理学的出现，这是对原有的宗教的宗教心理学的接替。宗教的宗教心理学属于前期的和幼稚的探索形态，科学的宗教心理学的诞生意味着宗教的宗教心理学失去了合理性和合法性，应该被淘汰。

然而，宗教心理学实际的历史进程彰显了两种不同性质和形态的宗教心理学的并存与共在，这否定的是线性的和接替的发展模式，表达了一种并存的和共生的发展形态。尽管宗教的宗教心理学有着非常悠久的存在和发展的历史，而科学的宗教心理学仅有短暂的存在和发展的历程，但是传统的宗教的宗教心理学却并没有被替代，现代的科学的宗教心理学也并不是独一无二。这显然导致宗教心理学非常复杂的发展局面。

有研究指出,从科学的宗教心理学的发展或者从实证的宗教心理学的演变来看,在心理学发展的早期,尽管理论学说、研究方法、统计工具和分支学科尚不成熟,但已有许多心理学家在宗教心理学领域做过开创性的研究。20世纪60年代的西方社会剧变,使心理学家意识到,需要利用心理学方面的专业知识来研究并解决现实生活中的问题,例如暴力、攻击、偏见和性别歧视等。宗教作为最有影响力的社会力量,自然进入心理学家的研究视野。1976年,美国心理学会第36分会宗教心理学分会的建立,标志着宗教心理学进入了快速发展时期。

西方宗教心理学研究的重点和热点包括如下方面。一是宗教和精神性的概念化。核心概念和测量尺度得到最低限度的一致认可,是学科进步的基础之一。在宗教心理学领域,出现了很多探讨宗教和精神性概念的出版物,大都从文化角度或从科学文献中寻找精神和宗教信仰的区别。二是精神和宗教概念测量的进展。有研究涉及关于宗教意识的标准化测量。这些量表包括宗教信仰与实践、宗教态度、宗教价值观、宗教发展、宗教取向、宗教信奉与卷入、信仰和神秘主义、宽恕、宗教应对以及宗教的原教旨主义等。三是宗教和情绪。宗教一直是丰富情绪体验的源泉。如何定义宗教对情绪的影响历来有两种传统:天赐神赋运动强调在宗教体验和集体宗教仪式中强烈积极情感的熏陶作用;注重默观(contemplation)的传统强调平息欲望和培养情绪的宁静。除这两种情绪调节方法以外,还有一种修行观是把宗教和情绪高度知觉(可能是情绪智力)以及情绪的创造性表达联系起来。禅宗的打坐、长期的精神信仰以及与宗教传统有联系的超个人状态的熏陶等都对情绪调节有益处。四是宗教和人格。人格心理学和宗教心理学的关系一直很密切。对人格心理学与宗教心理学的交叉领域的研究已经取得巨大进步。从不同的神学立场对人格进行研究的学者开始把宗教看成是进行实证研究的一个主题。人格心理学为宗教心理学引入新的分析单位,并可以从实证角度检验人们生活中的宗教意识和精神性。这突出体现在对精神超验和终极关怀的研究中。

宗教心理学已经发生巨大变化,也正在不断发展壮大,但仍存在两个问题。第一是心理学其他领域是否采纳吸收宗教心理学的研究成果,第二是宗教心理学的研究范式问题。普通心理学几乎所有的领域都与宗教心理学的研究有关，只有临床心理学和健康心理学刚刚开始从宗教心理学领域吸取知识并用于实践。宗教心理学正在进行研究范式的转变，多水平交叉学科范式应是适合宗教心理学的研究范式。这结合了各个交叉学科的研究，包括心理学其他领域的研究以及相关的学科，如进化生物学、神经科学、哲学、人类学和认知科学。这样，宗教心理学的发展就与这些相关科学领域的发展和进步紧密联系，同时宗教心理学的发展也会促进其他学科的进步。①

宗教形态的心理学正在形成稳定的结果，那就是双重的宗教心理学的形成、并行和共在。科学的宗教心理学与宗教的宗教心理学都成为考察、探索、影响和引导人类的宗教心理行为的重要存在。这种双重的宗教心理学的探索格局还会延续下去，彼此的交叉、交流和互动，也会在宗教心理学的舞台上不断进行下去。

宗教形态的心理学一方面连接着宗教信仰者日常生活中的宗教心理行为，另一方面则连接着心理学研究者从事的宗教心理学的科学研究。宗教形态的心理学一方面是宗教信仰者提供的关于宗教心理行为的理解和影响，另一方面则是科学研究者提供的关于宗教心理行为的解说和干预。

西方宗教心理学的研究者通常将宗教心理学的发展分成前科学时期的宗教心理学与科学时期的宗教心理学。前科学时期的宗教心理学包含在西方哲学与宗教的历史文献中，科学时期的宗教心理学则包含在西方科学与技术的历史发展中。

前科学时期的宗教心理学包含西方宗教心理学的萌芽时期、古希腊罗马时期的宗教心理学思想、中世纪的宗教心理学思想、文艺复兴时期的宗教心理学思想、启蒙时代的宗教心理学思想。科学时期的宗教心理学则属于西方科学心理学诞生之后宗教心理学的探索和研究，包括英美早期的宗教心理学研究、德国早期的宗教心理学研究、精神分析和人本主义的宗教心理学研究。②

很显然，这种对宗教心理学探索和研究的考察，是按照西方实证的科学

① 王昕亮. 当代西方宗教心理学研究综述[J]. 国外社会科学，2006(3)：10-14.
② 陈永胜. 现代西方宗教心理学理论流派[M]. 北京：人民出版社，2010：1-30.

心理学的诞生为标准进行的。在之前的阶段就是前科学时期的宗教心理学，在之后的阶段就是科学时期的宗教心理学。但是，前科学的和科学的宗教心理学并不是简单的更替关系，而依然是并存的探讨。

第四节　宗教形态的心理学贡献

宗教的宗教心理学可以给科学心理学带来什么呢？这涉及科学的宗教心理学与宗教的宗教心理学之间的关系问题。西方实证的科学心理学诞生之后，就认为自己是唯一合理和合法的心理学，认为自己已经把其他所有非科学的心理学包括宗教的宗教心理学都扔进了历史的垃圾堆，认为宗教提供的关于人的心理行为的解说和干预根本不具有实际的科学性质，也没有任何的学术价值和现实意义。

科学心理学或科学的宗教心理学为人类理解和干预自己的宗教心理行为，提供了科学的方式、理论、方法、工具和手段。这使得人类从关于自己的宗教活动的盲目和愚昧中走了出来。但是，尽管如此，宗教的宗教心理学实际上并没有真正消失和灭亡，仍然还在宗教生活的领域中发挥着自己特定的作用，也在普通民众的生活中具有实际的影响。应该说，宗教提供的心理学是依据宗教的生活和实践而得出的。普通人或宗教信仰者在习得和掌握这种宗教的宗教心理学之后，就会在生活中占据着十分重要的地位，就会对理解他人和自己的心理行为起着非常关键的作用。只不过，这种所谓的宗教的宗教心理学并不是科学心理学的组成部分。

现在的问题就在于，这种宗教的宗教心理学有着什么意义和价值。对于理解和解说人的宗教心理行为来说，科学的宗教心理学已经替代宗教的宗教心理学。但是，这种科学的替代或接替是否就意味着宗教的宗教心理学已经没有任何的意义和价值呢？宗教的宗教心理学是通过宗教的方式方法探讨和考察、说明和解说、影响和干预人的宗教心理行为。正是宗教提供的独特的心理学内容，对现代科学心理学的研究具有重要的价值。不过，这种价值迄今还没有得到系统的考察，更没有得到合理的利用。如何梳理、分析、考察和探讨这种心理学资源，就成为十分重要的学术任务。

蕴含在宗教中的或由宗教提供的宗教心理学,具有十分重要的心理学学术意义和价值。可以肯定,宗教形态的心理学是一种十分重要的传统资源、文化资源、学术资源和心理资源。对于科学心理学的发展来说,重要的不仅是自己的学术目标,而且是自己的学术资源。科学心理学应该怎样去挖掘宗教心理学的历史资源、提取宗教心理学的传统资源、利用宗教心理学的学术资源和转换宗教心理学的创新资源。这就是考察、探索和研究宗教形态的心理学实际的意义和价值。

中国本土心理学的当代发展正在寻求的就是原始性的创新活动。中国现代的心理学有过太多对外国心理学的引进和模仿,缺少创新,特别是缺少立足本土文化资源的原始性创新。因此,中国本土心理学的发展必须认真对待各种文化传统中特别是本土文化传统中的心理学资源。这是中国本土心理学的学术根基,也是其发展的基础、创新的起点、思想的源泉、成长的养分和突破的动力。

有研究以道教为例涉及了宗教心理学研究的价值。研究指出,宗教心理学是认识中华民族的重要渠道。我国是一个多民族的国家,几乎各个民族都有宗教信仰,甚至有些是全民信教,宗教是民族区别的重要标志之一。如果完全撇开宗教,对中华民族来说,有许多文化现象、文化形式就得不到合理的解释,而且对了解中国人的心理活动也将是片面的、残缺不全的。

中华民族尤其是汉族深受土生土长的道教的影响。道教是从古代的鬼魂崇拜发展而来的,但又不仅是鬼魂崇拜,而是掺杂了秦汉时期神仙信仰和黄老道术形成的。中国道教源远流长,系由道教的基本信仰《老子》五千文而来,"长生久视,全性葆真"以及得道成仙,实现这个目标采用的一个重要修行方法就是炼制和服食丹药。

道教对于中国古代民俗的影响尤为广泛、深刻,有些影响甚至延续至今。例如,对于城隍、土地、灶君之崇拜和祭祀,几乎遍及全国各个地区、各个民族乃至各家各户。这种信仰就源头说,是出自原始宗教的地神崇拜,但后来都成为道教底层神出鬼没的灵魂。中国的老百姓,不管信仰道教与否,对这些神灵大都很恭敬,祭拜也颇殷勤。林语堂认为,道教影响中国人,表现为他们热烈的个性、爱好自由和随遇而安,"中国人心目中之幸福,所以非为施展个人之所为,像希腊人之思想,而为淳乐此简朴田野的生活而能和谐地与世无忤"。① 许地山也有类似的看法。他认为,从中国人日常生活习惯和宗教信仰看来,道教成分比儒教多。可以说,支配中国一般人的理想与生活是道教的思想。② 了解中国人的个性,不能不了解道教。林语堂认为,中国的生活、文学和艺术追求田野格调并崇拜原始的淳朴,起因于道教。而且,直到如今,道教以一种神教的姿态在民间获得稳固之地位。中国民众用道教的"气"锻炼养生,还以此解释世间万物的变化,上自彗星光芒,下而拳术深呼吸,男女交媾,无往而不通。道家学说是中国人想揭露自然界秘密的一种尝试。孔教教人理解中国人成功发达的得意之时,而失败落魄则靠道教。道教的自然主义是一服镇静剂,能抚慰创伤了的中国人的灵魂。所以离开道教,不可能完全了解中国的国民性。③

宗教心理学的贡献体现在科学和宗教两个方面。科学的宗教心理学无论是对于科学心理学的发展,还是对于理解人的宗教心理行为,都具有重要的科学价值。宗教的宗教心理学对于解说人的宗教心理行为,对于影响普通人的现实生活,也都具有不可替代的独特影响。

第五节　宗教形态的心理学智慧

智慧心理学研究是考察和探讨普通人在日常生活中的智慧心理、智慧活动、智慧表达和智慧传统。在日常生活中,普通人会运用自己的聪明、才智、情感、意志、态度、品格去提供关于日常生活问题、疑难、困境的解说和应对的心理方式。普通人在自己的生活中,总是要与社会或他人打交道。这就形成普通人之间的社会交往或社会互动。推动、约束、改善和优化普通人的社会交往或社会互动,是需要人的心理智慧的。智慧既是西方人的价值追求,也是东方人的人生理想。比较起来,西方人更多地追求理性的、科学

①　林语堂.吾国吾民[M].北京:华龄出版社,1995:119-122.
②　转引自:张岱年,方克立.中国文化概论[M].北京:北京师范大学出版社,1994:306-309.
③　宋兴川.重视我国宗教心理学问题的研究[J].贵州民族研究,2003(2):145-150.

的智慧,东方人则更多地追求实践的、生活的智慧。

蒙培元先生探讨了中国文化中追寻生命的智慧。① 在他看来,中国的智慧就是生命智慧,生命智慧的形式是境界。所谓生命智慧,用中国古代哲学的语言表述,就是"生"的智慧。"生"是中国哲学的核心观念,"生"是动态的,是生命创造和生命延续。中国古代哲学的两大流派道家和儒家,都是以生命和生命创造为其哲学根本观念。道家的道是生命的根源,所谓"归根复命",就是指此而言的。中国的佛教文化特别是禅宗,归根到底也是生命智慧。人要从自己的贪、嗔等欲望和烦恼中解救出来,获得真正的自由,即所谓"大自在""大解脱"。佛教具有强烈的悲情意识,认为人生就是一大苦海,脱离苦海,登上彼岸,得到解脱,是佛教的根本信念。但是,彼岸就在此岸,就在每个人的心中,也在自然界的一草一木中。生命智慧的形式是境界,不是知识。境界不是对象认识,是心灵存在的方式。中国的传统智慧未能开出知识论,就因为这种智慧不是以获得知识为目的,而是为手段,其目的是实现人的精神追求,是以提高人的精神境界为诉求。

境界是存在和价值的统一,重在生命存在的价值和意义。这是中国智慧的一个最显著特点,也是生命哲学特有的智慧。境界又是情感与理性的统一,其中情感居于重要的地位。这是中国智慧的又一个重要特点。中国传统智慧是讲理性的,但不是抽象的形式理性,而是讲情理,即有情感内容的具体理性。中国智慧也很重视思,但不是纯粹智性的逻辑思维,而是一种情思。情思是有生活志趣、有人情味(即追求人生价值)的智思。其实,道的境界不只是理智认识,其中包含孝和慈的情感内容。道不是纯客观的存在或认识对象,道是在生命体验中得到的整体境界。儒家仁的境界更是以人的真实情感为基本内容,这就是恻隐之心、不忍之心,即同情心和仁爱心。

境界是生命整体论中的自我超越,是在身心内外的统一中实现的,是在现实生活与行为中实现的。无论道的境界还是仁的境界,都可概括为天人合一境界。天人合一境界就其价值意义而言,就是真善美的境界。真善美的境界超越了外在的功利,但是并未超越人的最本真的存在,毋宁说是人的存在包括情感在内的自我超越和自我提升,从某种意义上说又是自我回归。

---

① 蒙培元. 追寻生命的智慧[J]. 北京大学学报(哲学社会科学版),2010(2):13-17.

其中,情感是人的最原始最本真的存在,同时又是最高形式的存在,即情操、情态、情趣和情调,这是境界的基本构成要素。情感的培养和提升,是提高境界的重要途径和方式。境界离不开生命体验。体验作为生命智慧的重要方法,是在身体力行之中进行的,是要亲身感受的。体验的最高形式是本体体验,最终要进入自我超越的最高境界。

关于智慧的心理学研究应该成为心理学关注的一个重心。寻求智慧心理学的资源是核心性的研究任务。宗教心理学中,特别是宗教的宗教心理学中,心理学的智慧和智慧的心理学都属于最重要的研究内容。关于智慧、心理学智慧和宗教心理学智慧等的研究,都属于最有价值的心理学探索。

有研究考察了儒家哲学智慧与寻找人生快乐。[①] 研究指出,为了满足人的情欲,以维持生命和繁衍后代,人需要构建以食为基础,以衣、食、住、行、性、健康与安全等为内容的物质家园。同时,为了合理地控制人的贪欲、提升人生境界和塑造完美人格,以满足人的精神生活,更需要构建以道为指导,以知识、智慧、道德、艺术、音乐、哲学和宗教信仰等为内容的精神家园。一切人类文明都是由人的心灵创造的。

所谓快乐,就是人对物质生活与精神生活的需求得以满足而激发出的一种愉悦心态。得以满足者,就会产生快乐等正面情绪,反之,则会产生焦虑、痛苦、愤怒等负面情感。人的精神快乐是对价值取向、道德修养、理想信念、文学艺术、宗教信仰等精神生活的追求,是人对真、善、美的一种心灵感悟。人生的真正价值和意义,主要在精神生活上追求个人的幸福和快乐。

儒家认为,寻找物质生活快乐本质上是一种不断减去私欲的"减法哲学"。构建精神家园则要求实施"加法哲学",加强人文道德修养,不断地塑造理想人格,不断地提升人生境界,以获得心灵愉悦和满足。人的精神生活越丰富,快乐指数也就越高。要想获得真正的心灵愉悦和满足,还必须及时地进行人生境界的超越和转换。所谓"人乐",是指心无私欲、"心理合一"和"仁者不忧"的人生境界。在"心理合一"的人生境界中,由于无私欲障蔽人心,故无得失利害之计较,自然无忧,自不烦恼。"人乐"主要源于人的精神家园的心灵之乐,也就是儒家追求的充满人文道德精神的"孔颜之乐"。这

---

① 葛荣晋.儒家哲学智慧与寻找人生快乐[J].社会科学战线,2012(3):217-222.

是一种"圣贤人格"之乐,也是一种"圣贤气象"之乐。"人乐"是一种真、善、美合一的人生快乐,可分为"真之乐""善之乐"与"美之乐",三者都是人心"浑然一理"的不同表现。"真之乐"是指由真实和真理而生的心灵之乐。"善之乐"是指由美德和仁善而生的心灵之乐。"美之乐"是指由艺术、音乐、诗歌、绘画等所感而生的心灵之乐。

人不仅是人类社会中的一员,而且是自然世界中的一员。在获得"人乐"的基础上,还必须进一步由道德境界升华到天地境界才能获得"天乐"。"天乐"主要表现在四方面:(1)"赏花观木之乐",即观赏花木、欣赏美景、娱目悦心,乐哉乐哉;(2)"天象之乐",欣赏夜月、晨观日出、夕观日落、雨后彩虹、蓝天白云,其乐无穷;(3)"玩物之乐",听鸟语、玩宠物、观鱼游,优哉游哉;(4)"山水美石之乐",城市公园、郊野休闲、白雪雾凇、各种美石,其乐无穷,等等。

有研究从性命双修、身心和谐的角度考察了道教的生命智慧及其现代意义。[①] 研究指出,道教不仅追求逍遥出尘的仙真世界,同时饱含"仙道贵生,无量度人"的济世情怀,更关怀现实人生的此岸世界。"重生贵生"的道教始终充溢着积极的生命意志和幸福的生活情调。

针对生存处境中的两难,庄子思索了走出窘迫的可能,"行事之情而忘其身""且夫乘物以游心,托不得已以养中"。所谓"忘其身",就是要解除身体上的枷锁;"乘物以游心",意即要顺乎自然的法度,逍遥驰骋;"养中"就是保持生命的中德,忘身而保、游心而明。庄子的生命智慧是通过"养中"平衡身心关系,得以"忘身"和"游心",将生命从苦难的挣扎中解救出来。

道教传承老庄思想进而打开生命存在的玄关,倡导"性命双修"的生命智慧。所谓"性命双修"就是身心兼修,兼顾生理肌体与心理道德的炼养,达成身心和谐。道教的生命修持就是乐观地调养身心。修命就是把握身体的规律,增强体能素质,使其健硕;修性就是控制心灵的感觉,提升道德素养,使其开朗。

"性"是人的灵明慧觉,"命"是人的气血生身。道教认为,性命和合,缺

① 刘金成.性命双修、身心和谐——浅谈道教的生命智慧及其现代意义[J].中国道教,2012(1):18-20.

一不可,相辅相成,共同维系着人的正常生命活动。身体与心灵的玄妙和合是"性命双修"追求的终极意义。道教的生命智慧既要"忘身"又要"游心",既要修性又要修命。神仙其实就是圆满性命、保养身心的真实生命,拥有高层次的幸福,而毫无虚诞怪异的神秘色彩。

有研究对佛教着眼的智慧进行了考察。[①] 研究指出,关于知识与智慧,作为东方文化主要代表的中、印哲学与宗教,看法有着许多相似之处。特别是道家与佛教皆强调智慧的观照作用,认为知识作为获取智慧或表现智慧的媒介,有其一定的意义和作用,但不可止于知识,更不可囿于知识。只有智慧才是"得道"或"解脱"的根本。就形上的意义而言,万物之本是道,知识之本是智慧,获得大智慧才是体道,也只有凭借大智慧才能体道。由于知识从根本上说只是雕虫小技,属于器或术的层面,因此"绝学无忧",绝学并无忧患,甚至绝学才能真正无忧。

佛教也认为,知识与智慧是不同的。凡夫俗子通过感官对外部世界的认识是俗智,也称为识,只有佛智才是真正的智。在佛智的意义上,智与慧相通。佛教智慧与世俗知识不同,佛教的智慧可以通过调控心理意识,直契人心本源和宇宙实相。就此而言,其与道家的"涤除玄览"以体道有相通之处。但是,佛教的一切修行都是为了超脱生死轮回而求得解脱,其显著特点就是强调智慧的获得。在佛教中,无论是小乘还是大乘,智慧都具有至上的意义,因为在佛教中获得了智慧也就实现了解脱。佛教的智慧是佛教全部修行的目标。

若细加分别,智与慧在佛教中既有区别又有联系。智,梵文为"Jnana",音译作"阇那""若那",意为于事理能决断,指由修习佛理获得的辨别现象、判断是非、评判善恶的认识能力。这种认识能力因人修习佛理的水平不同而有高下之分。在佛教中,智与识是对立的,只有佛智才称得上是真正的智。智在佛智的意义上与慧相通。慧,梵文为"Mati",音译作"末底""摩提",指通达事理、决断疑念、洞察道法和把握真谛的精神作用。

在佛教中,慧并不是一般所谓的知识或智慧,而是特指圣者具有的一种

---

① 洪修平.试论道家、佛教眼中的知识与智慧——兼论中国禅宗的"自性般若"思想[J].哲学研究,2010(9):57-62.

观照能力,例如"般若",就是能观照万法性空的一种智慧。佛教智慧与世俗知识的不同在于,世俗一般的知识是以感性知识为基础,并根据已有的知识和遵循一定的逻辑程序推导出新的知识,而佛教的智慧则可以摈弃感官及世俗的思考规则,超越一般的逻辑顺序,通过调控心理意识,直契人心本源和宇宙实相。可见,在佛教中,决断曰智,简择曰慧,或知俗谛曰智,照真谛曰慧,两者有所不同而又紧密相联。在实际的使用中,智与慧又往往连用,通而为一,与世俗之"识"区别开来。

在获得智慧的途径上,佛教通常把智慧分为三种:(1)闻所成慧,即听闻佛法、学习各种学问而得到的智慧;(2)思所成慧,即依"闻所成慧"而进一步思虑所得的智慧;(3)修所成慧,即依思、闻所得之智进一步修习禅定,由定发慧,从而证得悟解宇宙人生真谛的智慧。

宗教对于智慧的重视,使得宗教学说和宗教活动中不断累积了关于智慧的宗教探索。这也就提供了属于智慧心理学的有关内容。无论是关于智慧的理解、智慧的解说,还是关于智慧的开发、智慧的评价,宗教心理学的解说和探索都具有独特的价值。

智力心理学的研究已在经受非智力因素研究的挑战,从智力心理学研究转向智慧心理学研究则可以应对这样的挑战。智慧就是统一性的学理表达,是智力与非智力的统一。智慧也是整合性的生活应用,是日常生活的合理与合情的整合。心理学的研究、心理学关于智慧的研究应该根源于普通人的日常生活,也应该渗透到普通人的日常生活。考察和理解普通人的生活智慧,引导和提升普通人的生活智慧,成为科学心理学研究重要和核心的任务。

第二章　不同的宗教心理学

关于宗教心理存在着两种不同的探索。这两种不同的宗教心理学根源于或依赖于宗教和科学两种不同的资源探索。一种是宗教的探索或属于宗教的探索，即宗教的宗教心理学；另一种是科学的探索或属于科学的探索，即科学的宗教心理学。这两种不同的宗教心理学都提供了关于宗教心理行为的理论解说和研究方式。但是，这两种的宗教心理学既存在非常重要的区别，又具有学术性质的关联。这就是宗教形态的心理学不同的存在方式、体现方式和探索方式。无论是在理论构成、研究方法和技术干预等方面，这两种宗教心理学都有着重要差异和根本不同。

第一节　宗教心理学的两种类别

关于宗教心理学研究的归类，可以有不同的方式。按照这些不同方式来进行划分，就可以有不同性质和类型的宗教心理学探索。不同的学者对自己的研究有不同的基本定位。在苏联的心理学研究中，就有把宗教心理学区分为马克思主义的宗教学研究和宗教心理学研究，以及非马克思主义的宗教学研究和宗教心理学研究，从而构成马克思主义的宗教心理学和非马克思主义的宗教心理学。同时，也有把宗教心理学区分为心理学体系中的宗教心理学和宗教学体系中的宗教心理学。[①] 这种区分或分类的论证和依据还存在许多问题，或者说还缺少基本的论证。但是，把宗教心理学按照

---

① 　乌格里诺维奇.宗教心理学[M].沈翼鹏,译.北京：社会科学文献出版社,1989：1-29.

不同的探索和考察的性质进行划分,区分为心理学的宗教心理学和宗教学的宗教心理学则是应该加以讨论的内容。可以说,宗教心理学的确存在这样两种不同的类别。这两类宗教形态的心理学既存在非常重要的区别,也存在彼此特定的联系。

正如前面所述,因探索方式的不同而形成两种不同的宗教心理学:一是按照宗教的方式探索的宗教心理学,即宗教的宗教心理学;二是按照科学的方式探索的宗教心理学,即科学的宗教心理学。这两种宗教心理学具有不同的性质和内容。这成为宗教心理学探索中完全不同的路径,得出的也是完全不同的知识形态和理论构成。当然,科学与宗教是两种不同的甚至相互对立的关于世界、社会和人生的理解和认识。

美国是心理学最发达的国度,有研究者指出,在美国,宗教心理学的不同研究领域造就和形成了两支不同的研究队伍。[①] 一支队伍由心理学家组成,其研究领域和研究取向可以称之为宗教心理学(psychology of religion),它强调运用心理学的理论、方法和技术对宗教现象进行客观研究或科学研究。另一支队伍则由神职人员组成,其研究取向可以称之为宗教的心理学(religious psychology),它强调依据某种或某个特定的宗教教义,来解释或阐释宗教活动和日常生活中的心理现象或心理行为。目前,这两个不同的研究领域和两支不同的研究队伍共存的不融洽局面仍在延续,这种不同源流、不相融洽甚至彼此对立和对抗的局面,还将成为一种所谓的"趋势"。

科学的宗教心理学属于实证科学的阵营,是科学心理学家对宗教心理行为进行的实证科学的考察,其运用的是实证科学的标准和方法和技术,得出的是实证科学的理论。宗教的宗教心理学则属于宗教信仰的阵营,是宗教家对人的宗教活动中的心理行为进行宗教学说的理解和解说,其运用的是宗教信仰的标准,采用的是宗教解说的尺度,得出的是宗教学说的理论,应用的是宗教干预的技术。这是两种不同的宗教心理学。尽管这两种类别之间存在十分密切的关联,但它们属于不同的宗教心理学的探索。

---

① 陈永胜,梁恒豪,陆丽青. 宗教心理学在美国的发展历程及态势探析[J]. 世界宗教研究,2006(1):15 - 22.

第二节　宗教心理学的宗教类别

所谓宗教心理学的宗教类别,是指在宗教体系中内含的和在宗教传统中延续的宗教心理学,是宗教家按照宗教的方式和宗教的教义对人的心理行为的说明、解释和干预。这是宗教历史的文化学创造,是宗教形态的心理学传统。这是宗教提供的心理学资源,是宗教涉及的心理学内容,是宗教开发的心理学方式。它形成的是宗教的宗教心理学,或者也可以称为信仰的宗教心理学。

宗教的宗教心理学体现在不同的宗教流派或宗派中。对于世界三大宗教——基督教、佛教和伊斯兰教来说,每一种宗教都有自己的教义,也都有自己的宗教的心理学阐释。对于中国本土的三大宗教——儒教、道教和禅宗来说,每一种宗教都具有自己的学说传统,也都有自己的宗教的心理学思想。尽管不同的宗教或教派有着不同的宗教教义或宗教学说,但是,关注人的心理行为以及宗教信仰活动中人的心理行为,却是不同的宗教、教派、教义和学说共同具有的。

例如,在佛教的传统中,特别是在中国本土的禅宗传统中,就有着非常系统和深入的关于人的心理行为的理解和解说,常被直接称为佛教的心理学或者禅宗的心理学。有的研究者曾经探讨和考察了佛教的禅、禅定和禅悟,揭示和解释了佛教作为宗教的有关人的心理的内容和方式。[①] 研究者认为,从宗教心理的角度来看,禅的修持操作主要是"禅思""禅念"和"禅观"等活动。禅思是修禅沉思,这是排除思想、理论、概念,以使精神凝集的一种冥想。禅念是厌弃世俗烦恼和欲望的种种念虑。禅观是坐禅以修行种种观法,如观照真理,否定一切分别的相对性,又如观佛的相好、功德,观心的本质、现象等。

在研究者看来,禅修的过程中,最重要的就是开悟和悟入。开悟与悟入是悟的不同形态。开悟是依智慧理解佛教真理而得真知,也称"解悟";悟入

---

① 　方立天.禅、禅定、禅悟[J].中国文化研究,1999(3):1-3.

则是由实践而得以体证真理,主体不是在时空与范畴的形式概念下起作用,而是以智慧完全渗透入真理之中,与客体冥合为一,也称"证悟"。与解悟不同,证悟不是对佛典义理的主观理解,不是对人生、宇宙的客观认识,不是认识论意义的知解,而是对人生、宇宙的根本领会、心灵体悟,是生命个体的特殊体验。也就是说,证悟是对人生、宇宙的整体与终极性的把握,是人生觉醒的心灵状态,是众生转化生命的有力方式。

研究者指出,中国禅宗还大力开辟禅悟的途径,创造禅悟的方法。禅宗历史悠久,派别众多,开创的途径和方法繁复多样、五花八门。概括起来,最可注意者有三:一是禅宗的根本宗旨是明心见性,禅悟的各种途径与方法归根到底都是为了见性。二是性与理、道相通,悟理得道也就是见性。而理、道与事相对,若能理事圆融,事事合道,也就可见性成佛了。三是禅悟作为生命体验和精神境界,具有难以言传和非理性的性质。与此相应,禅师们都充分地调动语言文字、动作行为、形象表象的功能,突出语言文字的相对性、动作行为的示意性、形象表象的象征性,以形成丰富多彩的禅悟方法,这又构成了禅悟方法论的一大特色。研究者还指出,悟的境界是追求对人生、宇宙的价值、意义的深刻把握,也就是对人生、宇宙的本体的整体融通,对生命真谛的体认。这种终极追求的实现就是解脱,而解脱也就是自由。禅宗追求的自由,是人心的自由,或者说是自由的心态。这种自由不是主体意志的自由,而是意境的自由,表现为以完整的心、空无的心、无分别的心去观照和对待一切,不为外在的一切事物所羁绊和奴役,不为一切差别所束缚和迷惑。

可以说,蕴含在宗教中或由宗教提供的宗教形态的心理学,存在和拥有十分丰富的心理学学术意义,以及十分重要的心理学学术价值。当然,这不是在贬低和忽视科学形态的心理学,而是在为其寻找和挖掘重要的学术资源。

第三节 宗教心理学的科学类别

科学的宗教心理学的研究内容涉及人的宗教心理行为的方方面面。其实,在当代科学心理学的研究中,宗教心理学就是众多分支学科中一个具体的分支学科。作为科学心理学的分支，宗教心理学就是科学心理学家通过科学的方式和方法去揭示、描述、说明、解释、影响和干预人的宗教信仰活动中的心理行为。宗教心理学研究考察的是宗教心理的性质和功能、宗教信仰的心理起因、宗教信仰的心理功能、宗教意识的发展和演变、宗教心理的培育和教育、宗教活动中的皈依心理、信仰的心理特征和作用、祈祷的心理历程和功能，等等。宗教心理学的研究涉及宗教体验中的罪感和耻感、宗教培养中的良心与良知、宗教信仰中的意志与品质、宗教情感中的崇高与境界、宗教活动中的爱心与宽恕、宗教感受中的焦虑与恐惧、宗教成就中的幸福与满足、宗教引领中的成熟与美满、宗教活动中的合作与共享、宗教心理中的变态与罪恶、宗教生活中的质量与享受、宗教活动中的合作与共享、宗教意识中的成长与成熟等。研究者将上述一系列内容归结为五个部分：宗教意识的起因和功能，心理学对宗教经验的剖析，宗教视角中的某些心理变项，宗教意识的特征及其测定，对宗教的批判性评价。[①] 这是科学心理学能够以科学的方式和方法去探讨和探索、去影响和干预的方面，提供的是科学的理解和阐释，进行的是科学的干预和影响。宗教心理学成为独立学科的时间很短，至今不过一百多年的学科发展历史。

　　宗教心理学的研究内容涉及人的宗教心理行为的方方面面。例如，宗教心理学涉及社会化的内容，包括宗教信仰、宗教信念、宗教观念、宗教认知、宗教情感、宗教体验、宗教行为等，这些都可以通过社会化的过程而进行代际传递。宗教心理学也涉及宗教的人格特性。通常，宗教性被看作是人的人格品性的组成部分，包括对宗教的态度、宗教的经验、宗教的信念、宗教的行为等。人的宗教性是先天的还是后天的，这也是心理学研究关注的内容。人的宗教性可以包括专制主义的人格、教条主义的人格，包括暗示感受、自我实现、寻求意义等以及宗教性的性别差异。宗教心理学还涉及对人的宗教经验的研究，包括宗教经验的种类、宗教经验的形成和变化、宗教经验的影响和作用、宗教经验的解说和解释。宗教心理学考察人的宗教信念，包括对宗教信念的调查和测量、宗教信念与宗教情感的关联、宗教信念与宗教行为的关联等。宗教心理学还探究崇拜、献祭和祈祷，考察宗教仪式和宗

① 　梅多，等. 宗教心理学[M]. 陈麟书，等，译. 成都：四川人民出版社，1990：1，127，277，405，521.

教治疗,研究宗教的幸福感和恐惧感,探索宗教与婚姻、宗教与工作、宗教与成就以及宗教与身心健康的关系等,宗教心理学也考察宗教教育和宗教辅导,研究典型的和重要的宗教行为,包括慈善行为、越轨行为、犯罪行为、两性行为、心理偏见、利他主义、道德观念等。①

在1976年,美国心理学会建立了第36分会——宗教心理学分会,这标志着宗教心理学进入快速发展时期。自20世纪80年代以来,有多种宗教心理学教材出版,这一趋势一直持续到21世纪初。以美国宗教心理学为代表的西方宗教心理学研究形成了一系列的重点和热点。这主要体现在如下一些方面。

一是宗教和精神性的概念化。在宗教心理学的研究中,有关精神性(spirituality)和宗教的含义就一直缺乏统一。但是,有研究者认为,对神圣的探求是宗教和精神性的共同基础。无论是宗教还是精神信仰,都包括探索神圣事物而产生的主观感受、想法和行为。

二是精神和宗教性的测量进展。测量的内容包括宗教信仰与实践、宗教态度、宗教价值观、宗教发展、宗教取向、宗教信奉与卷入、信仰和神秘主义、宽恕、宗教应对以及宗教的原教旨主义等。

三是宗教和情绪。宗教一直是丰富情绪体验的源泉,如何界定宗教对情绪的影响,在宗教中历来就有两种不同的传统:一种是天赐神赋运动强调在宗教体验和集体宗教仪式中强烈积极情感的熏陶作用;另外一种则是注重冥想、默观、入静(contemplation)的传统强调平息欲望的躁动和培养情绪的宁静。除这两种情绪调节方法以外,还有一种修行观,是把宗教和情绪的高度觉知(涉及的是情绪智力)以及情绪的创造性表达联系起来。禅宗的打坐、长期的精神信仰以及与宗教传统有联系的超个人状态的熏陶等,都对情绪调节有益处。

四是宗教和人格。人格心理学与宗教心理学的关系一直很密切。人格心理学为宗教心理学引入新的分析单位,从实证角度检验人们生活中的宗教意识和精神性。这突出体现在对精神超验和终极关怀的研究中。宗教信仰系统和宗教世界观的一个重要功能,就是提供一个人们都应该为此

---

① 阿盖尔.宗教心理学导论[M].陈彪,译.北京:中国人民大学出版社,2005.

奋斗终身的终极景象,以及为达到这一目标采用的策略。宗教心理学目前正在进行和经历范式的转变,多水平的、多学科的交叉研究范式应是适合宗教心理学的研究范式。宗教心理学结合各个交叉学科的研究,包括心理学其他领域的研究以及相关的学科,如进化生物学、神经科学、哲学、人类学和认知科学。这样,宗教心理学的发展就与这些相关科学领域的发展和进步紧密联系。同时,宗教心理学的发展也会促进其他学科的进步。①

在美国心理学的发展和演变中,心理学研究被划分为主流的心理学和非主流的心理学,或者说有科学主义的心理学研究和人文主义的心理学研究。应该说,在科学形态的宗教心理学与宗教形态的宗教心理学之间,主流的心理学是与科学形态的宗教心理学相关联的,非主流的心理学则与宗教形态的宗教心理学相关联。

在美国宗教心理学的研究中,宗教观念、宗教体验、宗教行为是三个基本的研究内容和研究维度。当前对宗教观念的探讨,主要围绕精神性的含义及其与传统宗教信仰的关系展开学术上的争论。在宗教体验方面,研究者更加关注宗教体验的跨文化研究,并且在尝试建构宗教体验的理论模型或新的理论思路。对宗教行为的研究目前主要集中在祈祷的年龄特征与类型、祈祷的神经生理机制、祈祷的社会心理效应等方面。从近几年的研究态势看,宗教与人格的关系、宗教与心理健康的关系作为两个具有整合意义的研究主题,在美国宗教心理学的研究中一直处于突出地位。②

科学的或实证的宗教心理学的起源和发展,都是伴随着实证科学的发展和壮大,都是依赖实证科学方法的成熟和运用。显然,科学的心理学或实证的心理学属于现代科学的阵营,是通过贯彻现代科学的属性而抛弃或排斥了宗教的宗教心理学。宗教的宗教心理学与科学的宗教心理学之间的对峙、对立和对抗,使得宗教心理学本身的发展受到限制。怎样重新认识和理解这两种宗教心理学之间的关系,成为宗教心理学发展中的一个重要环节。

① 王昕亮. 当代西方宗教心理学研究综述[J]. 国外社会科学,2006(3):10-14.
② 陈永胜,梁恒豪,陆丽青. 宗教心理学在美国的发展历程及态势探析[J]. 世界宗教研究,2006(1):15-22.

第四节 两类宗教心理学的关联

科学的宗教心理学和宗教的宗教心理学,既有着十分重要的区别,也有着不可忽视的联系。两者的区别在于,科学的宗教心理学是所谓的科学性质的或实证形态的心理学,它是科学心理学的一个分支学科,属于科学的阵营。宗教的宗教心理学则是所谓的宗教性质的心理学,它是宗教学说的重要构成内容,属于信仰的阵营。这两种不同的宗教心理学,其立足的基础不同,探讨的方式不同,说明的内容不同,干预的技术不同。但是,这两种不同的宗教心理学的联系在于,两者都是对宗教心理行为的研究和考察,都是对宗教心理行为的说明和解释,都是对宗教心理行为的干预和影响。当然,科学心理学和科学心理学家给予科学的宗教心理学以系统探索和全面推进。在心理学成为实证科学的门类之后,在有了科学的宗教心理学之后,宗教的宗教心理学似乎就没有了存在的意义和价值。科学心理学的发展不但放弃了宗教的心理学,而且忽视宗教的心理学体现的学术价值和具有的学术资源,使得宗教传统中的心理学并没有得到适当的考察和研究,受到了冷落。这成为理解历史传统中的心理学和理解不同形态的心理学的一个十分薄弱的环节。

其实,科学的宗教心理学与宗教的宗教心理学之间的关系,就是科学与宗教之间的关系在心理学研究中的具体体现。科学与宗教的关系是一个非常古老的话题,也是一个非常热门的课题。科学界和宗教界都对此有过长期的探索。在漫长的历史进程中,科学与宗教之间的关系经历了复杂的演变。不同的研究者对此有着各种不同的理解和界定。美国学者巴博(Ian G. Barbour)提出,科学与宗教的关系有对立、分离、对话和整合四种。[①] 有研究者认为,科学与宗教的关系可以概括为五论,即对立论、相关论、分离论、单向论和互动论。对立论认为,科学与宗教是对立的两面,两者一直处于不断的冲突之中,在本质上是具有不相容性的。相关论认为,宗

---

① 伊安·巴伯. 当科学遇到宗教[M]. 苏贤贵,译. 北京:三联书店,2004:4,12,19,24.

教与科学相互关联,具有走向综合理解的可能性。分离论认为,宗教与科学是人类精神的两种不同机能,各有其特定的领域,各司其职,并行不悖。单向论认为,宗教可能促进科学研究,两者是单向度的推动关系。互动论认为,宗教与科学是互动促进的,存在互动机制。宗教在其发展的三个阶段中都与科学存在此种关系。在史前时期,科学理性与宗教情感是一个相互交汇的融合体,分化后它们的内容依然相互渗透。到了近代,一方面,宗教既对科学的发展起严重阻碍的作用,同时又不自觉地"膨胀"和扩大了科学的功能与价值;另一方面,科学的发展也在不断地对宗教教义进行证伪。现代宗教以其对宇宙秩序内在和谐的追寻,促进了科学理论的发生和成长,同时,科学技术的进步又滋养出愈来愈强烈的宗教感情。总之,该研究的结论在于,宗教与科学的关系是相辅相成、互相促进的,没有宗教,科学的发展便失去了根本的动力,同样,没有科学,宗教就会因其愚昧、无知而失去前进的方向和目标。[①]

关于科学与宗教的关系的探讨有着各种不同的视角和主张。有研究认为,以往人们考察宗教与科学关系时,常常强调它们是对立的,却忽略了宗教与科学在一定意义上是共生的关系。人类文明是不可分割的整体,各种文化知识之间总是存在着联系。研究提示:一是古代宗教孕育了科学技术的萌芽;二是宗教与科学曾长期混存;三是宗教为科学家提供信仰和研究的动力;四是科学与宗教的决裂;五是宗教与科学从对抗到对话。科学和宗教代表了人类思想的两大体系。宗教和科学相通的地方,在于人的认识过程中常常有非理性的因素起作用。在科学时代,宗教需要接受科学的挑战,科学需要不断证明自身存在的意义,宗教与科学将不再是纯粹的对抗,而是对话。[②]

有研究以后现代语境考察了科学与宗教的关系。首先,语境分析方法是后现代主义者常用的基本策略。研究认为,从表面上来看,科学与宗教的关系讨论的问题是世界观问题,实际上这完全是普遍主义立场的误导。对于科学与宗教关系的问题,由于两者都涉及多种多样的可能性而变得极其

① 杜红燕. 科学与宗教关系五论[J]. 世界宗教文化,2003(4):6-8.
② 胡春风. 宗教与科学关系探析[J]. 南京社会科学,2007(12):48-55.

复杂。其次,从摈弃二元对立的思维方式出发,一些后现代主义者从单纯的反思和批判以科学技术为代表的现代性,转向寻求解决矛盾的视域融合的基本观点。在后现代主义者看来,对于科学与宗教关系的语境化理解,表明科学与宗教在文化传统或意识形态中具有的所谓优先或优越地位,这完全是一幅人为的、虚幻的图景。要打破这种图景,必须实现科学、技术、宗教、信仰与其他各种文化形式之间的视域融合。这是后现代文化区别于现代文化的根本特征之一。语境化已经成为科学哲学的方法论,①也已经成为科学社会学的方法论。②

　　后现代主义者对科学与宗教关系的理论探讨具有其积极和重要的意义。他们摈弃了传统观念把两者看成是"直面相对的关系"的简单做法,从科学与宗教各自意义的多元性出发,揭示了两者交互作用的历史复杂性。这也就是借助后现代主义的反思,去重新认识科学与宗教关系,确立科学与文化发展的新型关系,进一步去超越科学与宗教在具体问题上的历史纷争,揭示科学与宗教在意识形态、文化、社会价值观等层面的复杂关系。重新认识科学与宗教关系,有助于破除对科学的神化,也有助于破除对宗教的异化。重新认识科学与宗教关系,也有助于理解科学性与创造性的关系。③ 显然,学术上的贯通会形成一种科学的宗教心理学与宗教的宗教心理学共生的学科关系,并使科学和生活都获得益处。

　　有研究者论述了西方宗教心理学中无神论与有神论话语权的争夺。研究指出,在基督教文化居主导地位的西方世界,具有无神论倾向的学者少之又少。他们在宗教心理问题上提出的具有无神论倾向的主张,要么被淹没在有神论的汪洋大海之中,要么受到不同程度的曲解、篡改甚至恶毒攻击,并最终沦为有神论宣传利用的工具。为此人们可作出这样的判断:就西方宗教心理学的总体状况而言,具有无神论倾向的宗教心理学家的声音是非常微弱的。由于受到欧美基督教文化的深刻影响,在西方的宗教心理学理论流派中,绝大多数的代表性人物都是有神论思潮的拥护者或支持者。尽管这些代表性人物的理论表述多种多样,但是他们对神圣上帝的敬畏情感

① 魏屹东.科学哲学方法论:走向语境化[J].洛阳师范学院学报,2002(3):5-9.
② 魏屹东.科学社会学方法论:走向社会语境化[J].科学学研究,2002(2):127-132.
③ 崔伟奇.后现代语境下的科学与宗教的关系[J].学术研究,2006(2):29-34.

并没有削弱,其有神论的信仰本质也没有改变。①

　　因此,宗教的宗教心理学与科学的宗教心理学之间尽管有着区分和对立、矛盾与冲突,但是两者之间也可以关联与贯通、借鉴与促进。这不是将宗教的宗教心理学改造成为科学的宗教心理学,也不是将科学的宗教心理学转换成为宗教的宗教心理学,而是吸纳两者的资源,将其汇总在关于人的宗教心理行为的理解、解说、影响和干预之中。这种关联与贯通、借鉴与促进,不仅可以使科学的宗教心理学受益,也可以使宗教的宗教心理学受益。

---

① 陈永胜,林琳,王琪.略论西方宗教心理学中无神论与有神论话语权的争夺[J].科学与无神论,
2009(6):13-19.

第三章　宗教心理学的探索

宗教心理学的探索体现在两种不同类别的宗教心理学中。这可以说是宗教心理学探索的独特的历史和现实景观，这也就导致关于宗教心理的探索、考察和研究都可以是双重性的。这种双重性的探索、考察和研究具体体现在两种不同的宗教心理学各自具有或采纳的理论、方法、技术和工具上。不同的宗教心理学实际拥有的理论、方法、技术和工具，彼此之间既相互区别又相互联系，共同构成了宗教心理学的探索。

第一节　双重性的探索研究

正因为存在科学与宗教两种不同的宗教心理学，所以也就存在双重性的宗教心理学探索研究，体现为科学的宗教心理学探索研究与宗教的宗教心理学探索研究。这两种宗教心理学不同的探索或研究同时并存、并行发展。无论是哪一种宗教心理学的探索，在基本的研究构成上都具有相同的部分，那就是都具有理论的部分、方法的部分和技术的部分。不过，科学的宗教心理学的理论不同于宗教的宗教心理学的理论，科学的宗教心理学的方法也不同于宗教的宗教心理学的方法，科学的宗教心理学的技术也不同于宗教的宗教心理学的技术。这也就构成双重性质的或双重存在的宗教心理学的探索研究。

无论是哪一种类别的宗教心理学的理论、方法和技术，实际上彼此之间都既有区别也有联系。因此，无论是科学的宗教心理学，还是宗教的宗教心理学，都是通过独特的理论、方法和技术，对宗教活动和宗教心理有着直接的考察和探索。双重的探索研究也构成了宗教心理学错综复杂的理论构成、方法构成和技术构成。

当然，科学的宗教心理学与宗教的宗教心理学依赖的基础是不同的，这包括文化的基础、思想的基础、预设的基础等。科学的宗教心理学与宗教的宗教心理学关注的内容和考察的方面也有所不同。科学的宗教心理学依赖的是实证主义的基础，是基础主义的预设。宗教的宗教心理学依赖的是文化主义的基础，是隐喻主义的预设。科学的宗教心理学关注和考察的内容是所谓的宗教心理现象，宗教的宗教心理学关注和考察的内容则是所谓的宗教心灵。

科学的宗教心理学的理论是通过科学的方式建构起来的，这包括强调理论的科学证实，强调理论的范式更替，强调概念的操作定义，强调概念的理论内涵。宗教形态的宗教心理学则是通过宗教的方式建构起来的，这包括强调理论的直觉体悟，强调理论的文化浸染，强调概念的直觉建构，强调概念的思想内涵。

科学的宗教心理学属于科学的探索，宗教的宗教心理学则属于生活的探索。它们分属于两个不同的领域，依据的是两种不同的原则，得出的是两种不同的解说，当然也就有可能造成彼此间相互隔绝、相互排斥、相互攻击、相互抵触的宗教心理学的探索。

因此，宗教心理学的探索并不是统一的而是分裂的，并不是互补的而是对立的。当然，这也就构成了宗教心理学的双重性的探索研究。问题在于，怎样把握这两种不同的宗教心理学，怎样对待这两种不同的宗教心理学的研究结果。复杂的地方也在于，这两种不同的宗教心理学的探索彼此交叉、相互重叠，也有共同促进和共生的可能。

关键在于研究者可能的研究立场，包括采纳的研究预设、持有的基本主张、提供的核心理念以及从属的不同的研究共同体。科学的宗教心理学的研究者与宗教的宗教心理学的探索者完全有可能是在不同的基础上去探索人的宗教心理。可以肯定的是，宗教心理学就拥有这样双重性的探索研究。这两个方面的探索都具有自己独特的价值，也都是相互区别和根本不同的研究和相互渗透有所重叠的探索。

不过，无论是宗教的宗教心理学的探索还是科学的宗教心理学的探索，都存在三个不同层面的考察和研究：理论层面、方法层面和技术层面。科学的宗教心理学和宗教的宗教心理学都有自己的理论、方法和技术，宗教心理学的探索在科学的视域中和在宗教的视域中都具有自己独特的理论、方法和技术。当然，需要注意的是这两种不同的宗教心理学的存在，在理论、方法和技术的方面是应该和可以加以区分的。

对于宗教心理学的研究者来说，怎样在这样两种不同性质的宗教心理学之间进行划界和转换，就需要生活者和研究者的智慧。掌握了宗教心理学的理论、方法和技术，还需要切分出特定形态的宗教心理学的存在和作用。

第二节 宗教心理学的理论

有研究考察了宗教研究的心理学视角。[①] 研究指出，综观宗教心理学的发展，虽然因其脱胎于新近独立的心理学和宗教学，历史并不长，但这个学科也出现了很多理论大家，他们以自己独特的研究，从不同的侧面为宗教心理学作出了贡献。如美国心理学家詹姆斯（William James，1842—1910）、美国宗教学家普拉特（James Bissett Pratt，1875—1944）研究了意识经验与宗教的关系，深入探讨了宗教经验问题；弗洛伊德、弗洛姆、埃里克森从精神分析的观点出发，研究了宗教发展的无意识动力以及信仰发展的心理和社会文化因素；荣格、弗兰克尔从心理健康和治疗的角度，研究了宗教的作用和意义；马斯洛、罗洛·梅（Rollo May，1909—1994）、奥尔波特等人对人的完满实现与宗教之间的关系进行了研究，提出了乐观的自我实现、成熟人格与成熟的宗教情操等学说。这些人中，大部分都不是主流的学院派心理学家，但他们通过学术研究或医学实践提出的有关宗教的理论，互相补充，构成宗教心理学领域理论发展的主线。从逻辑上看，有关宗教的心理学理论，有一个从片面到全面（涉及宗教范围）、从部分到整体（与人的心理的关系）、从肯定到否定再到充分肯定（对宗教的态度）的趋势。

---

① 陈彪. 宗教研究的心理学视角：历史、理论与方法[J]. 世界宗教文化，2011(1)：31 - 37.

　　有研究对西方宗教心理学研究中的主要代表人物和核心思想理论进行过考察，并特别关注西方宗教心理学中的无神论与有神论的话语权问题。

　　精神分析学派的创始人弗洛伊德（Sigmund Freud，1856—1939）对宗教问题和宗教心理十分关注。他在《强迫性行为与宗教活动》《图腾与禁忌》《一个幻觉的未来》《宗教体验》《文明及其缺憾》《精神分析引论新编》和《摩西与一神教》等著作中，对宗教心理的起源、本质与前景等问题进行了比较系统的探讨。弗洛伊德认为，宗教心理的深层根源并非像冯特所说，来自原始人类对疾病和死亡的恐惧，而是来自心理情结，即人类早期的潜意识本能冲突。弗洛伊德从达尔文和其他人类学者那里借用"弑父娶母"与图腾禁忌的假设，试图使他的性本能理论符合宗教心理起源的推测。不仅如此，弗洛伊德还使用犀利的批判性、讽刺性语言，把宗教信仰视为"人类普遍的强迫性神经症"，将宗教信仰比做"麻醉剂"乃至"甜蜜或苦涩的毒药"，主张通过科学信念战胜非理性的宗教幻觉。弗洛伊德的宗教心理学思想具有鲜明的无神论倾向，弗洛伊德本人也毫不隐晦地宣称自己是一个不信神的犹太人。

　　美国心理学家霍尔（Stanley Hall，1844—1924）虽然是冯特（Wilhelm Wundt，1832—1920）的第一个美国学生，但他对宗教心理学的研究早于冯特。他创办了世界上第一份刊登宗教心理学研究成果的杂志《美国宗教心理学与教育杂志》，由此形成了西方现代宗教心理学历史上的第一个流派——克拉克学派。霍尔的宗教心理学思想主要体现在《对儿童的道德与宗教训练》《主日学校与圣经教学的一些基本原则》和《青春期：心理特点及其与生理学、人类学、社会学、性、犯罪、宗教和教育的关系》等论著中。霍尔认为，宗教情感在婴儿时期便有所表露，但只有到青春期才可能形成真正的、深刻的宗教经验。青春期是从自我中心向利他主义的转折阶段，宗教教育的任务就是要在这一时期提升青少年爱的情感。在霍尔看来，宗教是发展更充分的内心生活的一种手段，科学心理学则是证实和促进这种过程的一种方式。由于霍尔本人曾经在神学院接受过高等教育并有过布道的经历，加之他在宗教心理学研究方面的独特兴趣与贡献，所以伍尔夫（David H. Wulff）称霍尔为"心理学的基督"，这一称呼也从一个侧面反映了霍尔在宗教问题上的基本倾向。

斯塔伯克(Edwin Diller Starbuck,1866—1947)是在霍尔指导下进行宗教心理学研究的学生之一。他在 1899 年正式出版的《宗教心理学》,是世界上第一部以"宗教心理学"命名的著作,因此成为西方宗教心理学诞生的标志之一。

美国心理学家詹姆斯(William James,1842—1910)是美国实用主义哲学和机能主义心理学的创始人之一,也是美国早期宗教心理学家中影响最大的人物。詹姆斯对宗教心理现象的关注在《心理学原理》一书中便有所反映。在《心灵研究的成果》《信仰的意志和其他通俗哲学论文》《人的不朽:反对教义的两个假定理由》《宗教经验之种种》和《多元的宇宙》等论著中,詹姆斯的宗教心理学思想表现得更加明显,其中《宗教经验之种种》一书集中体现出詹姆斯在宗教心理学方面的主要观点。詹姆斯从宗教信徒人格差异的角度,对个体的宗教经验进行了深入剖析,开创了从个体人格差异角度剖析宗教经验的独特之路。詹姆斯力求通过对宗教信徒在人格层面的心理分析与具体指导,提高信徒的生活质量并扩大心理学在宗教领域的影响,开辟了依据心理学原理指导信徒日常生活的应用之路。詹姆斯不仅创造了个案比较法这一适用于个体宗教经验研究的独特方法,而且提出了宗教心理研究应该坚持多样化方向这一涉及宗教心理学方法论建设的根本性主张,开拓了引领宗教心理研究朝着多样化发展的探索之路。

冯特的宗教心理学思想主要体现在他晚年撰写的《民族心理学:语言、神话和道德发展规律的研究》(10 卷)、《民族心理学诸问题》和《民族心理学原理:人类发展的心理历史纲要》等著述中。在冯特看来,宗教是一种属于高级心理过程的民族文化历史现象。对这种高级性质的人类群体心理现象,只能采用发生法或比较历史法进行整体性或综合性的研究,才能理解个体信念的宗教关系。从这一指导思想出发,冯特在研究民族文化心理的过程中,对宗教的起源、本质与发展问题进行了一系列研究,提出了一个比较系统的宗教心理学理论体系。冯特认为,宗教起源于原始人类对死亡与疾病的恐惧。宗教的本质是人类试图从恐惧感中获得解脱的幻想与愿望。宗教的发展经历了巫术与魔鬼信仰、图腾崇拜、英雄与多神崇拜、世界宗教四个阶段。

瑞士精神分析学家荣格(Carl Jung,1875—1961)撰写的宗教心理学论著达 20 余种，主要包括《论所谓神秘现象的心理病理学》《神灵信念的心理基础》《精神分析与灵魂治疗》《心理治疗者或神职人员》《心理学与宗教》《三位一体观念的心理学考察》《弥撒里的转变象征》《东洋冥想心理学》《心理学与炼金术》和《神秘相合》等。荣格将集体潜意识中的原型当成了"永恒的形象和意义的发源地"，并高度重视宗教体验在个人宗教经验中的地位。荣格的集体潜意识宗教心理观带有浓厚的神秘主义色彩，这种神秘性既包括古代西方的传统，也含有古代东方佛教和道教的理念。既渗透了炼金术、星相学、通灵学的内容，也掺杂了世俗化的神秘体验的成分，其中对曼荼罗的痴迷便是典型一例。

新精神分析学派的代表人物弗洛姆（Erich Fromm，1900—1980）在宗教心理学方面的著作主要包括《精神分析与宗教》《禅与心理分析》和《基督教义与宗教、心理学及文化方面的其他论文》等。弗洛姆企图在精神分析学说与马克思主义理论之间进行调和。弗洛姆以批判的态度对待传统的"权威主义宗教"，希望通过对宗教的改良，建立一种理想化的"人本主义宗教"。现代人需要凭借宗教来解决精神上的困境甚至是社会性的危机。

埃里克森（Erik Erikson，1902—1994）是新精神分析学派中自我心理学的重要代表人物之一。他是一位具有强烈宗教情结的人。在《青年路德：一种精神分析和历史的研究》和《甘地的真理：论激进的非暴力根源》中，埃里克森研究了宗教文化对路德和甘地自我认同的影响。埃里克森认为，在人格的发展过程中，对上帝的信仰能够帮助人们获得一种自我认同感，这是心理健康的基础。在上帝面前放弃自我，认识到在上帝面前自己的渺小，人才能够在上帝面前生存，同时获得一种生存的自我认同。宗教对个人或集体的心理健康来说是必需的，因为人能从宗教信仰中获得信任感和希望感，同时在宗教中找到自我定位。

奥地利精神病学家、纳粹集中营的幸存者弗兰克尔（Viktor Frankl，1905—1997）是意义分析理论的创始人。在《寻找生命的意义》和《潜意识的上帝：心理治疗与神学》等著作中可以看出，弗兰克尔的生活不时被"上帝""神启"左右，深深受到犹太教传统的影响。弗兰克尔对宗教的态度十分宽容。在他看来，宗教之间没有可比性，不能说某一种宗教比另一种宗教更好，他的意义治疗对具有不同宗教背景的患者一视同仁。弗兰克尔还把上帝定义为"一个人内心最深处独白的伙伴",强调未来的宗教倾向于一种有深度的个人化宗教。

人本主义心理学的先驱者奥尔波特（Gordon Allport,1897—1967）注重研究个体人格的独特性,并善于将其嵌入社会背景来进行解释。奥尔波特的宗教心理学思想集中体现在《个体及其宗教：一种心理学的解释》一书中。奥尔波特根据其人格特质理论,将信教者的人格特征划分为"成熟的宗教情感"与"不成熟的宗教情感"两种基本类型,后来又与罗斯一起研制出"宗教内外向人格量表",试图测量宗教动机的两种取向。在奥尔波特看来,具有成熟宗教情感的人追求超越个人的终极价值目标,对自己要求很高,待人宽容,富于同情心。具有不成熟宗教情感的人追求功利主义的价值目标,过分关注自己,喜欢批评他人,缺乏同情心,这种情形与儿童时期的宗教特征颇为相似。

马斯洛（Abraham Maslow,1908—1970）是人本主义心理学的核心人物,其宗教心理学思想主要体现在 1964 年出版的《宗教信仰、价值观与高峰体验》一书中。在马斯洛看来,宗教的"内核"是宗教创立时某些特别敏感的先知的个人化理解,但这些理解在后来的教会组织中被予以歪曲。因此,必须把宗教的"内核"从制度性宗教中夺回来,将其带入人本主义的科学王国,这样才能使它得到更深刻的理解,并得到更广泛的应用。马斯洛推崇的是一种自然主义宗教体验。他认为,"高峰体验""高原体验"或"超越体验"存在于日常生活,马斯洛力图将宗教纳入心理学的体系之中,从而调和科学与宗教之间的矛盾。

英裔美国学者瓦茨（Alan Watts,1915—1973）是美国 20 世纪六七十年代反主流文化运动的领导者之一,是人本主义心理学思想上的盟友。瓦茨论及宗教问题的著作达 20 余部,与宗教心理学关系比较密切的著作主要包括《关注精神：对神秘宗教必要性的研究》《终极同一》《不安全的智慧》《基督教中的神话与仪式》和《禅学之方法》等。瓦茨一生致力于将东方哲学与宗教思想传入西方,并且力图将东西方宗教糅合在一起。瓦茨追求的宗教境界是以个体为根本、以体验为核心、以现实为基础、以东西方融合为目标的世俗化宗教。[①]

---

① 陈永胜,林琳,王琪.略论西方宗教心理学中无神论与有神论话语权的争夺[J].科学与无神论,2009(6)：13-19.

不同的宗教心理学理论体现出不同的宗教心理学的理论探索，是不同的宗教心理学的理论预设，是不同的宗教心理学的理论建构，是不同的宗教心理学的理论解说。宗教心理学的理论是宗教心理学的基本框架、核心构造和思想内核。

第三节　宗教心理学的方法

按照有的研究者的理解，在过去的一个世纪里，在宗教的灵性心理学领域中，大致有三种主要的研究方法：解释学-现象学的研究方法；实证主义-自然主义的研究方法；宗教整合的研究方法。

解释学-现象学方法的目标是从研究主体的角度来理解宗教实践和经验。这一方法的科学实践有两个主要方面：从实证角度收集关于人们的经验和实践的信息，以及对这些信息的解释；从理论角度以一种有意义的方式来组织信息，有助于加深理解。美国心理学家詹姆斯是宗教灵性心理学最早的研究者之一。他在1902年出版的《宗教经验之种种》，仍然是这一领域最伟大的著作之一。他的学说也被认为是属于解释学-现象学传统的最著名和最典型的例子。詹姆斯著作的解释学特点是很明显的，这一点可以从他现象学的方法来看。他尊重经验的多样性、拒绝还原自然法则的框架，并且使用定性的方法，这一切都反映了他对个体是如何阐释他们经验的兴趣。

实证主义-自然主义方法是在19世纪末兴起的，这一研究方法主导了整个20世纪的心理学。它在宗教灵性心理学中也有决定性的影响。在很多方面，它是基于对解释学-现象学方法中很多假设的反对。大部分实证自然主义传统的研究者支持这种结合了自然主义和实证主义的科学哲学。自然主义一般包括：寻求普遍的自然法则；使用自然科学模式的方法。像大部分其他西方心理学一样，在宗教灵性心理学中，这种自然主义有一种实证主义的味道，对调查者来说，总体上坚持完全超然、中立的观察是可能的，即对调查主体完全不施加任何影响。实证主义-自然主义研究方法在西方对宗教和灵性的心理学研究中曾经占主导地位。但是，这种方法缺少理论，也就是限制了原创理论的产生，而是借鉴其他的理论模式。

宗教整合的研究方法是尝试把传统宗教观点和心理学知识整合起来。在 20 世纪后半叶,很多信仰基督教、佛教的心理学家不满西方心理学中存在的反宗教偏见。这种偏见被认为会导致在研究和心理治疗实践中对宗教的忽视和敌意。这导致宗教灵性心理学中宗教整合研究方法的发展,这种方法尝试把传统宗教观点和心理学知识整合起来。按照心理学和宗教之间相同程度的不同,整合方法是不一样的。大部分立场可以被分为分离模型、冲突模型和补偿模型三类。分离模型假定心理学与宗教拥有不同的关注和方法,并且最好是两者都要有所贡献。冲突模型表明心理学与宗教有所重叠,但是在有些问题上有不同的可能冲突的观点。补偿模型表明宗教与心理学有某些不同点,但是在重要的方面也互相补充。例如,心理学与传统基督教的整合是关于宽恕的研究。心理学与传统内观佛教方面的整合为心理学理论和实践提出正念的概念。正念是一种涉及对人们心理过程的超然的观察,导致对苦难思考模式的意识。①

有研究讨论了宗教心理学研究方法的分歧与整合。研究指出,冯特对宗教的研究大多反映在他关于民族心理学的研究中。因为人的高级心理过程不可避免地同语言、神话和风俗习惯等社会产物联系在一起,因此可以通过对这些社会产物的分析,从中推演出高级心理过程的基本规律。具体来讲,民族心理学的研究方法就是对心理和精神的文化产物及其发展进行因果分析,对社会文化产物的历史研究方法包括两种具体的方法,即分析和综合的方法。詹姆斯的宗教心理学并不是冯特推崇的。与冯特的研究方法不同的是,詹姆斯主张从个体宗教意识的发生系统展开对宗教经验的研究,主要采用个案研究方法,借助个体的日记、手记、自传等材料,在个人经验资料和综合性资料的基础上了解和分析个体的宗教感受和情绪体验的特征及其形式。冯特主张从群体心理的视角研究宗教心理而不像詹姆斯那样研究个体宗教意识中的宗教经验。

冯特认为,宗教属于民族心理学的研究对象,实验法是不适用的。对此有的学者就认为,冯特反对把实验内省作为民族心理学研究的方法,不是因为民族心理学关注心理现象的超个人的社会维度,而是因为民族心理学关

---

① 吉姆·尼尔森.西方宗教心理学的历史:理论和方法[J].世界宗教文化,2011(1):18-23.

注的是心理过程(个体和社会)的历史演进。除了詹姆斯,弗洛伊德和皮亚杰都曾经使用个案研究的方法从事宗教心理学研究,只是在具体方法的运用中存在差异。弗洛伊德将精神分析法运用到文化史、民俗学和宗教学的研究中,主要体现在《图腾与禁忌》的著作中。皮亚杰采用临床观察法,细致地观察和引导儿童的活动,让儿童自由谈话、自由叙述,把儿童的言语和活动记录下来,而后进行分析。显然,无论是詹姆斯的传记分析、文本分析,还是弗洛伊德的精神分析法和皮亚杰的临床观察法,都同属个案研究的范畴。

　　宗教心理学研究方法的分歧可以归为以下原因:一是群体取向与个体取向的分歧。宗教心理作为一种社会心理现象,可以从社会文化、历史背景的角度对信众的群体心理展开研究,也可以从个体的宗教行为和体验进行研究,两种研究取向并不对立,不应该顾此失彼。二是宗教心理学的学科身份问题。有心理学家认为,冯特的民族心理学更多的是与文化人类学而不是与社会心理学相联系,如此看来,冯特使用的方法并不是心理学的方法。三是科学主义取向与人文主义取向的冲突。宗教心理学研究方法的分歧本质上是科学主义与人文主义方法论的冲突。

　　宗教心理学研究方法可以进行整合:一是学科之间的整合。学科之间的整合观点给宗教心理学研究指明了有价值的路径。宗教心理的研究需要心理学、社会学、人类学和宗教学的分工协作。甚至需要研究作为宗教信仰物质基础的生理机制,因而也需要认知神经科学的加入。二是量化与质化的融合与方法的多元化。科学主义心理学坚持的客观研究、定量分析,以及人文主义心理学强调的移情理解、文本解释、个案研究、整体理解的方法。未来的宗教心理学均会为其提供合理存在的空间。三是本土宗教心理学的建构。对宗教心理学的研究必须与其所属的社会、历史和文化联系起来。对于中国宗教心理学研究而言,重要的是开展本土宗教心理学的研究,而不是照搬植根于西方基督教文化基础的西方宗教心理学。本土宗教心理学的研究,应该在方法论和具体的研究方法上有所创新,而不仅仅是本土概念的建构。①

　　其实,无论是在方法总论、方法原则的层面,还是在思想方法、具体方法

---

① 万明钢,杨宝琰.宗教心理学研究方法的分歧与整合[J].民族教育研究,2008(2):117-122.

的层面,或是在方法运用、方法实施的层面,宗教心理学的研究方法都会起到关键、核心的作用。这决定了宗教心理学的研究性质和研究结果。

第四节　宗教心理学的技术

有研究指出,在佛教的全部修持中,禅是极为重要、极富特色的一环,是绝对不可缺少的。"禅"是梵语音译"禅那"的略称,汉译是思维修、静虑、摄念,即冥想的意思。用现代语言简要地说,禅就是集中精神和平衡心理的方式方法。从宗教心理的角度来看,禅的修持操作主要是"禅思""禅念"和"禅观"等活动。禅思是修禅沉思,这是排除思想、理论、概念,以使精神凝集的一种冥想。禅念是抛弃世俗烦恼和欲望的种种念虑。禅观是坐禅以修行种种观法,如观照真理,否定一切分别的相对性,又如观佛的相好、功德,观心的本质、现象等。禅具有多种功能,诸如精神集中,即集中注意力,以为宗教修持提供稳定、良好的心理状态;调节心理平衡,带来宁静与适意的感受;化解烦恼,舍弃恶念,提升精神境界。禅还能产生智慧,有助于观照人生、宇宙的真实。此外,佛教还宣扬长期禅修能获得超常的能力,即神通力,禅修或可得见诸佛,得见诸佛而断诸疑惑。这后两项功能极富神秘主义的色彩。

与禅的含义相应的梵语还有"三摩地""三昧",汉译"为定""等持"。"定"是令心神专一、不散不乱的精神作用,或指心神凝然不动的状态。一般地说,定是修得的,是禅修的结果。有时,"禅"也当作定的一个要素,被摄于定的概念之中。这样,在中国通常是梵汉并用,称作"禅定",禅定成为惯用语,被视为一个概念。实际上,禅定的主要内容是禅,是通过坐禅这种方式使心念安定、专一,其关键是静虑、冥想。至于中国禅宗的禅,则明显地向慧学倾斜,带有否定坐禅的意味,强调由思维静虑转向明心见性,返本归源,顿悟成佛。这样,中国禅宗的禅和印度佛教的禅与定在意义上就迥异其趣了。

在中国佛教的修持实践中,与定相当的一个用语是"止",通常,"止"又与"观"对说,称为"止观"。止和观都是梵语的意译。止是静息动心,远离邪念,止灭烦恼,使心安住于一境。观是发起正智,观想事物的真性,即心灵直下契入所观的对象,与之冥合为一。止相当于定,观则相当于慧。所以,止观又称定慧、寂照。

"禅悟"是禅宗的用语。从词义上来说,禅的本意是静虑、冥想,悟与迷对称,指觉醒、觉悟。悟是意义的转化,精神的转化,生命的转化,含有解脱的意义。禅是修持方式,悟则是修持结果,两者是有区别的。但是,中国禅宗学人却把禅由坐禅静思变为日常行事,由心理平衡变为生命体验,从根本上改变了禅的内涵。中国禅宗学人还认为觉悟要由日常行事来体现,由生命体验来提升。禅与悟是不可分的,悟必须通过禅来获得,禅没有悟也就不成其为禅。没有禅就没有悟,没有悟也就没有禅。

一般而言,禅宗的禅修过程大致可以分为四个阶段。最初是要"发心",即有迫切的寻求、强烈的愿望,以实现解脱成佛这一最高的理想;其次是要"悟解",即要了解佛教的道理,开启心灵的智慧,觉悟世间的真理;再次是"行解相应",即修行与理解结合,也就是开悟后要进一步悟入,使自身生命真正有所体证、觉悟;最后是"保任",保守责任,也就是在禅悟以后,还必须加以保持、维护,巩固觉悟成果。

禅修过程中的开悟与悟入是禅悟的根本内容,也是禅宗信众最关切之处。开悟与悟入是悟的不同形态。开悟是依智慧理解佛教真理而得真知,也称"解悟";悟入则是由实践而得以体证真理,主体不是在时空与范畴的形式概念下起作用,而是以智慧完全渗透入真理之中,与客体冥合为一,也称"证悟"。禅悟的时间还有迟速、快慢之别,由此又有渐悟、顿悟之分。解悟与证悟都可分为渐悟与顿悟两类。渐悟是逐渐的、依顺序渐次悟入真理的觉悟。顿悟是刹那的、快速直下证入真理的觉悟。

中国禅宗还大力开辟禅悟的途径和创造禅悟的方法。禅宗历史悠久,派别众多,开创的途径和方法繁复多样,五花八门。概括起来,最可注意者有三:一是禅宗的根本宗旨是明心见性,禅悟的各种途径与方法,归根到底是为了见性。性与相相对,相与念相连,念又与住(住着)相关。众生要见性,就应实行无相、无念、无住的法门,也就是不执取对象的相对相,不生起相对性的念想,保持没有任何执著的心灵状态。这是内在的超越方法,是禅悟的根本途径。二是性与理、道相通,悟理得道也就是见性。理、道与事相对,若能理事圆融,事事合道,也就可见性成佛了。由此如何对待和处理事与理的关系,就成为禅悟的又一重要途径。三是禅悟作为生命体验和精神境界具有难以言传和非理性的性质。与此相应,禅师们都充分地调动语言文字、动作行为、形象表象的功能,突出语言文字的相对性、动作行为的示意性、形象表象的象征性,以形成丰富多彩的禅悟方法。这又构成了禅悟方法论的一大特色。①

无论是技术思想、技术理念、技术发明层面,还是技术工具、技术手段、技术应用层面,都是宗教心理学研究和应用的非常重要的关注点。挖掘传统和推动创新,都是促进宗教心理学技术进步的关键。

第五节　宗教心理学的工具

心理学的探索和研究有自己的工具,宗教心理学同样发明和运用自己的工具。有研究对心理学的研究工具进行了考察和讨论。② 研究指出了心理学研究工具的几个重要方面。在心理学研究工具的界定上,心理学同时具备自然科学和社会科学属性的学科特殊性,造成了心理学研究工具的多样化,应以一种更宽广的视域来界定心理学研究工具。在心理学研究工具的价值上,探讨了研究工具与心理学理论的相互影响和相互关系。理论假设会对工具使用过程造成影响,工具的使用和发展对理论的建构和发展也有着重要的影响。在心理学研究工具的发展上,在部分科研工具高端化和精密化的同时,教学演示工具、学生实验仪器、心理测验、心理康复与心理治疗工具,表现出了不同的发展趋势。

首先,并不是只有那些类似在"纯自然学科"(物理、化学、神经科学等)中使用的仪器设备才可以作为心理学研究的工具。越来越多的心理学研究者日渐感受到自己的研究被各种日新月异的仪器设备所左右。心理学既有自然科学的特点,也有社会科学的性质,这决定了心理学的研究工具比一些纯自然学科更加包罗万象。例如,心理学科研和应用中大量采用的心理量

---

① 　方立天. 禅、禅定、禅悟[J]. 中国文化研究,1999(3):1-3.
② 　沈德立,杨治良. 心理学研究工具刍议[J]. 心理科学,2007(2):258-263.

表,就是一种很有效的研究工具。

其次,并非只有高科技仪器设备才可以称得上研究工具。一些看似简单的研究工具中,往往包含着研究者和工具设计人员独到的匠心,这种特点在心理学中尤其明显。心理学研究工具的价值并不仅仅体现在仪器的高、精、尖上,理论构想和仪器设计的巧妙融合,也能造就看似简单实则内涵丰富的具有心理学特色的优秀研究工具。

再次,从广义上来讲,一些抽象的分析方法,例如推断统计、数学模型(结构方程建模、人工神经网络模型等)也应该包括在心理学研究工具的范畴中。因此,应该以一种更加宽广的视角来界定心理学研究工具这一概念。任何有控制的、标准化的方式下用来支持、增强、指导研究者的感官去探索人类心理、经验和行为,以及任何用来评估、分析研究数据,甚至是用来支持理论解释的研究手段,都可以称作心理学研究工具。

有研究将心理学研究工具与心理学的发展关联起来进行考察。[1] 研究指出,在科学研究过程中,研究工具起到不可或缺的作用,这些研究工具既包括有形的研究工具,如测量工具、实验设备、计算机以及众多用于研究的特定物品,也包括无形的研究工具,如研究某一问题的特有方法、实验程序、数据分析和处理技术等。现代文明的一个重要标志就是知识和技术更新加速,信息传播形式和手段多样。在科学技术高速发展的过程中,理论学说、研究方法和研究工具三者之间是相互促进、相得益彰的,正确理解这三者之间的关系也是科学研究的一个重要任务。纵观几百年科学发展的历史,不难发现任何学科的发展都离不开特定的研究工具,正如显微镜对生理和生物学的发展,望远镜对于天文学的发展一样。心理学作为当前发展最迅速的学科之一,其发展同样离不开特定研究工具的发明和使用。

心理学的研究和应用都需要特殊的工具的支持。因此,心理学的技术研究和技术开发是决定心理学的学科进步和社会价值的关键方面。对于宗教心理学来说,同样如此。当然,在宗教心理学的双重存在和双重身份中,宗教心理学的工具会有不同的性质、功能、适用范围和适用领域。

---

① 李晓航.心理学研究工具与心理学的发展[J].心理科学,2010(1):250-252.

第四章　宗教的宗教心理学

　　宗教的宗教心理学是属于宗教传统的宗教心理学,或者是关于人的宗教心理行为的宗教的学说、解说、阐释、理解、考察和探索。这种宗教心理学内含在各种不同的系统化的宗教学说中。那么,在不同的宗教派别中,在五花八门的宗教学说中,就具有不同的关于人的心理行为的阐释,就有不同的宗教心理学。显然,在现存的宗教流派和宗教学说中,特有的宗教的宗教心理学就承担着关于人的心理行为的解说,就实施着针对人的心理行为的影响和干预。这在不同的宗教流派和宗教学说之中,都有所体现。这也就属于在宗教中蕴含着的心理学的资源。这种心理学资源应该得到深入挖掘、系统提取和全面转用。

第一节　宗教的宗教心理学界定

　　在科学的宗教心理学之外,还有一种另类的宗教的宗教心理学,有着完全不同的内容和含义。这就是在宗教活动中由宗教家建立的并隶属于特定宗教的独特心理学。这是以宗教的方式和方法建立起来的,并服务于特定宗教的心理学。可以说,宗教是以自己的方式建构了一种独特的心理学。正是在这种宗教的宗教心理学中,各种不同的宗教给出了自己关于人的心理行为的宗教式的解说以及对于人的心理行为的宗教式干预。

　　其实,在任何一种宗教的教派、教义和学说中,都能够找得到关于人的心理行为的系统和独特的阐述、理论、学说、方式、方法、技术、工具等。在不同的宗教教派中,所谓的宗教都不仅是理论的活动,而且是实践的活动;不仅包含对人的心理行为的解说,而且包含对人的心理行为的干预。因此,可以说宗教的宗教心理学也是一种特殊形态的心理学。这种心理学就孕育和蕴涵在宗教中,就是以宗教的方式在影响人的心理生活。这就是说,宗教有对人的心理行为的解说,也有贯彻和实施自己学说的践行。宗教的宗教心理学正是通过宗教的方式来考察、解说和改变人的心灵的性质和活动。这给出了大量的说明或解说、阐述或阐释人类心灵和心灵活动的学说和理论,也给出了许多的影响或干预、改变或转换人类心灵和心灵活动的方式和方法。这可以体现在民俗文化中,例如在中国文化的天命观中。① 这也可以体现在关于心灵超越、精神超越或心理超越的理论与实践中。②

当然,宗教的宗教心理学给出的对人的心理行为的解说和阐释,都是从宗教的视野或视角出发的。这是宗教的理论,是宗教的学说,是宗教的传统。宗教的宗教心理学提供的对人的心理行为的干预和改变,都是采取宗教的方式和手段。这是宗教的方法,是宗教的工具,是宗教的技术。但是,这里面实际上也包含着关于人的心理行为的许多有益的学术性资源。

宗教体系和宗教传统中的宗教心理学,是宗教家按照宗教的方式和宗教的教义对人的心理行为的说明、解释和干预。这是宗教历史的文化学创造,是宗教形态的心理学传统。这是宗教提供的心理学资源,是宗教涉及的心理学内容,是宗教开发的心理学方式。这形成的是宗教的宗教心理学,或者也可以称之为信仰的宗教心理学。

在人类的宗教活动中,在人类的宗教学说中,都有专门的关于人类心灵的解说,包括关于心灵的性质、结构、功能、演变等方面的阐释。当然,这种解说是在特定宗教教派的视角,是有着宗教理论的基础设定。无论是基督教、伊斯兰教、佛教还是儒教、道教、禅宗,都存在着大量系统的关于心灵的思想、学说、理论、方法、工具、技术、手段。这在宗教学的角度是属于宗教学的传统,而在心理学的角度则是属于心理学的传统。

① 葛鲁嘉.心理文化论要——中西心理学传统跨文化解析[M].大连:辽宁师范大学出版社,1995:221-226.
② 葛鲁嘉.超个人心理学对西方文化的超越[J].长白学刊,1996(2):84-88.

严格说来，宗教也属于对人类心灵的改变活动。这种改变活动也需要对心灵的理解和解说。宗教通过属于自己的方式，给出了关于人类心灵的系统解说。当然，这种宗教的方式与科学的方式有着根本性的区别。这常常会被科学理解为是属于愚昧和虚幻的解说，对于科学来说是没有任何科学价值的心理学。但是，如果从实际的效果上来说，宗教关于人类心灵的解说和改变却真正地塑造了人类的心理行为。这就等于表明，宗教的宗教心理学同样有着自己特定的功效，同样具有生活的价值。这种功效和价值值得心理学家的关注和探索。这显然就是特定的心理学资源。

当然，在世界宗教文化的范围内，有基督教、伊斯兰教和佛教，在中国本土文化的范围内，则有儒教、道教和禅宗。每一种特定的宗教中，都拥有独特的心理学内容和心理学传统，这就构成了宗教的宗教心理学。

第二节　不同宗教流派中的思想

在世界宗教和中国宗教的发展过程中，出现了不同的宗教流派。这些不同的宗教流派在宗教的信仰系统、教义教理、组织形式、活动方式等各个方面都有着重要的不同。世界宗教的种类和形态有许许多多，影响最大、传播最广、历史最长的是基督教、伊斯兰教和佛教。在中国本土文化中，则有着儒教、道教和禅宗的流传。

基督教（Christianity）是以信仰耶稣基督为救主的宗教。基督教有天主教（Catholicism）、新教（Protestantism）、东正教（Eastern Orthodoxy）等不同的教派。基督宗教是信奉耶稣基督为救主的各教派的统称。该教与佛教、伊斯兰教并称世界三大宗教。尽管有不同的教派，但是其基本教义都是相同的。这包括上帝创世说、原罪救赎说、天堂地狱说。基督教的《圣经》由《旧约全书》和《新约全书》两部分组成，是基督教的经典。十字架是基督教的标志。他们信奉的"上帝"或"天主"本体上是独一的，但其包括圣父、圣子、圣灵。

伊斯兰教是世界性宗教之一，与佛教、基督教并称为世界三大宗教。伊斯兰教在中国旧称天方教、清真教、回教。"伊斯兰"系阿拉伯语音译，原意为"顺从""和平",指顺从和信仰宇宙独一的最高主宰安拉及其意志,以求得和平与安宁。信奉伊斯兰教的人统称为"穆斯林"(Muslim,意为"顺从者")。他们共同恪守古老的真谛,即宇宙间只有一个主宰"安拉",并且依照各自的理解,遵循《古兰经》的教义。伊斯兰教于公元 7 世纪初兴起于阿拉伯半岛,由麦加人穆罕默德创传,主要传播于亚洲、非洲,在西亚、北非、南亚和东南亚最为盛行。20 世纪以来,在西欧、北美和南美一些地区也有不同程度的传播和发展。作为一种宗教信仰、意识形态和文化体系,伊斯兰教在传入世界各地后,与当地传统文化相互影响和融合,在不同的历史条件下,对许多国家和民族的社会发展、政治结构、经济形态、文化风尚、伦理道德、生活方式等都发生了不同程度的影响。

佛教是世界三大宗教之一,相传是公元前 6 世纪至前 5 世纪,今尼泊尔境内的古印度的迦毗罗卫国王子乔达摩·悉达多所创,因其父为释迦族,成道后被尊称为释迦牟尼,也就是"释迦族的圣人"。佛教广泛流传于亚洲许多国家,在东汉时自西向东传入我国。佛教与基督教、伊斯兰教并称为世界三大宗教。佛教对世界文化传播作出了不可磨灭的贡献。佛教创始人释迦牟尼这个名号是从印度梵语音译过来的,释迦是仁慈的意思,牟尼是寂默的意思,寂默也就是清净的意思,佛就是觉者或觉悟。

儒教是中国专制社会长期形成的特殊形式的宗教。中国是否存在儒教,在学术界有着不同的观点。有研究认为,不存在儒教,"儒"是中国春秋战国时代"百家争鸣"中的一家,是一个学术派别。"儒"这个字,原本是古代对学者的尊称,儒的字义是"优"及"和",指思想学问能够安定别人,足以说服别人,也称为"儒家"。有研究认为,存在有儒教,孔子是教主。汉武帝利用政治权力,把孔子学说宗教化,定儒教于一尊。隋唐时期,"佛""道""儒"并称为三教。此后,三教出现合一的趋势。在封建政权的支持下,儒教体系完成于宋代,以中国封建伦理"三纲""五常"为中心,吸收佛教、道教的宗教思想和修养方法。信奉"天地君亲师","君亲"是中国封建宗法制度的核心,"天地"是君权神授的神学依据,"师"相当于解释经典、代天地君亲之言的神职人员。"四书""五经"是儒教的经典,祭天、祭孔、祭祖是儒教规定的宗教仪式。

道教是中国固有的一种宗教。道教的名称来源,一则起于古代之神道,二则起于《老子》的道论。道家的最早起源可追溯到老庄,故道教奉老子为教主。但是,学术界一般认为,道教的第一部正式经典是《太平经》,完成于东汉,因此将东汉视作道教的初创时期。道教正式有实体活动是在东汉末年太平道和五斗米道的出现,而《太平经》《周易参同契》《老子想尔注》三书是道教信仰和理论形成的标志。道教的"天人合一"思想和宇宙观日益受到重视。道教以"道"名教,或言老庄学说,或言内外修炼,或言符箓方术,其教义就是以"道"或"道德"为核心,认为天地万物都由"道"而派生,即所谓的"一生二,二生三,三生万物",社会、人生都应法"道"而行,最后回归自然。道教徒有两种:一种是神职教徒,即"道士",另一种是一般教徒,人称"居士"或"信徒"。"宫观"是道家最主要的组织形式。宫观是道士修道、祀神和举行仪式的场所。道术是道教徒实践天道的重要宗教行为,一般认为道术有外丹、内丹、服食和房中等内容。

禅宗以菩提达摩为中国始祖,达摩大师是印度禅宗第 28 代祖师、中国禅宗的初祖,故又称达摩宗;因其得佛心印为佛陀之正统法脉,又称为佛心宗。后人神秀、惠能二人分立为北宗渐门与南宗顿门。六祖慧能是禅宗的发扬光大者,提倡心性本净、佛性本有、直指人心、见性成佛。慧能以后,禅宗广为流传,于唐末五代时达于极盛。禅宗使中国佛教发展到顶峰,对中国文化的发展具有重大的影响。禅宗是以菩提达摩为中国的始祖,故又称达摩宗;也因自称其得佛心印,又称为佛心宗。这是以禅定为佛教的全部修习而得名。这是用参究的方法彻见本有的佛性为宗旨。公历纪元前后,佛教开始由印度传入中国,经长期传播发展,而形成具有中国民族特色的中国佛教。由于传入的时间、途径、地区和民族文化、社会历史背景的不同,中国佛教形成三大系,即汉地佛教(汉语系)、藏传佛教(藏语系)和云南地区上座部佛教(巴利语系)。六祖慧能是禅宗的真正创立者,主张教外别传、不立文字,提倡心性本净、佛性本有、直指人心、见性成佛。这是世界佛教史尤其是中国佛教史经历的一次重大改革。在慧能以后,禅宗广为流传,于唐末五代时达于极盛。禅宗使中国佛教发展到了顶峰,这对于中国古文化的发展具有非常重大的影响。禅宗佛学特点在于其高度的理性化,几乎完全没有神学的气息。禅宗修持以定慧一体为特色。后世禅宗流入禅语机锋、逞口舌之辩,违反了禅宗的本意。禅宗强调心性的运用,以明心见性为宗旨。

第三节　不同宗教心理行为的表达

　　不同的宗教教派、宗教教义、宗教体系、宗教学说对人的心理行为的理解和解说、规范和约束、影响和塑造，实际存在着根本的不同，这就构成了不同的宗教的心理。通常，宗教不仅是一种学说体系，而且是一种信仰活动，更是一种生存方式。因此，任何一种宗教都有对人的心理行为的特定理解和把握，也有对人的心理行为的特定约束和引导。

　　有研究以四部汉译阿含经为主要依据，从心理学角度探索了原始佛教教义。[①] 原始佛教认为心性本净，被其执著妄动生出的有为心法染污，从而产生各种心理结构和心理机能，即由眼、耳、鼻、舌、身、意五根和触、受、思、念、意、识等功能构成人类有情的心理整体；根据这些结构和机能对修行解脱的作用，分为染污烦恼和善心净法两种，并以后者对治前者。修行者借助这些心理机能修习戒、定、慧，依靠止心、观心、修心这三个原则，达到止息心念妄动、离苦离欲解脱的目的。

　　原始佛教的教理以释迦牟尼本人在世时的说教为主，后人集结为四部阿含经。佛陀说教的根本出发点并不是单纯追寻一种理性逻辑的完美理论模式，也不是回答当时社会的各种问题，而是帮助人解脱苦难、断除烦恼、离苦得乐。其最核心的内容，乃是为不同根器（能力与气质）的求法者指出一条解脱和自我超越之路。用现代的话语表达，就是建立了一套包含理论和实践的心理学体系。

　　心是佛教的重要名相，是贯穿释氏教化的一个重要线索。从四部阿含经表面上看来，佛教对心的观点不甚明确。"心"的梵语有两个：一为心法，是指具有攀缘思虑作用的心理功能，类似于现代西方心理学所讲的具有认知和情感作用的功能性的"心"。二为心性，是指在心理思虑功能背后的那个本体心或真实心，此心本性清净。

　　世人具有的心理运作，在佛教看来都属于虚妄分别，染污执著，是产生

----

①　高颖. 原始佛教的心理思想[J]. 宗教学研究，2007（1）：201－205.

烦恼和生老病死的重要原因,甚至可以说就是烦恼本身。那个最真实、最清净的永恒的心则被隐含在这些烦恼执著之中,这就是所说的"净心"。

与现代心理学相比,佛教更尊重心理的整体性,并没有将心理作用区分为感性和理性两个截然不同的维度。其心理运作理论糅合了这两个维度,稍为侧重心的理性机制,即认知系统,而对感性机制的阐述则更多地隐含在对治烦恼的修法中。

佛法以教化众生解脱烦恼为最终目的,为了达到这个目的,佛教深入剖析了烦恼和去除烦恼的方法。佛教采取的心灵净化之路,叫做修行,简单说来就是一种遵循佛陀教导的生活方式。修行的一贯宗旨,就是调伏心意,出离生死。佛教的修行,则是在起心动念之间,在日常举止之中,要求修行者达到一种无时无刻不安宁祥和的超越状态。

佛教所讲的戒、定、慧三学,实际上是从不同的侧面深入心灵整体的自我克制和自我超越之路。这条路最根本的特点,就是借助修行者个人的力量来止心、观心、修心。止心令其不妄动,观心令其生智慧,修心令其善法增长以对治种种猛烈烦恼。一种修行方法能够同时做到这三种功用,精进不舍,直至涅槃。

在高颖看来,佛教心理学的出路,首先应该是建立起自己的理论范畴,在此基础上才可以和西方心理学互相对话,相互辉映。只有在这个基础上,两者才可能互相合作,完成探索和超越人的心灵世界的共同任务。

有学者系统考察了佛教传统和佛教教派中藏传佛教具有的独特心理学。① 研究指出,藏传佛教中实际蕴藏着独立的和独特的心理学,这种心理学对于人的精神或心性的探索有着许多的独特之处。藏传佛教把心看成是连续的存在,包括今世的心就是前世的心的连续,心是无穷无尽的,是无生无灭的。心、意、识被看成是相等无差别的。阿赖耶识被用来说明心,这可以用心、意、识来加以概括。心为本,其他眼、耳、鼻、舌、身、意、末那和阿赖耶等八识,都是依心而生的识。五蕴,即色、受、想、行、识被用来概括物质和心灵之间错综复杂的关系。佛的觉悟心理被看成是无偏袒的、最彻底的、最

---

① 桑杰端智. 藏传佛教心理学内涵与文化更新[J]. 西北民族大学学报(哲学社会科学版),2005(1):119-124.

圆满的智慧,把佛的大智、大悲、大能视为最高境界的人格。藏传佛教对心的构造有独特的理解和分析。从人格和心理结构上分析,可以把心概括为妄心、藏识和悟心三种。妄心是心灵的第一层,也可称之为染心、无明、烦恼、妄念等。藏识是心灵的第二层,是一切意识或思维活动的发源地,包含神性和魔性、善良和邪恶、无私和自私。悟心是心灵的第三层,即所谓的"如来藏"。这是未来佛性的种子,也称之为本元心、原始慧。藏传佛教对心的划分,目的在于削弱妄心、净化藏识、发展悟心。这种心理转换的连续性,即为藏传佛教所说的解脱过程。

其实,不仅在佛教传统中,而且在别的宗教传统中也都同样拥有关于人类心灵的系统化的阐释和解说。这形成了内含于宗教学说之中的独特的心理学传统,也构成了宗教引领之下的特定的生活形态和心理生活。

第四节　宗教学说的心理学含义

在系统化的宗教学说之中,都具有独特的心理学内容。从特定的角度去加以考察,这些内含在宗教学说中的心理学传统也是系统化的心理学探索,也有自己独特的思想、理论、方法和技术的传承。那么,如何从宗教学说中提取独特的心理学,就是非常有价值的学术任务。宗教学说中的心理学含义可以体现在如下一些重要方面。

一是特定的宗教提供了产生特定宗教心理学的思想基础、理论土壤、实践场所和实现途径。宗教是包容广泛的人类活动。宗教活动中形成了关于世界、社会、人生和心理的特定的思想、理论、实践和行动。这就包括提供了理解人的心理行为的特定的思想前提、理论预设、解释原则、学说框架。在宗教的无所不包的思想理论中,也包含了心理学的内容和学说。

二是特定的宗教提供了属于特定宗教教义的关于人的心理行为,以及关于人的心理行为与特定环境相关联的系统的心理学理论、方法和技术。这给出了关于人的心理行为的理论解说,也给出了建构和验证特定理论学说的方式方法,也给出了影响和干预人的特定心理行为的技术手段。这些体现在特定宗教中的宗教心理学也形成了自己的思想、理论、方法和技术的历史延续和特定传统。

三是特定的宗教提供了关于现实生活、日常生活和心理生活的基本的生活方式和主要的生活方法。因此,如果社会个体融入一种宗教群体,形成一种宗教信仰,具有一种宗教意识,接受一种宗教生活,那么他实际就拥有了一种独特的生活,也就决定了他具有一种独特的生活导向。这其中就包括一种独特的心理生活,或构成了一种心理生活的导向。

有研究指出,以哲学而论,儒、释、道都为意境说的发展提供了深厚的土壤,尤其是佛教理论。① 佛教中的唯识和禅思在中国的传播和发展,更是直接推动了意境说的产生和发展。佛学不仅有着不同于当时中国哲学的哲学思辨,更有用心识分析和禅思内观来观察、解释宇宙、人生一切现象的理论和实践。"识"是以心识为本,一切的客观现象都不离众生心识,现实世界的实质是心识。心识分眼、耳、鼻、舌、身、意、末那识和阿赖耶识,共八识。"境"包括所谓的"六境""六根"和"六识"等的"十八界",统称为"境界"。境界就是认识主体所感受的实在,依赖于心识而存在。

归结其要点,每一识体均可区分为见分和相分两个部分。见分就是分别,是指主体的认识能力,具有能缘虑的一面;相分即为所分别,亦即客观事物的现象,是指所缘虑的一面。按其理论,外境是诸识转变而成的,诸识凭自身的见分来缘虑自己的相分,再由见分区别相分,从而产生"境"。由于识体中包含着历劫因缘所承袭下的清净或污染种子转变为现行,便形成不同的"境",内识在缘境中又不断转变,从而产生新的"识"。

禅宗吸取了唯识学说对"识"与"境"关系的论述,进而提出了自己的意境观。在禅宗发展的早期,对心与境关系的认识吸取了唯识学说的认识论,即心外之境是"尘境",而"尘境"则是因缘而生,没有独立自存的实体或主宰,没有质的规定性,是虚妄相,由心识变现而生,唯有"心境"才是真境。在禅宗发展的后期,对心与境的关系又有了新的认识,即强调心与境相互依存的密切关系,认为"色"就是"境",明心见性必须通过对客体的观照来实现,观境方能观心,主张"对境观心"。禅宗对心与境关系的认识产生了深远影响。

---

① 牛延锋.唯识、禅思与意境说的产生和发展[J].辽宁师范大学学报(社会科学版),2006(6):90-93.

禅定是佛学所有思想的基础，一切佛教的思想无不是禅定思察的结果，佛学理论也大多是禅定思察中证悟的主观体验的总结。所谓禅，意即静虑、摄念或思维修，即冥想的意思，其特征是"心注一境""摄一境性"，其功能是"正审思虑"，端正认识，使之契合佛教义理。禅的修持操作主要是"禅思""禅念"和"禅观"等活动。禅思是修禅沉思，是排除思想、理论、概念，以使精神凝集的一种冥想。

应该说，在不同的宗教理论和学说中都具有关于人类心灵、心灵性质和心灵活动的独特解说和阐释，这其中就包含解说的理论、关涉的方法和干预的技术。这属于系统化的心理学。

第五节　宗教理论的心理学构成

中国文化中非常独特和重要的理论贡献就是心性学说。中国文化具有崇尚道的传统，但是，道的存在与人的存在，道的存在与心的存在，其中的道都并不是外在的或远人的。道就是人心中的存在，心与道是一体的。道就是人性的根本，就是人心的本性。这就是心性说，就是心性论。可以说，只有了解心性学说，才能了解中国文化。

在中国的文化传统中，有着不同的思想流派和思想家，开创和确立了不同的心性学说。这些不同的心性学说发展出对人的心灵或心理的不同解说。首先是儒家的心性学说。儒家学说是由中国思想家孔子和孟子创立的，其重心在于社会，或者说在于个体与社会的关系。儒家强调的是仁道，仁道不是外在于人的存在，而就存在于个体的内心。个体的心灵活动应该是扩展的活动，去体认内心的仁道。只有觉悟到仁道，并且按仁道行事，才能成为圣人。这就是所谓内圣外王的历程。其次是道家的心性学说。道家学说是由老子和庄子创立的，其重心在于自然，或者说在于个体与自然的关系。道家强调的是天道。天道也不是外在于人的存在，而就潜在于个体的内心。个体可以通过扩展自己的心灵，体认天道的存在，并循天道而达于自然而然的境界。再次是佛家的心性学说。佛家的重心在于人心，或者说在于个体与心灵的关系。佛家强调的是心道，心道相对于个体而言是潜在的，是人的本心。个体可以通过扩展自己的心灵而与本心相体认。

在中国的文化传统中,哲学是无所不包的学问。正如有的学者所指出的,从某种意义上来说,中国的哲学就是一种心灵哲学,就是回到心灵的自身,解决心灵自身的问题。中国的哲学传统赋予了心灵特殊的地位和作用,认为心灵是无所不包、无所不在的绝对主体。[①] 其实,中国本土文化中的心性说就是关于人的心灵的重要学说,也提供了关于心灵的独特解说。通过对中国本土文化中心性学或心性说的心理学考察,就能够从中开发出独特的心性心理学的传统。无论是哲学的定位、思想史的定位还是心理学的定位,都要涉及关于心性论的理解和解说。

儒家的心性论是儒学的核心内容,强调仁道就是人的本性和人的本心。通常认为,儒学就是心性之学。[②] 有研究者就认为,心性论是儒学整个系统的理论基石和根本立足点,所以儒学本身也就可以称之为心性之学。[③] 儒家的心性论强调人的道德心和仁义心是人的本心。对本心的体认和践行,就是对道德或仁义的体认和践行,人追求的就是尽心、知性、知天。这也就是孟子所说的“尽其心者,知其性也。知其性,则知天矣”[④],孔子所说的“下学上达”。儒家所说的性是一个形成的过程——“成之者性”,所以,孔孟论“性”是从生成和“成性”的过程上着眼的。[⑤] 这就给出了体认仁道和践行仁道的心理和行为的一体化历程。

道家的心性论是道家的核心内容,把道看作人的本性和本心,也就是人的道心。这强调的是人的自然本性。自然本性也就是人的“真性”,也就是人的自然本心,也就是人的潜在本心。道家的心性论把无为作为根本的方式。无为就是道的根本存在方式,也是人的心灵的根本活动方式。无为强调的是道的虚无状态,强调的是“致虚守静”的精神境界。无为从否定的方面意味着无知、无欲、无情、无乐。无为从肯定的方面则意味着致虚、守静、澄心、凝神。道家也强调“逍遥”的心性自由境界。[⑥] 老子强调的是人的心性

①　蒙培元. 心灵的开放与开放的心灵[J]. 哲学研究,1995(10):57-63.
②　杨维中. 论先秦儒学的心性思想的历史形成及其主题[J]. 人文杂志,2001(5):60-64.
③　李景林. 教养的本原——哲学突破期的儒家心性论[M]. 沈阳:辽宁人民出版社,1998:2-3.
④　孟子·尽心上[M].
⑤　李景林. 教养的本原——哲学突破期的儒家心性论[M]. 沈阳:辽宁人民出版社,1998:8.
⑥　郑开. 道家心性论研究[J]. 哲学研究,2003(8):80-86.

的本然和自然,庄子强调的是人的心性的本真和自由。①

佛教的心性论是佛家的核心内容,强调佛性就在人的心中,是人的本性或本心。中国的禅宗是佛教非常重要的派别。禅宗的参禅过程就是对自心佛性的觉悟过程。这强调的是自心的体悟、自心的觉悟的过程。禅宗也区分了人的真心和人的妄心,区分了人的净心和人的染心。真心和净心会使人透视到人生或生活的真相,妄心和染心则会使人迷失了真心,污染了净心。② 禅宗的理论和方法可以有两个基本命题,即明心见性、见性成佛。禅宗的修行强调的是无念、无相、无住。"无念为宗,无相为体,无住为本。"③

中国本土心理学的发展和演变就应该立足、提取和运用本土的资源。在本土文化的基础上,在本土文化的传统中,在中国文化的背景下,在中国文化的资源内,来建构特定的心理学,来创造本土的心理学。这也是近些年来许多学者努力的方向。在中国本土文化的基础上来建构中国本土的心理学,这也是当前中国心理学研究者追求的目标。回到中国本土文化中,挖掘中国本土文化中的心理学资源,这已经成为许多中国心理学研究者的自觉行动。当然,不同的研究者着眼的焦点也就不同,关注的内容也就不同,思考的方向也就不同。但是,心性说或心性论却是中国本土心理学传统中的根本或核心部分。

蒙培元先生曾经讨论过中国心性论的特点,认为中国心性论具有重要的哲学意义,这虽然算不上是科学的,但在形成中华民族的民族意识和性格方面起过重要作用,是其重要的理论基础。在他看来,中国古代的心性学说具有四个基本特点:一是人本主义。以儒家为主体的中国传统哲学十分强调人的内在价值和地位,特别是儒家以伦理为本位的心性之学,经过理学本体论的论证,把人提升为本体存在,成为宇宙的中心。二是理性主义。这表现为道德理性或超越意识,强调的是形而上的道德原则对于人的感性存在的支配、控制和压抑,而不重视认知理性的发展。三是主体思想。这主要通过情感经验的提升和心的本体化,把社会伦理内在化为自觉

---

① 罗安宪.中国心性论第三种形态:道家心性论[J].人文杂志,2006(1):56-60.
② 方立天.心性论——禅宗的理论要旨[J].中国文化研究,1995(4):13-17.
③ 汤一介.禅宗的觉与迷[J].中国文化研究,1997(3):5-7.

的主体意识,重视自我完成和自我实现,强调群体意识而忽视个体意识。四是整体思想。这是以解决人和自然、主体和客体的关系为其根本任务,把人和自然界看成是一个整体,主张通过直觉与体验去实现人和自然界的和谐统一。①

有研究指出,儒家"心"与"性"范畴的关系体现为三个层面:一是"心性同质,互依互涵"。"心"与"性"的范畴具有"同一性"。二是"互摄互融,整体和合"。"心"能体察"性"之本相,"知觉"就是"心"的现实活动,"知觉"以"性"为内容,"性"是通过知觉体认过程而呈现出"心"的真实。三是"即体即用,体用一源"。"心性"具有本体和功能两个层次,"心性本体"是就存在的本质、本原、本真而言的,"心性功用"是指其具有的观照、认识、体察、觉知功能。儒家十分重视伦理道德的修养和实践功夫。儒家的"功夫论"是围绕着"心性修养"和"心性实践"两个层面展开的。儒家提倡"反求诸己""己所不欲,勿施于人"和"慎独",要求在现实生命中通过向内磨砺的修习而不断地完善心性修养,达到人生追求的"道"。②

有研究指出,道是道家心性论的理论基础,由道而性而心,是道家心性论的具体展开。命论与生死论是道家心性论的外在延伸。致虚守静是道家修养论的主旨。自然、自在而自由,和谐、和睦而和适,是道家心性论的基本内容。如果说,性是指人先天的、本然的方面,即人之天然之质,那么,心则是指人后天的、实然的方面,即人之内在精神,或是人之精神的主宰。由性而心,就是由先天的向后天的落实。人之性必显现于人之心,由人之心,亦可见出于人之性。自然、自在而自由,根自于道,由道而成性,由性而成人之心,成为人之精神,成为人精神的本真,成为人的精神生活。这种精神生活就是道家推崇的精神生活。这种精神生活的基本内容,亦是自然、自在而自由。自然、自在而自由,为一整体,本身亦不可分离。③

有研究指出,禅宗是最典型的中国化佛教宗派,因重于禅,主参禅,故名。禅宗着重从人的心性方面去探求实现生命自觉、理想人格和精神自由

---

①　蒙培元.浅论中国心性论的特点[J].孔子研究,1987(4):52-61,70.
②　黄诚.儒家"心性论"的系统架构及其思想开展[J].江西社会科学,2009(6):62-65.
③　罗安宪.中国心性论第三种形态:道家心性论[J].人文杂志,2006(1):56-60.

的问题。禅宗把心看成是人性的主体承担者。禅师们既重视心也重视性，并把心与性结合起来，从而也就把心看作存在的范畴。他们把实现自我觉悟、开发自己心灵世界作为人生的主要任务和最大追求，强调要自识本心，自见本性，实现自我超越，解脱烦恼、痛苦和生死，成就为佛，即在有限、短暂、相对的现实中实现无限、永恒、绝对。不同宗派求得解脱的根本宗旨是一致的，或基本上是一致的，这种一致性是基于共同的心性论，都在心生万法的基础上强调众生的自心、自性的清净，都肯定众生具有真心、净心，也就是人人都有佛心、佛性，主张即心即佛，心即是佛。佛性、如来藏心或真心是禅宗心性论共同的思想内核，都认定众生具有如来藏心或真心，因此都提倡通过这样或那样的禅修，以求证悟成佛。这之间最主要的区别是，早期的禅师多偏于真心与妄心的对立，强调去妄求真、灭妄存真，而后期的禅师则强调真心和妄心的统一，甚至不讲妄心，主张直指本心，顿悟成佛。①

　　有研究对儒、道、佛的心性论进行了比较，认为儒、道、佛三学是中国传统思想文化的主要或核心资源。儒、道、佛三家各自突出的具体因素虽然有所不同，但并不是完全对立的。就心性论而言，不管是儒家、道家还是佛家，都强调本体——境界——功夫的一致与贯通，强调融功夫于境界，融境界于本体。心性论也可称为心性之学，是关于人的心性的理论或学说。心性论探究和阐述的问题主要包括三个方面：一是人的本性、本心如何的问题；二是人的精神追求的问题；三是人的精神修养的问题。首先是儒家之"敬"。"敬"不仅是为人做事的态度，也是修养修行的功夫。在儒家看来，人之有敬心，是人有爱心的具体体现。人皆有爱心，人皆有敬心。修行者，立其诚，持其敬。诚意、正心，其实亦只是敬。故修行、存养的功夫，重要的就是敬。其次是道家之"静"。在道家看来，道是万事万物的根本。作为天地万物存在的本根，道成就了天地万物。但是，道成就天地万物，并非有意作为，而完全出于无意作为。"道法自然"，非谓道之外更有其自然。"自然"不过是对道的作为的形容。"自"为自己，"然"为样态。"自然"，也就是自生、自化、自成，也就是自本自根，没有外力强迫。道的本性是自然无为，自然无为的一

---

① 方立天.心性论——禅宗的理论要旨[J].中国文化研究,1995(4)：7-11.

个具体表现就是虚静。修养的功夫，就是涤除人的物欲贪念，以恢复人之清静本性的过程。"致虚"，虚其物欲之心；"守静"，守其无为之境。第三是佛家之"净"。"净"本义为清洁、干净。佛教所谓的"净"，是相对于染、污、秽、垢而言的。净有净土意义的净、净性意义的净、净心意义的净。儒家强调"敬"，"敬"突出的是恭敬的态度、认真的作风和虔诚的精神；道家强调"静"，"静"突出的是保守自我，突出的是不为外在事物所左右、束缚；佛家强调"净"，"净"突出的是内在精神的自在、清明与空灵。对于儒家而言，"敬"是本体，是境界，也是功夫；对于道家而言，"静"是本体，是境界，也是功夫；对于佛家而言，"净"是本体，是境界，也是功夫。①

有研究详尽地考察了心性修养的功夫，在具体层面给出了心性修养的实现路径。② 可以说，在历史的进程和在文化的传统中，形成和传承了心性修养的许多成熟而有特色的功夫。

一是养气。大体上说来，气是流动的、浑然不可分的。"气"本身超越了任何有形的界限，兼有物质、功能、信息三种性质。气介于身体与心灵、精神与物质、个体与群体、意识与无意识之间。养气的功夫包括数端。其一，集义。行事合于道义，内心没有亏欠，则理直气壮。其二，知言。知言则明辨是非，对于一切复杂的人事都能不疑惑、不动摇，泰然处之。

二是尽心。这也就是所谓的求放心。人的心念大约可以分为两类：一类为原始心，这是由天性的自然需要引起的，孟子称之为本心、赤子之心、良心；一类为缘起心，这是与外界事物相接触而生，孟子称之为放心。原始心是先经验而有，简单直遂；缘起心因受外物的牵引而不由自主，并附带了种种的经验，已远离本性而失去心的本来面目。修养就是保有本性，恢复面目全非的本心。

三是心斋。斋的本意是祭祀前的准备状态：避免刺激，身心收敛，整齐严肃，临祭时才能与神意相感通。所谓心斋，就是集中精神、专心一致的意思。用耳听不如用心听，用心听不如用气听。这已经成为排除思虑和欲望、达成心境的虚空具有的一种独特的精神修养方法。

---

① 罗安宪. 敬、静、净：儒道佛心性论比较之一[J]. 探索与争鸣，2010(6)：65-70.
② 周一骑. 论中国的心性修养之学的若干特色[J]. 南开大学法政学院学术论丛(下)，2002(S2)：110-115.

四是合一。这也就是强调形神相守、身心合一。人的身心本来是一体的，而精神较之身体，心理较之生理，相对要更加活跃。但是，如果到了精神劳攘、心理烦乱、神不守舍的地步，就不属于理想的状态。如果能够撤去心知的干扰，自发自动，天机用事，自然就会耳聪目明、四通八达。这是一种"机体的智慧"，即不用智慧的大智慧。

五是减损。减的功夫必须从内和外两个方面同时入手：一是从外的方面，就是要减去或减少感官接受到的外部刺激；二是从内的方面，就是要在自己的内心减少偏见和欲望。实际上这就是努力回归到道性本身。大道至简，各种刺激和欲望则会拖累到对道的体认。

六是慎独。所谓"独"，是人不知而己独知的内心活动。人的当下一念，别人无从知晓，只有自己最清楚。常人对此多疏忽不留意。用力修养者则小心谨慎，不轻忽放过。因此，慎独就是指人们在个人独自居处的时候，也能自觉地严于律己，谨慎地对待自己的所思和所行，防止有违道德的欲念和行为发生，从而使道义能够时时刻刻伴随着自己。

七是持敬。持敬功夫约有四端。其一是专一。无论大事小事，要使自己的精神思虑全部集中在这件事上。其二是内敛。人心如一面镜子，本来没有什么影像，事物到来之时才能照得清楚，处理才能得当。如果事情还并未发生，却生出许多期待、考虑；事情都已经过去了，还残存许多影像、情绪。这些东西积存多了，烦恼、偏见也就多起来。不管心里存着什么东西凝滞不化，都是心的障碍。这就需要"时时省察"和"随事检点"的功夫。其三是省察。要解决人心的念虑太多、扰乱不安的问题，就要摄持自己的心，时时刻刻提醒和持守此心，一有不好的念头出现，就要警觉到，去除掉，不要姑息，不要让心昏昏不觉，跟着走了还不知道。其四是随事检点。事事不放过，孔子教颜回非礼勿视、勿听、勿言、勿动的功夫。这种功夫看来呆板，其实是最实际、最亲切的。

很显然也很明确，中国本土心性学与中国本土心理学是内在相通的。或者，中国本土心性学可以成为中国本土心理学创新的基础、学术的资源、思想的传统、理论的源泉、方法的依据和技术的启示。从中国本土的心性学到中国本土的心理学，并不是简单的延伸，而是需要相应的转换，这种转换也就决定了中国本土的心理学现实与未来的发展。

第六节　宗教治疗的心理学意义

有研究考察了宗教文化与心理治疗的相关问题。① 研究指出，自人类有史以来，宗教和神灵就与疾病及其治疗息息相关，远古时期，宗教、心理及医学并未分离。在相当长的时期内，牧师承担着宗教治疗和心理治疗的双重角色，医学治疗由医生执行，医师与牧师职业相安无事和平共处。然而，心理治疗并未与宗教治疗分离，体现在以下方面。

一是宗教文化对疾病与健康的观点。任何宗教，其最基本的目标都超越了世俗的满足于躯体、精神和社会的完好状态。不同的宗教有不同的目标，基督教的目标是拯救世界，佛教的目标是消除孽障，到达极乐世界，道教的目标则是达到阴阳合一，儒教的目标是人们生活的中庸状态。临床医生和精神病学家在治疗疾病的过程中，很难把疾病的目的论观点结合到疾病的因果论观点中。然而，当他们反思自己治疗疾病和照顾患者的临床经验时，这种结合就不会如此困难。如果这种结合是成功的，就能够帮助患者祛除病因，消除危险因素，增强或激活痛苦的潜在积极意义，即走向更加成熟。因而，治愈就不只是消除痛苦，而是变成一种人格的整合，使人更加完善，而不仅是恢复到病前状况。

二是宗教文化对精神与体验的定义。从 21 世纪对精神的理解到精神体验引用的精神成熟的标准，宗教和健康的研究者已经为精神性下了各种各样的定义。精神性是包括有组织的宗教信仰者在内的各种宗教性体验，因此，宗教只是精神性体验较为普遍的形式，人类精神性体验有更广的范畴。尽管宗教的最终目标具有共同性，但是不同的宗教在其特定的价值系统中有自己的特征性表现。改变个体对待生、死、幸福和苦难的态度的诸因素中，宗教文化是最有力的。

三是宗教及精神性体验对心理健康的意义。宗教文化对精神健康有或好或坏的影响。宗教文化自然为促进躯体和精神健康提供了有利的条件。

① 杨彦春，段明君.宗教文化与心理治疗的相关问题[J].中国临床康复，2005(9)：160-162.

但是，无论是欧洲还是亚洲，都有过宗教活动及群体性精神体验对精神健康的危害。缺乏文化敏感和宗教态度来理解精神病理的精神科医生和心理医生，可以从宗教从业者那里获得一些教益。

四是宗教文化理解的精神成熟与心理健康。很难给心理卫生一个标准的、易于理解的定义，因为这一术语不可避免地涉及高度主观的价值体系。可以说心理卫生的概念是变化的。宗教的精神完满概念和医学的心理卫生概念是不一样的。在特定情况下，这两种概念甚至是对立的。以宗教的观点来看，主观感觉良好并不代表完满。一个承受着痛苦的人较一个自我感觉躯体和精神都良好的人，更有机会达到精神的成熟和完满。尽管要把自然科学的因果原则和宗教神学的目的论观点结合起来是十分困难的，但在精神病学中把两者结合起来是值得努力的。

宗教文化是一种普遍的文化现象，并体现在个体的信仰、态度、行为方面。宗教文化共同的核心是从以现实为基础的自我意识到自我与人格化的精神象征的连接，达到心、身、灵的和谐和完满。与宗教文化相关的精神性体验对个体具有双重作用，这一方面使个体脱离现实，进入一种改变了的意识状态，表现出异常的精神活动，另一方面宗教文化中的精神性体验也是个体自我意识进一步发展和成熟的境界，个体能整合不同的意识改变状态，达到更进一步的人格成熟和更良好的适应。

有研究考察了佛教禅学的精神治疗的心理学思想。[①] 研究指出，综观整个中国佛教禅学，可见其大体围绕三个焦点展开：一是人性与佛性的关系，即成佛的可能性；二是从人性到佛性的进程，即修禅实践；三是人性转变为佛性后的状态，即修禅所得的果位。这是三个相互关联、彼此循环的问题，其主题是如何救治现实中人的业已沦失的精神和灵魂，并关注生命的终极意义。可以说，这三个焦点确立的实际上是一个针对人的精神偏离状态的治疗方案。据此，可以总结出一个禅学治疗的心理学模型，简称为"信仰—超越"模型。这个模型有以下六个要点或步骤。

一是信仰的确立。信仰在心理治疗学上的含义是指，确证至少有一种

① 刘华.佛教禅学的精神治疗心理学思想[J].安徽师范大学学报（人文社会科学版），2000（1）：138-144.

优于来访者既有心理水平的行为模式,可以给来访者带来好处,解决来访者在心理生活中遭遇的困惑、障碍甚至灾难。禅学作为解除人的各种业障(身心障碍)的手段,首先要解决的就是修禅者的信仰问题。修持的程序主要是以"止观"为核心的各种禅定方法。二是感性的体证。禅学史上有所谓渐悟和顿悟的分别,本指一种判教方法,但也意味着两种不同的参证系统和两种不同的心理治疗方式。渐悟、顿悟都是从感性入手的,渐悟不必说,顿悟之"无念"也还是一种感性证悟。三是自我的回归。人生活于苦难中不得解脱的根本原因,就在于人们将其自我定错了位。禅作为证佛的门径就是要人对自我重新定位。只有将自我定位于"真如"(真实的空)才是正确的,禅学认为真如就是佛性。四是生活的践行。禅学注重以日常生活践行为修禅治病手段的传统。在禅学看来"自性"是否真正获得,还必须在日常生活中磨炼体会。五是自我的转换。这是指小我的消解与大我的建构。般若智慧是"无分别"智慧,对于佛性来说,"无分别"就是众生平等,人人都有佛性。个人自我是小我,限于小我,就是有分别,故而小我不是佛性。只有建构起一个超越了小我的"大我",无善恶区分,悉皆等同,才是真佛性。六是心灵的境界。这是指解脱与超越。解脱与超越是禅学的最高境界和终极果报,也是心理治疗的最终目标。这是"安心""自然""适意""澄净"等纯粹心理学意义上的人生境界。这是一种将一切放下甚至将生死置之度外的宁静和旷达。

无论是宗教的身体疾病治疗,还是宗教的心理疾病的治疗,都内含特定的治疗的思想、理论、方法、技术和工具。心理治疗需要自己特定的资源,从宗教和宗教心理学中就可以获取这样的资源。在人的现实生活中,宗教的存在、宗教的信仰、宗教的方式等,都给了人能够以宗教的方式去解决身体疾病和心理疾病的途径。宗教治疗的心理学意义就是能够使普通人获得和保有心理的健康。

第五章　世界宗教的心理学

无论是在世界文明的基督教、伊斯兰教和佛教这三大宗教中,还是在中国的儒教、道教和禅宗这三大流派中,都能够发现或找到体现特定文化传统特征的心理学的学说、理论、方法、技术和工具。这就是宗教的宗教心理学,其中就体现了特定宗教的关于人的心理行为的独立和独特的解说。基督教拥有基督教的心理学,伊斯兰教拥有伊斯兰教的心理学,佛教拥有佛教的心理学。同样,儒教拥有儒教的心理学,道教拥有道教的心理学,禅宗拥有禅宗的心理学。因此,重要的是去发现宗教传统的心理学意蕴。

第一节　世界三大宗教文化

有研究对基督教文化进行了概括。[①] 研究指出,基督教文化是一种以基督教为其存在基础和凝聚精神的文化形态,包括其崇拜耶稣基督的宗教信仰体系,以及相关的精神价值和道德伦理观念。在约两千年的发展中,这一文化形态形成了自己独特的神学理论建构、哲学思辨方法、语言表述形式和文学艺术风格。这通常是作为以教会为中心的社会存在体制和组织机构,来开展各种社会、政治、信仰、崇拜、思想及文化活动,由此而具有特色鲜明的政治经济结构、社会法律制度、行为规范准则和传统风俗习惯。基督教文化导源于古希伯来文明和古希腊文明,通过漫长的发展演变成为一种世界性宗教文化。这不仅在较大程度上决定了西方文化的形态特色和发展走向,而且在全球范围形

---

① 卓新平. 基督教文化概览[J]. 中国宗教,1996(3): 29－32.

成了广泛影响，与许多民族的文化发生了交融互渗的密切关系。

基督教哲学萌生于古代教父学。基督教哲学在中世纪以经院哲学的形式得以系统化，通过哲学思辨而使其神学信条理论化、体系化。近代以来，西方哲学出现了与基督教哲学相分离的趋势，但许多学说流派仍保留了基督教思想的痕迹。新的思想精神及研究方法的涌现亦为基督教哲学的变化、革新提供了相应的理论依据和模式。此外，西方近代哲学的发展虽然扬弃了神权中心论，却仍与基督教的发展相呼应、有衔接。基督教哲学在现代社会中保持了其全面发展，并在整个西方宗教哲学中占有举足轻重的地位，反映出基督教思想文化在现代社会中的革新与变化，代表着基督教文化体系的内在层面和精神意趣，其对人之终极关怀和现实关切的展示及阐述正在引起人们的普遍关注和深入探究。

基督教文学是一种影响深远的宗教文学。在其产生时，曾深受犹太教"先知文学""智慧文学"和"启示文学"的启迪与熏陶，在此基础上形成了其最初的"圣经文学"和"教会文学"，并对罗马后期的拉丁文学创作影响颇大。中世纪欧洲文学以基督教文学为主，其创作手法突出体现了源自《圣经》之隐喻、比喻、启示、象征的"寓意"特色。

文艺复兴运动虽然打着复兴古典文化的旗号，实际上却仍是基督教文化本身的革新运动。这代表了对中世纪传统模式的突破与扬弃，反映了近代精神的孕育和显现。不过，这种文化或文艺上的"复兴"与"创新"并没有根本脱离中世纪欧洲的基督教文化土壤。

基督教艺术是指以基督教《圣经》、神学教义、神话故事和历史传说等为题材的宗教艺术，其特点是突出基督教的灵性、象征、抽象和超越意义及其终极追求和关切，其艺术造型是旨在用"可见的东西"和形象来表达基督教的信仰、体验和激情。基督教艺术在形式上包括其在时间中表现的艺术和在空间中表现的艺术。前者指基督教音乐及与之相关的诗歌，后者则包括基督教绘画、雕塑和建筑艺术等。

音乐和诗歌是在持续的时间流变中展示其思想内容和艺术美感。早期基督教音乐来源于古希伯来音乐传统。基督教继承了这一音乐传统，并在此基础上发展出以圣乐、圣剧及崇拜礼仪中的音乐为主体的教堂音乐。罗马帝国后期，教堂音乐形成以赞歌颂诗为主的独特体系，此后创立的单声部平咏调被中世纪教会定为"教堂歌调",曾对整个欧洲音乐的发展起过重大作用。

绘画、雕塑和建筑则是在平面或立体空间中展示其艺术旨趣和造型。基督教造型艺术以这些空间艺术象征表现了基督教的信仰精神和思想情感。基督教绘画和雕塑在其内容或主题上,一是选用圣母的故事,二是借用耶稣的生平,三是利用创世记传说,四是采用最后审判的教义,五是根据《圣经》和基督教历史事件的情节,六是对先知、使徒、圣徒形象和基督教历史人物肖像的描绘。基督教建筑以教堂建筑为主。基督教在公元4世纪被立为罗马帝国国教后,开始建造自己独有的基督教堂,从而兴起基督教建筑艺术。

基督教文化以这些生动、形象和深刻的表现形式,反映出基督教信仰精神影响下人类群体的思想情感、文化心态、审美意趣和致知取向,构成了人类文化中的丰富内容。作为重要的世界文化类型之一,基督教文化经历了漫长的发展演变过程。

有研究考察了伊斯兰文化的基本特征。① 研究指出,在穆斯林的世界中,伊斯兰教与伊斯兰文化交相辉映,共同促进了穆斯林社会的发展。伊斯兰教是一种与特定的时代相联系,并具有多种表现形态和丰富内涵的社会性的精神现象和文化现象。在伊斯兰教与伊斯兰文化漫长的发展过程中,有一些共同的本质特征贯穿始终。一是矛盾的乡土情结:扩张与朝觐。伊斯兰教产生后,开始了大规模的领土扩张,阿拉伯人和阿拉伯帝国的财富由于军事扩张而急剧膨胀,生活有了显著的改善,但他们的精神依然如故,即渴望回归故土。对此,伊斯兰教中规定的"五功"之一的"朝觐"满足了广大穆斯林的愿望。二是独尊的安拉激情:荣誉与简洁。按照穆斯林的传统,伊斯兰教的根本经典《古兰经》是穆罕默德随时随地口谕的"安拉启示"的汇集,其中包含了丰富的内容,是穆斯林的个人生活和一切活动的基本准则。真主安拉在全体穆斯林的心目中是至高无上的,是世界上唯一的神,是至仁至慈、全知全能的神,是万物之主、宇宙之源。在伊斯兰教中,真主安拉充满了造物主的智慧,万物包括人的一切都是真主先定的,因此,真主安拉在穆斯林的心目中是至尊至大、完美无缺的,是行为的指明灯,是生命的重要组成部分。独尊的安拉激情源于伊斯兰教的一神性,也与伊斯兰教直截了当

---

① 刘成有.论伊斯兰文化的基本特征[J].云南社会科学,2002(1):53-58.

的简洁有关。伊斯兰教十分简约,因为初期信众贝都因游牧人和古莱氏商人大多数是文盲,教义复杂化不利于扩大影响。三是积极的入世态度:世俗与经商。同早期基督教和佛教等宗教的出世相比,伊斯兰教从一开始就具有强烈的入世性,主张入世与出世并举,现世与后世相连,不与世俗社会相脱离。从《古兰经》和《圣训》中涉及的大量内容来看,伊斯兰教既是一种宗教的信仰体系,又是一种宗教的社会体系,也是一种宗教的文化体系。伊斯兰教教义与教规具有同等地位,教法具有宪法的权威。教法不分民法、刑法及宪法等,并与道德规范融为一体,具体地规定了社会关系、家庭关系、财产继承、犯罪惩罚、婚丧礼仪、妇女地位、释奴济贫、饮食起居、言谈举止等人类行为各个方面的行为规范。四是原始的部落意识:忠诚与争斗。早期的阿拉伯人生活在部落这种松散的社团里,过着紧衣缩食、自给自足的生活。他们生活在部落里,当然也要为部落而活着,完全忠实并献身于部落,因为脱离了部落也就等于失去了生存的条件。同时,由于沙漠中游牧经济的特点,掠夺又是早期阿拉伯人的惯常行为,所以保护部落也就成为他们的重要职责。五是顽强的沙漠精神:坚韧与冒险。阿拉伯人对沙漠既热爱又惧怕,天长日久,在他们身上也就映射出坚韧和冒险的沙漠精神。这种精神在伊斯兰教产生以后,也深深地印刻在伊斯兰文化中,并始终体现在信仰伊斯兰教的民族身上。

有研究考察了佛教文化的传承与创新。[①] 研究指出,佛教文化的传承是指佛教文化的传播和承袭,佛教文化的创新则是指佛教文化在发展过程中除旧立新。传承与创新是佛教文化发展的两个基本样式。从历史来看,佛教走过的全部路径,经历的发展轨迹,不外乎传承与创新。一部佛教文化发展史就是一部佛教文化传承与创新的历史。佛教文化的传承内涵十分丰富,包括义理、戒律、仪轨、修持等,传承方式多种多样,包括传译、讲习、传授、传心等,有的宗派还形成了师徒传承系统。佛教文化传承的过程是一个不断在时间上承继、在空间上传播的过程,实质是一个不断在历史和地域的传承中协调矛盾、平衡矛盾、克服矛盾的过程。佛教文化的传承主要是核心内容的传承,即佛教文化传统的传承。佛教文化传承与佛教文化传统是不同的概念,前者是动态概念,指佛教文化的流传承继,后者是静态概念,指佛

① 方立天.佛教文化发展样式:传承与创新[J].中国宗教,2009(4):16-21.

教文化的内在核心、基本信仰、价值观念、思维方式、行为模式等。佛教文化传统构成佛教文化的核心部分，也是佛教文化传承的核心内容，所谓佛教文化传承，最根本的是传承佛教文化传统。创新是佛教文化发展的本质要求。佛教在广大信徒修持实践中高扬"依法不依人"的原则，把佛法、真理的权威置于个人权威之上，体现了追求真理的精神。佛教在弘扬佛法方面提倡"如理如法"和"契时契机"相结合的原则，即一方面要求符合佛法和真理，另一方面又要求契合时代特点和传教对象的具体条件，并把两个方面有机地结合起来，体现了理论与实际相结合的精神。佛教文化创新的内容，包括宗教派别的形成、义理学说的创新、仪轨制度的调整等。其中最重要的是义理学说的创新，因为义理学说影响佛教的仪轨制度建设和信徒修持实践，具有影响全局的主导意义。缘起说和苦、集、灭、道"四谛说"是佛教的基本理论、主要信仰与核心价值，佛教界人士的阐释凡是符合这一核心思想、核心传统的，都是对佛教理论的继承和发展。佛教文化创新的途径之一就是佛教本土化。在中国，佛教本土化也就是佛教中国化。佛教中国化的途径和内容主要体现为佛教义理学说、佛教神灵信仰、佛教伦理道德、佛教文学艺术以及佛教制度教仪五个方面的中国化。佛教中国化是整个佛教发展史上最重大的创新成果。佛教文化的传承与创新的实践者，除了要具备佛学素养和修持经验以外，还需要有两个自觉，一是佛教文化的传承自觉，二是佛教文化的创新自觉。

世界三大宗教中都包含对世界、生活、人类、人生、心理、行为等方面的系统化的理解和解说。尽管这种理解和解说都是与特定的宗教教派和宗教学说直接相关联的，但是也都内含着具有普遍意义的思想和理论。对于心理学的研究来说，无论是哪一种宗教学说中的心理学，都是非常重要的心理学资源。

第二节　基督教义的心理学

罪感意识是基督教的基本精神，也是西方文化的重要特征。[①] 从基督教诞生以来，西方人就受罪感意识缠绕，认为人生来就有原罪，因而在尘世受

---

① 陈刚. 罪感与救赎——基督教的基本精神及其嬗变[J]. 江海学刊,1995(6)：92-98.

苦受难,面临死亡威胁。他们一心想摆脱这种威胁,使灵魂获得救赎,生命获得永生,因而产生对天国的渴望与对上帝的追求。

罪感意识在基督教那里有广狭两义。广义是指一切人都生有原罪,这种原罪是从始祖亚当、夏娃那里继承来的,因为他们不听上帝的劝告,偷吃了善恶树上的智慧果,因而被罚下凡尘,连及子孙过有生有朽的生活。在此看来,罪是普遍存在的,无人能够例外。狭义是指不信上帝之罪,主要是指异教徒及道德败坏之事。基督教则宣扬基督以自己的生命为赎罪祭,承担人类的所有罪恶;只要相信基督,就能超沉沦,出苦海,获永生。对人类说来,只有摈弃现世、笃信基督和获得救赎。因此,信仰耶稣,义无反顾,责无旁贷。基督教的基本精神正从此而来,这种精神统治欧洲人的心灵至少上千年。从此角度看,说西方文化为基督教文化甚至罪感文化,并不为过。

救赎意识是罪感意识的另一面,这两方面一正一负,构成基督教精神的主干。罪是否定性因素,有了罪才有赎罪,才有拯救的希望和永生的渴求。这种希望与渴求,是维系基督教信仰的深厚根源。在基督教文献中,同罪感意识相联系的有一系列概念,如罚、苦、死、朽、末日、地狱、炼狱、魔鬼、邪恶、黑暗、肉欲等。同救赎意识相联系的正面观念有灵魂不朽、肉体复活、永生、幸福、天国、上帝、绝对、无限、至善、光明等。这两个系列的观念相互对立、相互渗透,为基督教的生长与发展提供了丰富内容。

在摈弃现世、笃信上帝、向往彼岸、寻求永生方面,基督教与其他宗教并无实质区别,特点是用罪感意识与救赎意识把这些观念综合起来,从原罪说、救赎说、肉体复活、末日审判和天国永生,形成了一个独特的宗教理论体系。宗教的负面因素(否定现世)与正面因素(寻求永生)都得到了深化,宗教信仰与宗教意识都得到了强化。

资本精神与新教伦理的嬗变就在于,资本主义的诞生以商品经济的充分发展与合理化为前提。然而,经济发展的进一步合理化却有一个思想上的障碍,这就是基督教的罪感意识与禁欲主义价值观。宗教改革是个人主义的,这也许是最重要的特点。过去救赎之权掌握在教会手里,广大信徒在灵肉分离的两端受煎熬,深恐被上帝遗弃,而在他们与上帝之间还横亘着教会。现在路德清除了教会,人与上帝的关系一下打通。宗教改革还体现着一种自由平等的精神。自由在这里主要指精神自由或信仰自由,既然打通了人与上帝的关系，一切外在权威与强制都变得不再必要。信仰是自己的事，不能强制，有强制就没有自由，灵魂得救之事别人不能代替，唯有靠自己对上帝的信仰。一种新型的资本主义精神诞生了。第一，合理的天命主义。这是一种独特的责任感与天职观。新教把劳动、赚钱看作一种天职。天职就是神赋使命，人因之具有一种责任感与使命感，去努力从事自己的工作。第二，合理的功利主义。功利主义追求什么时候都有，但合理的功利主义自新教始，合理不仅体现在追求功利的活动具有节欲、勤奋、守信、公正等传统美德上，更体现在能打会算的实用理性上。第三，合理的禁欲主义。基督教禁欲主义在新教中被改造和合理化，不是折磨人的苦行，而是入世的自强不息的奋斗，最大限度地利用时间工作，利用金钱投资，以取得事业成功，以此荣耀上帝，尽自己天职。

有研究考察和论述了基督教的经典《圣经》，认为《圣经》对人类精神现象的理解体现出古典心理学的显著成就。[①] 中世纪犹太—基督教神学家将哲学对人类心灵的诠释提升到新的高度。弗洛伊德和荣格对《圣经》均有深入思考，擅长将《圣经》文本用作建筑其心理学殿堂的材料，这方面的学术成果为当代心理学——精神分析文论的形成作出了重要贡献。

当代心理学文论，包括精神分析文论及其他心理学流派的文论，是在多方面汲取了前代学术资源的基础上形成和发展起来的，其中就富含《圣经》—基督教心理学研究的早期成果。弗洛伊德、荣格等心理学大师对《圣经》均有独到的见解，他们的相关学说丰富了心理学文论的宝库。

在《圣经》表达的精神世界中，"心灵"有注意、思考、想象、明了、辨析、记忆等功能，能体验欢喜、快乐、愁烦、伤痛、苦楚、忧虑、想念、关爱、同情、信赖、盼望、刚强、贪婪、憎恶、嫉妒、沮丧、恐惧、愤怒、软弱等情感，可表达决断、安定、坚忍、勉励等意志，还能显示谦卑、温柔、诚实、正直、清心、洁净、敬虔、自持、骄傲、诡诈、自欺、多疑，刚愎、暴戾等多种人格品性或道德情操。

《圣经》虽成书于遥远的古代，但对人类心理活动和精神世界的揭示却毫不逊色。对这类问题的研讨成为犹太教和基督教人性论的重要内容，人性论与上帝论共同构成其神学体系的两级，是其神学大厦的柱石之一。人

---

① 梁工.圣经研究对心理学文论的建构意义[J].平顶山学院学报,2011(1)：92-97.

性论虽然是用神学的话语解读人心,但对人类精神现象的深刻理解体现了古典心理学的显著成就,也为现代心理学及其文学理论的诞生贡献了可贵的初始性资源。

毫无疑问,基督教学说中蕴含着从基督教出发的关于人的心理行为的理解和解说。这种心理学不仅提供了关于基督教徒的心灵活动和心灵改变的解说和影响,而且提供了关于人类的心灵活动和心灵改变的理解和阐释。这是根源于基督教传统、基督教学说、基督教理论的独特的宗教心理学。

第三节　伊斯兰教的心理学

"伊斯兰"不只是一般意义的宗教,而且是一种经济制度、社会制度和法律制度,同时也是一种具有广泛影响力的社会生活方式与文明方式。① 在传统伊斯兰社会制度下,由于社会上不存在独立于宗教的思想文化体系,因此所谓个体身份认同,就是认同伊斯兰宗教价值观。历史上,这种传统的宗教文化价值观主要体现为以真主名义颁布的伊斯兰教法,规定了成为穆斯林在日常生活各个领域必须严格遵从的思想道德规范和基本行为准则。这对穆斯林民众个体身份认同的影响主要表现在三个方面。首先,这为穆斯林个体的身份认同提供了唯一的不可替代的价值源泉。对于穆斯林个体而言,信仰伊斯兰教既是价值观的一种自我选择认定,更是践行真主"预定"的道德义务。其次,这为穆斯林个体的身份认同制定了具体的伦理道德规范和行为准则。这以宗教的名义将人际关系转化为信徒个体与真主的关系,并作出相应的规定,以便从宗教信仰、宗教义务的角度去指导、约束和规范人的行为。最后,这为穆斯林个体的身份认同规定了终极目标。伊斯兰教提倡"两世吉庆",轻今生而重来世的思想不像有些宗教那样强烈。尽管如此,伊斯兰教仍坚持认为,今世的物质生活是短暂的、次要的,而后世的精神生活则是永恒的、根本的。因此,相信"世界末日"和"死后复活"成为伊斯兰

---

① 　吴云贵.伊斯兰宗教与伊斯兰文明[J].阿拉伯世界研究,2009(1):3-11.

教的基本信条之一。对于穆斯林个体而言,这意味着只有在今生就被列入"天道",并不断用善行义举来证明自己的虔诚,才能在后世进天堂,获得"两世吉庆"。

伊斯兰教是具有广泛社会参与性的一种宗教信仰和文化方式,以其宗教精神和价值准则来指导社会生活,并对偏离"正道"的社会行为予以匡正,是这一宗教传统的显著特色。历史上,伊斯兰教对于社会生活的影响涉及政治、经济、伦理道德、法律制度和文化教育等诸多领域。概而言之,伊斯兰教的历史影响以"政教合一"的国家观,族教同源、族教一体的民族观和社会发展观最为重要。

伊斯兰文化的共性是指伊斯兰教精神文化本质的同一性,这是伊斯兰教教义思想传播过程中系统化、规范化和制度化的结果。无论伊斯兰教传播到何处,世界各地的伊斯兰文化都具有这一共同的本质。具体说来,伊斯兰文化的统一性表现为三个不同的层次:首先是"认主独一"的宇宙观、人生观。"认主独一"是伊斯兰教信仰体系的基础,即承认真主是宇宙万物唯一的创造者、主宰者和恩养者,而包括人类在内的宇宙万物则是真主的"造化物"。其次是伊斯兰制度文化对于世界穆斯林的知与行的深广影响。如在认知方式上,他们都主张把不证自明或先验的宗教启示知识(《古兰经》)、世代相传和经过考证的传述知识(圣训)与包含逻辑推论的宗教法学知识(伊斯兰教法)相结合而又有所侧重。启示知识直接源自真主的启示,属于不容怀疑、永无谬误的"绝对知识"。传述知识源自伊斯兰教先知穆罕默德及早期穆斯林一代的社会历史经验,是对启示知识的权威注释和重要补充。伊斯兰教法对传统伊斯兰文化具有决定性的影响。伊斯兰教素以"法律化宗教"和"规范性宗教"著称。以真主启示名义颁布的伊斯兰教法,为穆斯林信众提供了一整套宗教道德性质的行为规则,据以指导、规范其日常生活。作为一部完整的社会立法,伊斯兰教法以统一的法律规定、道德准则和行为规范来约束全体社会成员,有利于社会的整合、稳定和有序运作。

伊斯兰文化的个性化或多样性,主要是指这一文化系统内部子系统之间的差异性。这些差异是在伊斯兰文化统一性前提下的差异,因而也是伊斯兰文化千姿百态、丰富多彩的一种体现。这种文化差异性或多样性,主要是由伊斯兰文化在形成和发展过程中受到外来民族文化、地域文化影响造成的。伊斯兰文化消化和吸纳外来的地域和民族文化的过程，既是一个按照伊斯兰教信仰的要求统一化、规范化的过程，同时也是一个异质的非伊斯兰文化影响伊斯兰文化的过程。在此文化碰撞、交融和创新过程中形成的伊斯兰新文化，是一种独具特色、个性鲜明的综合文化。

有研究考察了伊斯兰文化的心理学内涵。[①] 研究指出，在伊斯兰这种特定的文化模式里，处处贯穿着现代心理学倡导的个性塑造过程，包括行为动机、价值判断、行为选择、信念、气质、智力和知识等许多命题，还包括人类相互交往的社会化过程中自我意识，认知者与被认知者之间的关系以及人类群体的亲和行为等的社会心理学知识。

伊斯兰文化对人格的界定是一个人如何处理财富、权力的行为，如何协调人际关系，认为财富与地位并不能代表一个人的人格，而要看一个人对真主信仰的自觉性，个性品德和处理真主赐予的财富、权力等的方式。一般强调，慷慨的人接近真主，接近天堂，接近人类，而吝啬的人却远离真主，远离天堂，远离人类，接近地狱。一个愚昧而慷慨的人比一个精明而吝啬的人更能得到真主的欢心，因而要求穆斯林克服人性最大的弱点——贪欲和自私，树立慷慨大方和乐善好施的性格。

伊斯兰文化为了人与人之间交往的需要，即沟通信息、自我认识、保健心理和协调关系，规定了一整套穆斯林终身的戒命。一切交际行为发生的心理动机，无论采取哪一种特殊的态度和行为方式，其究竟是好是坏，最终是由真主根据行为的动机来判断。一种行为的真正价值在于其动机是为了信仰全知的真主，所以一切想法和活动不是做给他人看的"他律"行为，而是为了加强自身修养决定自己人格的"自律"行为。伊斯兰的宗教功课不仅控制了人们的心理活动，还抑制了丑恶和非礼行为。这种引导人际关系协调的系统心理成规起到了净化人们心灵的宗教社会功能。

伊斯兰教同样提供了关于人的心理行为的理解和解说，也提供了关于改变人的心理行为的方式方法。这种从伊斯兰宗教文化或宗教教义中引出的关于人类心理行为的探索或理解，关于人类心理行为的改变和塑造，成为伊斯兰教拥有的独特的心理学传统。

---

① 马秀梅.伊斯兰文化的心理学内涵[J].青海民族研究(社会科学版),2001(1)：37-40.

第四节 佛教宗派的心理学

　　佛教源流中蕴含着独特的心理学思想。在关于佛教的研究中,甚至有不少研究者认为,佛教就是一种独特的心理学。无论是在中国本土还是在西方世界,都有关于佛教心理学的探索和解说,佛教心理学已经成为受到特别关注的心理学。陈兵在研究中指出,从西方古代哲学心理学的角度来看,佛教中显然有相当成熟的心理学,其精深丰厚,乃西方古代诸家心理学所不及。佛教心理学理论奠基于和运用于修行实践,具有多种调控和净化心的操作技术,其重真修实证的精神及实用性,与近现代科学心理学相通。从当代超个人心理学、后现代心理学看来,佛教的主要内容甚至可以说就是一门心理学。[①]

　　佛教将生死这一人生根本大事的解决,乃至大乘"庄严国土,利乐有情"的宏伟理想之实现,都落实并聚焦于对自心的认识、调伏、净化、庄严(美化)。佛教虽然不乏对物质现象的研究,但其侧重显然在心理现象;佛教虽然志在改造、净化、庄严整个世界乃至全宇宙,但其着眼、着手处无疑在改造、净化、庄严人心。佛教教义以心之缘起为纲宗,其理论探讨的重点在心,其三学、六度等修行之道,皆是调伏、净化、庄严自心的技术,其实质皆是修治自心。全体佛学,实际上可以看作专门究心、治心的"内学"。[②]

　　佛家哲学不仅从心理学出发,而且落脚于心理学,包括心理治疗、心理卫生、心理健康。从心理学的角度,可以把全体佛学看成一门心理学,"佛教心理学"甚至可以囊括全部佛学,起码可以囊括佛学的主要内容。

　　近三千年来,世界各地的无数佛教人士怀着对生死的终极关怀和信仰虔诚,精勤修行,倾注全部心力,以独特的方法究心治心,在心灵研究方面积累了极其丰富的智慧成果。佛教心理学解答了近现代心理学探讨的心灵结构、心理机能、心身关系、心物关系、梦之解析、行为、认知、自我、人格、爱、欲

---

① 　陈兵.佛教心理学[M].广州:南方日报出版社,2007:21.
② 　同上:28.

望、心理调控、情商逆商智商培养、心理治疗、自我实现、超个人等方方面面的问题，其内涵甚为丰厚，可以分为二三十个学派，包括禅定心理学、潜能心理学、认知心理学、业力心理学、涅槃心理学、佛艺心理学等子学科。早在科学心理学诞生的两千年以前，佛教心理学便详尽地描述了直到现代精神分析派心理学才予以关注的深层心灵世界，研究了现代人本主义心理学、超个人心理学着力论述的超自我实现、超个人问题，探讨了现代心理学界不久前才列入议题的禅定、气功、瑜伽、神通、异能等超心理现象。佛教心理学重点探究的心性问题，则尚未引起现代心理学的普遍重视。可以说，佛教心理学是一门古老的现代心理学乃至"超现代心理学"。

佛教心理学的流传发展，大略与整个佛教的历史进程同步。在印度，可分为原始佛教、部派佛教、大乘佛教、密乘佛教四大阶段。东南亚、中国、日本、朝鲜等地的佛教心理学，各有其本土风格和发展历程。①

陈兵在其学术著作《佛教心理学》中，对佛教心理学进行了系统和细致的考察和研究。研究指出，不同于诸家心理学以人类的通常心理现象——佛学称为"有漏心"者为研究对象，以应用于心理治疗、心理保健、教育教学、企业管理、商业广告、文艺创作等为目的，因而具有世俗性，佛教心理学具有浓烈的出世间色彩。用佛教的尺度来衡量，诸家心理学皆属世间俗学或"世学"，只有佛教心理学方为出世间"圣学"。

佛教研究心理现象，是从出世间、了生死，追求与生灭无常、诸苦交攻的世间相反的常乐我净之涅槃的明确目标出发，其有关心理的全部学说，都围绕出世间的轴心而转动，从详析心理活动之善恶、照察烦恼和业的生起、检验觉知之真妄、讨论心性之染净、剖析自我之本空，到戒定慧等治心、观心的修行技术，无一不是紧扣出世间、了生死的主题而展开。出世间的宗旨，使佛教心理学具有宗教性和超科学性，但却不能因此认为其不具科学性、世俗性或实用性。佛教虽以出世间为终极宗旨，也包含世间的、世俗的内容。

解行相应是指理解与修行相结合，是佛教强调的学习佛法包括研究心理现象的基本原则。解行相应意在以正确的理论指导修行，使理论落实于修行，从修行中印证理论、得出理论。相应意为契合、一致。就研究心理现

---

① 陈兵．佛教心理学［M］．广州：南方日报出版社，2007：29-30．

象而言,解行相应,指在运用佛法观心、修行的实践中去研究心,自悟自证。

与诸家心理学相比,佛教研究心的方法甚显独特,它主要采用禅思内求法。禅思,谓在禅定中或禅定的基础上思察,名为"止观"。"止",谓长时间集中注意力于一聚焦点,令心湛寂不动,如止水无波。佛学认为,在止的寂定专一心态下,才能有很强的、堪以洞烛心灵秘奥的照察力。①

佛教心理学的作用和价值主要表现在其出世间的特性上,用于解决生死这一人生终极关怀问题,数亿佛教徒的宗教生活、修行实践乃至世俗生活,有赖于佛教心理学的指导。佛教心理学对心理活动之善恶染净的划分,对深层心理世界的描述,对身心境及其深层不二关系的见解,对定心、净心、神通、出世间智慧的论述,对无我与真我的研讨,及其训练心、净化心、究明心性的完善技术,对人类揭破心灵奥秘,促进心理学、超心理学、心灵哲学、生理学、医学、人体科学、脑科学、思维科学、行为科学、社会生态学等研究人自身的学科之发展,对文学艺术的繁荣,对促进精神文明建设,乃至自然科学、人文社会科学的统合飞跃,具有重大的启发作用。佛教心理学对人心的深彻认识及其通过净化人心以改造世界、解决人类文明根本问题的路线,为整个人类文明的建设,提供了深刻的启迪。②

应该说,相较于基督教和伊斯兰教,佛教的传统更关注人类的心灵,更直接地解说和干预人类的心理行为。因此,许多学者更倾向于把佛教中有关人类心灵的解说和阐释、有关人类心灵的干预和影响,直接称为佛教心理学。佛教与佛教心理学就属于同一的含义。即使是在西方的文化传统中,佛教心理学也被认为是属于东方文化的特定的心理学传统。

第五节　科学心理学的衔接

实证科学的心理学的诞生,常常被看成是对非实证的或非科学的心理学的抛弃,其中就包含对宗教传统中的心理学的割舍。这无疑是一种自绝

---

①　陈兵.佛教心理学[M].广州:南方日报出版社,2007:52-59.

②　同上:63.

的孤立。其实,实证的科学心理学存在着与宗教传统中的心理学怎样衔接的问题。问题就在于,最根本的衔接就是把宗教传统中的心理学看成是心理学的资源。这就是关于心理资源的探索。

对心理资源的考察涉及考察的结果。关于心理资源的考察结果可以成为人理解自身存在的重要内容,也可以成为发展关于人的研究的科学学科的重要的学术内容。人的心理生活的建构和拓展是需要资源的。每个社会个体在自身的存在和生活中,都有对自身的心理生活的创造和建构,这是需要资源支撑的活动。提供心理资源是丰富人的心理生活,提升人的心理生活质量所必需的。同样,心理学学科的进步和发展也是需要资源的,心理资源实际上也就是心理学资源。这种资源是心理学学科必须依赖的基石和基础。

科学心理学诞生和独立之后,许多心理学家就认为,科学心理学已经并必然与其他形态的心理学划清了界线,其他形态的心理学都已经成为历史的垃圾,只有现代意义上的科学心理学成为唯一合理的心理学。其实,这是一种谬误。各种不同形态的心理学不仅有其独特的历史意义和价值,而且有其重要的现实意义和价值。现代科学心理学实际上并不是简单地清除和埋葬了其他形态的心理学。那些不同形态的心理学实际上成为被埋藏的矿产,仍然存在着,演变着,并在特定的领域里发挥着各自的作用。只要能够有效地开发和利用这些不同形态的心理学,就会推动和促进科学心理学的发展或飞跃。

心理学是当代最有发展潜力的学科,这不仅在于它有着巨大的社会应用的前景,而且在于它有着深厚的文化历史的资源。但是,当代心理学的发展重视的是它的未来前途和未来前景,而轻视和忽略了自己的历史的和文化的资源。这无疑大大限制了心理学的进一步发展,或者说大大限制了心理学的眼界或视野。其实,科学心理学的独立并不就是横空出世、独来独往,而是仍然植根于文化和历史的土壤。关键的问题在于,科学心理学应该从中吸取什么样的养分,并把这种养分变成自己成长的动力和内容。

在科学心理学之外,其他形态的心理学传统对当代心理学发展的实际意义和价值主要体现在如下一些方面。一是提供了某种特定的透视人的心理行为的角度,这为全面深入地理解人的心理行为带来了可能。任何一种心理学传统都是在特定方面或特定层面去理解人的心理,尽管带有片面性,但却具有独特性。这无疑会启发科学心理学的探索。二是提供了解释人的心理行为的独特的概念、理论、思想，其中有着多样的说明人的心理行为的内涵和意义。这些内涵和意义都是在长期的生活实践中累积和积淀起来的。三是提供了揭示和了解人的心理行为非常独特的方式和方法。如中国文化中的儒家、道家和佛家都提供了特有的心灵内省的方式和方法。这不仅是心灵认识自身的方式和方法，而且是心灵改变和提升自身的方式和方法。四是提供了影响和干预人的心理行为的技术和手段。任何一种心理学传统都有其改变或提升人的心灵的技术手段。

从上述来看，科学心理学的发展其实有着非常深厚的文化资源、丰富的历史积淀和宽广的学术背景。如果丢弃、放弃、抛弃和舍弃这些文化资源、历史积淀、学术背景，那将是科学心理学发展的一种不幸和损失。其实，任何的心理学创新，包括理论的创新、方法的创新、技术的创新，都不是凭空的飞跃，而应该是广泛地吸收所有可能的营养。这是心理学创新的必由之路。中国心理学不仅缺少创新，也缺少创新的根基，缺少对创新根基的认识、理解和把握，也缺少对创新资源的挖掘、提炼和再造。[①]

只要把心理学的传统资源、文化资源、思想资源、学术资源等都汇集到心理学的理论、方法和技术的创新之中，就可以使心理学的发展得到极大的益处。当然，最重要的问题是能够在衔接上下功夫。这不是要回归传统，也不是要否定传统，而是要创新发展。

其实，如果从心理学形态的角度去理解，资源形态的心理学可以说是对科学形态的心理学的推进和创新。或者说，资源形态的心理学是将心理学所有的不同形态，包括常识形态的心理学、哲学形态的心理学、宗教形态的心理学、类同形态的心理学、科学形态的心理学等汇聚于自身。当然，这不是简单的集合，而是新的心理学的形态。

---

① 葛鲁嘉.心理资源论析——心理学的历史、现实和未来的形态[M].北京：中国社会科学出版社，2010：46 - 48.

第六章　中国本土宗教的心理学

在中国本土的文化传统中,也有属于自己的心理学传统或心理学资源,这些传统或资源就融合在中国本土的文化思想、文化学说和文化理论中。中国本土文化传统中的思想学说并没有像从西方文化中单独分离出来的宗教的传统,而是文化、哲学、思想、宗教、法术等都融为一体。当然,可以按照特定的尺度,将中国文化传统中的儒家、道家和佛家看成是传道的宗教,也就是所谓的儒教、道教和佛教,其中就包含着儒教传统中的心理学、道教传统中的心理学和佛教传统中的心理学。无论是儒教、道教还是佛教,都内含着特定的、系统的心理学。这就构成了属于中国本土的心理学传统或心理学资源。

第一节　中国本土的宗教思想

有研究对中国宗教哲学的思维模式进行了理论探索。[①] 研究指出,中国古代儒、佛、道哲学的三种模式虽然形态各异,但这些模式之间无疑有着剪不断、理还乱的交融和渗透,有着相反相成的思维互补特征,从而使之各具风采、交相辉映,表现出中国文化和而不同的总体趋势,直接影响了中华民族的理性思维,塑造了重道、重性、重心,以"内圣"与天合一为终极追求的稳固不易的文化大传统。同时,以此为规范,造就花样翻新、种类繁多的民间信仰。这些文化又持续影响诸如基督教等外来宗教哲学的思维方式和内

---

① 麻天祥.中国宗教哲学思维模式的理论探索[J].中国宗教,2007(10):24-27.

容,在不断的冲突中坚持了传统的价值取向,始终保持其发展的总体趋势。

　　该研究将中国宗教哲学的思维模式概括为:天、道、性为本体的无神论或自然神论;即体即用的体用论;心统万物的心性论;此岸即彼岸的超越论。天、道、性为本体的无神论或自然神论就在于,儒家哲学的基本理念将"天"视为人的自然禀赋,而与"性""道"合一,原来具有赏善罚恶意志的神学的天,一变而为与天合一的性,故有尽心——知性——知天的逻辑推演。在道教哲学中,自然、自生、自化、元气、元神、抱一、守元、无为、归静、得道,以及指代自然的"玄"和"无"等高度抽象的哲学范畴屡见不鲜,都是以自然为终极的追寻与回归。以心为道,无心为体,识心见性的终极追求,既是对儒道的兼收并蓄,也是对自然本心的认同。即体即用的体用论是指,所谓"心者,道之体也,道者,心之用也"。"道融于心,心融于道","心外无别道,道外无别物","推此心与道合,此心即道",明显是即体即用的体用之论。心统万物的心性论是指,在中国哲学特别是中国宗教哲学中,"心"主要还是作为本体的范畴,显现心的终极或无限的功能,因此是"性",本性,即超世俗,超时空,无染污之性,也称为本心、净心。在中国哲学史上,心、性连用也就是顺理成章的事。此岸即彼岸的超越论是指,从哲学上看,宗教是对有限的超越,对无限的追求,是以无限为终极关怀的合理性过程。然而,人的存在与社会密不可分。社会的多样性和发展性,自然也决定了人的生存环境的多样和发展。前者是超越的、非功利的,后者无疑是世俗的、功利的。中国宗教既要有超越的精神以保持其终极的性质,又要积极参与世俗的功利性的活动维系其生存和发展。中国宗教哲学正是在长期的社会实践或历史发展中转向此岸建设净土,并丰富完善此岸即彼岸的超越思想。对自心的回归正是实现超越的彼岸,也就是入世即出世、此岸即彼岸的超越。如此心性本体的诠释,也就为参与即超越,入世即出世的终极追求提供了辩证的理论基础。

　　有研究考察了儒、释、道三教中的心理学原理。[①] 研究指出,中国传统的价值理念,特别是儒、释、道三教中的智慧,会提供一些心理学的资源。一是儒家的人文关怀与价值信念。中国传统儒学的一个基本理念是"仁",所谓"仁者爱人"。儒学倡导的仁爱思想与西方基督教义的博爱精神有着明显区

---

① 　郭齐勇.儒释道三教中的心理学原理[J].湖北大学学报(哲学社会科学版),2008(3):3-5.

别,爱人从爱自己的亲人开始,这是人之常情常理,然后将心比心、推己及人、关爱他人。孔子的仁学是华夏文化的中心,是最重要的价值、最核心的理念。以"仁"为中心,仁义礼智信是中国人的基本价值系统。二是道家的理想人格与超越精神。道家澄心凝思的玄观,老子"涤除玄览"的空灵智慧,意在启发超越现实,透悟无穷,达到"虚、无、静、寂"的境界,凝敛内在生命的深度,除祛逐物之累。老子倡导的"无为""无欲""无私"和"无争",可救治生命本能的盲目冲动,目的在于平衡由于人的自然本性和外物追逐引起的精神散乱。庄子一任自然,遂性率真;与风情俗世、社会热潮、政权架构、达官显贵保持距离;独善其身,白首松云,超然物外,恬淡怡乐。这样的超越精神直指社会上的种种不良风气,达到这样的境界,则人人公正清廉、克己奉公,社会风气为之一新。道家的修养功夫是"心斋"和"坐忘"。三是佛家的菩提智慧与人生解脱。佛家的菩提智慧与人生解脱是用否定、遮拨的方法,破除人们对宇宙人生一切表层世界或似是而非的知识系统的执著,获得某种精神的解脱和自由。禅宗的返本归极、明心见性、自识本心、见性成佛等都是要帮助自己或他人寻找心灵的家园,启发人内在的自觉,培养一种伟大的人格。佛教的智慧教人们学会人生解脱。在参与各种社会活动过程中遇到的一切引起心理上"紧张"或"不安"的东西,都应该立即"放下",以免变成负担或烦恼。进一步说,这就是要善于"空",善于"破",善于"消解",善于"遮拨",善于"排遣",从而学会真正的人生解脱。

应该说,中国本土的宗教是非常独特的。在存在的方式、核心的内容、理论的构成、方法的运用、技术的工具等不同方面,中国本土的宗教都不同于世界或西方的宗教。在中国文化传统中,儒家的文化、道家的文化和佛家的文化,都拥有属于自己的关于人的心理行为的独特理解和解说,独特干预和影响。

第二节　儒教传统中的心理学

有研究对儒家成德的精神动力进行了心理学分析。[①] 研究指出,儒家成

---

① 景怀斌. 儒家成德精神动力的心理学分析[J]. 孔子研究,2003(3):37-46.

德的精神动力就是孔子"命"的思想。孔子与"命"有关的思想似有三类：其
一，"天命"。这是孔子经过较全面思考、理性得之的"命"，也是孔子讲得最
多的。孔子的"天命"有这样的特点："天命"是"天"之"命令"，是来自上天的
道德之命，是有权威的；天命具有道德性赏善罚恶。其二，"际命"。这是指
际遇之命，是孔子思考但没有明确回答的甚至带有困惑的"命"。其三，"神
命"。这是孔子不想谈论的怪、力、乱、神。

　　孔子看似矛盾的"命"思想，具有不同的心理作用，而又互补性地构成孔
子成德追求的精神动力：第一，"天命"提供了孔子成德的外在本原、终极动
力。"天命"是人力之外的东西，因此孔子的成德动力具有外在的本原性。
第二，"际命"提供了心理平衡的作用。"天命"是自己成德的动力，"际命"是
化解的方法，这样人就可以尽力去从事自己认为神圣的东西，而不对后果负
责。后儒视成德为人之为人的本性义务。这就是说，成德是人的天然的、本
性的要求，实现由"天命"外在动力向"本性"内在动力的转化。人的主体价
值就陡然提升了。

　　有研究讨论了儒家的人格结构，并进行了心理学的扩展。[①] 研究指出，
现代学科对人格的理解是建立在西方文化之上的。虽然这些理论能够说明
很多现实问题，但是鉴于人的文化性，要理解中国人的人格结构，有必要从
中国文化的角度进行分析。从中国文化角度分析，不能不从儒家入手。这
是因为，儒家自西汉始成为中国王朝的主流意识形态，对中国社会的影响巨
大，研究儒家人格结构的思想，是理解中国人人格结构的一把钥匙。

　　儒家人格的构成为"仁""礼"和"知"三要素。儒家人格结构的三要素可
以解释"知命"主张，并能够说明诸如"仁道"终极追求和"内圣外王"的社会
功能。这就是儒家人格结构因素的关系和功能问题。"仁"的含义有不同的
表达。"仁"的主要内容是爱，这个爱是从亲子之爱扩充而来的。"仁"被用
来指称那些通过道德上的修身而达到的最高的人生境界。还有人认为，经
过孔子改造的"仁"有三个层次：核心是"孝悌"，以调节家族内部的关系；其
次是"忠恕"，以处理社会内部的关系；最后是"恩惠"，以解决人与人之间的
关系。概括地看，孔子的"仁"是人以博大之心"爱"人的理念、行为和境界。

① 　景怀斌.儒家的人格结构及心理学扩展[J].现代哲学,2007(5)：48－56.

对于"礼"同样有不同的看法。冯友兰认为,孔子的"礼"是规定社会组织、政治活动和社会秩序的制度。孔子的"礼"是人以"仁爱天下"为基础,以恭敬之心、传统礼仪为标准的社会心理和行为。"知"在孔子那里有不同含义,就心理过程看,"知"是认知的过程,就人格品质看,"知"是智慧或理性的心理状态。

"仁"决定了"人"的价值的性质和方向。在孔子看来,没有"仁","礼"和"乐"就失去了价值和必要。"仁"在孔子人格诸要素中处于核心的地位,规定了儒家人格结构的性质。"礼"则对人的行为具有规范作用。"礼"的规范作用表现在不同的层次:首先,"礼"规范了人与父母的关系。其次,"礼"也规定了人与他人的关系。这种规范推到社会层面,就成为社会运作的制度。"知"在孔子人格结构中的作用是形成"君子"品质的心理前提。更重要的是,由于"知"是智慧的或理性的状态,"知"也就成为衡量君子的一个标准。总之,在"仁""礼"和"知"的关系上,"知"为理性的认知能力和品质状态;"仁"为内在的道德情感或理念;"礼"为"仁"和"知"表现于外的行为秩序。

"仁""礼"和"知"构成的整体表现出的性质是"德"。就终极目标来看,具有"德"属性的"仁""礼"和"知"要达到的目的是体悟"道"。儒家主张,"道"是人应当遵从的人之为人的"仁道"。儒家的"道"体现了人的存在的根本价值。儒家"道"的性质是由"仁""礼"和"知"的内在本性规定的。因为,在孔子看来,只有依据"仁""礼"和"知"而行,才能实现人的存在价值、社会正义和仁政治理。这样,要想得"道",就需要践履"仁""礼"和"知"。而"仁""礼"和"知"的性质为"德",依"德"而行为"道"。

这个心理学化的人格结构模型有以下特征:第一,道德性。"人格"离开道德在一定意义就失去了现实性,因为人格只有与人的价值性联系在一起,才能与现实发生更密切联系。第二,终极性。儒家的人格结构认可人有终极性的生命追求。这体现在其"仁"的主张上。第三,规范性。这个人格结构凸显了人的"规范认同"性。"规范认同"源于孔子人格结构中的"礼",指个体对社会约定俗成规则的认同程度。第四,智慧性。"智慧"来源于孔子人格结构中的"知",指个体对环境、自身、他人的效果性评价及反应。第五,境界性。"终极性""智慧"和"规范性"蕴涵着发展性。人生的发展往往不是品质的变异,而是感受认知世界的方式和理念不同。这就是人生境界问题。

人在不同年龄阶段对人生历程、社会规范等的理解不同,对生命活动中事件把握的水平和质量也不同。第六,开放性。在大部分西方人格理论中,人格的讨论是独立于外部的,似乎是个体自我的事情。其实,人是社会的人,总要与环境有这样那样的交流,因此应以开放的思路讨论人格。

有研究对儒家的意义治疗思想进行了论述。[①] 研究指出,儒家学说中蕴涵着丰富的意义治疗思想。儒家认为,人要活得有意,就必须成就自己的道德生命,成为具有道德的人;人只有通过自己的切身体验将外在的道德规范转化为一种道德信念,才能完成自己的道德使命,实践自己的道德人生;生与死一样,都是求"道"的工具和使命;是否能够实现生命的意义,是否能够达到理想的人格,主要取决于其生命实践。

中国古代虽然没有意义治疗的概念,但儒家学说一向重视安身立命,追求真善美,认为人生的目的不仅是为了满足物欲,更重要的是在意义层面进行选择和行动。儒家学说中蕴涵的人生意义和高度精神性均与意义治疗理论有契合之处,这些思想不仅曾给处于封建专制压抑下的中国人以精神慰藉,也可为现代人提供某些养德、安神和健心的良方。

从一般意义上讲,儒家认为人不是个别性的存在,而是人伦性的存在。人要想活得有意义,就必须成就自己的道德生命,成为具有道德的人。儒家强调"孝悌人伦",并把"孝"看作道德的根本。"仁爱"是从"孝悌"转化而来的,孝悌实际上是一种"血缘性的自然联结方式",而"仁爱"就由"血缘性的自然联结"转到"人与人之间的道德联结",这是因为人性乃是天命之于人不可"伤天害理"的价值存在,从而使人产生"同心同德"的道德情感。

人不仅是一种处于家庭血缘性亲情关系中的人伦性存在,人还要把"血亲之爱"推广到与自己没有血缘关系的普通人那里,最终实现仁者爱人的普遍理想。这样,人作为人伦性存在的地位就得到了升华和提高。"天道""良知"和"道统"的结合要求人们在发现和实现生命意义的过程中,不能只满足客观的道德规范要求,而必须通过自己的切身体验将这种外在的道德规范转化为一种道德信念,并在此基础上去完成自己的道德使命,实践自己的道德人生。

---

① 　贾林祥.试论儒家的意义治疗思想[J].医学与哲学(人文社会医学版),2007(11):61-63.

儒家与其他宗教传统的终极关怀有一契合点,即对生死问题的凝视与关注。在面对死亡的挑战时,儒家总是凭借道德或宗教的精神力量予以超越,而得以安身立命或精神解脱。在以终极关怀化解人的死亡恐惧的同时,儒家肯定了生的价值。在儒家眼里,人对死亡的生命超越,就在于去领悟、追求和实现"道"这一终极价值,而这便是生的实际内容和价值。因此,生的意义并不在于活着本身,而在于其使命性,即以某种生的方式来弘扬"道"。

儒家非常重视通过生命实践来实现生命意义,因为人最终是否能够实现生命的意义,是否能够达到理想的人格,主要取决于人们的生命实践。在儒家看来,生命最大的不安在于不知生命的意义与价值,以及迷失生命价值的根源。如果人对"生命之道"一无所知,那么面对生命的无常和短暂,人就会感到无助和无奈。因此,只有了解"生命之道"并致力于生命实践,才能使生命的价值和意义得以实现,而生命价值和意义的实现,又进一步使人对自己的生命产生一种价值感和意义感,并因此而更加尊重和关怀生命。

儒家的心理学传统基于儒家的心性论,并由心性论构成。儒家的心性学说中就内含儒家的心性心理学。这也就提供了属于儒家心性心理学的心理学传统。儒家的心性心理学中具有关于人类心理行为的独特的理解和解说,而且直接和间接地影响到中国人的日常心理生活,塑造了中国人的文化人格。

第三节　道教传统中的心理学

有研究指出,在道教看来,人的心理就是心神或心性。[①] 道教认为,心神有先天与后天之分,先天之神为元神,后天之神为识神。心神是人身的主宰,其对人体的功能主要表现在对人自身和外部世界的认识上和对身体的控制支配上。人的心神与身体有密切的关系,身体是心神产生、存在并发挥作用的基础,而心神则对身体有主导作用。

中国古代把心理归结为神或心,道教亦是如此。什么是神? 神就是精

---

① 杨玉辉. 道教对人的心理的认识[J]. 华中科技大学学报(社会科学版),2004(1):71-74.

神意识，是与形相对的一个概念，因其看不见、摸不着且变化莫测的性质，故称神。事实上，在道教中，神主要有两方面的意义：一是指神仙，因其来去无踪，变化无穷，神通广大，故称神；二是指心理，因其存在于人的心中，不能直接显现，琢磨不定，来去无影，对其存在只可意会不可言传，故谓神。在人体中，神主要是指人的心理活动及其表现的思想情感意识。与神处于同一范畴的心理概念是心。心在古代有两层含义：一是指肉体心脏；二是指心理。

在对人的心理的认识中，道教与中国古代其他各家比较还有一个突出的特点，就是把人的心理（也就是神）划分为元神和识神两个部分，而且认为元神是人先天固有的，是"先天之神"，识神则是在后天的学习过程中产生的，是"后天之神"。

此外，道教在对人的心理的认识中还把神与性对应起来，所以在道教中性也属于心理的范畴。儒家所谓的性主要是指人的道德心性；道教所谓的性则倾向于指人的一般心性，整个人的精神意识或心理。与神有先天后天一样，性也有先天后天之分。修炼也应该是存先天之性，消后天之性。

有研究对道家关于人格的学说进行了探讨，考察了道家理解的先天人格与后天人格及其关系。[①] 道家所谓"先天"就是与生俱来和与道俱来的因素，所谓"后天"是人出生后派生的东西。人的发育成长的过程就是由先天向后天转化的过程。先天人格就是由先天因素支配人的行为表现出来的人格，后天人格则是由后天因素支配人的行为表现出来的人格。先天人格具有自然淳朴、宁静自由、性命合一、和顺自然、人我和同等特点，后天人格具有人为失度、躁动抑郁、身心失调、违逆自然、人我失和等特点。从后天返先天是健全人格的基本方法。

在对人格的认识上，将人格划分为先天和后天两种基本类型也是道家的一个基本特点。在道家看来，先天人格与道合一，后天人格则与道相悖，所以道家在人格的基本倾向上是维护和光大先天人格，避免和消除后天人格。由于人们在现实生活中的人格表现更多地受到后天的影响而倾向后天人格，所以对人来说，修道的目的就是由后天人格返归先天人格，以实现人格的健全。

---

① 杨玉辉.道家的先天人格和后天人格探讨[J].社会科学研究，2005(3)：73-76.

先天人格就是由先天的元精、元气、元神支配人的行为表现出来的人格,也就是道家所谓的婴孩人格、婴儿人格;后天人格则是由后天的精气神支配人的行为表现出来的人格,也就是成人人格、社会人格。从道家的角度来看,前者更倾向于仙人人格,后者则是典型的凡人人格。

先天人格具有以下五个基本特点。一是生命活动——自然淳朴。自然淳朴就是按照人的自然的生理需要和生理规律生活,不违背自然规律,既不人为地抑制自身的需求也不放纵自身的需求,既不节欲也不纵欲。二是精神情感——宁静自由。按照道的自然无为的规律生活,必然表现为精神上的宁静自由。因为无为自然则心中虚寂,虚寂则心平,心平则欲望不起,念头不生,欲念不现自然神情宁静。三是性命关系——性命合一。性命关系也是身心关系,在道家看来,性命都是道的产物,性命的和谐统一是人体存在之道的根本体现。只有和谐统一的性命关系才有利于人体性命的存在和发展,以及两者关系的协调。四是人天关系——和顺自然。根据道家的认识,人和自然都是道的产物,而且自然又是人产生和存在的基本条件,所以人要获得良好的生存和发展,就必须尊重自然、爱护自然,与自然和睦相处。所以,作为与道合一的先天人格,在其行为表现上也必然是一种尊重自然之道、顺应自然之道的模式。五是人人关系——人我和同。在道家的观念中,不管是自己还是他人都是道的产物,而且他人也是自身生存和发展的基本条件,人和社会的健康存在与正常发展都必须按照道的规律进行。

后天人格具有以下五个基本特点。一是生命活动——人为尺度。具有后天人格的人因为其行为更多受人的后天因素和外部环境因素影响,所以在其生命活动上也必然反映为外部因素决定的特点。二是精神情感——躁动抑郁。在精神情感方面,具有后天人格的人由于不能摆脱后天精气神的控制和外部的约束,不能避免和克服感官享乐的诱惑,不能超越外部力量的控制和支配,所以内心处于兴奋、躁动、焦虑和不安的状态之中,而无法获得内心的宁静。三是性命关系——身心失调。具有后天人格的人总是处于一种对自身生命状态和生命活动的担忧之中,处于对社会和他人评价的焦虑之中。四是人天关系——违逆自然。具有后天人格的人无法意识到人与自然统一关系在道的意义上的绝对价值,所以无法建立起一种与自然的和谐关系,无法在生活上和顺自然。五是人人关系——人我失和。具有后天人格的人受后天精气神和外部环境因素的影响,会表现为一种自私自利的本性,一切以自己的需要为出发点,一切行为都围绕自我的利益进行。由于过多地看重社会和他人的影响,所以难以平等自然地处理与他人的关系,而是一切围绕社会和他人行动。

对道家来说,虽然人最初是处于一种与道合一的先天人格状态,但现实的人因受后天因素的影响,逐渐偏离先天状态,而走向后天人格状态,所以作为健全人格过程的修道,其目的就是要将人的后天人格状态返回到先天人格状态,由后天返回于先天。这种后天返先天的实质就是由后天有形返于先天无形,由后天形气返于先天神性,由后天物性返于先天元性,由后天之物返于先天之道。

道家心性论就属于道家心理学。在道教的心性心理学传统中,道教倡导的道性,道教提供的悟道,道教给出的道理,道教实施的践道,都属于中国本土的心理学。这对于中国本土的文化、中国本土的生活和中国本土的心理,都产生了长久而深远的影响。

第四节　佛教传统中的心理学

有研究考察了佛教心理学的研究对象与研究方法。[①] 研究指出,佛教是以"心"为要,对于"心"的特殊关注是佛教区别于其他宗教的显著特征。从心理学出发的佛学,对心理现象(心法)的论述可谓精彩纷呈。佛教心理学研究粗显心理背后的隐微心理,这种对深层心理运作过程的精细分析,恰是佛教心理学的特长。在佛学典籍中,唯识学在对深层心理的系统剖析上有独特精妙之处。

佛教唯识学有"八识心王"说。佛典将心的功能分为心法和心所法。心法指心识自体具有的主要功能,是心理活动中的主导力量,故又名心王。心

① 彭彦琴,张志芳.“心王”与“禅定”:佛教心理学的研究对象与方法[J].西北师大学报(社会科学版),2009(6):127-131.

所法指因心王而引起的具体的心理活动,属于心王所有,故又称为心所法。

佛教心理学的研究重点是隐微难见的心,这种心对于个体而言是潜在的,是人的本心。个体如何去体认到自己的本心呢? 心如何能知心呢? 对此佛学的回答是肯定的:人完全可以"自知其心",只是这种知不同于通常对某种知识之知的认知,而是一种"证知",即以心见心的内省活动,用佛教术语来说就是禅定。"禅定"一词是梵汉合璧,由梵语禅那(Dhyana)的音"禅"与三摩地(Samadhi)的意译"定"合成,意在摄心、调心、静心和净心。禅定就是一种通过意识的自主控制达到知自心的训练技术。佛教以禅为立教之本,禅定是佛学所有思想的基础,其他宗教自称受神启示,佛学理论则强调在禅定中证悟的体验。没有禅定就没有佛教,故禅定及体证是佛教心理学最为重要、最具特色的研究方法。

有研究考察了佛教心理学的基本范畴。[1] 研究指出,佛教是世界主要的宗教之一,其思想博大精深、奥妙无穷。佛教心理学思想也十分丰富。佛教心理学有八对基本范畴,属于基本观点的有心身论与心物论,属于认识心理的有知虑论与知行论,属于意向心理的有情欲论与思行论,属于个性心理的有性习论与智能论。阐述佛教心理学的八对范畴各自的性质及其关系具有积极意义。

心身论讨论"心"与"身"这对范畴的性质及其关系问题。佛教提出的"心色"论,就含有这一对基本范畴。"色"(即物质世界)中的"根"类属于身体,共有五种,即眼根、耳根、鼻根、舌根与身根。这"五根"就是"五识"(眼识、耳识、鼻识、舌识与身识)的生理基础,没有"五根"的生理基础,就不会有"五识"的产生。

心物论探索"心"与"物"这对范畴的性质及其关系问题。"心色"论也含有这对基本范畴。"色"中的"尘"类属于外部事物,共六种,即色尘、声尘、香尘、味尘、触尘和法尘。这"六尘"为"六识"所了别的对象,没有对"六尘"的了别,也就没有"六识"的产生。

知虑论研究"知"(感知)与"虑"(思维)这对范畴的性质及其关系问题。佛教的所谓"心法"就是指心理现象而言,对其论述得最多。关于知和虑的

---

① 　燕国材.佛教心理学的基本范畴[J].南通大学学报(社会科学版),2012(1):93-99.

产生,可以把佛教的看法概括为"依根缘境生识"说。关于知和虑的关系,可以用"六识生起"说来说明。这有俱时起说与异时起说两种主张,但后一说法缺乏应有的辩证性与透彻性。

知行论求证"知"(认识)与"行"(行为)这对范畴的性质及其关系问题。佛教指出认识是"心"的一项重要的基本功能。认为人不仅可以认识自我,还可以认识非我;不仅可以认识现世,还可以认识来世。其所谓的"行",包括一切物质现象与精神现象生起与变化的活动。但"行"指佛教的修习与践行即"修行",包括三戒、定、慧三项内容。佛教认为,人的一切行动与行为,是在认识的基础上或指导下进行的。

情欲论探究"情"(感情)与"欲"(欲望)这对范畴的性质及其关系问题。在佛教看来,人和所有动物都是有情识的,称之为"有情众生"。在此认识的基础上,佛教对情进行了深入研究。如小乘有部的四十六种心所、大乘的五十一种心所都对情作了相当细密的分类。佛教认为,欲是人对某种对象的希求、希望,其性质有善、恶、无记(非善非恶之意)三个方面。种类有三欲、五欲和六欲等说法。还主张采取修行之法来控制和消除不善的情欲。认为在人的心理生活中,人的情与欲是难以分割的。

思行论评判"思"(意念)与"行"(志行)这对范畴的性质及其关系问题。佛教所说"思"的基本含义有二,即思考、思维与意念、意志。合起来看,"思"乃是能够造作身、口、意三"业"的精神作用,而这里作为"思"的所谓"造作",蕴含有动机的意思,它是引发身、口、意三"业"(即身心活动)的一种内部力量。佛教中"行"的含义很广泛,一般地说,指一切物质现象与精神现象的生起和变化活动;再结合作为"三业"或"五蕴"之一的"行"来看,其基本含义也是"造作"。但这里作为"行"的所谓"造作",则蕴含有目的的意思,它是引向身、口、意三"业"(即身心活动)的另一种内部力量。

性习论思考"心"(生性)与"习"(习性)这对范畴的性质及其关系问题。一般地说,在佛教看来,性即"法性",也叫"真如",指一切现象固有的永不可变的状况、性质、本体、本质。也就是说,事物的本体就是"性";性为事物所固有,"不待因缘"而后生。可见,佛教所说的"性",显然就是人与生俱来的生性。佛教也谈习性。如世亲所说的"引出佛性",即众生通过修行引发的佛性,便是习性。可见,佛性是生性与习行的统一。就是说,先天的"佛性"

只是成佛的可能性，还不是成佛的现实性；而要使这种成佛的可能性转化为现实性，就必须加强后天的修习践行。

智能论解决"智"与"能"这对范畴的性质及其关系问题。佛教很重视对智、慧和智慧的思考与研究，并将三者看作是修习践行、实现解脱的完美之道。三者的含义虽有区别，但都是一种普遍具有或特殊运用的辨认事物、判断是非和分别善恶的认识能力。佛教对"能"的研究与思考，基本上包含在其提出的"能所关系"说中。"能"与"所"是佛教讨论主观和客观关系的一对范畴。在佛教看来，"能"是能知，"所"是所知，"所"是由"能"派生出来的。

正如该研究所提出的，佛教心理学的八对基本范畴可以按照心理学通常的体系结构，即基本观点、认识心理、意向心理与个性心理等四个部分，每个部分属两对，分别加以讨论。

有研究考察了佛教的顿悟心理思想。① 研究指出，顿悟思想的发展不是一"顿"而就的，而是有一个过程。这一过程有着清晰的线索，那就是从竺道生的"一悟得意"，到天台、华严二宗的"止观圆顿"，再到禅宗六祖慧能的"直下顿了"。向心求悟的真谛在于如下三个方面。一是悟为本质。在东方的文化中，"悟"更多地与个体自身的联系比较紧密，佛教文化就是一个典型代表。二是顿为特征。禅宗顿悟思维的一个显著特点就是非理性，然而这种非理性也并非完全排除理性的参与，而是具有思辨性的以非理性的形式表达理性内容的思维方式。这种思维方式贯穿"机锋""棒喝""公案"等禅理的传授方式中，或是通过隐语、象征、比喻、暗示等表达方式，将答案深藏于其中，或给予警示，或搬用古代是非判例，并经过悟者的一番思量，最终达到让人开悟的效果。对于禅宗来说，一悟永悟，这种超越性将禅者的心性从有限、短暂、相对的现实带向无限、永恒、绝对的成佛境界。三是内悟本心。禅定的沉思冥想能把人引入梵我合一、物我两忘的至高境界，才能在下意识里进行大跨度、跳跃式的非理性思维活动。潜意识被激活转化成意识的过程，其实就是禅宗的顿悟过程，在这个意义上可以说，禅宗是人类早期对潜意识

---

① 马冰洁，商卫星.佛教的顿悟心理思想[J].内蒙古师范大学学报(哲学社会科学版)，2007(6)：89-92.

进行发现并探索的学说之一。

有研究认为，佛教禅定是心理学方法论研究的一种新视角。[①] 禅定意为"寂静的审虑"，即智慧生于静定，是佛教心理实验的主要工作，也是一种有效认知宇宙实相及自我意识的研究方法与操作技术。作为一种通过意识的自主控制达到知自心的训练技术，禅定是佛学研究心理现象最重要、最具特色的方法。佛教认为，人完全可以"自知其心"，只是这种知不同于通常对某种知识的认知，而是一种"证知"，即以心见心的内证过程。

佛教禅定的研究对象是识蕴。识蕴是佛教五蕴（色蕴、受蕴、想蕴、行蕴、识蕴）系统中最独特的心识结构，是包括形体、感受、想象、意志行为和精神世界在内的一切心理和行为活动的主导力量。作为佛教禅定的研究对象，识蕴涵盖了一切科学主义心理学研究对象的范畴，使心理学研究对象本身得到了扩展和完善。

佛教禅定的研究方法为止观。佛家禅定之止观有别于传统心理学研究方法的内省或实证，其显著特征便是借助止观之法来具体实现如实观照所缘境像，有效地克服了传统研究中意义性和客观性分离的局限性，是一种智慧的证心方式。止观之法是指主体以某一内部意象为目标，通过对感知、情绪、思维等心理机能的控制，止息妄念，由"止"入"观"，以智慧如实观照所缘境像直至证心。这是一种通过意识的自主控制达到知自心的训练技术，是佛学研究心理现象最重要、最具特色的实践方法。止观修持的具体过程包括持"戒"、修"定"和观"慧"。

持"戒"是指禅定以"戒"为根基，所谓"禅定心诚，以戒为基"。因此，首先就要持"戒"，严格规范日常言行约束身心，为入定做准备，就是要求"屏息诸缘，一念不生"，排除欲念，停止强烈的情绪和情感困扰，将精神能量聚集专注于一境。修"定"是指"制身为戒，慎心为定"。"定"以持戒净心作为前提，是经过长期特殊训练获得的一种稳定和专一的身心状态，是一般意识活动应具备的一种专注不乱的状态。观"慧"是指以智慧真实观照思维某一境相或某一观念。这种观想不同于一般的想象、思维，禅定观心有一定的规

---

① 彭彦琴，胡红云.佛教禅定：心理学方法论研究的一种新视角[J].心理学探新，2011(4)：297-302.

范,遵循"闻—思—修"三慧的次第。

有研究对佛教中的自我观进行了心理学分析,指出佛教对于自我的认识是独一无二的。[①] 世人要真正明白自我,首先要了解自我产生的根源,以及获得这种认识自我的方法,最终方能领悟自我的实质乃是"无我"的真谛。这三方面相互关联构成了佛教心理学独特的自我观。佛家的"我"具有"呼吸"和"本质"等意义,引申为自在者、自作主宰者,指人的自我意识或意识的主体。如果说西方心理学是受制于实证研究方法而无法深入到自我的深层,那么佛教对自我根源的系统分析则得益于内证的禅定方法。佛教作为一种知识体系或修行体系,其核心就是"无我"。佛教认为,一般人认定的"自我"和外道坚持的"实我"是根本不存在的。这里所说的"我",不过是把"意识相结集起的统一状态"当成实体,且妄执这一实体就是"我"。众生的自我意识、自我感受及种种我想我见,只不过是一种主观的妄执、错觉。无我是假我与真我的统一。"假我非无"与"实我非有"是自我本质的一体两面,佛家建立正确自我意识的基本路径是从认识、改造、完善假我入手,然后再观修无我而实现真我。佛教有其完整的自我心理学,只不过更着重强调自我的本质是"无我",因为佛教认为,只有在无我的基础上,才能建立一个真正健全的"自我"。

佛教的心学、佛教的心性说、佛教的心性心理学、佛教的心性心理学传统,特别是禅宗的心理学、禅宗的心理行为的解说和干预,都是中国本土最重要的心理学传统。这不仅成为思想界和学术界关于人类心理行为的心理学探索,而且也成为普通人关于人类心理行为的日常化理解。

第五节　资源化的传统心理学

宗教形态的心理学是一种十分重要的传统资源、文化资源、学术资源和心理资源。对于科学心理学的发展来说,重要的不只是自己的学术目标,而是自己的学术资源。实际的问题在于,科学心理学应该怎样去挖掘宗教心

---

① 彭彦琴,江波,杨宪敏. 无我:佛教中自我观的心理学分析[J]. 心理学报,2011(2):213-220.

理学的历史资源,应该怎样去提取宗教心理学的传统资源,应该怎样去利用宗教心理学的学术资源,应该怎样去转换宗教心理学的创新资源。这就是考察、探索和研究宗教形态的心理学实际具有的意义和价值。①

关于心理学资源的认定,涉及两个根本问题:一是有没有心理学资源的问题,也就是科学心理学是不是自生的、独存的。任何资源,包括心理学资源,如果没有得到开发和利用,就只能是废物或垃圾。心理学拥有自己丰富的资源,或者说存在特定的、积淀的心理学资源。二是有什么心理学资源的问题,也就是心理学资源的类别、样式、形态的问题。心理学并不仅仅是单一资源的存在,而应该是具有多元化或多样化资源的存在。

心理学资源的多元化和多样化表明,存在着不同的心理学资源。这些不同的心理学资源共同存在着、并行发展着。这些不同的心理学资源又各自有着不同的存在方式、性质特点、作用范围和特定功能。心理学资源的多元化和多样化也表明,心理学的发展不是线性的更替关系,不是后来的心理学的发展就取代了前期的心理学的存在。心理学的发展也不是你死我活的性命相搏的关系,并不是任何的新生都意味着死亡。多元化的并存,多样化的发展,是理解心理学资源的核心方面。心理学资源的多元化和多样化还表明,单一性质的心理学的存在并不意味着心理学生命力的强盛,反而意味着心理学生命力的单薄。

不同的心理学资源可以体现为心理学有着多样化的形态。不同形态的心理学应该被当作或被确立为不同的心理学资源。在心理学历史和发展的相关考察和研究中,已经被打入另册的心理学,已经确认被超越的心理学,就能够以资源的方式或形态重新获得自己的新生。

多种形态的心理学就是不同的心理学资源。在不同形态的心理学中,无论是常识形态的心理学、哲学形态的心理学、宗教形态的心理学、类同形态的心理学、科学形态的心理学还是资源形态的心理学,都是自成一体的心理学,都是自我发展的心理学,都是相对独立的心理学。无论是心理学的概念、理论、思想、方法、工具、技术、手段,还是不同的心理学的形态,不同的心

---

① 葛鲁嘉. 心理资源论析——心理学的历史、现实和未来的形态[M]. 北京:中国社会科学出版社,2010:127.

理学的资源,都是独具的、独特的、独立的。

心理学资源的不同并不意味着分离或分裂、对立或冲突,而是意味着心理学资源的丰富性和多样性。纯洁性或单纯性常常会导致隔离性或隔绝性。资源在某种程度上是相通的,相通的资源才会带来资源的共享。

心理学资源的不同给了心理学的发展多样化和多元化的机遇或机会,也给了心理学的发展多向度和多途径的方向或道路。这也意味着心理学可以是多营养源的、多营养性的、多营养体的。其实,心理学的分裂,心理学的破碎,心理学研究的多元,心理学考察的多向,是心理学的丰满和心理学研究的丰富的一种表现或体现。心理学的统一不是要追求心理学学科的单纯性和心理学研究的单一性,而是要追求心理学的多元化共生、多样化共享。

对于心理学研究来说,建立在资源基础之上的心理学的创新,必须是资源多元性和多样化的结果。所谓的不同心理学资源不是依赖于对不同心理学探索的排斥和回避,而是依据对不同心理学研究的吸纳和融汇。因此,依赖于不同的心理学资源就预示着心理学自身的强大。心理学可以依赖于自己多样化、多元性的资源,可以充分地转化或转用自己多样化、多元性的资源,可以获得多途径、多种类的支撑。

从心理学研究和心理学发展的单一性到多样性,是与资源或心理学资源从贫乏性到丰富性相吻合、相一致的,所以不同的心理学资源就意味着丰富的心理学资源。这对于心理学的学科进步和成长来说,无疑是一种福音。心理学或心理学的发展面对着贫乏的资源或面对着巨量的垃圾,这是心理学发展的悲哀和负担。反过来,心理学或心理学的发展面对着丰富的资源或面对着多样的营养,这却是心理学发展的幸运和福音。

第六节　体证的心理学方法论

心理学的研究有自己的研究方法,科学心理学运用的研究方法就是科学的研究方法。在特定科学观的限定下,所谓科学就是实证的科学,所谓科学心理学就是实证的心理学。实证的科学运用的是实证的方法。心理学在成为独立的科学门类之后,就力图以实证主义的科学观来衡量自己的科学性。是否运用实证方法，就成为心理学研究是否科学的一个根本尺度。但是，在中国文化中，传统心理学运用的方法不是实证的方法，而是体证的方法，或者不是实验的方法，而是体验的方法。所谓体证的方法或者体验的方法，就是通过意识自觉的方式，通过意识觉悟的方式，直接体验到自身的心理，并直接构筑了自身的心理。体证或体验至少有两个重要特点：一是心理意识的自我觉知；二是心理意识的自我构筑。

一、核心性的基本原则

在中国本土的心理学传统中，有三个非常重要的核心性的基本原则。首先是内圣与外王。中国本土的心理学传统都强调知行合一的原则，都主张内在对道的体认和外在对道的践行。这就是所谓的内圣外王的基本含义。内修要成为圣人，体道于自己的内心。外为要成为王者，行道于公有的天下。其次是修性与修命。正因为人心与天道是内在相通的，所以个体的修为实际上就是对天道的体认。天道贯注给个体，就是人的性命。对天道的体认就是修性与修命。再次是渐修与顿悟。个体的修为或个体的体悟有渐修与顿悟的不同主张。渐修认为修道的过程是逐渐的，是一点一滴积累而成的。顿悟则认为道是不可分割的，只能被整体把握，被突然觉悟到。这是体道的不同途径和方式。

有研究认为，中国人文主义心理学的独特研究方法是内证的方法，并指出，中国人文主义心理学研究方法中最具独特价值且蕴藏着无可替代强大生命力的唯有内证法。[①] 研究从儒、道、佛三家求道的方法论实践出发，描述了其在精神领域、心灵层面实现内在实证的基本过程。三家虽在求道的终极追求上各不相同，但其"静观""存想"和"禅定"的内证表现出统合主客、摈弃言语、超越经验等特征。内证作为中国人文主义心理学研究中觉知自我意识的极有效方法，也极大地扩展了西方心理学研究方法的内容和视野。

内证又名体证、几证、内自证等，作为中国人文主义心理学研究方法的统称，是西方心理学正式进入本土之前，中国人研究心理现象时经常使用

---

① 彭彦琴，胡红云.内证：中国人文主义心理学之独特研究方法[J].自然辩证法通讯，2012(2)：75－80.

的,却罕见"何为内证"的精准定义。内证之法要求证实者使用静观、存想、止观等一些对身心系统进行调整的训练技术,经久练习,以达到意识自知、自控,并获得对道德本体、心灵本质乃至宇宙实相的体认与感悟。

内证具有以下三个特征。一是统合主客。中国人文主义心理学有关内证实践的哲学基调是主客不分、心物不二,体现在心理活动的探察中就是"即心观心"。"即心观心"之"心"天然地具有两重身份:作为观照实践的主体,是指能观之"心";作为观照实践的对象,即所观之"心"。"即心观心"就是发动"心"与生俱来反观内照的功能,这不同于西方刻意人为"一心二分"式的内省或实验。二是摈弃言语。内证要求舍弃言语概念,认为以语言概念为载体的理性思维正是掩蔽意识本来面目的屏障。中国传统文化区别于西方文化的一个关键特质,就在于方法上的"胜义离言"和"亲证真如",这也是"言义之辨"成为中国文化史上重要命题的缘由。三是超越经验。内证是一种独特的意识研究方法,是日常经验中难以轻易体验到的,所以内证有别于一般经验,但同时又是诸多修证者亲修实证获得的真实存在的体验,并非难以捉摸的超验。这一过程无可否认是经验性、可证验的,然而也不是一般日常经验之感知,不同于一般哲学和宗教的超验体悟。从上述三个特征可以看到,内证之法为人们提供了在整个身心灵世界实现自内证知的一整套实践技术、操作方法和理论法则。作为对西方心理学研究方法的一种促进和补充,内证法实现了对思辨(内省法)与实证(实验法)的双重超越。

研究指出,内证是儒释道证心之共修路径。一是儒家的"静观"。这是对道德本体的探寻。"静观"是寂静地观照,是证实者排除是非纷扰、专注认证思考的认知训练方法和精神修养方式。作为精神本质自我体认的方法技术,儒家"静观"是以世俗立场探寻道德本体为纲要,通过自身的心性修养去规范其精神追求的内容和方向,达到一种对自我、他人及社会认知的和谐统一。一般来说,"静观"主要通过长久的静坐与观想,在达到身心宁静、愉悦境界的同时获得一种精神飞升。二是道家的"存想"。这是对微观身心的洞彻。"存想"即"存我之神,想我之身",是道教最具特色的思维方式和求道之法。这要求主体静默观想某一事物的静态状貌及动态过程,通过长期存神、精思、凝想,经久习练,以达到了知微观身心的状态。三是佛家的"禅定"。这是自我超越和自我解脱。佛家之禅定,意即寂静的审虑,"外不着相为

'禅'，内不动心为'定'"，亦可理解为智慧见于静定。禅定可以通过训练意
识的专注、自控能力来达到"自知其心"，是佛学研究心理现象最重要且独具
特色的方法。佛教禅定最殊胜处就是超越自我意识，实现心理发展的至高
境界。禅定的具体展开就是"止观"。所谓止观是修习者通过对自身认知与
情绪的持续调整，使心驰神往的分散心思专注于禅定意境，体验自身空寂本
性的证心方式。具体内容包含在了戒、定、慧三学中。

其实，严格说来，内证的表达并不符合中国本土文化传统的基本思想预
设。因为在中国文化传统中，"道"的理论预设是不分内外的、浑然一体的。
因此，中国本土的心理学传统强调的不是内证，而是体证。体证则避免了内
外相隔和主客之分，因此体证更适合去表述中国本土的心理学传统。

二、心理学的研究方法

在科学心理学诞生之后，心理学就是通过运用实证的研究方法确立了
自己的科学性质和科学地位，因此，科学的心理学就与实证的心理学有同样
的含义。实证的科学运用的是实证的方法。心理学在成为独立的科学门类
之后，就力图以实证主义的科学观来衡量自己的科学性。是否运用实证方
法，就成为心理学研究是否科学的一个根本尺度。这就把实证的方法放在
了决定性的位置，也就是在科学心理学的发展过程中曾经盛行的方法中心
主义。那么，心理学的研究是否使用了实证的方法，就成为心理学是不是科
学的唯一尺度。

在心理学发展史的研究中，就把世界上第一个心理学实验室的建立，看
作是科学心理学诞生的标志。正是德国的心理学家冯特 1879 年在德国莱比
锡大学建立了世界上第一个心理学实验室，被后来的心理学史学家当成了
科学心理学的诞生。心理学研究运用了实证的方法或实验的方法，成为衡
量心理学学科的科学性的基本标尺。这表明实证方法在心理学研究中的中
心地位。许多的心理学家都持有方法中心主义的立场和观点。心理学中的
方法中心主义就是把科学方法在心理学研究中的运用与否，看成为心理学
是不是科学的基本标准。

科学研究中方法中心的主张，就是立足实证主义哲学的方法论。可以
说，科学心理学在西方文化中诞生之后，就把自己的研究建立在了实证主义

的基础之上。所谓的实证主义有两个基本的理论设定。一是主观与客观的分离，或主体与客体的分离。这体现在科学的研究中就是研究对象与研究者的分离。研究者必须客观或原样地描述和说明对象，而不能够把研究者自己主观性的东西掺入其中。二是把主观对客观的把握或主体对客体的把握，就建立在感官验证的基础之上。这就是所谓实证的含义。感官的证实就能够去除研究者的主观臆断。客观的观察或者严格限定客观观察的实验成为科学研究的科学性的保障。没有被感官验证的或没有被感官观察证实的存在就都有可能是虚构的存在，或者无法被感官把握到的存在就都有可能是受到质疑的存在。为了在科学研究中弃除虚构的东西，就必须贯彻客观主义的原则。所以，科学研究就是证实的活动，就是客观证实的活动，就是感官证实的活动。近代科学的诞生，强调的就是实证主义的原则，进行的就是感官证实的活动。

现代科学心理学的一个重要起源就是哲学对心灵的探索。在科学心理学诞生之前，哲学心理学对人的心理的探索是着眼于对观念的考察。观念的活动就是心理的活动。观念的存在是无法通过人的感官来把握到的，而只有通过心灵的内省来把握，所以在哲学心理学的研究中就运用了内省的方法。西方的哲学心理学就是西方的科学心理学的前身。就在西方科学的或实证的心理学诞生之初，也采纳和运用了内省的方法，或者把内省的方法与实验的方法进行了结合。这就是在科学心理学诞生时期盛行的实验内省的方法。但是，在科学心理学的发展过程中，当研究彻底贯彻了客观性的原则之后，就把内省的方法从心理学当中驱逐了出去。内省的方法从此成为非科学方法的同义语。内省的主观性和私有性使之被认为是不科学的、非科学的。因此，在科学的或实证的心理学研究中也就彻底清除了内省的方法。在实证的心理学看来，内省不仅是非科学的研究方法，甚至也是科学无法涉及的对象。在实证心理学的视野中根本就没有内省的位置，也就不可能有对内省的探讨和揭示。

西方的科学心理学是建立在研究者与研究对象相互分离的基础之上的。相对于研究对象来说，研究者仅仅是毫不相干的旁观者。无论是价值无涉的立场还是价值中立的主张，都是西方科学心理学基本的研究出发点。中国本土心理学传统则强调的是统一性或一体化，是主观与客观的一体化，是主体与客体的一体化。这种对一体化的强调，重视的就不是旁观的认识和客观的方法，而是心灵的自觉和典范的引导，也就是身体力行和心灵超越。[①] 其实，在心理学的研究中，对于经验或体验已经开始有了特别的关注。[②] 关于意识的探讨，关于心理生活的探讨，也开始成为热点的课题。[③]

对心理学研究方法的追求、定位和反思，是心理学研究中非常重要的任务。无论是心理学研究中的方法论基础、方法论原则和方法论扩展，都会在根本方面影响到心理学的研究和探索。

三、以体为本的方法论

在中国本土的心理学传统中，"体"是一个十分独特的心理学术语。像体察、体验、体悟、体会等等，都是对人的心理行为的独特说明。在中国本土文化中，不是用"心"去区分每一个个人，因为人心是可以扩展的，可以包容他人、包容社会、包容天地。因此，对于人与人之间的区分就是用"体"，"个体"就具有个体性的含义。[④]

有研究考察了中国古代"体知"的三个维度。[⑤] 研究指出，如果说西方的传统认识和把握世界是借助意识、借助思维的"识知"或"思知"的话，那么"体知"也就是"体之于身"的身体之知，无疑是中国古人特有的认识世界和把握世界的重要方式。"体知"具有直接性、关系性和实践性三个基本维度。

直接性是中国古代"体知"的首要特征。所谓直接性，即对事物本质而非现象的直接性把握，是一种"本质直觉"的"洞悟"或"洞观"。直接性的体知之所以可能，就在于中国古人对身体性质的独特理解。中国古人心目中的身体是一种本体论意义上的身体，而不是那种西方式的科学意义上的身体。这种身既是一种身心合一之身，又是一种身物不二之身，可称之为"大一的身体"。身体之知并不是刻意而为的结果，而是人的天性使然，体知既

① Varela，F. J.，Thompson，E.，& Rosch，E. *The embodied mind: Cognitive science and human experience.* Cambridge，MA：The MIT Press，1991，p. 217.
② Bradley，B. S. *Psychology and experience.* New York：Cambridge Press，2005，pp. 3 - 7.
③ Robinson，D. N. *Consciousness and mental life.* New York：Columbia University Press，2007，p. 17，p. 101.
④ 葛鲁嘉. 中国本土传统心理学术语的新解释和新用途[J]. 山东师范大学学报（人文社会科学版），2004(3)：3 - 8.
⑤ 张再林，张云龙. 试论中国古代"体知"的三个维度[J]. 自然辩证法研究，2008(9)：92 - 97.

不需要经验的归纳，也不需要逻辑的推演，而是要回到天赋身体的直接性体知或体验。对于中国古人来说，这种天性使然的直接性体知，既不是有悖于理性的旁门左道，也不是原始思维的神秘主义。成为一种"根本知"和"根本觉"，体知一以贯之地渗透在了中国古人的一切认知活动之中，这在中国古代"泛直觉主义"的文化现象中得到了充分体现。

与西方的实体性思维迥然不同，中国古人则更倾向于一种关系性思维，也就是说，中国古代的知识更多关注的不是宇宙万物如何还原到一个终极实体，而是关注看似完全相异的事物如何共生互补，并如何从中生发出"万物并育而不相害"和"大道并行而不相悖"的和谐系统。由于中国古代的本体论是一种不折不扣的身体本体论，这意味着，只有"回到身体本身"，才能真正理解中国古代体知的关系性。

正因为中国古代体知的关系性依赖的是男女交感的关系性身体，由此决定了这种关系并不是简单而机械的既定关系，而是一种共生互补的动态关系，故而不是一味静观的思辨，而是充满创造活力和不懈于动的"健行"。这实际上成为身体最基本的特征。这就是体知的第三个维度——实践性。在中国古人看来，身体是一种行动的身体，身体之知也因此诉诸行动，是实践之知。中国古人所谓的"知行合一"可以说是体知实践性的坚实力证。中国古代的"身体"之"体"字，既有"体察""体悟"和"体知"等认识之意，同时兼有"躬行""行知"和"行为"等实践之意。

中国古代实践性的身体行为同时还是一种族类学的行为。对于古人而言，所谓族类学的行为意味着，行为既不是个体纯粹的自谋自划，也不是群体的整齐划一，而是一种"身体→两性→家族"这一族类的无限的生成活动和过程。由于族类学行为，个体中有整体，整体中亦有个体，因此不仅在共时性上消解了群己对立，而且在历时性上弥合了今人与古人之间的代际相隔。更重要的是，由于中国古人坚持知行合一，故而与中国特有的族类学的行为相应的行为之知，实质是一种族类学之知，由此也就导致中国古人特有的一种认识方法论——"类思维"的推出。

宗教体验是人在宗教活动中的心态或体悟，也可以说是人的宗教活动的一个过程。宗教的活动有其相应的体验，如人在崇拜某种神时产生的心态或体悟，人在从事某种具体的宗教善行时产生的心态或体悟等。这些体验就是限定在宗教活动中的体验,称为宗教体验。宗教的体验并非只能是对某种具体的神或神性实体的体验,但至少是对一种信教者追求的超验境界的体验。在各种宗教性质的活动中,信奉者都可能产生某种心态或体悟,这些都属于宗教的体验。这也就是说,宗教体验是要有特定的体验对象的。①

表面上来看,体认、体验、体会等依稀有认识、情感、意志的影子,但实际上是超出了西方心理学的概念内容的范围。体认是超出理性范围内的认识活动的对生活现实的把握。体验是超出非理性范围内的情感活动的对生活现实的感悟。体会则是超出意志活动的关于生活现实的本心掌控。

因此,"体"相对于"知""情""意"来说,更具有根本性,更具有基础性,更具有包容性。立足"体",就构成了解说人的心灵存在,解说人的心理生活的方法论的意义。"体"显然属于非常值得挖掘的心理学资源。从"体"出发,才可以进而去理解人的认识、情感和意向,也才可以贴切地去理解人的需要、动机、本能,也才可以深入地去理解人的人格、个性、性格。

四、体证的构成性原则

在中国的本土文化传统中,也有自己的不同于西方科学心理学的心理学传统。这是属于东方的心理学传统,是西方心理学在当代发展中必须面对的心理学传统。中国的传统心理学也有自己独特的理论、方法和技术。但是,中国本土传统的心理学理论、方法和技术是与其文化的传统、文化的资源等相匹配的。中国本土的心理学传统确立和运用的方法不是实证的方法、实验的方法、感官证实的方法和实验验证的方法,而是体验的方法或体证的方法。这不是西方科学的心理学或实验的心理学确立和运用的实验的方法或实证的方法,也不是西方科学心理学放弃的内省的方法。这种体证或体验的方法实际上是心灵觉悟的方法,是意识自觉的方法,是境界提升的方法。② 有研究认为,在心理学的研究中,体验的回归是属于人本心理学启发式的研究方案。③

---

① 姚卫群.宗教体验及其作用[J].长春工业大学学报(社会科学版),2004(2):1-4.
② 葛鲁嘉.体证和体验的方法对心理学研究的价值[J].华南师范大学学报(社会科学版),2006(4):116-121.
③ 孟娟,彭运石.体验的回归:人本心理学启发式研究方案评析[J].南京师大学报(社会科学版),2009(2):108-112.

　　实证与体证、实验与体验是相互对应的，也就是说，现代科学心理学中的实证方法是与本土传统心理学中的体证方法相对应的，现代科学心理学中的实验方法是与本土传统心理学中的体验方法相对应的。正是在科学心理学诞生之后，实证的方法和实验的方法就成为确立和保证心理学科学性的最基本准则。这包括对文化心理的研究和考察。除此之外的其他的方法或内省的方法则被抛弃到了非科学的范围之中。受到连带的影响，体验和体证的方法也就没有了存在的根基。

　　在中国本土的文化传统中，倡导的是天人合一、心道一体的基本理论设定。所谓的天人合一或心道一体，强调的是不要在人之外或心之外去寻求所谓客观的存在。道就在人本身之中，就在人本心之中。人不是到身外或心外去求取道，而是返身内求。所以说，人就是通过心灵自觉或意识自觉的方式，直接体验到并直接构筑了自身的心理。中国本土文化中的心理学传统确立的内省方式，强调了一些基本原则或基本方面。这成为理解体证或体验方式和方法最重要而无法忽视的内容。这就是内圣与外王，修性与修命，渐修与顿悟，觉知与自觉，生成与构筑。

　　一是内圣与外王。中国本土的心理学传统强调知行合一的原则，主张人内在对道的体认和外在对道的践行，即内圣外王。内修就是要成为圣人，体道于自己的内心。外王就是要成为行者，行道于公有的天下。体道和践道是内圣和外王的最基本含义。内圣就是要提升心灵的境界，能够与道相体认。外王就是要推行大道的畅行，能够与道相伴随。所以，对于人的心理来说，怎样去超越一己之心，怎样去推行天下公道，就是最基本的、最重要的。

　　二是修性与修命。人心与天道内在相通，个体的修为实际上就是对天道的体认和践行。天道贯注给个体，就是人的性命。对天道的体认和践行就是修性与修命。其实，应该说修性与修命的概念带有宗教的色彩。在中国本土的迷信活动中，就有对修性与修命的渲染。但是，如果把这两个概念的基本含义与人的心理生活和生活质量联系起来，就可以消除其迷信的色彩。人的心理有其基本的性质，也有不同的质量。

　　三是渐修与顿悟。渐修认为修道或体道的过程是逐渐的，是一点一滴积累而成的。顿悟则认为道是不可分割的，只能被整体把握，被突然觉悟到。这成为个体在体道过程中的不同途径和不同方式。无论是渐修还是顿悟，实际上都是人的心灵修养与境界提升的过程。这是人对本心的觉知和人对本心的遵循。

四是觉知与自觉。在中国本土的心理学传统中，"觉"是一个非常重要的概念。觉的含义在于心灵的内省。这是指心理的自我觉知和自我觉悟。当然，这不是西方心理学研究中所说的内省，而是中国本土文化意义上的内省。觉的含义也在于心灵的构筑。这是指心理的自我创造和自我创建。因此，觉知与知觉不同，自觉也与自知不同。觉知和自觉强调的是觉，而知觉和自知强调的是知。觉是心灵的把握，而知是感官的把握。心灵把握的是神，而感官把握的是形。

五是生成与构筑。人的心理是自然演化的产物，因此人的心理是生成的。正是在这个意义上，人的心理具有自然的性质，是自然的产物，循自然的规律。但是，人的心理又是人创造的，是意识自觉的构筑。正是在这个意义上，人的心理具有创造的性质，是人文的产物，循社会的规律。所以，没有一成不变的心理行为，没有被动承受的心理行为。人的心理生活就是人的创造的体现。

五、体验的统一性方法

实证与体证在心理学具体研究中的体现，就是实验与体验的分别与不同。所谓的实验是在实证的基础之上建立的具体研究方式和方法。所谓的体验是在体证的基础之上建立的具体研究方式和方法。

实验的方法被认为是现代科学心理学建立的标志。在心理学研究中，所谓实验的方法是指对所研究的人的心理行为进行定量的考察、分析和研究。这也就是通过研究者控制实验条件，来观察研究对象的实际变化。这包括实验的技术手段或实验的工具仪器，也包括实验者的感官的实际观察。实验的方法对于其他自然科学的发展来说，是至关重要的。或者，这对于自然的对象来说是客观的、精确的。但是，对于人的心理来说，人的意识自觉的心理活动，却是观察者无法直接观察到的。这给心理学的实验研究带来了很多的困难和障碍，也使心理学的实验研究一直在寻求更好的方法和工具。

作为科学心理学的研究方法,实证的方法或实验的方法都建立在如下几个基本的理论假设或理论前提的基础之上,这些基本的理论前提或理论假设决定了心理学研究方法的基本性质和基本功能。这些理论前提或理论假设可以是明确的,是研究者明确意识到的,也可以是隐含的,是研究者没有意识到的。无论是明确的还是隐含的,这些理论前提或理论假设都会影响到实际的研究视野、研究方式、研究结果等。其实,心理学哲学和理论心理学的研究,就在于揭示和评判这些理论前提或理论假设,使之明确化、合理化。

一是客体与主体的分离,或者是研究对象与研究者的分离。这是为了保证研究的客观性,是为了消除研究者的主观臆断。心理学的研究者在研究心理行为的过程中,必须把心理学的研究对象看作是客观的存在。心理学的研究必须是对心理行为的客观的描述和说明。问题在于,心理意识与物理客体存在着根本的不同或区别。人的心理意识的根本性质在于"觉"。无论是感觉、知觉,自觉、觉悟和觉解,都具有觉的特性。在科学心理学传统的研究中,对感觉的研究是在研究"感",对知觉的研究是在研究"知",对自觉的研究是在研究"自",而不是在研究"觉"。更不用说觉悟和觉解,根本就不在心理学的研究范围之中。因此,在心理学的研究中一直存在着把人的心理物化的倾向。

二是感官和感觉的确证。科学心理学对于人的心理行为的研究,必须是客观的呈现和客观的描述,而不能有虚构的成分和想象的内容。最重要的是客观的观察或客观的证实。客观的观察或客观的证实就确立于研究者感官的观察或感官的把握。这就是心理学中客观观察的方法。在心理学的研究中,定量的研究和定性的研究都是建立在客观观察的基础之上。无法直接观察到的意识活动和内省活动,曾经被排斥在心理学的研究对象之外。这使心理学的研究不得不把人的心理许多重要的部分排除在了研究的视野之外。或者说,在心理学的研究中,通过还原论的方式,把人的高级和复杂的心理意识都还原为实现的基础之上,如物理的还原、生物的还原、神经的还原、社会的还原、文化的还原,等等。

正是基于以上两个方面,所以心理学的研究对象被限定为心理现象,是可以被研究者的感官印证的客观的存在。但是,如果采取另外的不同的研究方式和方法,也就是体证和体验的方法,心理学的研究对象就不是心理现象,而应该是心理生活。心理生活是可以被体验到的心理存在,是可以加以证实的心理存在,也是可以生成、创造和建构的心理存在。其实,心理生活的创造性决定了心理生活就是文化的存在,就是文化的心理,就是文化的创造。因此,心理生活可以成为文化心理学的研究对象。

显然,体证或体验的方法与实证或实验的方法有所不同。体验是人的心理的一个重要特质。所谓体验,是人有意识地把握心理对象的一种活动。这不仅是关于对象的认知和理解,还包含关于对象的感受和意向。体验的历程也是人的心理的自觉活动、自觉创造和自主生成。人通过心理体验去把握心理时,可以是一种没有分离感知者与感知对象、没有分离认识者与认识对象的活动。在这样的心理活动中,人就是感受者和体验者。体证与体验的方法体现了七个统一:主体与客体的统一;客观与真实的统一;已成与生成的统一;个体与道体的统一;理论与方法的统一;理论与技术的统一;方法与技术的统一。

体验是主体与客体的统一。体验就是人的自觉活动或心灵的自觉活动,因此体验并没有分离研究主体与研究客体,并没有分离研究者与研究对象。体验不同于西方心理学早期研究中所说的内省。内省严格说来,仅仅是对内在心理的知觉活动。这是分离开的心理主体对分离开的心理客体的所谓客观的把握。这只不过把对外部世界的观察活动转换成为对心理世界的观察活动。体验则是心理的自觉活动。通过心理体验把握的是心理自身的活动。

体验是客观与真实的统一。实证的科学心理学一直强调研究的客观性,强调把心理学的研究对象当作客观的对象。为了做到这一点,甚至不惜把人的心理物化。这种所谓的客观性常常是以歪曲或扭曲人的心理体现出来。体验实际上强调的不是客观,而强调的是真实。真实性在于反对以客观性来物化人的心理行为。体验应该是客观性与真实性的统一。客观性是对虚构性和虚拟性的排斥,而真实性是对还原性和物化性的排斥。体验通过超越个体的方式来达到普遍性。

体验是已成与生成的统一。原有的实证心理学的研究把人的心理看成是已成的存在,或者是已经如此的存在。心理学的研究不过就是去描述、揭示和解说这种已成的心理存在。但是,实际上人的心理也是生成的存在,是在创造和创新中变化着的存在。体验不仅仅是对已成的心理进行的把握,而且也是促进创造性生成的活动过程。正是通过体验,使人能够创生自己的心理生活。

体验是个体与道体的统一。人的心理存在是直接以个体化的方式存在的。个体的心理是相对独立和完整的。但是,在心理学的研究中,这种个体化或个体性被当成了一种基本原则,即个体主义的原则。这在很长的时段中支配了心理学的研究,包括支配了对人的群体心理和社会心理的研究。实际上,人的心理的存在就内含着整体的存在。这在中国本土的心性心理学看来,道就隐含在个体的心中,这就是心道一体的学说,这就是心性学说。

体验是理论与方法的统一。体验是建立在特定理论的基础之上,是由特定的理论提供的关于心理的性质和活动的解说。同时,这种特定的理论又是一种特定的改变或转换心灵活动的方法。那么,理论与方法就是统一的。人的心理对理论的掌握,实际上就是心理对自身的改变。心理学理论的功能也就在于被心理掌握之后,实际上改变人的心理活动的内容和方式。

体验是理论与技术的统一。技术活动是发明、创造和使用工具的活动。对于心理学来说,人的心理生活作为观念的活动,理论观念就变成一种塑造的技术。体验本身就是理论的活动,或者体验就是理论的生活和现实的功用。所以,这样的理论就不是纯粹的认知产物,就不是纯粹的认知把握。心理学的理论包含着认知、情感和意向的方面,包含着对心理的形成、改变和发展的影响力。

体验是方法与技术的统一。体验本身是一种验证的活动,是验证的方法。体验带来的是对理论的验证。通过体验,可以验证理论的性质和功能。同时,体验又是一种技术,这种技术是一种软技术。通过特定的体验,就可以内在地改变人的心理活动的性质、内容、方式和结果。这就决定了体验实际上也是体证的活动,可以证明或证实理论的性质和功能。体验也是心理活动的基本方式,可以构建、改变和生成人的心理生活。

总之,在心理学的研究和发展中,体证和体验都是值得重视和关注的研究方式和研究方法。在现代科学心理学的诞生和发展的过程中,内省的方法曾经有过从占有支配性地位到因科学性而受到排斥的遭遇。在科学心理学发展相当长的时间里，一直对与内省有关的方式和方法持排斥和反对的态度。科学心理学家要么不齿于谈论和研究，要么害怕地回避和躲避。其实，内省有完全不同的文化根基、学术内涵、方式方法和结果结论。体证和体验就是独特的研究方式和研究方法。因此，正视和重视体证和体验的方法，挖掘和开发中国本土文化资源中的心理学传统，创造性和发展性地运用这样的研究方式和方法，从而去开辟中国心理学发展的创新道路，这就是研究和探讨体证和体验方法的最根本目的。

六、生活中的心性体悟

在中国本土的心理学传统中，心性学说提供了关于人的心性或心理的理论解说，而心性体悟则提供了关于人的心性或心理的践行方式，两者共同构成了人的心理生活的基本现实。心性体悟成为非常重要的感受心性、改变心性、提升境界、创造生活的特定的或文化的方式。这具体地体现在特定本土心理学传统之中。例如，在禅宗心理学的传统之中，禅、禅定、禅悟就是特定的方式和方法。

方立天先生对禅、禅定、禅悟进行了界定。① 研究指出，"禅"是思维修、静虑、摄念，即冥想的意思。用现代语言简要表述，禅就是集中精神和平衡心理的方式方法。从宗教心理的角度来看，禅的修持操作主要是"禅思""禅念"和"禅观"等活动。禅思是修禅沉思，这是排除思想、理论、概念，以使精神凝聚的一种冥想。禅念是弃除世俗烦恼和欲望的种种念虑。禅观是坐禅以修行种种观法，如观照真理，否定一切分别的相对性，又如观佛的相好、功德，观心的本质、现象等。

与禅的含义相应的梵语还有"三昧"等，汉译为定、等持。所谓"定"，就是令心神专一，使精神不散不乱，或是指心神进入凝然不动的状态。一般来说，定是修得的，是禅修的结果。有时，"禅"也被当成是"定"的一个要素，被摄于定的概念之中。这样，在中国通常是梵汉并用，称为"禅定"。"禅定"已经成为惯用语，被视为一个特定的概念。实际上，禅定的主要内容是禅，是通过坐禅这种方式使心念安定、专一，其关键是静虑、冥想。中国禅宗的禅

① 方立天. 禅、禅定、禅悟[J]. 中国文化研究，1999(3)：1-3.

则明显地向慧学倾斜，带有否定坐禅的意味，强调由思维静虑转向明心见性、返本归源、顿悟成佛。

禅悟是禅宗的用语。从词义上来说，禅的本意是静虑、冥想，悟与迷对称，指觉醒、觉悟。悟是意义的转化，精神的转化，生命的转化，含有解脱的意义。禅是修持方式，悟则是修持结果，两者是有区别的。但是，中国禅宗学人却把禅由坐禅静思变为日常行事，由心理平衡变为生命体验，从根本上改变了禅的内涵。中国禅宗学人还认为觉悟要由日常行事来体现，由生命体验来提升。禅与悟是不可分的，悟必须通过禅来获得，禅没有悟也就不成其为禅。没有禅就没有悟，没有悟也就没有禅。

通常，禅宗的禅修过程大约可以分为四个阶段。最初是要"发心"，即有迫切的寻求，强烈的愿望，以实现解脱成佛这一最高理想；其次是"悟解"，即了解佛教道理，开启智慧，觉悟真理；再次是"行解"，即修行与理解相结合，也就是在开悟后要进一步悟入，使自身生命真正有所体证、觉悟；最后是"保任"，保守责任，也就是在禅悟以后，还必须加以保持、维护，巩固觉悟成果。

禅修过程中的开悟与悟入是禅悟的根本内容，也是禅宗最关切之处。开悟与悟入是悟的不同形态。开悟是依智慧理解佛教真理而得到真知，也称为"解悟"；悟入则是由实践而得以体证真理，主体不是在时空与范畴的形式概念下起作用，而是以智慧完全渗透入真理之中，与客体冥合为一，也称"证悟"。证悟与解悟是不同的，证悟并不是对佛典义理的主观理解，不是对人生、宇宙的客观认识，不是认识论意义的知解，而是对人生、宇宙的根本领会、心灵体悟，是生命个体的特殊体验。这也就是说，证悟是对人生、宇宙的整体与终极的把握，是人生觉醒的心灵状态，是众生转化生命的有力方式。

禅悟的时间还有迟速、快慢之别，由此又有渐悟和顿悟之分。解悟与证悟都可分为渐悟与顿悟两类。渐悟是逐渐的、依顺序渐次悟入真理的觉悟。顿悟是顿然的、快速直下证入真理的觉悟。对禅悟修持的看法不同，形成了渐悟成佛说与顿悟成佛说的对立。

中国禅宗还大力开辟了禅悟的途径和创造了禅悟的方法。最值得关注的有以下三个方面。一是禅宗的根本宗旨是明心见性，禅悟的各种途径与方法，归根到底是为了见性。慧能认为众生要见性，就应实行无相、无念、无住的法门，也就是不执取对象的相对相，不生起相对性的念想，保持没有任何执著的心灵状态。这是内在的超越方法，是禅悟的根本途径。二是性与理、道相通，悟理得道也就是见性。理、道与事相对，若能理事圆融，事事合道，也就可见性成佛了。这种禅悟的途径与方法的实质是事物与真理、现实与理想的关系问题，是强调事物即真理，从事物上体现出真理，强调现实即理想，从现实中体现出理想。三是禅悟作为生命体验和精神境界，具有难以言传和非理性的性质。与此相应，禅师们都充分调动语言文字、动作行为、形象表象的功能，突出语言文字的相对性、动作行为的示意性、形象表象的象征性，以形成丰富多彩的禅悟方法，这又构成了禅悟方法论的一大特色。

悟的境界是追求对人生、宇宙的价值和意义的深刻把握，也就是对人生、宇宙的本体的整体融通，对生命真谛的体认。这种终极追求的实现就是解脱，而解脱也就是自由。禅宗追求的自由，是人心的自由，或者是自由的心态。超越——空无——自由，是为禅悟的特定逻辑和本质。

"体"与"悟"成为两个非常重要、彼此联通又相互补充的心理存在。在此基础之上，"体悟"也就成为人能够"体认""体现"和"体会"道的存在等的心灵的扩展性和创造性的活动。显然，体悟在人的心理生活中应该具有根基的、核心的地位，可以成为支撑人的心理生活的心性的活动。人的心理生活是随着体悟在流转的。

应该说，体悟并不是在人的现实生活之外另行获得的，即没有超脱人的日常生活，是普通人在日常生活中能够切身实施的，是普通人在日常生活中可以把握的。心灵的豁然开朗，心性的一气贯通，心理生活的心性创造，心理行为的道行天下，都是人的心理体悟的过程，都是人的心理体验的进行，都是人的心理创造的把握。

第七章 科学的宗教心理学

在现代科学门类中,宗教心理学是科学心理学的一个分支学科。科学心理学本身具有众多的分支学科,这些分支学科是对人的心理行为的分门别类的考察和研究。科学形态的宗教心理学具有科学的属性,它符合科学的标准,运用科学的方法,建构科学的理论,采纳科学的技术,进行科学的干预。科学形态的宗教心理学有自己的起源和探索,有特定的研究对象、研究方法和应用技术。

第一节 科学的宗教心理学的起源

科学的宗教心理学的诞生是多学科交叉或交汇的结果。这表明宗教心理学的内容涉及非常广泛的学科,也表明宗教心理学的研究可以借用多学科的资源。宗教心理学的内容涉及心理学、宗教学、哲学、文化学、历史学、社会学、政治学、人类学和文学,宗教心理学的起源也就广泛地关联到这些不同学科的资源。在这一系列的学科资源中,宗教学和心理学是宗教心理学的母体学科。

科学的宗教心理学的研究主要起始于这两个母体学科。宗教心理学的学科就诞生于宗教学与心理学的交叉点上。无论是宗教学还是心理学,也都有自己的学科起源、发展演变。了解宗教学与心理学的演变和交叉,就可以了解科学的宗教心理学的起源。

宗教学是以宗教为研究对象的人文社会学科,研究宗教的起源、演化、性质、规律、作用等。宗教学按研究方法可分为描述性研究和规范性研究两大类。描述性研究是用描述的方法进行研究,对宗教采取价值中立的态度,侧重宗教的历史性和结构性;规范性研究是用规范的方法进行研究,不回避对宗教的价值判断,侧重宗教的体验、命题和信念等的真实性和可接受性。

在 19 世纪下半叶,西方的宗教学者建立了宗教学这门学科。英国牛津大学的语言学和宗教学家缪勒(Friedrich Max Müller,1823—1900)1873 年出版著作《宗教学导论》,并且率先使用了"宗教学"一词,这通常被认为是宗教学学科的开端。因对宗教学研究对象、主体、目的和方法等的不同看法,西方宗教学有狭义和广义之分。神学领域以外的学者一般只承认狭义宗教学,即纯历史性、客观性的描述和比较而不带主观价值评断的宗教学,认为这是一门研究感性事实的经验学科,并不是论述哲学主张的规范学科。因此,这既区别于以相信神灵存在为前提的神学,也不同于否定神灵存在的无神论学说,而是把社会历史中存在的宗教现象作为研究客体,探讨其起源与发展历史,考察其观念、行动及组织形态,分析其得以生存的社会文化背景与基础,找出其内在性质和规律、社会功能和作用。这些学者因强调对宗教的描述性展示而不同意采用带有规范意义的"宗教学"一词来概括其学科。突出历史性描述的学者称其为宗教史学,并使其成为国际宗教学学科组织和学术协会的正式名称,而突出比较性描述的学者则习惯称其为比较宗教学。不少宗教学者本身是哲学家或神学家,他们不同意把宗教学看成纯粹描述或理解的学科,认为不包括价值性判断和规范性研究的宗教学是不完备的。因此,他们坚持一种广义的理解,主张将所有专门研究宗教现象的学科都归入宗教学,强调宗教学应正视宗教的本质及价值取向问题,不能排斥对宗教的规范性、界定性研究。

狭义的宗教学包括对宗教发展进行系统研究的宗教史学,对各种不同宗教进行比较研究的比较宗教学,对宗教史实加以现象描述和抽象归类的宗教现象学,探究人类精神心理对宗教的体悟及信仰者的各种宗教体验的宗教心理学,以及宗教社会学、宗教人类学、宗教地理学、宗教生态学等描述性学科。广义的宗教学则增加了从哲学和世界观的角度对宗教本质、宗教意义、宗教概念进行研究和界说的宗教哲学,以及回顾总结从哲学、心理学、社会学等角度对宗教进行鉴别与批评的宗教批评学,还有对各种宗教信仰观念和神学理论进行比较研究的宗教神学等规范性学科。

科学的宗教心理学的起源是基于三类不同的传统,这些传统共同决定了科学的宗教心理学的诞生。这三个传统是文化的传统、学科的传统和思想的传统。文化的传统涉及三种不同的文化背景或语言传统,这就是英语系的传统、德语系的传统和法语系的传统。学科的传统涉及心理学、宗教学、哲学和文化学等不同学科,这些学科对宗教心理学的诞生起到了重要的推进作用。思想的传统涉及不同的思想原则、理论流派和核心人物,包括宗教学的流派、心理学的流派和哲学的流派。

因此,科学的宗教心理学的起源是一个多元化的、多文化的、多学科的、多流派的、多人物的共同促成的过程,这决定了宗教形态的心理学并不是一个统一的整体,而是多元化和多样化的存在。

第二节　科学的宗教心理学的探索

科学的宗教心理学的探索在理论建构、研究方法和应用技术的方面属于规范科学的研究。或者,科学的宗教心理学是研究宗教心理现象的实证科学分支。科学的宗教心理学是跨学科的科学研究,跨越了心理学、宗教学、社会学等不同的学科领域,所以是一门边缘学科的研究。科学的宗教心理学不同于宗教神学和宗教教派涉及的宗教的宗教心理学。任何的宗教教派都有由宗教的教义、教理和教规构成的信仰体系。科学的宗教心理学是把宗教活动中的信仰个体或信仰群体的心理行为作为自己的研究对象和研究内容,是通过科学方法进行的科学考察和研究。

在当代科学心理学的研究中,宗教心理学是心理学众多分支学科中的一个,是科学心理学家通过科学的方式和方法去揭示、描述、说明、解释、影响和干预人的宗教信仰活动中的心理行为。宗教心理学研究宗教心理的基本性质、宗教信仰的心理起因、宗教崇拜的心理功能、宗教意识的发展和演变、宗教心理的培养教育、宗教活动的皈依心理、宗教信仰的心理特征、宗教祈祷的心理历程,等等。宗教心理学探讨宗教体验中的罪感与耻感、宗教培养中的良心与良知、宗教信仰中的意志与品质、宗教情感中的崇高与境界、宗教活动中的爱心与宽恕、宗教感受中的焦虑与恐惧、宗教成就中的幸福与满足、宗教引领中的成熟与美满、宗教活动中的合作与共享、宗教心理中的变态与罪恶、宗教生活中的质量与享受、宗教活动中的合作与共享、宗教意识中的成长与成熟。宗教具有宗教信条、宗教礼仪和宗教教规三个组成部分。宗教信条决定的是宗教思想,宗教礼仪决定的是宗教情感,宗教教规决定的是意念。这也就是认知、情感和意动三个基本方面。这为人的生活提供的是心理意义、情感慰藉和行为准则。[①] 这都是科学心理学能够以科学的方式和方法去探讨和探索、去影响和干预的方面,并提供的是科学的理解和阐释,进行的是科学的引导和教育。科学的宗教心理学诞生的时间很晚,或者宗教心理学成为独立学科的时间很短,至今不过一百多年的学科历史发展。

　　宗教心理学的研究内容涉及人的宗教心理行为的方方面面。例如,宗教心理学涉及社会化的内容,包括宗教信仰、宗教信念、宗教观念、宗教认知、宗教情感、宗教体验、宗教行为等,都可以通过社会化的过程而进行代际传递。宗教心理学也涉及宗教的人格特性方面。通常,宗教性被看作是人格品性的组成部分,可以包括宗教的态度、宗教的经验、宗教的信念、宗教的行为等。人的宗教性是先天的还是后天的,这也是心理学研究关注的内容。人的宗教性可以包括专制主义的人格、教条主义的人格,包括暗示感受、自我实现、寻求意义,包括男女宗教性的性别差异、性别偏好。宗教心理学还研究人的宗教经验,包括宗教经验的种类和性质、宗教经验的形成和变化、宗教经验的影响和作用、宗教经验的解说和解释。宗教心理学考察人的宗教信念,包括宗教信念的调查测量、宗教信念与宗教情感、宗教信念与宗教行为等。宗教心理学也涉及关于崇拜、献祭和祈祷的研究,也考察宗教仪式和宗教治疗,也研究宗教的幸福感和恐惧感,也考察宗教与婚姻、宗教与工作、宗教与成就,也探讨宗教与身心健康的关系,包括身体健康、心理健康、自杀行为等。宗教心理学也考察宗教教育和宗教辅导,也涉及典型和重要的宗教行为,包括慈善行为、越轨行为、犯罪行为、两性行为、心理偏见、利他主义、道德观念等。[②]

①　梅多,等. 宗教心理学[M]. 陈麟书,等,译. 成都:四川人民出版社,1990:5 - 6.
②　阿盖尔. 宗教心理学导论[M]. 陈彪,译. 北京:中国人民大学出版社,2005.

科学的宗教心理学着眼于通过实证科学的方法,对宗教心理行为如实或客观地进行描述、说明和解释,试图区别于非科学的或伪科学的探索。科学研究者并不关注或重视研究对象本身独特的性质、构成和体现,而关注研究方式和方法的科学性质。科学的形成和发展也就决定了科学的宗教心理学的形成和发展。

第三节　科学的宗教心理学的对象

有研究批评了西方宗教心理学研究中的"去宗教性"倾向,进而揭示出科学性与宗教性在宗教心理学研究中的价值。研究指出,西方宗教心理学肇端于近现代以来,研究者以科学的立场,对人类宗教活动中的诸多心理现象进行的各种客观的、理性的探索,其研究基础关涉人类生活中的宗教与科学两大领域。如何逻辑地预设这两大领域的相互关系,直接构成了宗教心理学研究的基本前提和出发点。尽管研究者还以宗教现象的"真"面目各不相同,但他们"还宗教现象以'真'面目"的方式并无二致,即科学的宗教心理学研究应该去掉宗教心理现象的宗教性,应该为宗教的起源和发展找到世俗上的心理根源。在科学的宗教心理学研究中,一直以来就存在强烈的"去宗教性"的基本理念和基础假设。

受现代科学哲学思潮的强势影响,宗教心理学家在处理宗教与科学的关系时,通常都会以理性主义的态度对宗教心理现象的经验事实进行客观的考察,强调宗教心理学研究的科学性。在这些科学的宗教心理学家看来,宗教心理学的研究旨在对广泛收集到的各种宗教心理现象的"客观事实"进行科学的解释和说明,还宗教现象以"真"面目。从原则上讲,强调宗教心理学研究的科学性,这无疑是正确的。但是,问题的关键并不在于宗教心理的研究是不是"科学的",而在于研究者理解的"科学"是否科学。由于宗教与科学在历史上的纠葛关系,许多研究者在研究之先事实上已经预设了宗教与科学之间相互排斥和敌对的关系,将宗教视作一个不适宜研究的禁忌话题,因而涉及宗教的研究从一开始就被一层反动的、反进步的和向后倒退的浓雾笼罩着。

　　总之，宗教心理学研究的去宗教性倾向，就其本质而言，在于研究者对宗教心理学研究的科学性的误读。作为潜隐于研究中的一种内在倾向，宗教心理学研究的去宗教性实际上反映了科学的宗教心理学研究的二律背反：宗教心理学家在极力追捧宗教心理学研究的科学性时，却丢掉了宗教心理学研究本身的科学性。由于还原主义的去宗教性研究倾向的影响，在西方宗教心理学研究中，许多研究者对于宗教心理现象的特殊矛盾及其运动规律往往鲜有涉及，其所谓的宗教心理学研究通常不过是世俗心理研究在人类宗教活动情境中的进一步展开，不过是用普通心理学的"旧瓶"装上宗教心理现象的"新酒"。从一定的意义上讲，宗教心理学研究主题的破碎及其各种研究取向之间的分歧，虽然还有其他历史的和现实的原因，但究其根源，应主要归咎于宗教心理学研究中"去宗教性"的基本研究理念。

　　要澄清宗教心理现象的本质内涵，整合宗教心理学研究中的各种分歧，就应该正视宗教心理学研究的特殊性，扬弃长期以来宗教心理学研究中"去宗教性"的研究路线，实现宗教心理学研究理念从"去宗教性"向宗教性的转变。首先，承认并尊重宗教心理现象的宗教性是从事宗教心理学研究的基本前提。简单地将彼岸之事还原为此岸之事，这种"去宗教性"的研究方式无助于揭示宗教心理现象的本质。其次，如果能坦然地面对宗教心理现象本身特有的宗教性，正视人类心灵深处固有的超越需求，那么，在宗教心理学的研究视角上就会变得更加灵活、更加开放，就不仅能够接纳那些站在宗教之外，以"出乎其外"的姿态，借由实证的方式对宗教心理现象进行的观察、调查和实验，而且也能够包容那些站在宗教之中，以"入乎其内"的方式，凭借文献的传承对宗教心理现象进行的评议、理解和诠释。唯有认识宗教心理现象内在固有的特殊性，才会更加尊重宗教本身既有的发展历史，才会更加重视对宗教文本的研究。在确定宗教心理学的研究课题时，也才会给予宗教更大的发言权。最后，虽然强调宗教心理学研究固有的宗教性，但这并不意味着研究者可以放弃研究的科学性原则，而仅凭个人的体验和感受，以敬畏的心情对宗教心理现象进行自然的描述。如果没有明确的实证研究的支持和科学证据，这样的宗教心理学研究确实很难令人信服。事实上，贯彻宗教心理学研究的科学性原则与强调宗教心理现象固有的宗教性，这两者之间非但不相矛盾，而且实质上是同一的。因为以实事求是的态度全面地审视宗教心理学研究对象的特殊性,正是贯彻宗教心理学研究科学性的基本要求。①

宗教心理学研究对象独特的性质和构成,也应该在特定的基础上决定宗教心理学研究的性质和构成。反过来,宗教心理学的研究不能够在贯彻实证的研究方式的同时,去掉自己研究对象独特的性质和内容。这不是用扭曲研究对象来适应所谓实证科学的方式,而是用创新研究方法来适应研究对象的特殊性质。

宗教的心理行为与普通的心理行为既有着共同的地方,也有着不同的地方。这种不同的地方是属于宗教生活、宗教活动和宗教信仰的。科学的宗教心理学的研究对象也给出了关于人的心理行为的共同的理解和把握。这样的过程也常常会忽视和歪曲了宗教心理行为的独特方面。

第四节　科学的宗教心理学的方法

关于方法的考察和探索,有研究从方法论入手,对宗教哲学的方法论进行了理论探索。② 研究指出,宗教哲学的研究方法及方法领域可以概括为质疑、诠释、比较和体悟四个方面。

一是质疑。人类的智慧不会囿于有限的感知,对无限的向往与好奇是宗教、哲学和科学发生的内驱力或策源地。哲学源于惊讶,力图超越有限、领悟无限,实现人生终极价值的宗教正是基于对有限的怀疑而思虑、期盼无限。宗教不是植根于"信",而是发端于"疑"的合理性过程。宗教哲学尤其对超越有限的"无限"的理性思考,是以对"有限"的怀疑为前提的。质疑是哲学、宗教哲学研究思维的前提或必要条件。

二是诠释。从不满足有限世界、有限生存方式到力图摆脱有限的人类理性尤其是哲学思维,还是要讲超越有限的存在,也就是对"不可说"有本体的诠释。诠释有助于认识无限或本体,诠释统而言之有肯定性诠释和否定

① 石文山.西方宗教心理学研究的"去宗教性"倾向[J].徐州师范大学学报(哲学社会科学版),2011(1):136-140.
② 麻天祥.宗教哲学方法论的理论探索[J].中国宗教,2006(10):28-31.

性诠释。首先是肯定性诠释。推理是指,用逻辑的方法去证明作为无限的本体(如上帝、道、理、心性之类)存在的合理性及其性质。推理就要靠逻辑,无论是辩证逻辑还是形式逻辑,严密的逻辑既可以避免不全归纳,也可以扬弃无效演绎,获得不可能通过有限感觉以有限事实证明无限的本体。逻辑规范为哲学提供了诠释的手段。分析是指,哲学既然是本体之学,当然也是探求事物普遍性质之学,从方法论的角度讲,哲学就是概念分析。所以,不仅要解析本体,而且要诠释本体以及与本体相关的名相,即指称本体和事物的概念。这是对各种同类的、异类的以及相似的、相异的概念作精确的分析,如体用、道器、谶纬、知行、天人、名相、心性、理欲、有无、动静、因果、性命、诚正、仁礼、元一、言意、净染、善恶、真幻、内丹、外丹、无极、太极,等等。对于不可言诠的天道、性理等本体问题,特别是对宗教哲学的超二元对立的终极问题,譬喻显得尤其重要。中国传统哲学早已注意到这一方法的运用。其次是否定性诠释。作为信仰可以不说,置身哲学领域则非说不可,于是有说不可说。除上述的肯定性诠释外,否定性诠释显然是最稳妥的方法,虽然是不精确的,却是无差错的。

三是比较。在人类社会历史中,制度化的宗教不仅有各自的组织形态,而且创立、形成并发展一套各具特色的关于无限、终极追求以及实现终极追求的系统的理性思维。因此,宗教哲学研究,要以认真求实的精神,对各不相同的制度化的宗教组织作历史的、逻辑的认识,以避免偏见,如此则不可避免地涉及比较。比较那些曾经影响甚至还在影响人类社会的宗教组织和宗教思想的起源、结构,以及特殊和一般的意义,比较宗教的一致与歧异,比较宗教之间的关系与优劣。简单地说,没有横向比较就无以观异同,就无以观不同宗教组织的渗透与交融;没有纵向比较,则无以观不同宗教哲学理论的发展和变化。

四是体悟。宗教是对无限的终极关怀,宗教哲学是对超越有限的阐释,而无限又是不可思议、不可言诠的,虽然不得不议、不得不说,但是还得要求超越语言逻辑的方法,才能心领神会而不致舛错。这就是体悟的方法。依靠逻辑思维、语言诠释,实难获得对无限的认知。臻至最高的境界不是循逻辑理性,而是靠直觉体悟。体悟的特点是直觉和直观,而不是理性和逻辑,不是对事物表面的感知,而是透过表象对事物深层质的规定性整体把握,是一种创造性的思维活动。

有研究指出，宗教心理学的发展表明，其范围在扩大，主题在扩展，采用的方法也越来越丰富和多样化。[①] 首先是宗教心理学早期的三大研究传统为这个学科提供了方法。英美的传统基本是经验实证的传统，突出地表现在对宗教的心理生物学的研究，以及行为主义心理学的实验室研究。这些研究多采用的是实验、问卷、访谈等实证方法，这是由研究者（多是心理学家）决定的。德语的传统主流是描述性的研究，重视内省的经验，现象学解释和历史分析的方法。这表现在奥地利心理学家奥托及其深层心理学的研究中，这与其神学背景不无关系。法语的传统是病理学的研究，研究者把治疗经验和解释传统结合起来，利用个人资料、访谈、个案研究等方法。这种总结显然只是从整体特点来看的，并不能够涵盖全部，其实每种传统中都有与主流不同的研究兴趣和方法，如英美传统中的詹姆斯、德语传统中的冯特、法语传统中的皮亚杰。正是这些多方面的研究，使得宗教心理学的思想和方法异常丰富。具体来说，这个学科的研究方法主要包括实验、问卷、访谈、临床个案、自然观察、投射技术、个人资料、现象学的解释、经验的反省、历史学和人类学的方法。如前所述，方法的采用，既取决于研究者个人的学术背景，也取决于他们对宗教及其现象不同的认识。早期宗教心理学的研究不外乎属于描述性研究和解释性研究两种类型，詹姆斯和弗洛伊德是其典型代表。从方法上看，也有重客观实证和重主体反思两大倾向，这也代表了不同学者对交叉学科不同侧面的强调和偏向。

科学的宗教心理学的研究就是依赖于研究方法的科学属性或实证性质。这显然表明可以把科学研究的所有方面，包括科学研究的方法、程序和操作等，都直接移植到宗教心理学的研究中。

第五节　科学的宗教心理学的技术

在心理学的社会应用和技术应用中，由于心理学研究和应用的对象是

[①]　陈彪. 宗教研究的心理学视角：历史、理论与方法[J]. 世界宗教文化，2011(1)：31 - 37.

生活中的人,是文化中的人,是人的现实生活,是人的心理生活,这就与以物为对象的学科门类有着根本的不同。科学的宗教心理学的技术应用,是针对现实生活中普通人的宗教心理行为的,这在心理学的应用中就需要心理学的技术变革。

一、生活的尺度

心理学应用的一个重要方面是确立生活的尺度。如果是消除了干预者与被干预者的区分,那么人的生活、人的心理生活,其引领者就是生活的榜样。所谓榜样,就是生活的尺度。榜样可以成为社会现实中每个人模仿、学习和超越的对象。

在西方科学心理学的研究中,人的存在就是个体的存在,心理学的研究也是以个体为单位的。个体主义的原则在于,每个个体都是等价的,个人的价值是平等的。个人的存在或个人的心理有着各自不同的特点或特性。这在心理学的研究中体现为个体差异的研究。这也是心理学的人格研究的起点,或者人是有横向尺度的差异。

中国的文化传统中也有自己的心理学传统,尽管这种本土的心理学传统常常只被看成古代的心理学思想,[①]这些心理学思想仅仅体现在传统性的历史之中或思想史的传统之中。[②] 但是,如果转换衡量的尺度,中国本土的心理学传统也是非常独特的心理学解说,或者,中国本土的心理学也是系统的心理学探索,只不过不能按照西方心理学的尺度去加以衡量,而必须重新确立中国本土的心理学尺度去加以衡量。对于这种独特的心理学传统有着不同的学术理解。有的研究把中国本土的心理学传统看成亚洲的心理学贡献,[③]有的则把佛教的心理学传统看成是东方的心理学。[④]

在中国本土的心理学传统中,人的存在不是等价的存在。中国的文化传统强调的是纵向的价值等级。在纵向价值层级的高低排列中,最低级的

① 高觉敷. 中国心理学史[M]. 北京:人民教育出版社,1985:1.
② 杨鑫辉. 中国心理学思想史[M]. 南昌:江西教育出版社,1994:9-10.
③ Paranjpe, A. C., Ho, D. Y. F., & Rieber, R. W. *Asian contributions to psychology*. New York: Praeger, 1988, p. 2.
④ Varela, F. J., Thompson, E., & Rosch, E. *The embodied mind: Cognitive science and human experience*. Cambridge, MA: The MIT Press, 1991, p. 21.

不是人,而是畜生或东西。最高级的则不是普通的人,而是圣人或神人。人是有不同的价值地位的,或者人是有纵向尺度的差异。在人的价值等级的排列中,在价值等级高端的就可以成为或应该成为价值等级低端的榜样。榜样的作用在于,处于价值高端的对处于价值低端的有引导、引领、示范、模范的作用。在中国的文化传统中,在中国的社会现实中,树立生活的榜样或树立工作的榜样,就成为基本的社会任务。所谓的先进、模范、优秀、尖子、典型、标杆、样板等,都是基于价值等级高低的基础。

如果是从心理学应用的视角去看,心理学的应用还可以通过确立生活的尺度来进行。生活质量高的,心理生活质量高的,就可以成为引领的力量。对生活质量低的,对心理生活质量低的,就可以有引领的作用。生活质量低的,心理生活质量低的,就应该参照和学习高端的榜样,去努力地提升自己的生活质量或心理生活的质量。这也是建构人的心理生活的过程,通过建构出高质量的心理生活就可以去提升人的实际的心理生活。人的生活、人的心理生活,就是一个不断登高、不断上升的过程,就是心理境界不断提升、心灵品质不断优化的过程。

二、自主的引导

心理学应用的另一个重要方面是确立自主的引导。人的心理生活的引导者不是外在的,也不应该是外在的。对于每一个生活中的个人来说,从来就没有什么救世主,一切都要靠人自己。这就是自主的引导。当然,这种自主不是为所欲为、任意妄为,而是对现实的遵循,是与环境的共生,是与社会的共同成长。

人的心理的一个非常重要的特征就是觉的性质,例如觉知、觉察、觉悟、觉解等等。所谓觉,就是自主的把握、自主的决定、自主的活动。觉带来的是人的价值取向和价值定位,是人的意义寻求和意义创造,是人的生活追求和生活品位,是人的生活自主和追求自主。首先,自主的引导最重要的是价值的定向。什么是重要的,或者,什么是不重要的?什么是有价值的,或者,什么是没有价值的?什么是值得去追求的,或者,什么是不值得去追求的?这就是人的心理生活的价值定向或价值定位的过程。个体一旦确立了自己的价值定向,也就确定了自己生活的性质和内容。所谓的价值定向也包括人的心理上的赋值活动。看重的是什么，或者，不看重的是什么？其次，对于自主的引导来说，非常重要的是决策的活动。所谓决策的活动是指活动的目标、程序、步骤、方式、手段、结果等的制订过程。尽管有许多的生活者在自己的生活中是随波逐流的、听天由命的、放任自流的，但是他们依然在不同的程度上有对自己生活的心理引导。因此，自主的引导有程度上的区别和差异。但是，无论是什么程度上的自主性，都有生活者对生活或者心理生活的创造或建构。最后，对自主的引导同样重要的是行动的执行。自主的引导最终就落实在行动上。人的活动要引起变化的结果。最重要的变化结果是环境的改变和心理的改变，也可以是两者的共同改变。这就是共生的历程，是共同的演变和共同的发展。

在人的生活或心理生活中，非常重要的方面是人可以自主引导、自主创造、自主生成自己的生活或心理生活。这种自主的引导可以按照不同的方式来进行，也可以达成完全不同的结果。心理学本身就应该以自己的方式为现实生活中具体的人所掌握。每个具体的个人都能以心理学或通过心理学来把握或掌控自己的实际生活。普通人或者按照自己拥有的常识心理学来引导自己的心理生活，或者按照自己接受的科学心理学来引导自己的心理生活。

人可以失去对自己的生活或心理生活的自主引导，而仅仅成为生活中被动的依附者，成为心理上盲目的依附者。这可以使人成为或仅仅成为生活或心理生活的承受者，人的生活或心理生活就会成为随波逐流的被动的过程。这最根本的就是，人放弃了自己的生活或心理生活中最重要的创造性和创生性。因此，自己创造的生活和心理生活，无论其得到的结果如何，无论其得到的评价如何，都会是有价值的和有意义的生活。

三、体验的生成

人的心理不是已成的存在，而是生成的存在。已成的存在是指，人的心理如同自然天成的产物，是现成如此的存在，是客观不变的对象。传统的心理学研究就把人的心理理解为自然的现象，是已成的存在。生成的存在则与之有所不同。生成的存在是指，人的心理不过是后天建构、创造生成的结果，也是朝向未来的存在，也是共同合成的结果，也是不断生成的过程。

　　如果从生成的方面来看,人的心理生活与人的心理现象有着根本的不同。或者,心理学研究着眼和定位的心理现象与心理生活有着完全不同的含义和性质。心理生活是人自主建构的、自主创造的、互动共生的,所以心理生活是生成的。心理现象则是被动变化的、生来如此的、自然天成的,所以心理现象是已成的。生成心理生活的根本方式就是人的心理体悟或心理体验。心理体悟或心理体验不是现成接受的结果,而是心理创造的建构。人通过自己的方式创造了自己的心理生活,也确立了自己的本性本心。在中国本土的文化传统中,道是演生万物的。道又是人的本性和本心,道就在人的心中。所以,正是心道一体或心物一体的创造过程,成为人的生活,成为人的心理生活,成为人的心理体验。

　　实证与体证、实验与体验是相互对应的,也就是说,现代科学心理学中实证的方法、实验的方法与本土传统心理学中体证的方法、体验的方法是相对应的。这种对应也许并不是对称的。正是在科学心理学诞生之后,实证的方法和实验的方法就成为确立和保证心理学科学性的最基本准则。[①] 这在当代心理学的进程中也得到了体现,[②]在西方心理学的研究进展中也成为主流。[③] 甚至在关于文化心理的考察和研究中,也同样贯彻了实证研究的原则和采纳了实证研究的方法。[④] 在关于文化心理学的研究方法论的考察中,也体现出这样的研究取向。[⑤] 有研究者力求对此进行反思。[⑥] 除此之外的其他的方法或内省的方法,就被抛弃到非科学的范围中。受到连带的影响,体验和体证的方法也就没有了存在的根基。因此,发展中国心理学十分重要的任务是对心理学研究的方法论进行扩展。[⑦]

　　中国本土的文化传统倡导的是天人合一、心道一体的基本理论设定。所谓天人合一、心道一体,强调的是不要在人之外或心之外去寻求所谓客观

① 葛鲁嘉.大心理学观——心理学发展的新契机与新视野[J].自然辩证法研究,1995(9):18-24.
② 郭本禹.当代心理学的新进展[M].济南:山东教育出版社,2003:176-177.
③ 叶浩生.西方心理学研究新进展[M].北京:人民教育出版社,2003:18.
④ Markus, H. R., & Kitayama, S. Culture and the self: Implications for cognition, emotion, and motivation. *Psychological Review*, 1991(2), 224-253.
⑤ Ratner, C. *Cultural psychology and qualitative methodology*. New York: Plenum Press, 1997, p.9.
⑥ Shweder, R. A. *Thinking through cultures: Expeditions in cultural psychology*. Cambridge, MA: Harvard University Press, 1991, p.35.
⑦ 葛鲁嘉.对心理学方法论的扩展性探索[J].南京师大学报(社会科学版),2005(1):84-89,100.

的存在。道就在人本身之中，就在人本心之中。人不是到身外或心外去求取道，而是返身内求。所以说，人就是通过心灵自觉或意识自觉的方式，直接体验到并直接构筑了自身的心理。中国本土文化中的心理学传统确立的是内省的方式。① 这种内省方式强调内圣与外王、修性与修命、渐修与顿悟、觉知与自觉、生成与构筑。这些基本方面成为理解体证或体验方式和方法最为重要和无法忽视的内容。

体验的方法与实验的方法不同：体验是人的心理具有的一个十分重要的性质。所谓的体验是人的有意识心理把握心理对象的一种活动。这不仅是关于对象的认知和理解，也包含关于对象的感受和意向。体验的历程也是人的心理的自觉活动、自觉创造和自主生成。人通过心理体验把握心理自身时，可以是一种没有分离感知者与感知对象、认识者与认识对象的活动。在这样的心理活动中，人是感受者，是体验者。体验的方法体现了四个方面的统一：主体与客体的统一；客观与真实的统一；已成与生成的统一；个体与道体的统一。

体验就是人的自觉活动或心灵的自觉活动，因此体验并没有分离研究主体与研究客体，并没有分离研究者与研究对象。体验不同于西方心理学早期研究中所说的内省。内省严格说来，仅仅是对内在心理的觉知活动。这是分离开的心理主体对分离开的心理客体的所谓客观的把握。这只不过是把对外部世界的观察活动转换成为对心理世界的观察活动。因此，体验实际上就是心理的自觉活动。通过心理体验把握的是心理自身的活动。

实证的科学心理学一直强调研究的客观性，强调把心理学的研究对象当作客观的对象。为了做到这一点，甚至不惜把人的心理物化。这种所谓的客观性常常以歪曲或扭曲人的心理体现出来。体验强调的是真实。真实性在于反对以客观性来物化人的心理行为。体验应该是客观性与真实性的统一。客观性是对虚构性和虚拟性的排斥，而真实性是对还原性和物化性的排斥。体验通过超越个体的方式来达到普遍性。

----

① 葛鲁嘉.中国本土传统心理学的内省方式及其现代启示[J].吉林大学社会科学学报，1997(6)：
　 25-30.

原有的实证心理学的研究只是把人的心理看作是已成的存在,或者看成是已经如此的存在。心理学的研究不过就是描述、揭示和解说这种已成的存在。实际上,人的心理是生成的存在,是在创造和创新中变化的存在。体验不仅是对已成的心理进行把握,而且是促进创造性生成的活动过程。正是通过内在的体验,人能够创生自己的心理生活。

人的心理存在是直接以个体化的方式存在的。个体的心理是相对独立和完整的,但是在心理学的研究中,这种个体化或个体性就变成一种基本的原则,即个体主义的原则。这在很长的时段中支配了心理学的研究,包括支配了对人的群体心理和社会心理的研究。实际上,人的心理的存在就内含着整体的存在。在中国本土的心性心理学看来,道就隐含在个体的心中,这就是心道一体的学说,这就是心性学说。道体的存在是整体的存在,是一统的存在。

四、应用的技术

心理学的应用技术并不是对心理学研究对象的任意改变和塑造。那么,这就使心理学的应用技术与其他科学分支的改造自然物的应用技术有着特别相同和相近之处,也有着十分重要的区别和不同。在心理学的历史发展和演变中,出现过不同形态的心理学,形成了不同的心理学传统。不同的心理学形态或心理学传统,有着不同的或各具特点的应用技术。心理学的应用技术可以包括硬技术与软技术两个基本大类。

所谓硬技术,是指通过实际的或有形的技术工具和技术手段对人的心理行为的改变。心理学的应用是技术工具和技术手段的发明和创造。在科学心理学的发展过程中,大量的心理学技术工具和技术手段的发明,都有效地促进了心理学的社会应用。在机械化的时代和在电子化的时代,心理学的技术工具的性质和特征有了根本性的变化,这给心理学的应用也带来了根本性的变化。心理学在自己的历史发展中曾经非常重视的就是硬技术的发明和运用,心理学的应用就依据技术工具和技术手段的复杂化和多样化。

所谓软技术,是指通过特定的或无形的意念、观念或理念,来构筑或改变原有的心理生活,生成或建构特定的心理生活。心理学运用的技术可以是心理的或无形的技术工具和技术手段对人的心理行为的改变，这也就是指心理意念、心理观念、心理理念等方式对内在心理的改变和引导，因此所谓的软技术也可以称之为体证与体验的方式和方法。人可以通过接受或改变自己特定的心理意念、心理观念、心理理念，来改变自己的心理生活，提升自己的心理境界。

体验和心理体验的问题是非常值得心理学研究的。人生活在自己的心理体验之中，人的心理体验不仅是生活的承受结果，而且是创造生活的建构结果。体验是人获得的生活的样式和样态，同时也是人构建自己的心理生活的重要的方式和手段。所谓的体验，所谓的心理体验，有着一些重要的特点或特征：理论与方法的统一；理论与技术的统一；方法与技术的统一。这些特点或特征决定着体验可以具有的心理地位和生活功效。

人的生活体验和心理体验是建立在特定理论的基础之上的，是由特定的理论提供的关于心理的性质和活动的解说。无论是日常生活中的普通人，还是心理学研究中的研究者，都可以具有和拥有特定的心理学理论。这就是日常的理论和科学的理论。无论是哪一种理论，这种特定的理论同时又是一种特定的改变或转换心灵活动的方法。理论与方法是统一的。人在心理中对理论的掌握，实际上就是心理对自身的改变。心理学理论的功能就在于为心理所掌握之后，实际上改变人的心理活动的内容和方式。

技术活动是发明、创造和使用工具的活动。对于心理学的研究来说，人的心理生活作为理念的活动，理论就变成一种塑造的技术。体验本身就是理论的活动，或者体验就是建立在理论的基础之上的，这样的理论不是纯粹的认知产物，不是纯粹的认知把握。心理学的理论包含着认知、情感和意向的方面，包含着对心理的形成、改变和发展的影响力。

体验本身是一种验证的活动，是验证的方法。体验带来的是对理论的验证。通过体验，可以验证理论的性质和功能。同时，体验又是一种技术，这种技术是一种软技术。通过特定的体验方式，可以内在地改变人的心理活动的性质、内容、方式和结果。这就决定了体验实际上也是体证的活动，可以证明理论的性质和功能。体验也是心理活动的基本方式，可以构建、改变和生成人的心理生活。

因此，人的心理和心理生活不但是可以接受外界或他人的改变的，而且是可以承受内在或自主的改变的。这种改变就是人的心性和心理的基本性质和基本过程,就是人的心理生活、心理环境、心理成长的创造性生成过程。这种多源头的、多样性的改变或提升,会使人的生活、人的心理、人的心理生活呈现出改变或变化。

第八章　宗教心理学的历史

　　宗教心理学的起源和发展历程构成了宗教心理学的历史发展和当代演变。在宗教心理学的发展和理论演变中，存在着理论立场、理论预设、理论框架、理论建构完全不同的宗教心理学流派，也存在着不同的宗教心理学研究者、思想家和理论家。这些学派和学者提供了关于宗教心理行为的不同的研究成果和理论解说，涉及宗教心理学未来的发展趋势和研究走向。

第一节　宗教心理学的学科发展

　　科学的宗教心理学的研究起始于两个母体学科——宗教学和心理学，宗教心理学诞生于宗教学与心理学的交叉点上。宗教学与心理学都有自己的学科的起始、扩展、发展、演变的历程。伴随着两个母体学科的发展和彼此交叉，实证科学的宗教心理学才有了自己的学科的历史演变和发展。

　　现代的科学心理学是从哲学的母体中分离出来的，其独立发展的历史并不长。许多心理学史家认为，德国心理学家冯特在 1879 年建立了世界上第一个心理学实验室。这是科学心理学或实证心理学诞生的标志，至今不过一百多年的历史。当然，把心理学实验室的建立当作是科学心理学诞生的标志，还存在着严重的问题。其实，对科学与非科学的划界还有着许多不同的认识。例如，科学心理学的诞生和确立是应该以实证方法的运用为标准，还是应该以理论范式的形成为标准，这仍有许多不同的争议。

　　当然，心理学成为一门科学，不仅在于建立了心理学实验室，而且在于心理学的理论范式、研究方法和技术手段方面的根本性变革。心理学作为科学是通过科学的理论、科学的方法和科学的技术来描述、说明和干预心理行为。可以肯定的是,科学的心理学是以全新的面目出现的。在这短短的发展历史中,科学心理学取得了飞速的进步,分支学科日益增多,广泛地涉及和影响了人类生活的方方面面。到目前为止,心理学本身还不是一门统一的学科门类,而是流派众多,观点纷杂。许多心理学家做过统一的努力,但都并不成功。当代心理学或科学心理学从诞生之日起,就有两种分庭抗礼的研究取向,那就是科学主义取向和人文主义取向,或是物理主义的取向和人本主义的取向,或是实证论的取向和现象学的取向。这两种不同的研究取向相互对立、相互竞争,构成了现代心理学发展和演变的独特景观。西方科学心理学的发展并不是一个统一的历程,而一直处于四分五裂的境地。那么,最根本的分裂或最核心的不统一,就是思想基础或理论预设的分歧。目前,心理学发展的最重要的努力就是科学化和统一化,以使心理学成为一门统一的科学门类。

心理学成为独立的科学门类之后,统一心理学就成为一个重大的学术目标。但是,如何才能统一心理学,心理学家之间却有着重大的分歧。在心理学的发展史上,出现过各种不同的统一的尝试。这些尝试包括知识论的统一、价值论的统一和知识与价值的统一。其实,心理学统一的最核心问题是心理学的科学观问题。正是科学观的差异导致对什么是科学心理学的不同认识和理解。心理学的科学观涉及的就是有关心理学科学性质的范围和边界,心理学研究方法的可信和有效,心理学理论构造的合理和合法,心理学技术手段的适当和限度等等。心理学科学观的建构关系到心理学的研究目标和研究策略的制定和实施。心理学的发展应该确立起大心理学观,或心理学的大科学观,或心理学的开放的科学观。这可以使心理学从实证心理学的实证科学观中解脱出来,从而容纳不同的心理学探索。所以,心理学统一的努力应该是建立统一的科学观。

采纳开放的科学观,也就给了宗教心理学的学科发展以新的前景,这使得宗教心理学的研究能够吸纳不同来源的思想资源、理论资源、学术资源。同时,这也就使得宗教心理学的探索能够整合宗教的宗教心理学与科学的宗教心理学的研究。进而,这也就使得宗教心理学的探索能够汇总思想史、文化学、社会学、政治学等更广泛的学科资源。

第二节　宗教心理学的学科资源

宗教研究有不同学科的参与,有不同学科的视角,有不同学科的内容。因此,宗教心理学的探索也就有着不同学科的资源。这些资源是宗教心理学非常重要的研究基础和研究内容。不同的学科资源涉及大量的相关学科,其中主要包括宗教哲学、宗教人类学、宗教社会学、宗教文化学、宗教历史学、宗教语言学、宗教艺术学、宗教民俗学等。应该说,这些不同的宗教研究的学科资源,都包含着相应的心理的层面,都具有从特定学科分支入手的关于宗教心理行为的探索。

一、宗教哲学

在宗教学的研究中,哲学的思辨和哲学的反思是非常重要的内容,这构成了宗教哲学的基本研究内容。宗教哲学是宗教形态的心理学的最基本的学科资源。哲学家对于宗教的考察包含宗教心理学的探索,其中涉及关于宗教心理行为的思辨猜测、思辨推论、思辨批判、思辨构想、思辨探讨等思辨的方式,也涉及关于宗教心理行为的基本的理论预设、理论前提、理论假说、理论思想等核心内容,还涉及关于宗教心理行为的性质、构成、演变、功能、价值等重要方面。

有研究者对宗教哲学进行了考察,指出宗教哲学这一概念是可以成立的。不过,因为哲学与宗教搭上关系的方式不一,遂形成不同形态的宗教哲学,也在学术上产生了对宗教哲学的不同理解。① 分析起来,至少可以区分出三种宗教哲学。

第一种是将对宗教所作的哲理性思考称为宗教哲学。在这里,哲学是站在宗教之外,通过对宗教的哲理性透视而与宗教形成关联。显然,这区别于神学,因为神学是站在宗教之内为宗教信仰作辩护的。宗教哲学的目的并不在于削弱或支持任何一种宗教信仰,而是通过理解去判断各种信仰有

---

① 吕鹏志.宗教哲学导论[J].四川大学学报(哲学社会科学版),1997(3):31-38.

无合理的根据。宗教哲学立足宗教之外，就是为了既能通过对宗教的思考获取真理和智慧，同时又能避免犯类似神学家的错误。

第二种是将对宗教信仰所作的哲理性论证和辩护称为宗教哲学。在这里，哲学是将自己作为工具交给宗教使用的，是完全为宗教信仰服务，并无独立的"人格"。从立场来看，这与前一种宗教哲学不同，是站在宗教之内说话的。就实质而言，这属于为宗教教义作论证的神学。宗教是能够通过以理性为特征的哲学方法来说明和论证的，这不仅理论上说得通，而且事实上在人类的大多数宗教中都存在这样的宗教哲学。首先，哲学作为世界观，指明了人的生存处境和人与神灵、人与世界的关系，从而为人的宗教信仰提供了理论前提和依据。其次，运用哲学的思维方式可以使对宗教信仰的说明和论证系统化、理论化、明朗化。再次，哲学具有保护信仰的功能。当宗教欲维护自己的存在而又不能诉诸武力或法术时，常常会借助哲学的力量来进行辩护。

第三种是将宗教中蕴含的宇宙论、认识论、人生论等哲学思想称为宗教哲学。在这里，宗教与哲学是通过类比而发生关联的，即认为宗教中存在与哲学相类似的内容和形式。宗教确实也有自己的哲学，这种哲学算得上是哲学大家族中的一员，可名之为宗教哲学。首先，哲学起源于宗教，说明从宗教到哲学有一定的连续性。其次，哲学又有演变为宗教的。如儒家哲学曾经变身为儒教，道家哲学后来演变成道教。再次，从宗教包含的观念与思想中还可以看到，宗教与哲学探讨的问题多有对应和相通之处。

有研究对宗教哲学方法论进行了理论探索。① 研究指出，哲学是爱智之学，宗教哲学是以智慧去思考、认识无限或本体。智慧可以给出认识无限的进路，或者可以确定实现终极关怀的合理过程。就学术研究而言，宗教哲学显然是哲学的重要组成部分。宗教哲学的研究方法及领域可以概括为质疑、解释、比较和体悟四个方面。

宗教哲学的智慧是属于宗教形态的心理学探索的重要的思想资源、理论资源、学术资源、历史资源、传统资源、现实资源。因此，在宗教哲学的资源中，就实际拥有关于宗教心理行为、宗教心理探索的丰富的内容。

---

① 麻天祥.宗教哲学方法论的理论探索[J].中国宗教，2006(10)：28-31.

二、宗教人类学

人类学是从生物、社会、文化等不同的方面，全面考察和探索人类种族的重要的学科群。在人类学的学科构成之中，就有关于宗教的考察和探索。这也就是宗教人类学的学科分支。宗教人类学是宗教学、人种学、人类学、民族学、社会学、心理学等多学科相互交叉的边缘学科。在人类学的考察和探索中，就包括关于种族心理行为的心理人类学的研究分支。因此，在宗教人类学的考察和探索中，也就包括关于宗教心理行为的宗教心理人类学的研究分支。

有研究考察了宗教人类学的发展进程和学科转向。[①] 该研究指出，宗教可以通过文字传承的方式表达群体对于宇宙、人类和社会的看法，并形成人类文化中丰富多样的宗教经典。此外，在建筑、绘画、雕塑、音乐、舞蹈等方面也常常可以看到宗教主题和信仰内容的展现。值得注意的是，宗教信仰也常常在口传活动中得到表达，有时则以无声的语言——仪式行为的方式展开。然而，更普遍的情形则是无声的语言和有声的口传同时并存。总而言之，离开对宗教的深刻理解，人们就无法真正认识人类文化的深层机制和内涵，也就无法真正达到对于人性的准确把握和解说。

人类学研究的是广义的宗教，即所有的信仰形式。对人类学者而言，神灵信仰和仪式构成了文化的基本特质，也构成了社会形态的主要象征表现方式。因此，在人类学的田野工作和民族志记述中，信仰和仪式从来都是主要的焦点和论题。宗教信仰与社会组织、经济交换、婚姻家庭一道构成了人类学传统上的四大研究领域。

与其他学科的宗教研究相比，人类学在分析由信仰和仪式构成的宗教现象时，更多地强调"主位"的观点，尽量避免研究者的主观价值涉入和意识形态判断，力图在被研究的文化本身的逻辑中，从被研究者的角度出发，参与到信仰和仪式的社会生活中去理解和阐释宗教。

从理论范式来看，人类学的宗教信仰研究经历了从进化论到功能论再到象征论的发展过程。总体上说，人类学的宗教研究主要有三种进路：一是心理主义进路。研究宗教的人类学家试图用心理学的方式来研究宗教的起

---

① 黄剑波. 宗教人类学的发展历程及学科转向[J]. 广西民族研究, 2005(2): 33 - 45.

源和功能,宗教意识的本质、起因与发展,宗教象征的心理作用等。二是功能主义进路。很多人类学者都同意所有的宗教都是为了满足一定的社会和心理需求。三是象征主义进路。研究者强调,宗教仪式中形体、场所、偶像、法器等都蕴涵着丰富的象征意义。

有研究考察了宗教人类学的现代转变。① 研究指出,宗教人类学是人类学的一个分支,西方的航海与地理发现,传教与殖民统治,促进了宗教人类学的形成与早期发展。二次大战以后,随着殖民统治的结束,宗教人类学不得不发生转变。这主要表现为从研究未开化民族的宗教到研究文明国家和发达社会的宗教,从研究的进化学派、社会学派、功能学派到现代的结构学派、象征学派,从静态的研究到动态的研究,从局部的研究到综合的研究,从实证的研究到哲理的研究等。

早期宗教人类学家致力于研究那些生活在偏远地带的未开化民族的原始宗教,因为他们相信,这些民族相当于人类发展进程中的早期进化阶段。因此,发达民族已经消失了的古老宗教,通过对现代未开化民族的宗教的研究,可以重构其历史并找到一些规律。在"二战"以后,人类学的转向还表现为人类学的本土化,即西方人类学家开始研究西方社会自身。过去有一种无形的分工,社会学研究西方本土的社会问题,人类学研究"异邦"的原始文化。20世纪中叶以来,美国人类学家的研究对象涉及本国的亲属制度、宗教运动、种族冲突、文化价值、象征符号、社会结构、社会特征、国家特征、社会阶级、社区生活、经济全球化、城市流浪者等。欧美人类学家还探讨本国的移民群体、艾滋病群体、吸毒群体、志愿者群体等。宗教人类学的研究一开始关注宗教的起源,随后又致力于阐明宗教的社会学功能和心理学功能,最后转向探究宗教信仰和宗教思想的构造方式和表达方式。

早期宗教人类学家的主要工作是写民族志、宗教志,力图客观地将未开化民族的原始宗教活动描述出来。从一定意义上讲,这是静态的研究。在人类学转向以后,宗教人类学家开始重视宗教变化、宗教动力、宗教复振。当宗教人类学家离开未开化民族回到西方本土时,他们更加需要综合地研究部落宗教与历史宗教。宗教人类学一直具有实证科学的特征,强调客观的态度,重视

① 宫哲兵.宗教人类学的现代转变[J].世界宗教研究,1999(4):23-29.

经验的检验。但是,现代的发展使较传统的人类学中的刻板和客观的观点,转变为发展和辩证的观点。这种辩证的观点在考察社会和文化时,尽可能地提醒人类学家注意到自己的主观取向与文化理念。

心理人类学、宗教心理人类学的探索和研究,提供了关于宗教、关于宗教心理行为的特定的考察视角、研究思路和探索方式。这很显然就成为宗教形态的心理学的最重要的学术资源。

三、宗教社会学

在社会学探索与宗教学研究的交叉地带,存在关于宗教的社会存在、社会演变、社会特征的宗教社会学的探索。在宗教社会学中,也有宗教社会心理学的研究,这是关于宗教社会心理行为的重要的宗教形态的心理学资源。

有研究考察了西方宗教社会学研究的新取向。① 研究指出,当代的西方宗教社会学研究,已经发生了一些重要的转向,其主要表现为:在研究立场上,经历了对宗教功能的全盘肯定到启蒙时代后的全盘否定,再到现代的重新定位;在研究视角上,经历了从世俗化到非世俗化再到多元化;在知识取向上,经历了从理性批判到感性取向乃至灵性证明;在思维方式上,经历了从社会建构论到主体建构论。形成这种新取向的主要原因是西方社会的发展进入后工业时代,宗教在全球的新复兴以及后现代思潮的影响和一般人文社会科学研究旨趣变化等因素。

有研究探讨了宗教社会学的范式转换及其影响。② 研究指出,国际宗教社会学进入了当代新的时期,历经大浪淘沙之后,有两大研究范式成为了主要流派。这也是对中国宗教社会学影响最大的流派:一是世俗化理论范式;二是市场化理论范式。

世俗化理论范式主张,现代化必然导致宗教多元化,宗教多元化会瓦解稳定的宗教信仰,进而导致宗教衰亡。这构成了世俗化理论的基石。客观地看,世俗化包括两个方面:社会的世俗化与宗教的世俗化。社会的世俗化

---

① 姚南强.西方宗教社会学研究的新取向[J].华东师范大学学报(哲学社会科学版),2009(4):38－45.
② 魏德东.宗教社会学的范式转换及其影响[J].中国人民大学学报,2010(3):61－69.

指社会逐步摆脱教会的控制,宗教的世俗化则指宗教神圣性的降低。与世俗化密切相关的是多元化、市场化与个人化,这共同架构起了世俗化理论的大厦。

市场化理论范式主张,透过宗教经济学来解释宗教的发展。在宗教市场论中,宗教系统与经济系统具有极大的相似性。宗教市场的构成包括:宗教产品的供给者是教职人员,宗教产品的消费者是宗教信徒,宗教产品的构成者是各种宗教活动。可以说,宗教市场论是强调宗教主体性的理论。因为宗教信仰是人们理性选择的结果,宗教活动于是也就构成了一个市场,可以用经济学原理予以解析。

实际上,宗教社会学的重要构成部分是宗教社会心理学的研究和探索,这是在宗教学、社会学、心理学的多学科的交叉中,通过采纳多元化的理论预设、多元化的研究思路、多元化的研究方法、多元化的技术手段,对人类的宗教心理行为的起源、功能、影响等,进行的系统的考察。[①] 宗教社会心理学的考察包括不同国度中的宗教,环境及情境对宗教心理行为的影响,不同年龄的宗教心理行为,不同性别的宗教心理行为,人格与宗教的关系,社会政治态度与宗教,宗教与心理健康,宗教与婚姻,社会、经济与宗教,宗教心理行为的相关理论。

四、宗教文化学

有研究论述了宗教文化。[②] 研究指出,宗教是大多数民族群体和民族国家的精神支柱和文化定向,宗教文化是中华文化和人类文化的有机组成部分。宗教在经济迅猛增长、科技高度发达、人文精神显扬的当代世界,其文化功能仍展示出巨大的特殊作用。宗教在民族文化中的地位和作用有不同类型。宗教的文化性与宗教的特殊性紧密相连。宗教文化与世俗文化的互动表现为良性与恶性的交替和并存。宗教文化论是中国特色宗教理论的新成果,其理论价值深化了人们对宗教本质、结构和功能的认识,推动了宗教文化学研究,丰富了宗教史和文化史的内容。为引导宗教与社会相适应开

① 阿盖尔,等.宗教社会心理学[M].李季桦,等,译,台北:巨流图书公司,1996:3.
② 牟钟鉴.宗教文化论[J].西北民族大学学报(哲学社会科学版),2012(2):33-40.

辟了更广阔的空间,对于宗教的健康发展有助益作用,这是宗教文化论的现实意义。

将宗教理解为文化,是相对于教义信仰而言,是要打破以往平面和狭窄的"宗教教义教理教派"的研究,即不局限于把宗教仅看成是超世的信仰和信众的崇拜,或只满足于从认识论角度把宗教归结为唯心论和有神论,而是把宗教的研究扩展成广阔的文化学的视野,看到宗教不单是一种精神信仰,还是一种社会活动和文化活动,是社会历史文化的有机组成部分。因而要从人类文化发展史研究世界宗教,从中华文化发展史研究中国宗教,揭示宗教丰富多彩的文化内涵。将宗教理解为文化是相对于政治话语而言,是要突破以往简单和片面的阶级分析,不能把宗教的社会功能只归结为"宗教鸦片论",那是对马克思主义宗教观的片面理解。要看到宗教的多种功能,尤其是创造人类文化的功能,即使是政治功能也有正负两重性。宗教积极的社会文化功能将会得到充分的发挥。宗教文化论可以改变人们只从负面看宗教,而能够与时俱进,视宗教为社会正常文化现象,并给予同情的理解,应有的尊重。

宗教是人类精神文化中的高层文化。宗教是原始文化"包罗万象的纲领",是孕育后来各种精神文化门类如哲学、道德、文学、艺术、科学等的最初母胎。

在宗教文化学的研究中,文化心理、文化行为、文化人格等都是属于宗教文化心理学的研究内容。在特定的文化传统和文化构成中,包含着特定的文化心理,也包含着特定的宗教文化心理。

五、宗教历史学

有研究考察了历史与宗教的关系。① 研究指出,"史"的文化原型最早是以宗教家的面目出现的。中国人的宗教观念由来已久。当中国人还处在蒙蛮、洪荒世界之时,其自然宗教的意识便已产生。随着社会物质生产和精神生产分工的出现,中国有了专门从事和执掌精神活动的人员——巫:祭司。由于当时精神活动的主要内容呈现出宗教、政治、艺术三位一体的特点,故

① 普慧."史"与宗教[J].南开学报(哲学社会科学版),2007(3):95-97.

巫不仅是政治家、艺术家,更主要的是宗教家。

社会的进步和理性的发展,使得人们对宇宙自然和社会人生的认识进一步深化,也导致中国原始的自然宗教形态开始向人为宗教形态过渡。在这个过程中,一方面是体现自然宗教特质的诸多元素在管理体系中逐渐被淡化;另一方面是人为宗教因素日趋活跃。宗教神学的经学化为适应大一统的需求而迅猛发展。这主要表现在三个方面:至高天神的道德化;"天人感应"的宗教化;"天授君权"的学理化。在这三个方面中,前者确立了"天"(太一)的最高地位,并将其塑造成了至高无上、主宰人间、有人格品性、有道德意志的神;中者从理论上沟通了天与人之间的密切联系,完成了有如基督教圣父、圣子、圣灵三位一体、佛教佛、法、僧三位一体式的儒教"天、道、圣人三位一体"的过程;后者将王朝的更替归之于奉天承运的天道的必然性,完成了把儒家的父权、宗教的神权和行政的皇权三位一体的学理化。这三个方面的工作对于史以外的其他宗教家来说,几乎是无能为力的,而只有史家才能够以其"究天人之际,通古今之变"的历史叙事,参与到人为的系统宗教的构建之中。

有研究还考察了史与宗教信仰的关系。① 研究认为,史的最早形态是以宗教家的面目出现的。人类的宗教观念由来已久。宗教精神与人文理性的融会,是中国史家的一个非常重要的特征。史的职能是记言记事。记言、记事的内容最早自然以宗教活动为主,但是随着宗教活动不断政治化、军事化、经济化、生活化,与宗教活动相关的世俗事务,尤其是对政治斗争的评价、人物道德的审判等,更多地进入史家的视野和笔下。

还有研究从世界宗教历史的角度考察了宗教。② 研究提出,回顾数千年来人类宗教发展的历史,就会发现这样一个事实:每个时期宗教的内容和崇拜的形式,总是随着人类社会的发展而变化,古往今来,概莫能外。就世界宗教史的范畴而言,无论何种民族,虽分属于不同的国度或处于不同的时代,其传统宗教总是从自然宗教向人为宗教发展。而且随着科学技术的发展,真正的宗教观念愈来愈淡薄,宗教仪式遂向民俗节

① 普慧. 史与宗教信仰[J]. 东方丛刊,2007(3):35-50.
② 张福. 从世界宗教史看宗教的异化及演变规律[J]. 云南师范大学学报(哲学社会科学版),1999(6):33-38.

日演变。

有研究探讨了宗教思想的概念。① 研究指出，"宗教思想"可以有宽窄不同的理解。一般所说的某宗教的"思想"，是指其教理层面，例如佛教的"缘起"思想，道教的"重玄"思想等。这一般都具有严密的逻辑论证和一定的理论内涵。宗教的核心内容是信仰；而信仰的根本特征是先验的、绝对的、非理性的，是属于人的直觉、感情等层次，所谓"下意识"的内心体验，并不是一般所谓"思想"的理智活动。宗教教理也就是一般所说的宗教"思想"（包括宗教的组织、戒律、仪轨和活动等），则是根植于信仰、服务于信仰，因而是附属于信仰。因此，就有必要对"宗教思想"做更宽泛的理解，即把信仰当作核心，包含从非理性的"迷信"到高层次的理论等诸多层面。

人类的意识除了理性活动之外，还有直觉、灵感、感情等非理性或不完全受理性支配的部分。宗教信仰活动、文学艺术活动都不同程度地包含后一方面的内容。这更多产生于、作用于人们的心灵体验。这一点也是宗教和文学艺术密切关联和相互沟通的重要原因。正由于宗教信仰更多诉诸下意识的感情世界，也就更容易对人们的心灵发挥影响，进而作用于社会文化的方方面面，并成为构筑民族文化性格的重要因素。宗教信仰使人们形成敬畏心、感恩心、忏悔心，往往在很大程度上左右着人们的精神状态。

儒、道、佛"三教"具有共同的宗教思想方面的内容，也给后来的三教交流、三教融合提供了条件。祖灵信仰直到今天仍在广泛影响人们的精神活动与社会生活。考察该课题，可以给中国的宗教思想研究提供多方面的启示。这样，关于宗教思想的研究就不可局限于宗教理论（教义、教理）层面的研究，而应当把宗教信仰层面的研究置于更重要的位置。中国是一个多种宗教、多种信仰并存的国度。在高度发达的文化传统之中，宗教思想特别复杂和丰富，与思想、文化的各个领域、各个层面的关联也十分契合和紧密。不过，由于历史的和现实的诸多原因，我国的宗教学研究比较薄弱；而且，相对于宗教教理与教团活动诸领域的研究，关于信仰层面的研究更为欠缺。

有研究对中国宗教思想史进行了探讨。② 研究指出，中国的宗教思想史

① 孙昌武.关于"宗教思想"的研究[J].南开学报（哲学社会科学版），2007(3)：90-93.
② 孙昌武.关于中国宗教思想史的研究[J].南开学报（哲学社会科学版），2006(5)：36-38.

是指历代中国人具有的宗教观念和宗教思想发展、演变的历史,延伸开来,还应包括历代不同社会阶层认识、对待、处理宗教现象、宗教事务的历史,无神论与有神论相互斗争的历史,等等。宗教思想是整个思想意识形态的重要构成部分,对于历代政治、经济、文化、生活,特别是对于人们的精神世界,都发挥着巨大的影响,往往直接决定了人们的生活状态和实践活动。一定历史时期的宗教思想又和哲学思想、伦理思想、美学思想、史学思想、民族思想等相互关联和相互作用。如果说中国文化的全部发展要从先秦寻求源头,那么探讨历史上宗教思想的发展、演变会发现,浓厚的人文色彩、清醒的理性精神一直也是中国宗教思想传统的主要特色之一。从这样的角度讲,中国在人类宗教思想史上取得了丰硕的理论成果,作出了特殊的学术贡献。

应该说,宗教历史学与宗教心理学有着重要的关联。无论是宗教历史心理学,还是宗教心理历史学,都在特定的历史视野中,去考察和探索宗教历史传统中的心理层面的内容,以及宗教心理表达中的历史层面的内容。宗教历史学早就积累了非常丰富的思想资源和理论资源。这给了宗教心理学的探索一个历史的根基。

六、宗教语言学

有研究对当代西方宗教语言研究的方法论进行了分析。[1][2] 研究指出,自从 20 世纪中期开始,西方学术界出现了一股宗教语言研究热潮。综观当代西方宗教语言研究的现状,尽管研究者在理论立场和学术观点上尚存较大分歧,但也表现出一种相同的学术旨趣,即注重方法论的反思与构建。这种旨趣无论是对于人们寻求合理的哲学方法去解开宗教语言之谜,还是对历史唯物主义的宗教哲学研究来说,都有其值得借鉴的意义。当代西方宗教语言研究方法经历了语义分析、功能分析、生存论分析和本体论分析的嬗变过程,这四种分析方法主要以分析哲学、存在主义和解释哲学为方法论基础,是把现代西方哲学语言学转向之后出现的语言哲学运用于宗教语言研

① 董尚文.当代西方宗教语言研究方法论分析(上)[J].哲学动态,2002(7):43-45.
② 董尚文.当代西方宗教语言研究方法论分析(下)[J].哲学动态,2002(8):37-40.

究的产物。

有研究对宗教语言进行了考察。① 研究认为，宗教语言具有象征的性质。宗教语言有广义和狭义之分。广义的宗教语言不仅包括在宗教的典籍和宗教的活动中，信仰者之间彼此交流所使用的语言，而且包括实物符号和行为符号，这些都可以视为宗教语言符号。那么，除了语言文字外，还有宗教礼仪、实体器物等，如向神祭献的礼仪行为及贡物、庙宇、神像、法器；信仰者佩戴的挂有十字架的项链、戴在胸前和手腕上的佛珠，宗教的服饰，以及远古的"图腾"等等。所有这些，都是广义上的宗教语言符号。狭义的宗教语言是指在宗教领域使用的语言文字，是宗教典籍中运用的相对世俗语言而言的超世俗的语言，这有特定的概念、范畴及相关的"语言链"，用来表达、阐释宗教的教义、教规以及作为"形而上"的宗教思想。

宗教语言不同于日常语言。宗教语言是在日常语言提供的原本语义和经验基础上生成的，是从含有一切意谓指向的日常语言中，逐渐发展成为一种专门化的语言。尽管日常语言中也有象征性的内容，但是宗教的"象征语言"完全反映、服从于宗教信仰。宗教语言虽不可"完全脱离"日常语言，但是寓意却不同。

宗教语言不同于科学语言，后者是逻辑性、推理性的语言。科学语言不会与毫无根据的信条联系在一起，而是实证性的语言。科学语言也是以日常语言作为经验基础，但科学语言向清晰、精确的方向进行了改变，直至完全排除了一切附带着的象征含义。

宗教语言不同于哲学语言。最初的哲学语言与宗教语言混在了一起，后来逐渐从宗教语言中分化出来，虽然两者研究的对象是同一的，但却有着各自独立研究的问题，所以形成了不同的概念和范畴体系。哲学诉诸反思，形成了反思性的语言；宗教诉诸信仰，形成了象征性的语言。

有研究对宗教语言进行了探讨。② 研究指出，宗教语言是宗教思想的主要表达方式。在没有宗教信仰的人看来，宗教语言无非痴人说梦。要理解宗教思想，必须首先理解宗教语言。宗教信徒平常所使用的语言，即日常语

① 魏博辉. 打开信仰者心灵的钥匙——论宗教语言的象征性[J]. 中国宗教,2010(1)：45-46.
② 胡自信. 宗教语言初探[J]. 北京第二外国语学院学报,2004(6)：22-26.

言,与其在宗教生活中使用的语言,即宗教语言,存在着明显差异。很显然,差异性原则过分夸大了日常语言与宗教语言的不同。差异性原则是一种极端的单义理论。单义理论的意思是,语言,即日常语言与宗教语言,只有一种含义。类比理论以多义理论为前提。多义理论的意思是,语言具有两种含义,既能用于被造物,又能用于造物主。多义理论的缺陷是没有清楚地说明日常语言与宗教语言的关系。

类比理论以日常语言为榜样,以宗教语言与日常语言的相似性为出发点,较为明确地揭示了日常语言向宗教语言转化的语言学机制,进而揭示了宗教语言的独特本质——类比性,并较为清楚地阐述了宗教语言是有意义的论点。有的哲学家从维特根斯坦的语言游戏说出发,捍卫宗教语言的合法性。他们认为,语言是人类生活的反映,不同的语言反映不同的生活。人们可以列举多种不同的语言,如科学语言、文学语言、艺术语言、道德语言、宗教语言等。这表明,与科学语言一样,宗教语言有自己不可侵犯的领域,在这个领域内,宗教语言是普遍有效的,外来的规则不能对其产生任何影响。

首先,日常语言与宗教语言在很大程度上具有相似性,宗教语言是日常语言的变体,是特定语境中的日常语言,两者的基本含义是一致的。唯有如此,神学的世界既能为宗教信徒所理解,也能为非宗教信徒所理解,尽管后者的理解与前者有很大的差异。其次,宗教语言与日常语言之间又存在很大差异,因为宗教语言能够赋予日常语言新的含义。其三,除了"拓展"旧的词汇的含义,有时人们还使用类比法来描述事物,表达思想。最后,与日常语言一样,宗教语言在使用类比法时,也必须遵循"越少越好"的原则,否则宗教语言会变得无法让人理解。

从无神论的角度看,以类比的方式谈论上帝是不合理的;从有神论的角度看,这种谈论是完全合理的。这就牵涉到一个如何解释世界的问题。

有研究对语言与宗教的关系进行了探讨。[①] 研究指出,语言与宗教是两种人类文化现象,其历史也许同人类一样古老。两者有着极为密切的关系。这种关系可以表述为:语言创造了宗教,宗教也创造了语言。作为一种交际工具和符号体系,语言是神圣世界建构的基础;作为神圣的体系,宗教以其

---

① 高长江. 语言与宗教关系初步探讨[J]. 云南师范大学哲学社会科学学报,1992(5):86-91.

特有的文化功能在创造着语言。两者如果缺少了哪一方,另一方的发展就会受到严重的影响。

语言创造了宗教。这可以从三个方面来理解。其一,从发生学的角度看,宗教的产生是建立在语言的基础上的。其二,从传播学的角度看,宗教的思想、观念、学说、理论,是通过语言文字表达和传播的。其三,从社会学的角度看,人们宗教情感的产生和语言符号的作用有关。社会学的"符号互动"理论认为,人们的全部社会活动都是符号作用的结果。语言文字作为人类的一种重要的文化符号,其认识功能、情感功能、执行功能等为人们宗教经验的产生、宗教心理的发生提供了"酵母"和"媒介"。

宗教创造了语言。宗教虽然是一个神秘而又神圣的领域,但是没有自己的交际工具,没有自己的语言体系。无论神学家怎么自诩为神圣人物及神圣境界,要想进行神学传播,使人们能够了解其神学理论,使之起到教化的作用,就必须放下自己神圣不凡的架子,老老实实地使用全民语言。在使用全民语言的过程中,他们并非原封不动地照搬,而是出于某种特殊的目的,对全民语言进行改造、加工、创造,从而形成一些"神学的语言";同时还精心研究语言交际手段,使其发挥更好的交际功能。这样,就使得宗教一方面丰富了全民语言的语汇,一方面丰富了语言的修辞手段。正由于宗教对语言的这种创造,所以在全民语言之外形成了一个神圣的社会方言区——宗教语言。

宗教语言学是在一个特定的理论层面上,去揭示和解释人的宗教活动和宗教行为。这给出的是有关宗教中的语言和语言中的宗教的探索和研究。宗教语言是非常丰富的学术的资源和心理学的资源。这也就包括宗教语言心理学和宗教心理语言学的不同方面的和不同侧面的探索。

七、宗教艺术学

有研究对宗教艺术学进行了考察。① 研究指出,宗教艺术学是以宗教艺术为研究对象的一门学科。具体而言,宗教艺术学的研究对象包括宗教艺术概念的界定、宗教艺术遗产的分类、宗教艺术发展的规律、宗教艺术创作的活动,等等,此外还涉及宗教艺术学研究的方法、目的、意义和体系等。

---

① 于向东.宗教艺术学初探[J].东南大学学报(哲学社会科学版),2010(1):62-65.

　　宗教艺术与非宗教艺术之间有着明显的区别。宗教艺术的创作目的主要是为了宣扬宗教教义,传达宗教观念,创作的作品一般都与宗教仪式活动有紧密的关联。宗教艺术包括宗教美术、宗教音乐、宗教舞蹈等类型。宗教艺术具有比较明确的为宗教服务的创作目的,宣扬宗教教义,表现宗教的观念,创作宗教形象。宗教艺术的创作、表演或作品一般都与宗教仪式活动密不可分。宗教艺术具有明显的教化功能,这种功能只有在特定的宗教情境中才能充分发挥出来。非宗教艺术则不具有明显服务于宗教的创作目的和功能。

　　宗教艺术学作为艺术学的分支学科,必须逐步建构比较合理的研究体系,以利于形成学科的特色,推动学科的发展。宗教艺术学的研究体系主要包括宗教艺术志、宗教艺术史与宗教艺术论。宗教艺术志是宗教艺术研究的起点,也是宗教艺术学研究体系的基础性工作。宗教艺术志的主要任务是搜集、记录、整理、编写宗教艺术资料,这些资料包括宗教艺术的作品、分布、传承、流派、制作或表演等方面情况。宗教艺术史是宗教艺术学研究体系中一个十分重要的组成部分。宗教艺术志侧重于客观的记录、整理等工作,宗教艺术史的编写、研究工作,则需要在宗教艺术志的基础上,更进一步对宗教艺术史料的内在关联进行深入思考。宗教艺术论是宗教艺术学研究体系的核心部分。相比宗教艺术志、宗教艺术史而言,宗教艺术论更偏重于抽象的理论思辨,涉及宗教艺术的概念、分类、特征、本质、功能、价值、创作、鉴赏、起源、传播等方面。

　　宗教艺术学的研究中就包括宗教艺术心理学的探索。这涉及宗教艺术中的宗教心理、宗教意识、宗教情感、宗教行为。宗教活动、宗教信仰、宗教组织、宗教传播等都会多元化和多样化地体现在宗教的艺术创作、宗教的艺术作品、宗教的艺术欣赏、宗教的艺术感染、宗教的艺术传承之中。

八、宗教民俗学

　　有研究曾考察和探讨了宗教民俗学。[①] 研究指出,宗教民俗学与宗教社会学和宗教心理学,都属于宗教学边缘学科中经验学科的范畴。宗教民俗学采用宗教社会调查,宗教民俗调查方法,借助宗教哲学和宗教史学的研究成果,以民俗学的视角来研究宗教民俗事象和思想观念。这些宗教民俗事

---

① 　张桥贵.宗教民俗学刍议[J].宗教学研究,1992(Z1):69-73.

象,有的是在宗教观念的支配下进行的,譬如信神的民众在喜庆等场合举行祭祀活动,在婚、丧、农事中的祭祀活动。有些现在已变成纯粹是相沿成俗的习惯,譬如一些人并不相信有鬼神存在,但在特定的场合也有烧香祭祖的举动。节日燃放鞭炮本为驱鬼,后来演变成庆贺等习俗。

宗教民俗学是专门以宗教民俗为研究对象,因此,也可以解释为对宗教民俗进行民俗学方法论的调查研究,即以民俗学的方法、观点来探究、解释宗教民俗事象的流变、历史、功能,以及宗教与民俗的相互关系。宗教民俗学一方面要研究宗教如何与民俗结合,以及宗教对民俗的圣化(由世俗的变成神圣的);另一方面又要研究民俗对宗教的俗化(由神圣的变成世俗的)、丰富、调适,两者共同传承彼此互补。宗教民俗学还要探究宗教民俗的变迁和社会规范的功能等方面的内容。

宗教民俗流变大体有四种形式。一种是宗教信仰、宗教观念的民间习俗化,而使宗教事象演变为宗教形式与民俗内容结合的宗教民俗事象。一种是宗教借用原有的民俗活动,在原有的民俗事象中输入宗教观念,而演变成民俗形式与宗教内容结合的宗教民俗事象。一种是宗教观念和行为与民俗事象在流传过程中合流,两者相得益彰,互相补充而融合为宗教民俗事象。一种是宗教和民俗的同源,而形成宗教与民俗共同产生、共同流传,相沿成俗的宗教民俗事象。

有研究考察了民俗系统的二重性结构。[①] 研究指出,民俗学是以民间传统的信仰、风俗、习惯、迷信、禁忌、传说、节俗、礼仪、技艺、日用等精神文化现象和物质文化现象作为具体研究对象,研究其起源、发展、承传、演变等表象及深层结构,是一门有别于民族学、社会学、人类学、宗教学、方志学等等的独立学科。这些作为民俗要素的精神文化现象和物质文化现象的存在形态及其有机联系和历史过程,构成了特定民族的特定民俗系统。研究民俗系统的特定结构形态,对于深入认识某一民族民俗的本质特征,掌握其发展变化规律,以便因势利导、移风易俗,有着重要意义。

民族民俗是与这一民族某一历史发展阶段上的社会物质生产相联系的,是这一民族的一定历史发展阶段上特定的经济基础的反映。作为精神

---

① 郑杰文.论民俗系统的二重性结构[J].民俗研究,1991(4):10-14.

文化现象的民风民俗,是一种特殊的社会意识形态,与其他精神文化现象相比较,更加远离物质经济基础,在反映客观现实时,经过了更多的"中间环节",带有更多的折射性和曲折性。

阶级社会中民族成员的阶级对立,使得这一民族的民俗结构呈现着对立性,但他们又生活在同一社会共同体中,因而又使这一民俗结构呈现着交融性。民俗的主体是民族成员,他们既是自己民俗的实行者,又是自己民俗的创造者。同一民族共同体中隶属于不同阶级的民族成员有着不同的经济收入、不同的社会身份和不同的生活方式,因而他们的风俗习惯便呈现出差异性。民族成员又都是社会的人,他们既然生活在同一个社会系统中,就不能不发生这样那样的联系,存在着这种那种的关系,因而各自承传的那部分表现着差异性的风俗习惯,又不能不产生碰撞和相互影响,而使得民俗结构表现着交融性。

民俗系统是一个动态结构,处在不停的演进、变化和不断的更新、发展中,旧的东西衰颓和消亡了,新的东西产生和发展起来。新产生的民俗成分同原民俗系统中仍有生命力的合理性要素结合起来,使整个民俗结构呈现出一种焕然一新的面貌。民俗系统是一个内部要素不停地消亡、流传、新生的变化过程。

有研究对汉族社会的民俗宗教进行了探讨。[①] 研究指出,所谓民俗宗教就是以民俗事象为载体,以民众信仰为核心,高度融合于日常生活之中并被全社会成员以多样性的方式所认同的宗教性文化体系。第一,民俗宗教是以民间习俗为基础建构起来的,民俗事象是民俗宗教的载体。民俗宗教的教义、仪式等都蕴涵在丰富的民间习俗之中,没有民俗的存在为依托,也就无所谓民俗宗教了。第二,民俗宗教的核心成分是反映在众多民俗事象中的关于超自然的信仰。作为一种宗教,无论其形态如何,总是与超自然信仰相联系的,民俗事象中社会公众对于超自然对象的信仰,是使民俗具有超越性的宗教品质的关键所在。第三,民俗宗教是与日常生活高度融合的,民俗宗教是沿着生活的脉络贯穿在生活之中的。在民俗宗教中,宗教信念与世俗生活是水乳交融的,这种融合可以表述为:生活在宗教的逻辑中进行,而宗教则在生活的脉络里展开。第四,民俗宗教无疑是被社会的成员普遍认

---

① 任丽新. 汉族社会的民俗宗教刍议[J]. 民俗研究,2003(3):25-34.

同的，但是，由于各种民俗事象在不同地域中的变异，所以，在表现形式上往往具有多样性。

中国的民俗宗教正是以蕴涵于传统习俗中的超自然信仰为基础的。在不同时代、不同地域的民俗中，虽然超自然信仰的内容有很大的差异，但是，有两类超自然存在却是中国民俗宗教中普遍的信仰对象，这就是"天"和"祖灵"。对于天和祖灵的信仰构成了中国社会"敬天法祖"的宗教传统。汉族的神灵世界是由神明、祖先、鬼魂这三部分的超自然物构成的。神明是受社会公众崇拜的对象，包括玉皇大帝等一系列被社会成员普遍信仰、祭祀的神灵。祖先是受一家一姓祭祀、崇拜的对象。鬼魂则是享受不到后人祭祀的死者的魂魄。

中国民俗宗教作为一种特殊形态的宗教体系，具有不同于一般宗教的诸多特征，认识这些特征将有助于更好地把握和理解中国民俗宗教的本质。第一个特征是中国的民俗宗教在起源上具有突出的原生性特征，即民俗宗教是自发产生的，不是创建形成的或"创生"的。所有包括在这一体系中的宗教信仰和观念，都是在一定的社会历史条件下，在各种社会结构要素的相互作用中自然而然地形成的。约定俗成是民俗产生和形成的基本机制，各种民俗事象在其演化过程中逐渐被人们接受，并逐渐积淀成为人们自然而然遵守的文化传统。民俗宗教就是在这个过程中，以民俗事象的形成为契机而逐步建立起来的。第二个特征是在信仰对象上的多元性。这不仅是指对于多神的崇拜或祭祀，更重要的是在民俗宗教中，信仰和崇拜的对象并不是由单一的教派所规定的，而是呈现为一种兼容共生的多元格局。第三个特征是中国民俗宗教的教义和教理的非系统化和非理论化。中国传统的民俗宗教虽然在许多方面都起到了一种宗教应有的教化功能，但其并没有系统化的教义或教理。这与其他具有系统的教典和宗教理论的创生性宗教有着明显的区别。

有研究探讨了民间信仰的研究体系。① 研究指出，民间信仰研究至少应包括三个基本领域，即民间信仰志、民间信仰论、民间信仰史。每个领域又各有自己的支系，共同合成一个较完备的研究体系。其中，民间信仰志是研究的基础，民间信仰论是研究的主体，民间信仰史则是研究的总结。

① 陶思炎，铃木岩弓. 论民间信仰的研究体系[J]. 世界宗教研究，1999(1)：103-109.

百年来的民间信仰研究已为宗教民俗学的建立奠定了基础,不过,既往的成果多零散、单一、雷同,较少学理的、宏观的概括。严密、完整的研究体系尚未形成,甚至一些相关著作也仅局限于类型、传承、特征等几个方面,远未能涵盖民间信仰的全部构架,也未能真正建立起理论系统。因此,在前人成果的基础上加以总结、概括、拓展,建构起民间信仰的研究体系,已成为重要的任务。

民间信仰志以事象的搜集、研究为主,包括空间性的记录整理、时间性的记录整理、类型与专题的归纳、文献与载体的研究等方面。民间信仰论作为民间信仰研究的主要部分,以理论探究为其要旨。这包括基本理论、发生论、功能论、应用论、比较论、田野作业论等主要支系。民间信仰史作为宗教民俗学中的历史研究,包括民间信仰发展史、民间信仰专题史和民间信仰研究史等方面,涉及事象史和学术史。民间信仰史的确立,是民间信仰研究体系的丰富,也是其成熟的标志。

民间信仰研究的三大支点不是相互绝缘的独立范畴,而是互联互补的一个整体。民间信仰志是研究的基础,不论是"论",还是"史",都要借助"志"的成果而获取其科学性;民间信仰论是研究的主体,正是主体的存在与完备,使民间信仰的研究具备了学科的性质,并决定了宗教民俗学的形成;民间信仰史是研究的总结,作为学术史,其存在本身就是学科成熟的标志。

民俗的传统中有着非常丰富的民俗心理学的内容。这包括在民间宗教民俗中的宗教心理学的内容。宗教本身就是以民俗的方式存在着,也是以民俗的方式延续着。民俗心理以及民俗宗教心理是民俗之中的重要内容。

第三节　宗教心理学的流派

在宗教心理学研究和发展中,形成了许多有着不同的研究立场、学术主张、思想观点,具有不同的研究方式、干预技术、干预手段的宗教心理学流派。其实,西方心理学的发展历程中就出现了不同的心理学流派,可以说,这些不同的心理学流派在某种程度上都包含有关于宗教心理行为的探讨和解说,其中有一些就构成了非常具有代表性的宗教心理学流派。这包括精神分析的宗教心理学、机能主义的宗教心理学、人本主义的宗教心理学、马克思主义宗教心理学。不同的宗教心理学流派有着自己独特的理论预设、理论主张和理论思想。这也就对人的宗教心理行为给出了不同的探讨、不同的解说、不同的阐释和不同的影响。

一、精神分析的宗教心理学

精神分析学派是宗教心理学研究中占有非常重要地位的思想理论。精神分析的宗教心理学是影响巨大和深远的宗教心理学探索。精神分析的创立者弗洛伊德就有关于宗教心理的精神分析的考察。精神分析学派或弗洛伊德的继承者也都有关于宗教心理的系统和深入的探索和研究。

有研究对弗洛伊德的宗教起源论进行了透视。① 研究指出,弗洛伊德把精神分析学说运用于对宗教心理根源的考察,认为宗教是受压抑的恋母杀父的心理情结无意识转移的产物。原始时期父权制部落里的儿辈们的仇父、弑父以及由此而产生的"懊悔心理",为宗教崇拜和道德禁忌的产生奠定了基础。各种宗教信仰的对象,如图腾、摩西、上帝等都是"父亲"的化身;宗教的教导、安慰、要求三大社会功能也体现了"父亲"的作用。

弗洛伊德从自己创立的精神分析学说出发,考察了宗教的心理根源,提出了独特的宗教起源论。弗洛伊德指出,神经症与宗教为什么会有一致或相似,就在于两者的心理根源是一致的。在弗洛伊德看来,人类个体的发育过程和种系的发育过程是一致的。由于仇父恋母情结的作用,儿童(男孩)既爱父亲,又恨父亲。他希望成为像父亲那样强有力的人,但又想消灭他,以取代他对母亲所占的位置。儿童的惧父的心理及其无意识的转移,同样也发生在人类的原始时期。为了摆脱这种回忆,也为了防止以后再发生此类事情,他们通过举行图腾仪式团结在一起,即把某种动物(图腾)作为父亲的化身来崇拜。这时,人们对父亲的矛盾情感被转移到图腾上:某种动物被定为图腾来代替父亲,代表祖先和保护神,任何人都不准伤害和杀掉。

弗洛伊德还从宗教的社会功能的角度,论证了宗教源于人的童年状况,发挥着父亲般的作用。宗教有教导、安慰和要求三种社会功能。教导,即为人们提供关于宇宙起源和产生过程的知识,满足人们对知识的渴求。

---

① 吕占华. 弗洛伊德的宗教起源论透视[J]. 河北师范大学学报(哲学社会科学版),2002(3):25-29.

安慰,即向人们保证在变幻不定的生活中给予他们保护和最终幸福。要求,即运用全部权威,以制定的各种戒律去指导人们的思想和行动。

有研究则指出,关于宗教的起源,早先的神学家普遍宣扬神启说,后来进化论的提出,使其源头更加扑朔迷离,因为世界各地的学者都试图从各自的领域来探究宗教的起源问题。[①] 其中最著名的当数投射理论,也就是将宗教看成是人的主观意愿和内在本性向外在超自然物的投射。弗洛伊德从潜意识角度出发,拓展了投射理论。他分析了宗教现象的心理起因,把宗教归结为恋母杀父情结中惧父心理的无意识转移之产物,而信仰的对象,如图腾、上帝等也只不过是"父亲"的化身而已。以潜意识理论为基础,弗洛伊德分析了宗教的起源和本质。在他看来,人类的宗教信仰和精神病一样,起源于童年时代潜意识冲动受到压抑的经验,本质上是对性冲动的强迫性压制,或称之为"恋母杀父情结"。在弗洛伊德看来,无论是多神还是一神,都是原始父亲形象的投射。如果说图腾是父亲替代者的最初形式,那么神灵则是父亲替代者的形式。于是,弗洛伊德便将这一情结的作用延续到一切形式的宗教中。

弗洛伊德对犹太教进行了精神分析的考察,试图挖掘宗教的心理深层的根源。《圣经》旧约的出埃及记中记载了一个古犹太人领袖摩西带领犹太人走出埃及法老的残酷统治,信仰一神教的故事。在弗洛伊德看来,这里的摩西是被埃及王奴役,在犹太人中推行一神教崇拜的摩西,或者可以将其视为"父亲"的角色。但是,在内乱中,愤怒的犹太人杀害了先知摩西,这就相当于早期原始人弒父事件的重演。随后,人们感到悔罪,于是便把与其同名的摩西奉为首领。这位摩西引导人们信仰古犹太神雅赫维,并取得了一神教的胜利。弗洛伊德还对基督教中的"原罪"和"圣餐"进行了精神分析。到基督教阶段,对弒父事件的重演和补赎则是通过神子耶稣基督的死来实现的。弗洛伊德认为,基督教中的"原罪",无疑是那种杀父或违抗上帝父亲的犯罪感。"原罪"使得人与"父亲"之间产生了隔阂。耶稣作为上帝的儿子,是上帝派入人间的救世主,其本来没有罪,但却通过自我牺牲而承担了所有

---

① 马前锋,曾蔚.弗洛伊德关于宗教起源的心理分析[J].青海师范大学学报(哲学社会科学版),2008(5):27-29.

人的罪恶。

有研究对弗洛伊德精神分析宗教心理观进行了探讨。① 研究指出,弗洛伊德的精神分析宗教心理观深受达尔文的生物进化思想、费尔巴哈的人本主义宗教哲学理念、弗雷泽的"巫术先行论"和冯特的民族文化宗教心理观的影响。其主要特点是:力求运用类比推理揭示宗教心理的深层根源;主张通过科学的信念战胜非理性的宗教幻觉;试图依据摩西案例阐明宗教的历史发展进程。

弗洛伊德精神分析宗教心理观的论文与著作主要包括:《强迫性行为与宗教活动》(1907)、《图腾与禁忌》(1913)、《一个幻觉的未来》(1927)、《宗教体验》(1928)、《文明及其缺憾》(1930)、《精神分析引论新编》(1933)和《摩西与一神教》(1939)。弗洛伊德精神分析宗教心理观的基本特点可以被概括为:依据精神分析的原理,采用类比推理的方法,揭示人类宗教的心理起源、虚幻本质及历史进程,并对宗教的消极功能进行了批判。

弗洛伊德的精神分析宗教心理观具有如下三个方面的历史贡献:第一,弗洛伊德不满足于冯特对"恐惧造神说"的现代心理学证明,他运用自己独创的精神分析原理,从潜意识本能冲突角度去挖掘宗教信仰的"深远本源"或"终极原因"。第二,冯特运用比较历史法,通过大量的人类学考古发现或文化遗存,试图揭示人类群体宗教心理形成与发展的历史规律。这可称为具有欧洲色彩的"宗教文化心理研究取向"。弗洛伊德继承了这一研究取向,并在该取向的研究中别具一格,使之打上了精神分析的深刻烙印,这无论在宗教心理学的方法论建设还是具体方法探讨上,都给后人留下了一笔宝贵的财富。第三,弗洛伊德持有唯物主义的科学观,批评和批判了宗教传统的弊端。

弗洛伊德精神分析宗教心理观的历史局限主要表现在:第一,夸大了本能冲突在宗教心理形成中的作用。第二,用强迫症案例类推宗教心理缺乏科学依据。第三,对宗教功能的绝对否定伤害了信徒的情感。

弗洛伊德创立的精神分析学派以及弗洛伊德的弟子和继承者关于宗教心理行为的考察、探索、解说和阐释,成为宗教心理学研究中的非常有代表性的精神分析的宗教心理学思想。

---

① 陈永胜.弗洛伊德精神分析宗教心理观新探[J].科学与无神论,2010(2):43-49.

二、机能主义的宗教心理学

机能主义心理学是西方心理学流派中影响深远的心理学派别。该心理学流派受到生物进化论思想和实用主义哲学思想的影响,强调心理行为对环境的适应,重视心理行为的适应机能。

有研究对机能主义心理学的代表人物的宗教心理学思想进行了探讨。[①]研究指出,詹姆斯是美国机能主义心理学的先驱和实用主义哲学家。因其所著《宗教经验之种种》一书的开拓性贡献,詹姆斯成为美国宗教心理学开创者中的杰出代表。综观詹姆斯的宗教心理学思想,主要有以下三个特点。第一,詹姆斯强调从非理性的角度看待个人的宗教经验。詹姆斯认为,"宗教"一词既可指个人经验,又可指教会制度。宗教的心理学研究关注的中心应该是个人经验,而不涉及宗教的制度部分。在詹姆斯看来,宗教经验这种复杂的与"神圣的"对象相联系的个体心理状态,是难以用理性来解释的,只能从意志、情感、潜意识等非理性角度加以描述和说明。詹姆斯指出,一般来说,所有的非理性活动都来自潜意识。无论是渐进性的皈依经验,还是突发性的皈依经验,或神人契合的神秘经验,这些经验都是在潜意识里发生的。第二,詹姆斯主张按照实用性原则处理信徒的人格差异。詹姆斯认为,信教者通过宗教经验所反映出来的人格差异是多种多样的。其中,健全的精神与病态的灵魂代表了信徒两种基本的人格倾向,这两种倾向是以个体为中心的宗教心理学研究必须高度关注的问题。詹姆斯强调,无论是健全的精神还是病态的灵魂,以这两种人格倾向为基础所表现出来的圣徒性特点,如苦行、正直、纯洁和慈善,以及美感、牺牲、忏悔和祈祷等,都对信徒的实际生活具有重要影响。第三,詹姆斯力求通过个案比较促进研究方法的多样化。多样化是詹姆斯在心理学研究方法方面的一贯主张。

詹姆斯对宗教心理学的开创性贡献至少表现在以下三个方面。其一,开创了从个体人格差异角度剖析宗教经验的独特之路。詹姆斯抓住了宗教心理的一个核心的现象——宗教经验,从宗教信徒人格差异的角度,对个体的宗教经验进行了深入的剖析,特别是揭示了情感、意志和潜意识等非理性因素在个体宗教生活中的意义。这种从个体人格差异角度对宗教经验进行

[①]　陈永胜,沈洋.詹姆斯的宗教心理学思想新探[J].世界宗教研究,2007(3):20-29.

比较分析的思路,为20世纪初宗教心理学起步阶段的科学研究树立了榜样,成为有别于冯特的西方宗教心理学研究的一面旗帜。其二,开辟了依据心理学原理指导信徒日常生活的应用之路。鉴于詹姆斯的哲学立场是实用主义的,其心理学的基本观点是强调从意识的整体机能出发适应环境,所以他把上述倾向有机地融入对宗教心理现象的研究,试图通过对宗教信徒在人格层面的心理分析与具体指导,提高信徒的生活质量并扩大心理学在宗教领域的影响。其三,开拓了引领宗教心理研究朝着多样化发展的探索之路。宗教心理是一种带有神圣光环或神秘色彩的复杂群体心理和个体心理现象。对这样一种复杂的心理现象,采用任何一种单一的手段或方法,都难以真正揭示宗教心理的本质和规律。詹姆斯在宗教心理学领域的历史局限主要表现在:首先,忽略了群体宗教意识对个体宗教意识的制约作用。其次,对个体宗教经验特别是神秘经验的解释含混不清。最后,在宗教心理学理论构建方面缺乏严密的逻辑体系。

有研究在宗教心理学视阈下评述了詹姆斯关于潜意识的"中介项"。[1]研究指出,詹姆斯机能主义心理学派和弗洛伊德精神分析学派都借助了潜意识理论作为认识宗教经验的"中介项",并从心理学层面解释宗教中的神秘经验和神秘主义宗教派别。然而,前者认为潜意识理论是宗教神学的"亲密伙伴",是人神相通的中介项,后者则使潜意识"中介项"成为宗教神学的"危险伙伴"——"中介项"不过是一种心理现象,"人神相通"只是一种"神经官能症"罢了。潜意识理论被科学与宗教两个不同世界观体系引用,都被当成论证"人神合一"的中介项,却得出截然相反的说明和阐释。

詹姆斯从个体意识角度来研究宗教,弥补了当时一般西方学者或神学家研究宗教单纯理性逻辑推理的弱点,从他所关注的个人宗教看来,个人宗教经验这种复杂的与"神圣的"对象相联系的个体心理状态,是难以用理性来解释的,只能从意志、潜意识等非理性角度加以描述和说明。詹姆斯力图通过心理层次的潜意识研究来阐明宗教现象,于是他提出了宗教经验就是潜意识这个命题。

詹姆斯认为,宗教经验中的皈依,就是在这种潜意识心理基础上产生的

① 周普元,姚学丽.宗教心理学视阈下的詹姆斯"中介项"评述[J].世界宗教研究,2011(2):1-6.

一种以宗教观念为目的的内心统一过程。皈依有两种方式：一种是自觉的并有意的，逐渐地、一点一点地建立一组新的道德的和精神的习惯；一种是不知不觉，无意的，顷刻的。无论是渐进性的立意型皈依经验，还是突发性的委心型皈依经验，这些经验都是在潜意识里发生。在詹姆斯看来，科学体系中的潜意识理论对宗教学（神学）是最好的中介项，这既有心理事实为根据，又可以同神学家所主张的至高无上的神圣外力控制调和起来，使上帝实在之感得以证明，是宗教神学的"亲密伙伴"。

詹姆斯的机能主义心理学的宗教心理学思想，詹姆斯关于人的意识经验的探索，关于人的宗教心理经验的关注，就成为宗教心理学发展历程中非常有代表性的主张。这也就奠定了后来的宗教心理学研究的一个重要的基础。

三、人本主义的宗教心理学

有研究对人本主义学派的宗教心理学理论进行了考察和探讨。[1] 该研究主要介绍和评述了奥尔波特的人格取向的宗教心理观、马斯洛的高峰体验的宗教心理观、瓦茨的神秘体验的宗教心理观。

在宗教心理学方面，奥尔波特运用其独创的人格特质理论，将信教者的人格特征划分为"成熟的宗教情感"与"不成熟的宗教情感"两种基本类型。后来又与罗斯一起研制出"人格内外向人格量表"，为西方宗教心理学的标准化测量作出了历史性的贡献。奥尔波特的宗教心理学思想集中体现在《个体及其宗教：一种心理学的解释》(1950)一书中，该书已经成为西方宗教心理学领域的经典教科书。奥尔波特的人格取向的宗教心理观的基本观点：力求通过人格特质理论，揭示个体宗教的心理根源和基本类型，并且试图在宗教人格的标准化测量方面有所突破。奥尔波特的人格取向的宗教心理观的基本特点，主要表现在以下三个方面。一是力图从个体的多样化需求的角度寻找宗教的心理根源。奥尔波特认为，在宗教的心理根源方面，可以从机体欲望、气质、心理愿望与精神价值、对意义的追求、文化与遵从等方面加以分析。二是把宗教情感划分为"成熟"与"不成熟"两种基本类型。所

---

[1] 陈永胜. 现代西方宗教心理学理论流派[M].北京：人民出版社,2010：151,169,188.

谓"成熟的宗教情感"是指在宗教情感方面具有独特性、动力性、导向性、综合性、整体性、启发性等稳定的特征。三是主张采用标准化测量的方法研究信徒的人格差异。奥尔波特从宗教心理学的视角出发，提出"内在化"和"制度化"的概念。通过"内在取向"与"外在取向"两个术语，分别代表宗教信徒的两种典型的人格特征。

马斯洛的宗教心理学思想在《宗教信仰、价值观与高峰体验》（1964）一书中得到了集中的阐述。此外，在马斯洛参编的著作《宗教、科学、精神卫生中的心理健康与宗教》（1959）中，在《走向一种宗教意识的心理学》（1966）、《超验的不同意义》（1968）等公开发表的论文，以及《和尚能够自我实现吗？》《约拿情结——理解我们对成长的恐惧》《北美黑脚印第安人的文化与人格》等未公开发表的日记、文章或报告中，马斯洛的宗教心理学思想也有所体现。马斯洛的高峰体验的宗教心理观的基本特点是：从人本主义心理学的立场出发，高度重视情感体验在个体宗教心理中的地位与功能，力图通过宗教世俗化过程缓解宗教与科学的冲突。马斯洛高峰体验宗教心理观的具体特点，主要表现在以下三个方面。一是强烈反对制度化宗教对于人性与情感的压抑。二是十分重视高峰体验在普通民众生活中的价值。高峰体验是马斯洛宗教心理学思想的一个核心概念。按照马斯洛的解释，高峰体验是一种核心的宗教体验，通常指一种短暂的狂喜、入迷、出神、幸福和愉快。三是力求通过宗教世俗化缓解宗教与科学的对立。从马斯洛对于宗教的基本立场来看，他是一个自然主义宗教的拥护者。在制度化的宗教面前，马斯洛具有犀利的批判精神，然而在以高峰体验为特征的自然主义宗教面前，他又显示出极大的热情。马斯洛晚年积极推动的"超个人心理学"运动，就其实质来看，无非是一种自然主义宗教的世俗化运动，是马斯洛力求把宗教纳入当代心理学体系，为解决宗教与科学的对立所做的一种努力。

瓦茨的宗教心理学思想中流露出对西方传统宗教和思维方式的批判精神，对东方宗教思想与思维方式的痴迷向往，以及对现实主义神秘体验的理想化追求。正是在这个意义上，可以把瓦茨看成是马斯洛人本主义心理学、超个人心理学思想上的盟友。瓦茨的神秘体验宗教心理观的基本特点是：从批判西方宗教的狭隘思想方式着手，强调东西方宗教融合与互补的重要性，将整体性的神秘体验视为个体宗教的心理基础。瓦茨神秘体验宗教心理观的具体特点,主要表现在以下三个方面。一是反对西方文化与宗教中的狭隘思维方式。在瓦茨看来,西方人看世界的方式是一种狭隘的知觉方式,一点一点地去观察现实,一次一次地对整体进行分割,然后将观察与思考的结果用概念加以命名。二是欣赏东方文化与宗教中的整体思维方式。瓦茨对东方文化特别是印度教、道教中具有辩证色彩的整体思维方式非常赞赏,并且毕生追求向西方介绍东方文化与宗教中有价值的思想,在东西方架起一座相互沟通与学习的桥梁。三是强调现实的神秘体验是个体宗教的来源。在对东西方宗教进行比较的基础上,瓦茨从个体宗教心理的来源角度,着重探讨了基于现实的神秘体验在一个人宗教生活中的独特意义。按照瓦茨的观点,所有有关"上帝"的看法,都只能指向一种体验。当"上帝"被转化为词语或教义时,有关"上帝"的直接体验也就消失了,因此由宗教传播的教义也许是一种误导。瓦茨主张,现实就存在于那里,每个人都能够看到。人们需要的是一种"信仰",一种面向事实的心灵的开放。

美国人本主义心理学的开创者马斯洛通过需求层次、自我实现、高峰体验、高原体验等一系列重要心理学概念,描述了个体的人格完善与宗教信仰之间的关系。人们注重他的心理学说,却忽视了其中的宗教意蕴。马斯洛的重要旨趣在于对人的心理深度及精神层面的关注,即对人的宗教需要的思考。他的这一思考深受詹姆斯和弗洛姆的启发,特别受到前者的《宗教经验之种种》和后者的《精神分析与宗教》这两部著作的影响。作为犹太人,虽然他不像弗洛姆对希伯来圣经和传统那么热心,他对宗教似乎也没有很系统的论述,但他显然是相当熟悉这些传统的。他和同时代的思想家一样,对体制的宗教进行了无情的批判,积极提倡并赞赏个体的宗教经验。他的重要贡献在于揭示了人们心理需求的宗教动力,并在人格完善与宗教需求之间架起了桥梁。

追求自我实现的人,就是在追求一种人格上的完善,而完善或成功的标志,就是得到高峰体验,那其实就是一种宗教体验。在马斯洛看来,在教条式的宗教中,人是得不到这种体验的。所以,有无宗教式的高峰体验,并不以个体是否认同自己信奉某种宗教为前提。可以说,马斯洛的学说为人们从心理学上理解真正的宗教或宗教经验提供了一种途径,某种程度上揭开了宗教经验的神秘面纱。马斯洛的心理学概念很接近宗教的语言。他的宗教心理学理论当时及以后激起人们对宗教的大量研究,可以说,马斯洛的学说为 20 世纪后半叶的宗教心理学发展作出了巨大贡献,并有深远影响。马斯洛的学说把人格成熟与超验的宗教维度结合起来,认为人们对宗教的追求,对人生意义的追求,就是对自我实现的追求,对人性完美的追求。真正的宗教能够促使人的成熟和完善,马斯洛的独特之处是认为,这种宗教不必到彼岸和天国去体验。这是一种引人向上、催人奋进的宗教心理学。[①]

很显然,心理学的研究形成了许多不同的学术流派。这些学术流派立足不同的研究基础,形成不同的研究预设,运用不同的研究方法,建构不同的思想理论,得出不同的研究结果。考察这些不同的宗教心理学的学术流派,就可以把握宗教心理学的思想源流、理论进程、研究方法和工具手段。

四、马克思主义宗教心理学

有研究探讨了马克思主义宗教心理学基本理论建设论纲。[②] 研究指出,在马克思主义宗教学的学科体系中,马克思主义宗教心理学是其中的一个有机组成部分。然而长期以来,以马克思主义宗教观为指导的宗教心理学基本理论研究非常薄弱,这在一定程度上影响到马克思主义宗教学学科体系的整体性建设。

从 20 世纪 60 年代起,苏联便开始运用马克思主义的立场、观点和方法探讨宗教心理学问题,但在 20 世纪 80 年代前,这些探讨仅仅停留在宗教心理学的个别侧面。直到 20 世纪 80 年代中期,才开始出现系统探讨宗教心理学问题的学术专著。苏联马克思主义宗教心理学基本理论研究的经验大体可概括为三个方面。第一,初步构建了马克思主义宗教心理学的学科框架。教徒心理和无神论心理是研究对象,根本任务是同无神论教育的实践联系在一起的。具体研究包括从理论上分析个人或群体的宗教心理,利用各种实证方法对教徒心理进行经验研究。马克思主义宗教心理学是介于心理学与宗教学之间的一门交叉学科。第二,非常重视对西方各种有神论心理学思想的批判。第三,视无神论教育为马克思主义宗教心理学

① 陈彪. 高峰体验与人格完善——论马斯洛的宗教心理学[J]. 晋阳学刊,2007(2): 70 – 73.
② 陈永胜. 马克思主义宗教心理学基本理论建设论纲[J]. 科学与无神论,2012(1): 28 – 33.

的核心。

有研究对马克思主义宗教观的含义进行了阐释。① 研究认为,什么是马克思主义宗教观,学术界有诸多不同的理解。该研究主张,马克思主义宗教观也就是历史唯物主义的宗教观,指出不能把历史唯物主义宗教观等同为"历史唯物主义无神论",马克思主义宗教观概念的外延不包括政党和政府的具体宗教政策,马克思主义宗教观不等于马克思主义宗教学。

马克思主义宗教观就是历史唯物主义宗教观,是马克思恩格斯以历史唯物主义为理论基础而建构起来的关于宗教的本质、根源、社会功能、发展规律等重大问题的基本观点,是马克思主义学说的重要组成部分。

宗教学作为一门独立的人文学科,是由西欧的宗教学者创立的,是认识宗教现象的本质,揭示宗教产生和发展规律的科学,包括宗教哲学、宗教史学、宗教现象学、宗教心理学、宗教人类学、宗教社会学、宗教经济学、宗教政治学、宗教伦理学等分支学科。

要把马克思主义宗教观和马克思主义宗教学区分开来。马克思主义宗教观是建立马克思主义宗教学的理论指导,马克思主义宗教学是在马克思主义宗教观指导下,实事求是地分析近代西方宗教学的成就和欠缺,广泛地吸取西方宗教学百余年来的一切有价值的成果,经过长期的努力,才能完成的艰巨任务。

有研究探讨了马克思主义宗教观的理论基石,涉及鸦片论、幻想论和掌握论三种不同的理解。② 研究对这三种理解进行了论述。其一,鸦片论不是马克思主义宗教观的理论基石。长期以来,对马克思主义宗教观进行简单化误读的典型做法,就是把"宗教是人民的鸦片"这一论断看成"是马克思主义在宗教问题的全部世界观的基石"。马克思和恩格斯的宗教观作为一种系统化理论的学说,其逻辑构成包括宗教理论、宗教史论和宗教策论三个组成部分。其二,幻想论不是马克思主义宗教观的理论基石。在马克思和恩格斯看来,宗教区别于其他意识形态的一个最显著特点,就是以幻想的方式反映外部世界,这是马克思和恩格斯在他们的许多论著中表述的一个基本

---

① 陈荣富. 对马克思主义宗教观涵义的阐释[J]. 浙江社会科学,2007(3): 3-7.
② 牛苏林. 从"鸦片论""幻想论"到"掌握论"——辨析马克思主义宗教观的理论基石[J]. 世界宗教文化,2012(6): 23-29.

观点。其三,掌握论是马克思主义宗教观重要的理论基石。马克思提出人类掌握世界的四种不同方式:理论的、艺术的、宗教的、实践的。从思维方式的角度来看,宗教掌握世界的方式同理论思维方式相比,更具有普遍性、综合性和世俗性的特点。宗教对于世界的掌握主要是通过宗教的基本要素来进行的,换言之,宗教掌握世界的基本方式主要体现在宗教思想、宗教道德、宗教感情和宗教组织等方面。首先,宗教思想是宗教掌握世界的理论方式。其次,宗教道德是宗教掌握世界的价值方式。再次,宗教感情是宗教掌握世界的情感方式。最后,宗教组织是宗教掌握世界的社会实体。

西方马克思主义是西方哲学、社会学、思潮史等研究领域中的重要思想流派。有研究者考察了西方马克思主义的宗教观。[①] 研究表明,西方马克思主义者的主要目标虽然并不是宗教问题,但是他们中的一些人仍然对宗教怀有浓厚的兴趣,对当代的宗教新趋势有着极大的影响。

美籍奥地利精神分析学家和社会学家赖希称自己为"马克思主义者",但是他反对把经济存在看成是决定意识形态的唯一基础,他强调经济发展对意识形态的依赖性,力图从人的心理结构来说明意识形态的反作用,因此,他强调把马克思的社会学和弗洛伊德的精神分析结合起来。他的所谓"性经济社会学",就是以马克思主义的社会学和弗洛伊德的心理学为基础的。在宗教问题上,他认为马克思主义者忽视了宗教情感和心理生活的作用,而他则是用宗教的心理学来解释和补充马克思主义对宗教的社会学解释。

弗洛姆对现代社会的解剖立足于心理分析。他认为现代社会具有严重的病态,由于其原则是获取利润和财产,使人放弃内心的追求,热衷于物质财富,迷恋感官享受,但在精神上、心理上却贫乏、混乱和困惑。这样的人是被完全扭曲的人,其生活的意义和价值已经丧失,如同行尸走肉。这正是当代社会的最大病症。然而,如何解决这个社会的病症呢? 弗洛姆开出的药方是"灵魂的治疗",并认为宗教和精神分析都是达到这种治疗的手段。作为精神分析家,弗洛姆对宗教的论述具有从心理角度研究的特色。弗洛姆提出了他的宗教定义:宗教是能为个人提供生活取向和献身目标的团体共

---

① 　高师宁.西方马克思主义的宗教观[J].宗教学研究,1998(1):80-87.

同的思想行为体系。这种思想行为体系所发挥的功能,是与个体心理的结构和社会提供的作用分不开的。

无论是马克思主义还是西方马克思主义,都有对宗教的探索和论述,也都有从心理层面上的解说和解释。这在宗教心理的理论探索之中,也有着非常独特的和代表性的主张和观点。这也应该成为宗教心理学研究中的重要思想力量。

第四节　心理学代表人物的宗教心理学思想

在宗教心理学的研究中,有一些心理学家成为具有代表性的研究者,他们的宗教心理学的思想理论对后来的宗教心理学的发展和演变,产生了具有里程碑意义的作用。应该说,宗教心理学的研究进展,就内含在宗教心理学一系列重要代表人物的宗教心理学思想和理论之中。

一、冯特的宗教心理学研究

有研究对冯特的宗教心理学思想进行了系统考察。[①] 19 世纪下半叶,在进化论思想的影响下,学者们从人类学、历史学、社会学和心理学等各种角度研究宗教起源和进化的历史。以进化论思想为指导,利用心理学的专业知识,对宗教起源和进化过程作出分析和回答,并以自己的影响力推动宗教心理学研究的,是被誉为"近代实验心理学之父"的冯特。冯特的整个心理学体系分为个体心理学(即实验心理学)和社会心理学(即民族心理学)两大部分。

《民族心理学》(10 卷本)、《民族心理学诸问题》和《民族心理学纲要》是冯特在民族心理学领域的主要著作。一方面因为宗教是一个重要的文化现象,另一方面在当时宗教人类学思潮的影响下,宗教在冯特的民族心理学思想中有着极为重要的地位。这从《民族心理学纲要》一书的内容可以得到证

① 陆丽青.冯特的宗教心理学思想研究[J].世界宗教研究,2008(3):117-128.

明,该著作试图回答以下问题:在人类发展的各个不同的阶段,流行着什么信仰和活动,以及对此该作出什么样的心理学解释。冯特借用个体心理学已经取得的成果,对当时人类学、社会学、历史学的资料进行分析,对宗教的起源、发展、本质以及宗教和文化的关系给出了自己的回答。

首先是冯特的宗教起源观。当时,最有影响的宗教起源观大致有自然神话说、物神崇拜说、祖灵论、图腾论、万物有灵论、前万物有灵论和原始启示说。冯特否认了图腾论、物神崇拜说、祖灵论和原始启示说。他认为,毫无疑问图腾崇拜、实物崇拜以及祖灵论都是图腾时代的产物,而不是原始时代的信仰,因此将其看成一切宗教的起源是错误的。冯特也否认了自然神话说,批判和继承了万物有灵论。冯特从其个体心理学理论出发,阐述了人类宗教信仰产生的心理根源。他认为人类最早的灵魂观——肉体灵魂观起源于人类对死亡和疾病的恐惧情绪。在西方宗教思想史上,许多学者都试图从心理学的角度去说明宗教的心理根源,众多学说可以分为两大类:一类关注情绪的作用,一类重视理智的作用。冯特基本沿袭了主情论者的思想。

其次是冯特的宗教发展观。在 19 世纪,许多宗教学说都贯彻了进化观念,把宗教视为一种从低级到高级的进化过程。但是,这些观点都有一个明显的缺陷,即都未能从社会制度的演变来说明宗教进化的内在根据,从而不可能科学地确定宗教在不同进化过程中的不同形态。在宗教演化问题上,冯特克服了以上学者的局限性。因为在他看来,任何文化现象不仅依存于一定的历史条件,而且也依存于普遍的心理规律。以此为原则,他一方面从心理能力的进化过程来说明宗教的进化过程,另一方面把宗教的发展放在一定的社会历史条件下进行考察。以人类社会制度的变迁和人类心理发展的过程为依据,冯特将整个宗教发展过程分为四个阶段:巫术崇拜时期、图腾崇拜时期、诸神崇拜时期和世界宗教时期。

再次是冯特的宗教文化观。冯特对人类文化给予了高度的关注,试图用以文化为主要内容的民族心理学去补充实验心理学,用文化产品分析法去辅助实验法,从而把心理学建设成为一门"基础科学"。冯特更强调对遗存物作心理学的解释,用心理因果的同一性和一致性去推知各种文化现象产生的原因和发展的过程。冯特的这一研究方法被心理学界称为"文化产品分析法"。冯特利用人类学资料,从心理因果关系出发,充分阐述和论证了宗教与经济、政治、法律、艺术之间的关系。冯特从所有的文化现象都是人类高级心理活动的产物这一视角出发,认为宗教是一种文化现象,并从"心理发展是一个相互联系的统一整体",不同的心理现象是紧密联系在一起的这一观点出发,以其心理学理论为立足点考察了宗教对其他各类文化现象的关系,有着独特之处,具有一定的借鉴意义。

最后是冯特的宗教本质观。在宗教本质问题上,冯特坚持只有对神的崇拜才是真正的宗教崇拜,但是他对宗教本质的理解并不局限于此,他从心理学视角出发给出了独特的分析。在他看来,作为一种文化现象,宗教和其他文化现象一样,本质上都是人类高级心理活动的产物,是民族智慧的结晶,宗教的发展符合民族心理发展的一般规律。冯特认为,既然宗教和任何其他文化现象一样,是人类高级心理活动的产物,宗教就失去了其神圣的源头。但是,冯特对宗教本质的分析同时也为宗教的存在和发展找到了永恒的根据,即宗教是情绪的产物,而且这种情绪和生死问题有关。冯特认为,民族是文化的创造者,宗教和神话、语言、艺术等高级精神产品,是民族群体智慧的结晶。宗教的发展符合民族心理发展的一般规律。宗教作为民族心理的一个组成部分,其发展符合三个基本规律。一是不断增长律。人类的信仰及信仰实践,随着人类心理水平的发展而发展,经历了由简单到复杂,由低级到高级的发展过程。二是目的差异律。和所有的心理活动一样,宗教心理因不同的目的而产生,目的不同使各个阶段的宗教心理各具特色。三是对立转移律。宗教心理主要是害怕和希望这两种对立情绪的产物,在整个宗教心理的发展过程中,人类因死而产生的情绪由害怕逐渐转为希望。

难能可贵的是,冯特在科学心理学或实证心理学诞生之初,就能够把宗教心理学的研究放置在一个很重要的位置上。这表明了宗教生活对于人的重要性,也表明了研究宗教心理是考察人的心理行为不可忽视的内容。因此,宗教心理学从科学心理学诞生的初期就成为了研究者关注的领域和探索的内容。

二、弗洛伊德的宗教心理学研究

有研究对弗洛伊德宗教思想的研究进行了综述。[①] 研究指出,弗洛伊德

---

① 陆丽青. 弗洛伊德宗教思想研究综述[J]. 世界宗教研究,2010(2):178-185.

身处宗教研究十分繁荣的时代,宗教研究在他整个学术活动中占有突出的地位。他从人类思想和行为最深层的动机出发,对宗教的起源和发展、宗教的本质和特征、宗教的文化和心理等一系列问题进行了深入的考察。他的研究结果不仅具有鲜明的无神论色彩,而且观点引发了众多的关注和激烈的争议。

国外关于弗洛伊德宗教思想的研究可以归纳为三类:述评、比较和求证。首先是关于弗洛伊德宗教思想的述评。尽管弗洛伊德的宗教观特别是他的宗教起源观并没有得到人类学家和历史学家的认可,但在宗教学各分支学科的著作中,弗洛伊德是一个从未被忽略的重要人物。不论是支持者、反对者还是中立者,都会根据自己的理解和立场,对其宗教观进行介绍和评价。宗教史学家和思想家对弗洛伊德宗教思想的研究主要集中于他的宗教起源观,他们的研究重评价轻阐述。他们大都认为弗洛伊德在宗教起源问题上的结论是错误的、不可信的,不过他们的态度却有很大的差异。宗教社会学家倾向于从社会学的角度来介绍和评价弗洛伊德的宗教观。宗教人类学家对弗洛伊德的研究给予了更多的关注。虽然人类学资料并不支持弗洛伊德的理论,但宗教人类学家大都认为弗洛伊德对宗教文化的解释具有一定的可信程度,具有重要的参考价值。除了宗教学领域的研究者之外,对弗洛伊德宗教观进行述评的还有宗教心理学领域的研究者。其次是关于弗洛伊德宗教思想的比较。将弗洛伊德的宗教观与其他学者的宗教观进行比较,以便对其有更好的理解,并充分挖掘其中蕴涵着的积极意义,这也是一部分学者致力的主题。弗洛姆是新弗洛伊德主义的重要代表人物,对弗洛伊德的宗教思想有比较全面的了解。在其《精神分析与宗教》一书中,他对弗洛伊德和荣格两位学者的宗教思想进行了简要的比较。英国学者奥兹本(R. Osborn)在其著作《弗洛伊德和马克思》中,专门比较了马克思和弗洛伊德的宗教观。奥兹本认为,精神分析学者和马克思主义者从不同的角度研究的是同一现象:一方面,精神分析理论对于宗教的存在主要用主观过程来解释;另一方面,马克思主义者则注重外部的条件。但是,双方的观点却是并行不悖的,如果两者能统一起来,则能使彼此获益。再次是关于弗洛伊德宗教思想的求证。尽管弗洛伊德的宗教观引发了无数的争议,但他之后的宗教心理学家求证其宗教理论表现出极大的兴趣,涌现了数不胜数的研究。

从总体上来看,国内心理学界对弗洛伊德宗教观的研究不够。在一些权威的心理学史以及介绍心理学流派的著作中,弗洛伊德的宗教观仅在评述其社会文化观时,被简略地带过。与心理学领域相比,国内宗教学领域对弗洛伊德的宗教观则给予了更多的关注。但凡论及宗教起源问题时,宗教学领域的主要著作都不会忽略他的观点。

该研究还对弗洛伊德宗教思想的未来探讨进行了展望,认为这方面的研究还存在着以下问题。第一,对弗洛伊德宗教观形成的渊源缺乏全面的交待。宗教学领域的研究者往往比较擅长从民族学、人类学中去寻找弗洛伊德宗教思想的源头,而宗教心理学领域的研究者则更倾向于从心理学领域去追根溯源。第二,对弗洛伊德宗教观的理论前提缺乏必要的交代和阐述。第三,对弗洛伊德宗教观形成的脉络缺乏清晰的梳理。第四,对弗洛伊德宗教思想的内容缺乏系统的研究。第五,对弗洛伊德宗教思想的研究成果缺乏有效的整合。

有研究论述了弗洛伊德对宗教观念产生的心理根源的挖掘。[1] 研究指出,弗洛伊德沿着两个不同的方向对宗教观念产生的心理根源进行了探究,即种系发生学的方向和个体发生学的方向。他对人类种族宗教观念产生的心理根源所进行的解释,在宗教学、民族学等领域引起了普遍的关注。

灵魂观念、神灵观念或上帝观念是如何产生的? 学者们的解释众说纷纭。主智论者将宗教观念的产生归因于人类思维活动的产物。主情论者则认为在宗教观念产生的过程中,情绪占有重要地位。在弗洛伊德的精神分析理论看来,人的行为主要是情绪的产物,因此,对于宗教观念根源的探究,他也是沿着主情论者的足迹去追寻的。不过他认为先前的主情论者的研究,止步于情绪的辨析,而忽视了由情绪而产生的反应,因而都未能找到宗教观念产生的内在心理根源。他认为唯有将情绪以及由情绪引发的反应结合起来考察,才能找到宗教观念产生的内在心理动机。

无助感是宗教观念产生的情感基础。从精神分析理论出发,弗洛伊德主张宗教观念产生于人类的孱弱无助感,以及在此基础上产生的意欲得到

----

① 陆丽青.弗洛伊德论宗教观念产生的心理根源[J].社会科学战线,2010(5):39-42.

父亲保护的渴望,而这种渴望来自人类个体和人类种族对童年期经验的回忆。按照精神分析的理论,当人类感到无助之时,便会产生焦虑,面对焦虑,个体会使用各种自我防御机制来处理,从而使自我得到保护。但是,如果方式不当或防御机制失败,则会产生各种各样的神经症。对于个体而言,神经症正是这样形成的。对于人类而言,为了处理共同的焦虑也会形成各式各样普遍的神经症。宗教正是人类处理焦虑而形成的神经症。

渴望父亲的保护是宗教观念产生的内在心理动机。弗洛伊德对宗教观念产生的探索,并没有止步于"无助感",而是进一步从其精神分析理论出发,试图揭示人类的孱弱无助怎样导致宗教观念的产生。他强调,正是在"得到父亲保护的渴望"这一动机驱使下,人类用父亲形象为原型将自然人性化,从而产生了各种神灵,最终形成了上帝观念,而这一切都是由人类童年时的经验所决定的。弗洛伊德强调,人类将父亲的特征赋予了自然,把自然的力量变成了神,这不仅是由个体童年期的原型决定的,而且也是由人类种系童年期的原型所决定的。弗洛伊德关于"上帝是父亲形象的投射"这一论断,在一定程度上准确地揭示了人类宗教观念产生的根源,因而该观点也成了他的宗教观中最有影响力的部分,引起众多学者的关注。

应该说,弗洛伊德的宗教心理学思想产生了重要的和深远的影响,不仅延续到精神分析运动或精神分析流派的后来人对宗教心理的研究和考察,而且影响到宗教学本身的进程和发展。宗教人类学领域对弗洛伊德的研究也投以更多的关注。

三、埃里克森的宗教心理学研究

有研究考察了埃里克森宗教心理学思想及其贡献。[①] 埃里克森是丹麦裔美籍精神分析学家。他师从弗洛伊德的女儿安娜,在 20 世纪中期成为精神分析学派的中坚人物。研究指出,埃里克森并没有提出系统的宗教心理学思想,但其思想突出体现在关于宗教伟人路德和甘地的两部传记作品中。借助心理历史方法,埃里克森对路德成为改革者的成因提出了新的看法。埃里克森向人们表明,路德的身份认同危机同当时中世纪晚期的神学与社

---

① 　陈彪.埃里克森宗教心理学思想及其贡献[J].世界宗教研究,2003(4):93-102.

会的认同危机汇集在一起,形成了一种新的神学,既解决了自己的身份认同危机又解决了神学与社会的认同危机,因为路德的因信称义的神学包括对人与上帝关系的新解释。埃里克森对甘地的考察,就心理的发展和生存的发展之间的基本区别进行了进一步阐释,特别对宗教信仰的基本的伦理层面进行了揭示。

埃里克森的心理学研究有一个转变的过程。在这个过程中,人的发展的生存方面越来越受重视。一方面,埃里克森写了有关宗教及宗教人物的大量作品;另一方面,更重要的是,他的心理学理论导致宗教的主题。宗教与人的发展的生存方面相连,在人格的每一发展中都占有一席之地。在他的后期作品中,宗教的主题占的分量也越来越大。

埃里克森的宗教研究基本上是一种功能性研究。他的关注焦点一直是宗教对个体的和社会的人起什么作用。在埃里克森后期的作品中,功能研究有了新的变化。"功能"的内涵限定已不是由心理学范式来规定,而是由宗教学范式来决定,心理社会的健康已由宗教的原则来判定。首先,宗教是对基本信任感的确认。在弗洛伊德看来,宗教必须在超我形成的背景下来理解,其中父亲起着核心作用。埃里克森则认为,宗教基本上是与人格发展的第一阶段相联系的,在这一阶段中,获得基本信任感这一品质是最重要的,其中母亲的角色最重要。其次,宗教是对自律生存的指导。埃里克森通过对路德的心理危机和神学危机及其解决的分析和解释,扩展了自己对宗教的理解。他表明,宗教不仅能够对基本信任感加以肯定,而且能够作为意识形态,指导人的自主的生存。再次,宗教是对希望和信仰的肯定。他认为,宗教可被认为是对"希望"这一人格第一发展阶段的品质的肯定。希望与信任有某种类似,都是个人和集体心理社会健康的必要条件。与信任一样,希望也是个体发展的基础,当其发展成熟时就称之为信仰。希望在生命发展的最后阶段起核心作用。最后,宗教是一种特殊的意识形态。埃里克森的研究主旨是要探究一个"宗教的人"是如何通过宗教的意识形态而成为一个意识形态革新者的。

埃里克森的宗教观点可以归纳为以下四个特征。一是其宗教理念属于生存范围:宗教的主要关怀是生存的问题,是有关生存有限性的经验问题。所以埃里克森的心理学可称之为"终极关切的心理学"。二是其宗教理念具有神秘倾向：个体的"我"与上帝的相遇构成宗教感的核心所在，是某种神秘的统一，其中分裂被超越。最终只有放弃自己，个人才能成为一个健康的人。三是其宗教理念具有很强的伦理倾向：与上帝的神秘汇合不仅对个人有利，而且有利于社会的整合。在上帝面前放弃自我，认识到自己的渺小，一个人才能获得一种真正的关爱，包括关爱整个人类。因此，宗教总是意味着密不可分的对人类的责任。四是其宗教理念在内容上依赖于基督教传统。

埃里克森对宗教心理学的贡献在于如下五个方面。一是革新和发展了传统精神分析学派的宗教观。二是"宗教传记"和心理历史的方法为宗教心理学提供了一种方法示范。三是身份认同概念和生命周期理论为理解宗教发展提供了一种模型。四是心理学中相对宽泛的文化观点、宗教观点、伦理观点，有利于心理学与神学、宗教学甚至教牧人员对话。五是对西方教牧心理学的影响。他的人格发展阶段说被教牧界和教会界接受、借鉴，他们直接利用或以此为模本提出宗教信仰发展阶段说，并运用到儿童的宗教教育或教牧咨询领域。

埃里克森是弗洛伊德精神分析思想的继承者，当然他也是一个发扬光大和推陈出新的精神分析代表人物。他的心理学思想不仅影响到精神分析的发展，也对许多具体的心理学分支的研究产生了重要的影响。

四、詹姆斯的宗教心理学研究

有研究探讨了詹姆斯的宗教心理学思想。[①] 詹姆斯是美国机能主义心理学的先驱和实用主义哲学家。他以博学多才而闻名，并因所著《宗教经验之种种》一书的开拓性贡献，成为美国宗教心理学开创者中的杰出代表。

詹姆斯对宗教心理的关注与其家庭的宗教背景、青少年时代的心理冲突和晚年激进的经验主义倾向有密切关系。他强调从非理性的角度看待个人的宗教经验；主张按照实用性原则处理信徒的人格差异；力求通过个案比较促进研究方法的多样化。他开创了从个体人格差异角度剖析宗教经验的

---

① 　陈永胜，沈洋. 詹姆斯的宗教心理学思想新探[J]. 世界宗教研究，2007(3)：20-29.

独特之路,开辟了依据心理学原理指导信徒日常生活的应用之路,开拓了引领宗教心理研究朝着多样化发展的探索之路。但是,他忽略了群体宗教意识对个体宗教意识的制约作用,对个体宗教经验特别是神秘经验的解释含混不清,在宗教心理学理论构建方面缺乏严密的逻辑体系。

詹姆斯的宗教心理学思想主要有以下三个特点。第一,詹姆斯强调从非理性的角度看待个人的宗教经验。在詹姆斯看来,宗教经验这种复杂的与神圣对象相联系的个体心理状态,是难以用理性解释的,只能从意志、情感、潜意识等非理性角度加以描述和说明。由于詹姆斯把意志、情感看作个人宗教经验的"重要组成部分"或"更深刻的来源",所以他就必然要把上述非理性心理过程同集中代表非理性特征的特殊意识状态——潜意识状态紧密联系在一起。

第二,詹姆斯主张按照实用性原则处理信徒的人格差异。詹姆斯认为,信教者通过宗教经验所反映出来的人格差异是多种多样的。其中,"健全的精神"与"病态的灵魂"代表了信徒两种基本的人格倾向,这两种倾向是以个体为中心的宗教心理学研究必须高度关注的问题。"健全的精神"这种人格倾向多为罗马天主教徒和自由主义新教徒所具有。他们比保守的新教徒表现出更多的快乐状态。"病态的灵魂"这种人格倾向集中反映了循道公会和其他保守新教的精神信仰。他们把恶视为生活的本质,渴望理解世界上邪恶与苦难的根源;他们能够面对生活的全局,从中发现制服恶的方式与途径,或通过某种妥协使恶得到改造以有助于善;由于取得了皈依经验,他们从悲观抑郁的生活氛围中获得释放。

第三,詹姆斯力求通过个案比较促进研究方法的多样化。多样化是詹姆斯在心理学研究方法方面的一贯主张。在个体宗教经验的研究中,詹姆斯创造了一种把个案描述与比较对照有机结合起来的新方法,即"个案比较法",体现了他在宗教心理学研究中对多样化的追求。詹姆斯个案比较法的精髓在于不同典型个体或典型案例之间的比较对照,这种比较对照的直接目的是为了揭示信教者人格差异的特点和成因,最终目的则是为了对复杂的个体宗教经验提供解释和说明。

詹姆斯对宗教心理学的开创性贡献至少表现在以下三个方面。其一,开创了从个体人格差异角度剖析宗教经验的独特路径。其二,开辟了依据心理学原理指导信徒日常生活的应用路径。其三,开拓了引领宗教心理研究朝着多样化发展的探索路径。詹姆斯在宗教心理学领域的历史局限主要表现在:首先,忽略了群体宗教意识对个体宗教意识的制约作用。其次,对个体宗教经验特别是神秘经验的解释含混不清。最后,在宗教心理学理论构建方面缺乏严密的逻辑体系。

有研究从潜意识理论探讨了詹姆斯的宗教心理学思想。[①] 研究指出,詹姆斯的机能主义学派和弗洛伊德的精神分析学派都借助了潜意识理论去认识宗教经验的"中介项",并从心理学层面解释宗教中的神秘经验和神秘主义宗教派别。然而,前者认为潜意识理论是宗教神学的"亲密伙伴",是人神相通的中介项。后者则使潜意识"中介项"成为宗教神学的"危险伙伴","中介项"不过是一种心理现象,"人神相通"只是一种"神经症"罢了。潜意识理论被科学与宗教两个不同世界观体系所引用,都被当成论证"人神合一"的中介项,却得出了截然相反的说明和阐释。

詹姆斯从个体意识角度研究宗教,弥补了当时一般西方学者或宗教学家研究宗教的单纯理性逻辑推理的弱点,从他关注的个人宗教来看,个人宗教经验这种复杂的与"神圣的"对象相联系的个体心理状态,是难以用理性来解释的,只能从意志、潜意识等非理性角度加以描述和说明。詹姆斯力图通过心理层次的潜意识研究来阐明宗教现象,于是,他提出了宗教经验就是潜意识这个命题。

詹姆斯把宗教经验归为三类形式:一是光影幻觉;二是皈依经验;三是神秘经验(神人合一)。他认为这三种常见的宗教经验形式伴随的意识状态是一种连续的"意识流"或"主观生活流",是与社会隔绝的个体主观自身的产物。詹姆斯认为,宗教经验中的皈依,就是在这种潜意识心理基础上产生的一种以宗教观念为目的的内心统一过程。在詹姆斯看来,科学体系中的潜意识理论是宗教学(神学)最好的中介项,这既有心理事实为根据,又可以同神学家主张的至高无上的神圣外力控制调和起来,使上帝实在之感得以证明,是宗教神学的"亲密伙伴"。

有研究是从社会和个体两种不同的研究范式,将詹姆斯的宗教心理学

---

① 周普元,姚学丽.宗教心理学视阈下的詹姆斯"中介项"评述[J].世界宗教研究,2011(2):1-6.

研究归入了个人经验的研究范式。① 研究认为,詹姆斯从微观、个体的角度来研究宗教,主张宗教是一种个人内在的体验,"经验、感受、个体"都是其宗教思想的核心概念。詹姆斯从他擅长的心理学角度,运用具体事实,对信教者典型的人格特征进行比较、分析与概括。他注重个人的宗教经验,关注宗教家的宗教气质,强调经验的作用和个人的内在体会。他认为人们辨认宗教,常常依据宗教的外部特征,殊不知,即使最简单的崇拜仪式,也为不可见的内在的宗教动机所驱使。宗教的本质部分在于个人的宗教经验,个人宗教比制度宗教更根本。宗教的本质主要在于个人体验,在于个人感受。传统宗教或者落入哲学家和神学家的教条,或者过分注重教会的礼仪制度,注重外在的形式,是实际上把次生的东西当成了源泉,其结果必然扭曲宗教本身,阻碍宗教功能的正常发挥。按照詹姆斯的理解,宗教实质上意味着个人产生的某些心理、行为和经验,使其觉得自己与神圣对象发生了关系。真正的宗教依赖于个人对神圣对象的感觉和品味。丧失了人与神的交流,丧失了个人对神圣的切身感受,就从根本上取消了宗教。詹姆斯强调宗教经验正是为了恢复宗教的本来面目。

詹姆斯不仅是心理学家,也是机能主义心理学家,也是宗教心理学家,也是宗教心理学的独特理论假说的创始者。詹姆斯对宗教经验的心理学探索,对后来的心理学研究和宗教心理学研究都产生了重要的影响。

五、马斯洛的宗教心理学研究

马斯洛是心理学人本主义学派的开创者,其重要的研究旨趣在于对人的心理深度及精神层面的关注,包括对人的宗教需要的思考。② 他的这一思考深受詹姆斯和弗洛姆的启发,特别是受到前者的《宗教经验之种种》和后者的《精神分析与宗教》这两部著作的影响。他和同时代的思想家一样,对体制的宗教进行了无情的批判,积极提倡并赞赏个体的宗教经验。他的重要贡献在于揭示了人们心理需求的宗教动力,并在人格完善与宗教需求之间架起了桥梁。

一是需求层级和自我实现。在马斯洛的需求层级理论中,宗教信仰是

① 谢新华.宗教研究范式的比较:社会事实与经验宗教[J].民族论坛(学术版),2011(7):83-88.
② 陈彪.高峰体验与人格完善——论马斯洛的宗教心理学[J].晋阳学刊,2007(2):70-73.

属于高端的需求。特别是宗教的圆满体验则与自我实现者的高峰体验是一致的。马斯洛晚年强调自我超越的需求，重视高峰体验和灵性成长。马斯洛认为，有一些人能够充分开拓和利用自己的天赋、才能、潜力等因素，能够实现自己的愿望，对自己力所能及的事情总是尽力去完成，使自己不断趋于完美。有一种可以称之为宗教性的东西深蕴在这类人的人格之中。

二是高峰体验和人性境界。马斯洛认为，自我实现者还有一个特征非常突出。他发现，对这些人来说，报告神秘经验是"相当普遍的"。为了把这种入迷状态从所有传统的宗教解释中分离出来，同时为了强调完全自然的根源，马斯洛称其为"高峰体验"。马斯洛通过研究得出结论，这种体验虽然往往很短暂，但却是个人生命中最快乐、最心醉神迷的时刻，是一种"目的的体验""终极体验"或"存在体验"。在这一体验中，个人的认知能力、认知特性发生了深刻的变化：摆脱了功利取向的羁绊，超越了匮乏认知的褊狭，进入到存在认知的新境界，领悟到"存在价值"的普适性。

追求自我实现的人，就是在追求一种人格上的完善，而完善或成功的标志就是得到高峰体验，那其实就是一种宗教体验。在马斯洛看来，在教条式的宗教中，人是得不到这种体验的。所以，有无宗教式的高峰体验，并不以个体是否认同自己信奉某种宗教为前提。可以说，马斯洛的学说为人们从心理学上理解真正的宗教或宗教经验提供了一种途径，某种程度上揭开了宗教经验的神秘面纱。

马斯洛把人格的成熟与超验的宗教结合起来，认为人们对宗教信仰的追求，对人生意义的追求，就是对自我实现的追求，对人性完美的追求。真正的宗教能够促使人的成熟和完善，马斯洛的独特之处是认为，这种宗教不必到彼岸和天国去体验。这是一种引人向上、激人奋进的宗教心理学。

有研究从马斯洛的需要理论出发，考察和解说了人的宗教信仰。[①] 研究指出，纵观宗教的发展史，人类原是依赖自己的需要而创造了宗教和上帝，是怀有自己的信念去信仰宗教和上帝，因此可以断言，宗教实际上是人类需要的心理折射，心理需要是宗教的深层底蕴。

---

① 袁晓松. 论心理需要是宗教信仰的一个深层动力和重要原因[J]. 内蒙古师大学报（哲学社会科学版），1995（4）：34-40.

　　原始宗教是人类生存的需要。马斯洛的需要理论认为,最低层次的需要是生存的需要。在原始社会,人类的生存环境极其险恶,生命常常受到饥饿和自然力的威胁。于是,求生的要求成为那时人类的优势需要,而宗教信仰也便常以向自然叩求食物和祈求身体的庇护为主要内容。为了获得生存需要的满足,原始人把自己的全部情感、欲望和希求都赋予了自然神。原始人将与之对立的威胁生命安全的自然界的一切可怖现象人格化为神,从对神的恐惧转变为对神的依赖,对神加以顶礼膜拜,祈求神的保佑与庇护。

　　道德宗教是人类安全和伦理道德的需要。安全需要来自人类对于安全、保护以及关心的普遍要求。经过社会化、抽象化后安全需要可发展为伦理道德需要,要求集体中的正义、公平、秩序与和谐。道德神的存在使世人相信,人的伦理行为都会有最终的归宿。对于公正和善良所遭受的一切现世的不幸和痛苦,都会得到最终补偿,纯洁不染的灵魂将由圣灵的指引而升入天堂,获得永生。一切罪孽与邪恶都将接受上帝的末日审判,有罪的灵魂将被地狱的不灭之火吞噬,永世不得超生。任何一种宗教都有不同形式的地狱和天堂,任何神灵都允诺恶有恶报,善有善报。

　　宇宙宗教是人类认知与理性探索的需要。马斯洛的需要理论认为,认知需要是人类的高级需要。这来源于人类天生的好奇心,在理论、抽象的基础上发展为理解、解释以及系统化的欲望。这其中也还应包括对于美好、对称、简洁、完满、秩序等的需求。这可称之为审美需要以及表达、表现的需要。这些需要使人类天然地有着探求宇宙奥秘,追求绝对真理的强烈渴望。牛顿这位自然科学史上的一代巨人,对宇宙宗教也同样怀着深深的敬意。他认为有一个无限而永恒的神力与空间同在,并在一切方向上无限伸展和永久延续。爱因斯坦是人类科学史和思想史上的伟大天才,更是直言不讳地宣称,他工作的直接动力来自坚定的宇宙宗教信仰。

　　命运宗教是人类对终极价值的关怀和自我实现的需要。自我实现的需要是人类最高的精神需要,表现为对终极价值的关怀。这要求人对自身生命本质的透彻认识,要求不断探索生命的要义,查问和审视自身的生存状况,与自然和环境构成和谐的统一,并充分发挥个人特有的和人类共有的各种潜能。命运宗教的诞生是通过非理性的不断体验,将人生的意义与永恒结合起来,赋予物质生命一个精神的实体:灵魂。有了灵魂,生命便有了神圣性。死可以被拯救,生也有了永恒的慰藉。

因此,如果是按照心理学的观点来理解宗教,宗教既是一个认识系统,也是一种情感需要。宗教是人们对有关自然和社会认识的正确性和真实性的确认,人们对宗教富有深刻的情感和热情,力图去加以捍卫,并企图使别人也赞同这些原则和理论。由于人类需要的多样性、复杂性,在同一历史时期内就会同时并存着多种宗教,或者一种宗教被赋予了多种的意义和功能。

马斯洛的人本主义心理学不仅对心理学的发展产生了重大的影响,而且对普通人的生活也产生了重要的作用。进而,他的思想不仅对宗教心理学有着重大的影响,而且对于普通人的宗教心理行为也产生了重要的作用。从人的需求,从人的需求的发展,从人的潜能,从人的潜能的实现,去理解和解说人的宗教心理行为,这也就成为宗教心理学研究和探索的重要的改观。

六、皮亚杰的宗教心理学研究

有研究考察和评述了皮亚杰的儿童宗教意识。[①] 研究指出,宗教心理学研究是介于心理学、宗教学和社会学之间的一门边缘学科。把宗教作为一种心理现象来研究,一般来说可以从两方面入手。一方面是从人类群体意识的发生、发展系统来研究,如冯特以种族群体的发生系统来研究人类宗教意识的根源和特征。另一方面也可以从个体意识的发生、发展系统来研究,如弗洛伊德用潜意识理论说明个体的“人神相通”是一种神经症,詹姆斯认为潜意识理论是“人神相通”的中介项。皮亚杰理论就是从个体发生的方面,探讨了有关青春期之前儿童个体宗教意识的发生及其演化问题。

在分析思维结构时,皮亚杰采用图式、同化、顺应、平衡等一系列基本概念,阐述和构建了其儿童心理学的整个思维运演系统,构成了他理论体系的基础。他认为,青春期前因为自我中心和因果观念带来的不平衡,儿童自发宗教意识由泛神论等走向青春期后的理性(物性)平衡时期。就自身心理机能而言,青春期后随着理性思维的发展,自我中心和因果观念的弱化,致使宗教观念逐渐淡漠。

儿童宗教意识是个体意识发展过程中出现的自发现象,还是神学家宣

---

① 　周普元.皮亚杰的儿童宗教意识述评[J].世界宗教研究,2012(4):9-19.

扬的神的启示？围绕这个问题，尤其是儿童有没有自发宗教观念，国外学者大致有两种不同意见。一派认为，儿童宗教意识来源于儿童外部的社会环境，是获得性的，也是社会性的，不是神启的。另外一派认为，儿童个体意识的发展过程重演了人类意识发展所经历的阶段和过程。持这种观点的主要有霍尔、弗洛伊德等。皮亚杰运用他的天才智慧，吸收了当时流行的儿童心理学的新理论和新见解，对霍尔和弗洛伊德的理论吸收借鉴，并采取各家之长解释儿童的心理状态。

皮亚杰提出了儿童自发宗教观念的三大特征。一是目的论特征。儿童最早提出的问题或许是属于最初的原因或目的。二是泛灵论特征。儿童由于没有摆脱自我中心状态，因而不能发现和理解客观事物之间的固有联系。他们囿于主体本身一定的思维图式，用主体自身的特性（状态、行为、需要等）去解释客体，因而他们再现的这个现实世界是和实际宇宙的组织相反的。现实世界在他们眼中成了一种有生命意向的东西，其特点就在于把死板的物体生命化而把心灵世界物质化。三是人工论特征。儿童智力发展中的人工论特征表现在儿童对事物起源的回答上。在儿童心目中，所有的事物似乎都有由人或像人一样工作的神所创造的倾向。这种人工论是儿童观念发展中极为突出、系统的特征。在杂乱人工论阶段，认为儿童把自然界想象为是由人控制的存在。在神话人工论阶段，其特点是把一些自然现象的起源归结为人或神的力量。在技术人工论阶段，其特点是自然解释和人工解释相结合。在内在人工论阶段，儿童对自然现象起源的看法同人和神的活动毫无关系。人创造自然的观念已完全消失。

皮亚杰的心理学研究涉及了人的心理行为的非常广泛的方面，其中也就包括关于宗教心理行为的理解和解说。皮亚杰是从认识发生或心理发生的角度探讨人的心理行为的，因此其宗教心理学的探索也就集中在了宗教心理的起源或发生的方面。

第五节　宗教心理学的主要理论

在宗教心理学中，包含有不同学者和不同流派所提出的各种不同的思想和各种不同的理论。不同的宗教心理学理论对宗教心理行为给出了各自独特的解说。例如，有的研究者指出，宗教理论的思维呈现出两种不同的类型，即解释和阐释。[①] 在具体的研究中，功能派的理论家注重以各种宗教的意图、情感和影响去"解释"宗教的起源、功能和本质；人本派的理论家则倾向于强调人类的思维和情感所起的作用，注重以人的意图去"阐释"宗教现象。

解释性宗教理论思维包括万物有灵论、心理需求论、神圣社会论和宗教异化论。万物有灵论推断了早期人类形成的最初的宗教信仰，认为这一理论能够易于解释早期信仰和习俗的复杂多样性，可以很好地解释史前时代宗教现象的诞生和发生，并由此推导出宗教的进化理念。心理需求论有弗洛伊德的精神分析理论。根据弗洛伊德的观点，宗教真正的、最终的根源不是理性的思想，而是潜意识。宗教的产生源于人类幼年的情感和冲突，它们深深地隐藏在人格理性、正常的表层下面。他认为人们在祈祷中所呼唤的上帝不是一个现实的存在，而是一个形象，一种从自身投射到外部、投射到神圣世界的幻觉，出自克服心理的负疚或减轻心理的恐惧的需求。神圣社会论是法国思想家涂尔干提出的。涂尔干认为与现存的最简单的社会体系相联系的宗教完全可被看作是所能知道的最基本的宗教，如果能够解释这一宗教，就可以去解释所有的宗教，也将会掌握宗教的基本形式。涂尔干的研究结论是宗教的真正目的不是理念的，而是社会的。宗教异化论是马克思提出的。马克思认为，宗教中显现出来的异化应该被看作是一种反映，是真正的、根本的人的异化的一种镜像，这种异化是经济的、物质的，而不是精神的。由此出发，马克思在回答为什么宗教对许多人具有如此强大的、持久的吸引力时认为，宗教比社会上层建筑中的其他任何形式都更能反映被异化的、不幸的人的感情需求。

阐释性宗教理论思维包括宗教神圣论、宗教心灵论和宗教文化论。宗教神圣论主张，在与神圣事物相遇时，人们感到与某种本质上完全不同的东西相接触；感觉碰到了一种完全不同于他们了解的所有事物的实体，一种有

着惊人的力量、非常奇怪并有着无可比拟的真实性和持久性的实在。那是因为,正像前现代社会中的人一样,对于早期人类而言,神圣就是力量,而且归根到底,神圣就是现实。这种神圣被赋予现实的存在之中。神圣的力量意味着现实,同时也意味着不朽,意味着灵验。宗教心灵论不再把宗教和巫术视作原始的思维形态,把科学看作现代的思维形态,而是提出,最好是把这两种思维形态视作互补的结构——两种显然不同的理解形式,强调一个社会不能在没有类似于科学和宗教存在的情况下维持下去,所有的文化将始终需要科学的思维结构和宗教的心灵构建。宗教文化论主张,文化的分析不是一种探索规律的实验科学,而是一种探索意义的阐释性科学。

有研究指出中国人的宗教观和中国宗教的一些特点。① 第一,夏、商、周以来,中国没有出现过神权凌驾于王权之上的现象。在中国历史上,神权永远从属于王权,而在西方中世纪上千年的历史中,神权高于王权。第二,中国历史上从来没有出现过一神的信仰,也没有绝对意义上的"天"的观念,而是一种多神的信仰。所以,中国宗教中虽有各种各样名称的至上神,比如上帝、上天、太一等,但始终是一种多神崇拜的状况。第三,祖先的崇拜。中国的神常常是祖先,比如上面讲到的上帝等在甲骨文中主要是指这个部落的祖先。对这个部落作出贡献的英雄人物,死后就变成上帝等,会保佑和监视他下方的子孙。这在某种意义上也可以说是一种英雄崇拜、圣贤崇拜。第四,在人神关系上,人并不唯神命为听,不相信神有绝对的权力,在处理人神关系上,就如同处理人际关系一样。中国近代著名思想家康有为曾分析说,西方的宗教可称之为"神道"的宗教,而中国的宗教可称之为"人道"的宗教。这就是说,在中国文化中,对人伦关系的关注远过于对神人关系的关注。第五,中国人的宗教信仰具有很强的现世性和功利性,而缺乏神圣性。中国佛教禅宗强调佛与凡夫的差别在于,佛是觉者,凡夫是迷者。要获得觉悟,是不能离开现实世间的。第六,中国宗教的信仰带有比较浓厚的理性色彩,而并非完全感情化的东西。宗教从总体来讲是一种感情的东西,但中国的宗教里带有相当的理性成分。第七,中国的宗教信仰强调个人内在的自我超越。儒家文化从某一层面讲也可说是一种"修身"的文化,即通过"修身"来

① 楼宇烈. 探求合乎东亚文化传统的宗教学研究理论[J]. 中国宗教,2008(10):25-28.

提升自我,超越自我。在这样的文化氛围中,中国佛教中最主要的宗派——禅宗,就最充分地张扬了佛教自我解脱精神的人文精神,强调自性自度、明心见性、见性成佛。第八,中国的宗教缺乏强烈的传教精神,吸引信徒基本上是靠信徒的自愿,这跟中国文化传统有很大关系。第九,在中国历史上王权对于整个宗教来讲是比较宽容的,允许不同宗教的并存。第十,中国是一个多民族国家,所以有大量的民族和宗教相交织的问题。这样,多民族形成了宗教的多样化,特别是一些少数民族聚居区的宗教有这样一些特征:常常是全民族信教;民族的文化和宗教的文化完全融合为一;宗教的社会作用很大。

第六节　宗教心理学的未来演变

有研究对宗教的多元化发展进行了理论反思。① 研究指出,如今的宗教间关系问题比历史上任何时候都重要。这一结论不是来自玄想,而是来自现实生活。首先是个体之间交往带来的诸多压力,其次是宗教群体之间的张力,再次是不同宗教共同体之间的拉力。宗教之间的接触、相遇中所持的态度,与一个宗教共同体的整体实力、心理自信、思维方式、价值取向有着直接的关系。

在宗教相遇中,有一种回应是隔离。之所以要隔离,其心理根源在于害怕宗教自我感受伤害,这种伤害直接和利益、控制、生存相连。隔离在某一个时段里似乎是有益的、有效的,但从长远来看,从根本上说,这是不切实际的。而且正是因为隔离,阻碍了共同体自身的成熟、成长和创造性转化。

在神学理论上,一种新的整合方式是兼容。兼容的观念是基于对其他宗教的肯定,但似乎还没有完全把他人视为真正的"他者"。这是要通过认知解释把其他宗教归在自己的宗教之下。持有兼容态度的人一般也很尊重其他宗教的方方面面,甚至是与自己的宗教相抵触的方面。但是,再追问下

---

① 王志成.宗教相遇、宗教多元论与人的成长——宗教间关系的理论反思[J].浙江大学学报,2002(2):54-60.

去，就会发现这有种种自我圆融的逻辑。

多元宗教并存早已成为一个历史事实。但是，人们的心里会普遍出现一种优越感，认为自己的文化、宗教才是最好的，才体现真理、价值，才会把人引向天堂、涅槃。即便是诸宗教徒一起相处很久，也都不会改变其立场。对各种宗教多元论进行整合，大体可以将其归为三类：混合多元论、理性多元论和灵性多元论。

混合多元论是从社会学层面看待诸宗教关系的一种理论。该理论认为，各个宗教是独立的社会实体，有自己的塑造人的方式。社会中各宗教之间的关系可以没有联结或者只在最低限度上发生联结，即彼此尊重。各方都遵循最基本的社会准则，可称其为人性原则。这可以体现在法律和道德中。

理性多元论认为，不同宗教都有其深厚的理论体系，且都在发展、变化之中。不同宗教中的学者可以基于理性原则进行对话。每一个宗教的深层理论和建构都不是简单的过程，都是基于最初的宗教经验。由于宗教经验的差异，又由于建构者的个人背景、社会环境、创造能力的差别，最终出现形形色色的理论。

灵性多元论承认多个极性之间的一体关系，面对他者时采取"我-你"模式。只有一体论才能正确处理好"多"之间的关系。可以认为基于一体论的多元论是一种灵性多元论，这关乎的是人的心灵。人的成长最终要依赖于心灵的转化。不同宗教以各自的方式转化人的心灵，反过来，转化的心灵又塑造着其所在的宗教。在这一创造性的互动中，宗教差异性、多样性得到更全面的展示。宗教的多样性预示了灵性展示的多样性。

宗教心理学的未来发展会涉及宗教心理学学科本身的未来发展，会涉及不同国别的宗教心理学的未来发展，也会涉及不同文化传统中的宗教心理学的未来发展。显然，研究者是从不同的方面去理解宗教心理学的发展和演变的。在国别的宗教心理学研究发展的方面，有研究者考察了中国宗教心理学研究的历史、现状与未来。① 研究指出，中国宗教心理学未来必将

---

① 周普元，彭无情. 中国宗教心理学研究的历史、现状与未来[J]. 北方民族大学学报（哲学社会科学版），2012(1)：110－117.

成为一门显学。中国宗教心理学研究的趋势涉及如下六个方面。

一是建立健全系统的学科体系。就高等教育而言,进行宗教心理学的研究,设立宗教心理学的专职研究机构和开设宗教心理学的课程,都是很有必要的。宗教心理学的系统研究和宗教心理学的系统课程,总会受到社会文化和意识形态的影响。因此,应该在特定的社会文化和主流的意识形态的背景之下,去建立和健全宗教心理学的学科。

二是梳理中国哲学中各大流派的宗教心理思想。就目前宗教心理学在中国的发展状况而言,以翻译、介绍、传播和推广西方的理论流派为主,且经历了从片面到全面、从部分到整体和从否定到肯定的三个发展阶段,逐渐走向成熟。然而,中国宗教心理学学者在研究过程中,开始注意到西方理论出现水土不服,他们也看到了全面模仿西方宗教心理学的局限。中国学者也试图借助中国哲学史和中国心理学史的研究,发掘中国传统文化中的宗教心理思想,并考察中国文化环境中的特定宗教行为。但是,到目前为止,还并没有形成有影响的趋势。

三是持续"去宗教化"与研究方法的探讨。宗教心理学研究始终呈现一种"去宗教性"的研究倾向,即将宗教心理现象的研究化约为对世俗心理现象的探讨,并由此造成宗教心理学研究的无序、纷乱、零星和琐碎。这种"去宗教化"现象值得注意,学者们唯有以科学的态度,承认、接纳并尊重宗教心理现象所固有的特殊性,中国宗教心理学研究才能走出目前的困境。就研究方法而言,宗教心理学研究存在着不同方法论取向的分歧。由于宗教心理现象的特殊性和复杂性,有群体取向与个体取向的对立,有自然科学与社会科学的学科身份的论争,有科学主义与人文主义的冲突,有实验法、经验描述与内省法、逻辑推演的分歧,有实证论方法与现象学方法的分歧。为此,不同学科间的整合、量化与质化方法融合、研究方法多元化和开展本土宗教心理学研究,是实现宗教心理学研究的主要途径。

四是多维度开展宗教心理学的本土化研究。中国宗教心理学的发展也面临着科学化和本土化的重大问题。强调科学化就是要推进本土化,强调本土化也就是要确立科学化。在研究思路、研究对象和研究手段等方面,摆脱西方文化的思维方式的消极影响,积累反映中国人宗教心理特征的素材,形成代表中国文化的宗教心理学理论。

　　五是重视宗教心理测量研究。现代宗教心理学研究中,各学派的研究方法各有不同。大体上来说,有以观察为主的实地调研法,如英国人类学家弗雷泽从民俗学角度来搜集、整理涉及各地土著民族和远古原始民族的宗教资料,得出原始思维的互渗律特征;有采取纵向研究法,考察群体宗教心理的发生,如冯特以氏族、民族为主体的"集体意识"来解释群体宗教心理现象;有采取个体发生法,如皮亚杰对儿童心理发展不同生命阶段的宗教信仰研究;有采取历史文献法和传记法,如詹姆斯借助信徒的日记、手记、自传等材料,运用潜意识理论分析宗教感受和宗教情感;有运用对比法,如霍尔的"重演论"认为儿童个体宗教意识的发展基本上就是人类宗教意识发展的重演;等等。宗教心理学的研究方法主要是问卷调查和量表测量,而目前我国还没有公认的关于宗教心理学的本土化量表,编制适合中国人文化和心理特点的量表作为测量工具成为当务之急。

　　六是重视宗教在心理咨询中的作用,通过心理学充分利用好宗教资源。

　　宗教心理学的未来演变牵涉到一系列有关宗教心理学的重大和核心问题,这些问题的解决决定着宗教心理学的命运。宗教心理学未来演变中最重要的是,要面对和处理宗教的宗教心理学与科学的宗教心理学之间的关系,并且能够通过两者之间的互动来促进宗教心理行为的研究。

第九章　宗教心理学的考察

宗教形态的心理学有自己的关注内容、涉足领域和研究方式。研究考察的是宗教信仰、宗教经验、宗教理念、宗教认知、宗教情感、宗教行为、宗教人格、宗教组织、宗教传播和宗教养生。这些具体化的研究探讨的是人的宗教活动中的心理行为的各个不同侧面，提供了关于宗教心理行为非常具体的知识、理论和学说。

第一节　宗教信仰的心理学考察

有研究分析了精神信仰的心理学含义。[①]　研究指出，信仰是人类精神世界的最高体现，是精神主体趋向成熟的表现。对于信仰，不同的人有不同的理解。信仰从根本上来说是一种精神状态，因此从心理学的角度阐释信仰是十分必要的。从心理学去界定，信仰是指人们对特定的世界观、人生观、价值观等的信奉和遵循。信仰居于人的精神世界的核心地位，与人的知、情、意相联系，并且贯穿整个意识领域和精神活动。信仰既可以存在于现实的意识之中，去引导心理、规范行为和自我评价，同时也可能内化于无意识之中，潜移默化地影响人的心理行为，从而造就人格的深层结构。信仰是价值观体系中的一个组成部分，但信仰决非一般的价值观，而是价值观的最高表现形式，在价值观体系中处于核心和统摄地位。

首先，信仰是人最高心理需要的体现和满足。人们信仰上帝、基督、佛

① 李幼穗,张镇.精神信仰的心理学涵义[J].天津师范大学学报(社会科学版),2002(6)：73-77.

祖、真主以及各种神灵，或多或少都是对其有所希冀，或追求财富，或祈求平安，或抚慰心灵，或得到永生。现存的各大宗教之所以长盛不衰，就在于能满足人们的各种情感需要，如恐惧、迷惑、好奇、自卑等。宗教的起因有两个方面：一方面起源于人们的情感渴求——是人们摆脱现实社会难以摆脱的种种磨难与不幸的手段；另一方面则起源于人们的理智迷信——人们对自然力量的无知和恐惧、对生命延续的渴望和崇尚。显然，这两种起源都与精神需要的满足有直接关系。

其次，信仰是知、情、意相统一的心理状态。认知是信仰的前提。信仰是一种以"相信"为中心的知、情、意相统一的综合精神状态。信仰中的认知因素，也即信仰中的认识、知识、观念的因素是信仰确立的前提。任何信仰，都是"可信"与"确信"两者的统一。所谓"可信"是指人们的信仰能在某种程度上借助现存知识予以证实，即能为理智所理解和接受。这就是信仰中的理智或认知的部分。没有对信仰对象的基本认识而达到对信仰对象的确信只能导致盲从与迷信。所谓"确信"就是"相信"在情感上的强化，主要体现为信仰的非理性成分。宗教信仰则是把"确信"作为"可信"的主宰，一般强调对神的近乎无条件的确信与服从。信仰包含情感的投入。信仰是一种整体性的精神倾向，往往表现为人们对其认定的、体现着最高生存与生活价值的某种对象的由衷信赖和追求，因而情感倾注必然成为信仰心理的基本要素。情感使人的认识与信仰对象联系起来，只有建立起情感上的依赖与信服，才能建立其真正不可动摇的信仰。信仰最终体现在人的意志活动中。信仰是人的最高需要的体现，是人的最高价值观念，可以对人的心灵与行为起到导向的作用，这种作用主要靠人的意志努力来实现。意志是人自觉地确定目的并支配其行动实现或趋向目标的心理过程。信仰作为强大的精神力量直接影响支配着人的意志。

再次，信仰是人的人格结构中的根基和核心。可以说，信仰直接能够影响一个人的世界观、人生观、价值观的形成与成熟。信仰为人提供了一种最高的价值观念，提供了超脱一般行为规范的善恶标准。信仰是一种综合的心理状态。信仰为人与他人和社会的相互交流提供了一条重要的渠道，从而将精神信仰、价值观念相同的人聚合于同一社会群体之中，影响了人格社会化的进程。

有研究对当代民间信仰研究的现状和走向进行了探讨。[①] 研究指出,当代中国思想文化研究中一个无可回避的事实就是,如何看待中国现实社会中广泛存在的民间信仰。大约在一百年前,中国学者开始用迷信来称呼民间信仰。从 20 世纪 20 年代开始,研究中开始使用民间信仰、民众信仰和民间宗教等术语。之后,民间信仰成为了稳定的术语。在目前的研究中,关于民间信仰存在着不同的观点。

第一种观点认为,民间信仰并不属于宗教,而仅仅是一种信仰形态。这一派的观点强调的是民间信仰的自发性和民俗性,否定的是民间信仰的宗教性和神学性。这也就把民间信仰与宗教信仰进行了区分。

第二种观点认为,民间信仰本质上就是宗教。有研究就把民间信仰称为普化宗教,所谓普化宗教,又称为扩散的宗教,也就是宗教信仰、宗教仪式及宗教活动都与日常生活密切混合,而扩散为日常生活的一部分。所以,其教义与日常生活密切结合,缺少系统化的经典,更没有组织严密的教会系统。有研究则把民间信仰称为民间宗教,所谓民间宗教,是指流行在中国一般民众尤其是农民中间的对神仙、祖先、鬼魂等等的崇拜或祭拜,其中涉及一系列的拜祭活动,如庙祭活动、年度祭祀、生命仪式、家族仪式、结拜仪式、庙宇仪式、象征体系等。

第三种观点认为,对民间信仰的界定没有必要太精确,可以模糊一点,这更有利于对民间信仰的把握和解说,也更有利于相关研究的进行。可以说,民间信仰本身就不是界定明晰的生活内容,而是包含了多样化和多元化内容、方式、尺度、仪式等的复杂活动。

第四种观点认为,民间信仰具有一般宗教的内在特征,即信仰某种或某些超自然的力量,但又不同于一般宗教,即不是以彼岸世界的幸福而是以现实利益为基本诉求。民间信仰也有祭祀仪式、活动场所、行为禁忌等宗教元素,但又没有完备的教义、教规、戒律、教阶制度、教团组织等一般宗教的外在特征。民间信仰介于一般宗教体系和一般信仰形态之间,权且称民间信仰为"准宗教"也许比较准确些。

研究将民间信仰的特征概括为十大"没有":一是民间信仰没有宗教教

---

① 　陈勤建,衣晓龙.当代民间信仰研究的现状和走向思考[J].西北民族研究,2009(2):115-123.

会、教团那样固定的组织机构；二是民间信仰没有宗教那样特定的至高无上的崇拜对象；三是民间信仰没有宗教那样的创教祖师等最高权威；四是民间信仰没有形成教派；五是民间信仰没有形成完整的伦理的或哲学的体系；六是民间信仰没有宗教那种专设的神职人员；七是民间信仰没有可遵守的像宗教那样的规约和戒律；八是民间信仰没有宗教那样特定的法衣法器、仪仗仪礼；九是民间信仰没有宗教那样的固定活动场所；十是民间信仰者在日常生活中没有宗教信徒那样的自觉宗教意识。有研究则更进一步将民间信仰的特征总结为：自发性、功利性、任意性、庞杂性、融合性、民俗性、区域性、民族性、草根性、顽强性。

有研究对佛教的宗教信仰心理观进行了探讨。[①] 该研究指出，宗教信仰是人类普遍和长期具有的一种心灵现象，其历史几乎和人类的文明史一样悠久。关于各种以信仰为特质的宗教心理的起源或宗教的心理起源，是宗教心理学研究的重大问题。有从认知的角度，认为宗教源于对自然现象的无知；有从情感角度，认为宗教源于对自然力量、死亡、孤独等的恐惧和心理错觉；有从意志的角度，认为宗教源于人内心深处获得力量以支配自然及永生不死等欲望或需要；有从人性的角度，认为宗教出于人心灵深处的本能。宗教可包括佛书中的"道"和"教"，前者指有关人生大本的思想体系，后者指社会教化体系。有无宗教信仰，大概可看作一条人兽分界线。宗教主要是具有较为发达的智力，具有生存反省力，具有生存焦虑的人们心灵的产物。

据佛典之说，人类的宗教需求，大概以怖畏、依怙、向上三种心理机能为内因。畏惧被认为是宗教特别是原始宗教产生的主要心理根源。这种低层次信仰直到今天尚有残留，表现于一些民族的原始宗教中。畏惧不完全是有害的，并非都产生消极作用，实际上也被佛教作为建立正信的基础或因缘。佛教认为人起码应该有三畏：一是畏惧苦难。这包括生老病死等。二是畏惧业因。只有从根本着眼，畏惧业因，才能促使人不作诸恶，奉行众善，想办法去减轻、改善痛苦，创造受乐的因缘。三是畏惧自心。天地鬼神、一切外物皆不足畏，最可怕的是迷惑不觉，不能自作主宰的自心。畏惧自心，能促使人自觉治心修心，做自心的主人。依怙是人在自感孤弱无力时，希望

---

① 　陈兵.佛教的宗教信仰心理观[J].法音，2001(5)：2-10.

获得有力、可亲者如天父等垂愍护佑的心理，有如儿童之依怙父母。由这种心理，产生归投、敬爱、崇拜所依怙对象的宗教感情。这是较为高级的宗教特别是多数一神教信仰的主要心理基础。向上心或称超越心理，谓提高、提升自己境界或层次的意欲，可归于心所法中的"欲"心所。

畏惧、依怙、向上三种能产生宗教信仰的心理机制，皆属心所法，可看作心识本具的功能，各有其种子，当遇到适宜的外缘时便会形成宗教信仰。宗教信仰本是一种极具神秘性、感情性、理想性、艺术性的事情。宗教信仰作为一种心理活动，神圣、虔诚、热切、深刻，集心所法中的受、欲、信等于一体，是人心灵深处一种纯真的、深刻的感情。

人不可没有信仰。树立正信，获得可靠的安身立命之本，确实是人生首要的大事，不可草率马虎，不可盲目轻信。实、德、能三条件，既是衡量信仰心理邪正的标准，也是衡量所信仰的宗教等邪正的标准。信有实或有体，指所信对象必须真实、实有，非想象虚构，非错谬偏邪。信有德，谓所信仰的对象须实有信仰者所认为的能力、性质、德行，佛教认为佛、法、僧三宝为有德而堪信赖者。信有能，主要是自信，确信自己有能力断恶修善、依真理修行以获得解脱，而非缺乏自信，唯仰赖神佛的救度。

有研究对信、信念和宗教信仰进行了考察。[①] 研究指出，信或相信所表示的是人对有关对象，有关事实、人物、观念、命题、理论等的一种肯定的心态。信或肯定的心态、不信或否定的心态、怀疑或既不肯定也不否定的心态，都是一种心态。实际上，这都是主体的属性而不是对象的属性，所表达的是主体对于对象的感受和回应，而不是对于对象本身性质和特点的描述。

信与认知的区别在于是否体现了价值意识、反映了人与世界的价值关系。认知或感觉、知觉、概念、推理等，是主体对对象的反映，主要是由对象所决定的，并且较少涉及人的情和意。然而，任何层次和形态的信，都会蕴涵着浓厚的价值意识，体现出人的欲望、动机、兴趣、爱好、情感和意志。

信念、信仰、宗教信仰都是以"信"为内核的，因而都会具有信的一般规定和特征。但是，相对于信来说，这些并不是同等层次的概念。信念固然以信为基础，但信念不是一般的信，而是比一般的信更明确、更强烈、更坚定、

① 罗中枢. 论信、信念、信仰、宗教信仰的特征及意义[J]. 宗教学研究，2007(2)：128-131.

更自觉、更持久的信,是人对某种对象、状态或观念抱有深刻信任感的精神状态,突显了信的本质特征。

信仰是以信念为基础的,但是,信仰比信念具有更加深刻的含义。信仰是由个人的世界观、人生观、价值观、伦理观构筑的信念体系,是个人用以衡量利害关系和精神追求的最高准则。不论哪种内容和形式的信仰,都是把某种信念置于思想和行动的统摄地位之上,使之成为价值意识活动的调节中枢。人生是有限的,信仰作为人的精神支柱,体现人们决心超越有限、渴望无限的终极意义。因此,信仰是人生的信念、目标、意志和创造的最终来源。

宗教信仰的对象是超自然的神灵存在、神学理论和宗教教义,关注的是彼岸世界,极力在彼岸世界寻求人生的价值、精神的超越和终极的关怀。宗教信仰对所信仰的对象表现出义无反顾的坚决赞同和绝对依附。宗教信仰是宗教的灵魂,也是宗教信徒的灵魂。宗教信仰作为一种独特的信仰形式,表现出以下的鲜明特征。一是个体性。任何一种宗教信仰的根都扎在具体的和个别的人的心灵深处,并展现在个人生活的各个方面,从本质上体现出个人的人格。二是选择性。宗教信仰意味着信仰者对于世界和人生的基本理念的选择、价值标准的选择、生活态度的选择和生活方式的选择。三是神圣性。宗教信仰是有限的人生对超越性、完满性和终极性的向往和追求,换句话说,宗教信仰满足了人对神圣性的渴望。

对信仰的重视和强调,对信仰的解说和阐释,对信仰的心理层面的关注,对信仰的心理内涵的揭示,这都属于有关宗教信仰的心理学研究的重要的与核心的内容。这给出了信仰心理学的基本构成。

第二节　宗教经验的心理学考察

有研究对宗教经验的研究进行了考察。[①] 研究指出,宗教经验是宗教信徒独有的一种精神活动。如何对这种独特而神秘的精神现象进行理性的解释,这一直是宗教研究中的一个基本问题。当代宗教经验研究主要是围绕

---

① 　张志刚. 宗教经验晚近研究掠要[J]. 北京大学学报(哲学社会科学版),1992(6):62 - 69.

着宗教经验的分类、宗教经验的特质,以及宗教经验与宗教信仰的关系这样几个方面展开的。

一是宗教经验情感论。这种主张认为,宗教经验是直觉性质的、自我证实的,不以任何概念、观念、信念或实践为媒介的。这便意味着,作为一种独特情感的宗教经验是高于概念的,即无法用概念来加以描述的。就上帝的深层本性来说,即就上帝的神圣性质而论,上帝是不可言喻的,是无法靠理性来认识的。因此,对于上帝的神圣,只能凭借某种超越于理性或理智的心理才可领悟,而这种超理性的心理就是情感。情感才是信仰的深层根源,而神学的论证或哲学的沉思只不过是情感的派生物,即作为一种独特情感的宗教经验的产物。根据情感论,既然作为一种独特情感的宗教经验是宗教信仰的深层源泉,那么认识论意义上的宗教真理判断便必然是这种情感体验的产物。在宗教活动中,所谓的情感并不比信念或行为更基本、更深刻,情感是依赖于认识或概念的。

二是宗教经验感知论。就结构而言,宗教经验与感知经验的基本因素是完全相同的。感官感知在结构上主要包含三个因素:感知主体;感知对象;感知现象。同样,宗教经验也有上述三个因素,即宗教经验的主体——经验者,宗教经验的对象——被人经验到的上帝,宗教经验的现象——上帝的出现或显现。但是,没有客观实在作为经验对象的日常感知经验是不可想象的。因而,如此简单地将神秘的人与神相遇划归于日常感知经验,无疑也是不可想象的。

三是宗教经验超验论。宗教经验是不能被归并于其他任何种类的经验的;相反,若是强作这类归并,势必从根本上误解宗教经验的基本特性。因而,科学的叙述方法,无论是自然科学的还是社会科学的,是完全不适于描述宗教经验的。因为科学总是试图用自然的因果关系来说明一切事物,而宗教经验要求的则是一种超自然的解释,并把这种解释纳入整个描述,使解释成为描述的一部分。

有关宗教经验的这三种不同的理解,该研究给出了自己的评价。宗教经验情感论所面临的是这样一种两难境地:要是坚持认为宗教经验是非理智的、不可言喻的,那么这种意义上的宗教经验便无法证实宗教信仰;相反,如果这样或那样地承认宗教经验包含概念的成分,那么宗教经验便不可能拒斥概念的表述,也不能回避理性的批判。假若用宗教经验来证实宗教信仰,难免陷入这样一个循环证明的逻辑怪圈:宗教经验之所以是宗教性的,就因为经验者相信它们是由上帝之类的超自然原因引起的;而经验者们之所以有充分的理由相信上帝等超自然的存在物,又是因为他们具有宗教经验。显然,按逻辑常规来说,作为超自然原因之结果的宗教经验,是不能再用来证明作为其原因的宗教信仰的。"经验"一词,在宗教徒与哲学家两种人的眼里,显然是"同形不同义"的。就现有的研究水平来看,宗教经验在认识论意义上并无任何客观的对象或内容可言。因此,只能把这种所谓的"经验"归之于一个现有的认识论范畴——"幻觉"。宗教经验作为一种神秘而特殊的幻觉,不宜轻易否定其现实的存在,及其在宗教生活中的重要意义。但与此同时,也还没有充分的理性根据来相信这种幻觉真能证实宗教信仰。

"宗教经验"概念中使用的"经验"(experience)一词具有的是经验主义和心理意义。正是詹姆斯等人在美国创立了宗教心理学,从此,"宗教经验"才成为宗教研究的重要内容。尤其是詹姆斯在1902年出版了著作《宗教经验种种》之后,"宗教经验"的术语才更广泛地应用在了宗教学的研究中。詹姆斯从自己彻底的经验主义的立场出发,把"经验"视为唯一的事实和实在。在宗教问题上,宗教经验就被当作宗教的本质和宗教学研究的唯一对象。詹姆斯把宗教分为个人性宗教和制度性宗教两个层面。制度性宗教指宗教的神学理论、仪式、制度、组织等;个人性宗教则是由宗教感情激发的个人行为,是从心到心、从灵魂到灵魂的经验与感受。因此,个人宗教比制度宗教更根本。在詹姆斯那里,"宗教经验"概念是一个纯粹的心理学概念,与宗教理论、宗教仪式、宗教制度和宗教组织是完全不同的。

在宗教意识、宗教行为、宗教体制这三个宗教要素中,宗教意识包含宗教信仰、宗教观念、宗教经验、宗教情感四个因素。宗教经验成为与理性知识相对的概念,其内涵相当宽泛:既有感知觉等感官表象,又有宗教活动主体的主观评价和行为表现;既包括宗教信仰者的个体切身体验,也包括非宗教信仰者的外在感知;既包括宗教信仰者在宗教活动中短暂出现的强烈、神秘的某种特殊感受,也包括他们在宗教活动中长时间持续的一般琐碎的经验。整个宗教活动中存在着特殊的经验,可称之为宗教体验。体验是一种与生命活动密切关联的经历,最根本的特征是类似直觉的那种直接性,是意识直接与对象的同一,而排除任何中介性、外在性、理性化、逻辑化的心理。体验不仅具有缝合主体与客体、意识与对象的功能,而且更具有为人的存在提供目的、意义和价值的功能。一切宗教信仰者和非信仰者都可能对宗教活动产生这样那样的宗教经验,而只有宗教信仰者在宗教活动中对意义产生的强烈感受才是宗教体验。在这个意义上,宗教体验作为宗教经验中最核心的部分,其实质就是意义感受。

所有的神秘主义都具有一种共同的性质,即强调非理性的性质。这也就是只通过理性是无法进行理解、表述和把握的。非理性是一切神秘主义的本质特征。不包含非理性因素的“神秘”不是真正的神秘,而能够用理性来完全理解和表述的神秘主义,也不是真正的神秘主义。与神秘主义相关联的,主要是各种非理性的直观体验,特别是那种无法或很难用理智去把握或理解的体验。

神秘体验具有如下四个显著特性。第一,所谓神秘体验,大都包含一种强烈的“化一感”,即强烈地感受到“万物合一”或“万象一体”,而体验之主体也融身于对象的存在或其他超自然的存在物。第二,绝大多数神秘体验还包含一种独立的“无时间感”,这种感觉一般是相伴于“化一感”而产生的,即在万物合一的同时,强烈地感受到万事皆是共时发生的,因而日常经验意义上的时间顿时消失了。第三,神秘体验的过程时常令人畏惧,但在大多数情况下都会给体验者带来一种说不出来的“愉悦感或安宁感”。第四,神秘体验的结果往往被看成是“不可言喻的”或“无法表达的”。神秘主义与宗教的关系主要表现在了两个方面。一方面,神秘主义是一个比宗教要宽泛的用语,泛指宗教和各种非宗教文化形式中的非理性部分。另一方面,神秘主义又是宗教经验的核心,这个核心与宗教的本质特性紧密联系,不可分割。可以说,没有神秘主义的宗教,本质上就不是宗教。

宗教神秘主义者获得宗教经验的方式,大致有以下三种。首先,宗教理论的修养和在宗教理论修养基础上的“体悟”是宗教经验产生的重要条件之一。这是用逻辑的方法,证明神圣者的存在,或者用理论的分析,把信仰者引导到教义规定的修行目标上去,从而在理智上坚定对神圣者和宗教的信仰。其次,宗教经验产生的另一个条件是潜心修炼,道德净化。这样做,旨在使心灵洁净,行为纯正,从而获得神圣者的悦纳,达到与神相通的地步。最后,生理转折时期或“边缘处境”状态也是宗教经验产生的一个重要契机。

因为在这种时期,人的精神处于紧张状态,很容易得到神秘的宗教体验。药物的使用也是促成宗教经验产生的一个重要机缘。

综合以上内容可知,作为宗教意识内容之宗教经验,其本身既具有神秘性和非神秘性的特征,又具有理性和非理性的特征,既具有神圣性又具有世俗性的根源。①

显然,人的宗教经验成为宗教心理学应该关注的内容。宗教经验也就成为宗教心理的最好的表达。无论是描述人的宗教经验,还是说明人的宗教经验,还是阐释人的宗教经验,都是宗教心理学研究的基本任务。宗教经验的存在方式是心理的,这成为宗教心理学关注人的宗教经验的基本预设。

第三节　宗教理念的心理学考察

宗教理念由宗教理论和宗教信念两部分构成。宗教理论是宗教信念的思想基础,宗教信念则是宗教理论的心理支撑,这两部分合为一个整体,就属于宗教理念。

有研究指出,所谓纯粹信念,是指作为宗教信仰或宗教信念之基础与根基的信念。② 作为宗教信仰的信念不同于日常生活中通常所谓的信念。宗教信念是一种关于宇宙世界之终极者的信念,即相信整个宇宙世界是由某种最高终极存在者统治的,而且人应当接受和服从这个最高终极存在者的意志与安排,或者人生的目标与理想就是追随宇宙世界的最高终极存在者。这里的宗教信仰或宗教信念不是就信奉某种宗教教义和遵循某种宗教仪式来说的,而是指个体体现其人生目的与价值理想的超越性信念。这种为个体生命确立意义与价值,成为人"安身立命之道"的宗教信仰背后的存在依据与信念,才是所说的纯粹信念。

纵观人类历史上作为各种文明传统精神支撑的宗教信仰,可以发现其大多具有如下特征。首先,具有对超越的、全能的最高终极者的信念。任何

---

① 许才义,杨玉荣.论宗教经验的神秘性与非神秘性的两个维度[J].江汉大学学报(人文科学版),2010(2):79-84.
② 胡伟希.信念生活如何可能[J].社会科学,2012(4):124-134.

宗教信仰都是对于超越的最高终极者的信念。这个最高终极者是宇宙创生之源，掌握着自然宇宙和人类命运。这种关于超越的、全能的最高终极者的观念，普遍存在于人类各大宗教传统中。其次，人必须遵照最高终极者的教导行事的信念。人类所有宗教都要求信徒服从最高终极者的意志，并且按照其发布的律令行事。遵循最高终极者的教导是宗教信仰者最根本的行为准则。所以，不同的宗教信仰和教派都有其自成一套的教义与教规。再次，关于最高善的观念。人类的各大宗教传统都会将最高终极者与至善联系在一起。掌管整个宇宙世界的最高神或"神圣"不仅拥有绝对的权威，而且这最高神是至善的。所谓至善，不仅是指最高神普爱世界万物与人类，而且还要求人服从其意旨去"行善"。最后，信仰高于理性。所有的宗教都认为，学习宗教教义并不是宗教信仰的根本宗旨，真正的信仰是对最高神的旨意的遵守与服从。其中，对最高神的"信"是第一义和绝对的。所谓绝对的信，是指对最高终极者或最高神的信任是无条件的、无须通过理性检验的。个体假如要形成有意识的宗教信念，要与世界真正地结成一种"信仰"关系，则必须使处于潜意识层面的这种宗教原型进入到个体心理的意识层面，成为"显像"才行。于是，各种宗教教义和宗教仪式，尤其是宗教修行方法应运而生。

宗教信念不仅属于经验世界与超验世界，而且与潜验世界即人的潜意识密不可分，是人的这三个世界共同参与才得以完成的事业。这是因为，假如没有超验的最高终极者，宗教信念就失去了信仰的对象，从而也就不是宗教信念，而成为个体主观的"幻觉"或"幻想"。假如没有个体心理中的经验内容，则也无所谓宗教信念，因为宗教信念之所以是信念，是内置于个体的心灵，并且能够被个体的意识所觉察的。从这种意义上说，宗教信念是个体心灵对超验世界的最高终极者是否存在的一种经验性心理体验。因为最高终极者假如只存在于超验界的话，那就是不可感知的，而且是不可认识的。看来，这个问题的解决必有待于承认有一个潜验世界的存在。因此，在宗教的心理学看来，由于人的潜意识有感受和领悟超验世界中的最高终极者的能力，而且在这种潜意识中的"宗教原型"可以上升到意识层面，被个体的意识觉察和认识，因为潜意识与意识皆属于个体的心理，作为人的心理来说具有统一性。这样一来，本来不被意识认识的超验的最高终极者才终于成为人的经验心理的内容被确证，从而成为现实生活中的宗教信仰。因此，宗教信念的建构逻辑应当是,从超验与潜验到经验。

人的宗教理念是以人的宗教信念的方式来表达和体现的。当然,宗教理念更多地偏重于思想层面,而宗教信念更多地偏重于信仰层面。无论是从社会整体或社会群体的角度,还是从社会个体或社会个人的角度,宗教理念更多地是以论理的方式存在,而宗教信念则更多地是以心理的方式存在。

第四节　宗教认知的心理学考察

所谓宗教认知有多重含义,不同的学者是在不同的含义中去理解和运用宗教认知的概念。宗教认知可以是指宗教的思维方式,也可以是指关于信仰对象的认知活动,也可以是指宗教信仰者的认知活动。无论是哪一种含义上的宗教认知,都可以成为宗教心理学的考察内容。

有研究从认知路线上,对理性、经验和神秘体验进行了划分和阐述。[①]研究指出,对人类知识可靠性来源问题的研究,传统认识论总是有否定“形而上学”、否定宗教甚至否定哲学的倾向,致使人类逐渐丧失了精神家园和道德根基,社会物欲横流。用现象学的方法分析“理性”和“经验”,认为“神秘体验(非理性经验)也是人类获取可靠知识的一个重要途径”,由此,便消解了理性和非理性、科学和宗教的尖锐对立,从而展现了人类文化为什么会是一个理性文化和神秘主义文化共生并进格局的逻辑根源。

从根本上讲,所谓的理性也就是人们认知世界、把握各种“存在”和“存在者”的活动与方式。如果是强调其名词性,则可把理性理解为人们“洞见”“认知”和“把握”对象的一种能力,但这种“洞见”和“观看”不但包括人用其感知器官去“观看”“感知”,并进行抽象的“思维”活动的方式,也包括各种神秘体验式的“观”和“看”的方式,如灵感、直觉、顿悟等。

“感知”这种经验被理解为人通过感知器官获取的关于外部对象的经验,但是应明确这里的外部对象不但包括人躯体以外的可感之物,还包括人

---

① 封德平.“理性”、“经验”和“神秘体验”——兼论认知路线的新划分[J].河南社会科学,2006(4):128-130.

的躯体自身,故又可把感知区分为"外感知"和"内感知"。"内省"这个词语最好是换成"内观"或"内觉知"这样的一些概念,否则就容易造成"内省"用法的混乱。"内观""内觉知"并非如"感知"那样,需要借助感官对有形色之心外之物进行体验,而首先是一种内在的心理的精神性活动,是对心理自身的觉知。对于"直观"而言,虽也是心理意识的一种状态,也并不依靠感知器官去感知对象(虽然也可能伴生着各种内、外感知和觉受),在这一点上同"内觉知""内观"是一致的,但又不同于"内觉知"的体验。"内觉知""内观"是对已经存在的某种心理状态的自我观照,但"直觉"的对象对个体直观者而言,往往是对某种特殊事物的直接领受。至于"直觉"的具体表现形式,就已有的文化现象来看是多样的,除了日常生活中的直感、预感、灵感外,还包括艺术直觉、宗教体验等形式。

就目前来看,理性的最大成绩就是造就了科学技术的巨大成功,物质世界极度丰富和繁华。非理性(神秘体验)的最大成功则是造就了各种宗教形态,许多人借此来安顿"灵魂",并守候着这样一个自身的精神家园。两者领域不同,各有其用。

有研究通过考察宗教思维方式来解读宗教。① 正是由于宗教内在于人类精神生活,成为人完整精神生活的一个重要维度,因此,在人的文化生活与精神活动中,生成了宗教这种十分奇特的思维方式。从思维方式的角度来解剖宗教,将更准确地把握宗教的特点,及其在运思中所显示出来的一系列特征,从而给予宗教一个恰当的文化定位。

宗教思维是一种信仰式的思维,具有鲜明的信仰特征。一切宗教思维的共同点都在于强调"信",关键也就在于"信",而不允许"怀疑"或追问"为什么",不允许、不接受来自信奉宗教教义的人们对宗教教条和教义进行反思与批判。宗教思维是一种先验-教条式的思维。宗教思维是一种幻象-情感性思维。宗教不论以何种形式存在,都不可更改地始终保持着思维的原始性特征。这样,原始思维的表象性就决定宗教思维最初只能以幻想的形象的方式显示出来。宗教思维是一种求意义性的思维。人是一种求意义、求价值的存在者,"他"要在不断的生存意义确定过程中获得再生的勇气。在人类追求生命价值和生存

---

① 杨楹.解读"宗教"的新视角——宗教思维方式探究[J].学术界,2000(4):55-62.

意义的过程中,宗教在其中找到了自己的位置。宗教思维是一种静态-封闭式思维。宗教思维犹如一个"圆"一样,既可以从具象推出超越具象的、终极的"神",亦可以从终极的"神"推演出一系列具象,思维活动总是在一个既定的路径中来回对流,不断地循环运作。

有研究认为,宗教与科学在认知机制上是融通的,宗教与科学虽然存在多方面的分歧与对立,有时甚至出现激烈的冲突,但是在认识上,两者却都遵循近乎一致的认知原理。[①] 成熟的宗教基本上都建立了系统完备的神学理论体系,与科学一样,都是人类认知手段之一。两者认知机制上近乎一致的共性主要体现在如下几个方面:两者都以客观的自然和当下的现实为认知对象;两者的认识过程都遵循认识的基本规律和思维的普遍法则;两者都通过理性和非理性等多种途径发现真理,促进人的不断进步和全面发展。

无论是宗教的信仰者还是宗教的研究者,都会涉及宗教认知的层面。无论是宗教信仰者的认知还是宗教研究者的认知,都会关联到人的认知活动的基本方面。这的确给了心理学一个考察和探索的特定空间。

第五节　宗教情感的心理学考察

有研究认为,宗教属于情感与认识还没有分化的文化形态。[②] 宗教并非完全是认识性的文化,而是有着深重情感性的文化。在原始时代,人们的认识与情感还是混沌不分的,认识中渗透着情感,情感中也渗透着认识,于是就形成了认识与情感尚不分化的文化形态:宗教。一是宗教体现人的精神需要。宗教也是人类追根究底的精神需要所创造出来的产物。自然,宗教也就包含着和体现着人类精神需要的情感因素。毫无疑问,没有人类精神的需要,不会有宗教。二是宗教包含人的愿望。宗教不仅体现着人的需要,而且包含着人的愿望。愿望不属于关于环境事物的认识,而是人的意向追求,人的各种情感外在表现无不决定于人的内在愿望。所以,愿望是情感的

① 宇汝松.试论宗教与科学在认知机制上的融通[J].济南大学学报(社会科学版),2008(4):67-70.
② 韩民青.宗教:情感与认识未分化的文化[J].东去论丛,1992(2):48-51.

内容。在宗教中，人们的愿望无时无刻不表现出来。原始巫术信仰和仪式在本质上就是把愿望当作现实。达到心悦诚服的宗教信仰，情感上的渴望不可缺少。原因就在于宗教中包含着人的愿望。从一定的角度上讲，宗教就是人的主观愿望的产物。三是宗教表达人的喜恶。人有喜怒哀乐等外部表情，这些表情体现了人的喜恶情感。宗教中也充满了人的喜恶之情。人类对大自然的崇拜，有其对大自然依赖的一面，这表现为喜的情感。同时，也有对大自然恐惧的一面，这又表现为恶的情感。对大自然的崇拜，是依赖与恐惧、喜与恶的双重情感的产物。进而，喜与恶的情感又在灵魂崇拜中得到了更充分的体现。在对灵魂的崇拜中，形成了恶魂与善魂的区别。恶魂亦即厉鬼，被认为会给人们带来厄运，因此人们怀着一种恐怖的心情予以供祭。善魂则多为本氏族、家庭成员死后变成的，进一步成为祖先崇拜的先导。人类若无喜恶之情，决不会生出善恶的灵魂观念。宗教情感是宗教的一个重要特征，是一种希望与恐惧交织在一起的双重心理。

宗教包含着情感因素但决不等于情感，与情感因素相并列的是，宗教也包含着认识因素。宗教作为一种文化，乃是情感与认识的统一。就宗教自身而言，既有情感的因素也有认识的因素，两者缺一不可。情感与认识混沌不分和逐渐分化时期，形成了人类历史上一类独特的文化形态，这就是宗教。从思维和意识根源上讲，宗教就是情感与认识尚未分化和未完成分化的文化产物。宗教自身就是一种把情感与认识均包含于其中的文化形态。当然，宗教中的情感与认识的混沌不分也并不是简单的，其间有着复杂的结构关系及相互作用。

有研究指出，宗教一直是丰富情绪体验的源泉。[①] 如何定义宗教对情绪的影响有两种传统：一种是强调天赐神赋的传统，强调在宗教体验和集体宗教仪式中强烈积极情感的熏陶作用；另一种是注重默观的传统，强调平息欲望和培养情绪的宁静。除这两种情绪调节方法以外，还有一种修行观是把宗教和情绪高度知觉（可能是情绪智力）以及情绪的创造性表达联系起来。禅宗的打坐、长期的精神信仰以及与宗教传统有联系的超个人状态的熏陶等都对情绪调节有益处。宗教对情绪有三种影响方式：第一，宗教规定了适宜的情绪和强度；第二，对自然或神的品质的信仰可能会影响情绪的主观感

---

① 　王昕亮. 当代西方宗教心理学研究综述[J]. 国外社会科学，2006（3）：10 - 14.

受;第三,宗教给人提供机会去感受与神圣事物亲密接触时才会体验到的那种独一无二的强烈情绪体验。

被贴上宗教标签的各种情绪的独特性一直是一个有争议的问题。这些情绪是一类独特的情绪,还是在宗教情境下感受到的简单的日常情绪,抑或是在诸如祈祷或礼拜等宗教仪式中引发的情绪呢? 有研究者认为,宗教体验以一种自上而下、偶然有效的方式在日常生活体验之后发生。宗教情绪之所以是宗教的,是因为人们在特定的环境下明显感到超级力量的存在。

有研究对宗教情感进行了探讨。[①] 研究指出,长期以来,对宗教的研究偏重于观念领域的探索,即把宗教归结为一种意识形态或颠倒的反映,而忽视了对宗教情感领域和活动领域的研究。这就造成了对复杂的宗教现象的简单化理解。宗教是人的内心的感觉,是绝对依赖于神的感情。宗教的目的都是将有限与无限结合起来,把上帝与人类结合起来。一切宗教的目的都是不同程度地达到这种结合。人的情感和神的情感是宗教情感产生的两个条件。没有人之情,就不会有神之情,而没有神之情,也就不会有人对神之情。那么,宗教情感既不是人之情,也不是神之情,而是人对神的态度和体验。宗教心境是指宗教徒日常的一种稳定的情绪状态,即对神的虔敬、依赖、向往、期待、感激、同一的特殊情绪。宗教激情是宗教徒在宗教心境基础上产生的一种强烈的宗教情感,在宗教祈祷、礼拜等宗教活动和特殊事件中表现得比较明显。

宗教感情是宗教活动的动力和核心。宗教活动包括礼拜、诵经、烧香、祈祷、弥撒、宗教节日和宗教仪式。其目的主要是协调神与人的关系。这是通过宗教徒与神之间的情感交流来实现的。宗教活动又是宗教情感"升华"或"宣泄"的形式。宗教活动调节宗教徒的心理平衡,使宗教情感得到"升华"或"宣泄"。宗教情感的"升华",是主体在宗教活动中产生的一种超越感和崇高感。因为大凡宗教都有劝人向善的教义,有象征"正义"与"圣洁"的彼岸世界让人追求,也有惩罚"丑恶"与"肮脏"的鬼魅与阴间。宗教诱导人们在宗教仪式上自觉地将心理潜能升华为一种对美好境界的追求力量。宗教情感的"宣泄"是主体在宗教活动中缓解情感强度的重要方式。宗教从一

---

① 辛世俊.简论宗教情感[J].思想战线,1990(3):17-120.

开始就是集体的产物,共同的宗教信仰使人们产生了共同的心境和激情,产生了共同的宗教体验。

　　有研究认为,自我控制、清修情感,是具有中国特点的宗教情感修行模式。① 中国宗教了情、修情最有特点的模式就是通过自我控制,实行情感清修,其主要表现在如下五个方面。

　　一是通过山水之乐移情。中国宗教的修行者多借助山水自然以实现自我控制。他们融入自然、感悟自然以极力洗净尘染、纯化心灵、淡雅情操,这就形成了中国宗教体系重视山水灵性的情感清修特色。儒教信奉的山水自然之乐,是一种在人与自然融为一体的情景中感受到的心中之乐。这种乐,其特点就是融入道德意识。如果说儒教信奉者赋予自然以道德的意义,重视在自然中陶冶情操的话,那么道教信奉者赋予自然以美学的意义,提倡的则是一种人与自然合一的超伦理和超功利的审美情感。佛教更重视借助山水修持来悟道。所谓"天下名山僧占多"就是佛教移情于山水的生动反映。民间宗教则更有一种对山水自然天然的情感亲近与体认。

　　二是通过修身养性驭情。中国宗教也借助修身养性进行自我控制修行以实现对情感的驾驭。儒教信奉者重视通过道德修养来进行情感体验和自我控制,其根本特点就是强调主客合一、内外合一,是一种自我享受、自我直觉体验和修行控制。他们主张"安贫乐道""乐天安命"式生活,进行道德上的自我充实。庄子既反对道德情感,也反对禁欲主义的宗教情感。他主张人性来源于自然之道,对于自然之道的认识则应在自我体验中获得,这种体验是一种出于情感又超越情感的本体体验。禅宗则不否定任何情感,提倡任情而不"着"情,即可实现心灵的超越,进入佛的境界。

　　三是通过人文艺术抒情。中国宗教还通过人文艺术抒情以实现情感的自我表达。这一情感清修方式涉及面极广,包括文学、诗歌、音乐、舞蹈、书法、饮食、雕塑、石刻、建筑等等诸多领域。在民间宗教中,诗文也是信奉者抒情写意、自我修持的重要途径。

　　四是通过体道孝亲凝情。讲究孝亲之道,通过体道孝亲凝结亲情,是中国宗教各教派都比较重视的情感修持方式,这一点也显示中西方宗教的较

① 江峰.自我控制——中国宗教的情感修行模式[J].宗教学研究,2007(2):216-220.

大差别。儒教信奉者往往从道德伦理关系上来突出孝亲关系，进行情感体验。道教讲孝亲的情感体验，贯穿了"无名"论思想。内含的意思是说人本身孝慈，就无所谓有无孝慈之名了。佛教提倡将孝亲之情扩展到爱一切众生，在一个更高佛性的境域普施情爱，而不仅仅是讲究父母亲情之爱。

五是通过科仪戒律正情。人的情感有善有恶，世界各个宗教教派大都有自己情感善恶的基本判别标准，并且也有各自的科仪戒律来贯彻这些标准，扬善避恶。这些科仪戒律以外在的形式内化为制约信徒情感体验的强大力量，对信徒的自我控制修行起到了趋善避恶的正情作用。在民间，一些祭祀活动，如对灶神、财神、土地神、观音菩萨、关公大帝等的敬拜，都包含丰富的宗教情感体验与修持因素，由此形成的一些禁忌，也常常在信奉者心中产生某种情感惯性，在一定程度上制约着他们情感体验的伸张空间。

宗教情感是人的情感中非常独特，非常重要，也非常关键的构成。尽管有宗教信仰的人和没有宗教信仰的人所拥有的情感会有很大的不同，但即使是没有宗教信仰的人也同样会在生活中体验到宗教的情感。

第六节　宗教行为的心理学考察

有研究比较了儒家修养论与基督教修行论。[①]　研究指出，在中西方传统的伦理学说中，儒学的修养论与基督教神学的修行学是可以相互媲美的，两者都是一种完整的理论类型。如果以现代眼光来看儒学的修养论，可以发现这是一种集形而上学、认识论、心理学、道德修养学说、人生学的特点于一身的理论类型。在某种意义上，可以说儒家的心性论是形上的修养论，而儒家的修养论是实践的心性论。同样，从现代的眼光来看，基督教的修行学也是集德性论、心理学、宗教学说、形而上学多种学科的特点于一身的。

"修行"一词的基本词义起码包含五个方面：（1）学习、教学、教导的意义；（2）教训、培养、训练的意义；（3）学说、理论、艺术的意义；（4）组织、纪律、制度的意义；（5）习惯、原则、方式的意义。"修行"具有的如此宽泛的词

---

① 叶蓬.儒家修养论与基督教修行论的比较研究[J].孔子研究，2001（4）：15-26.

义,与其担负的体现人生总体性努力活动的概括性范畴地位是相称的。事实上,修行在基督教中就是一种包括各层次的总体性人生活动的个体宗教活动。就儒家的"修养"范畴而言,虽然不一定包含像修行如此之多的词义,但缺少以上五方面的任何一个要素,也无法把握其完整内容。

　　儒家认为,只有通过道德修养,人才能作为主体,通过"格致正诚、修齐治平"的途径成为一个合格的社会成员或真正的人。基督教认为,通过道德修养,人可以摆脱现世的束缚或局限,享有与无限的真善美相联系的高尚生活。儒家的社会化的人,并非世俗的人。儒家并不停留于认可生理学意义上的人。在儒家,衣食住行色欲也是人的属性,但只是一种生理本能,并非人之所以为人的本性。修养之所以必需,就在于人之所以为人的本性。因此,儒家的修养本质上仍然是一种高尚的人生活动。基督教的修行则明显地将自身与尘世生活区别开来。修行不在于培养社会化的人,而是个体享有与神相联系的超凡脱俗的人生方式。这是一种高尚而纯洁的人生。对于基督教而言,与绝对本质相悖的现世人生是与生俱来的罪,修行就在于以严格的戒律摒除尘世利欲之罪。

　　修行、修养的一个重要内容,就是使心灵的理性、感情、欲望达到水乳交融的和谐统一。儒学和基督教都以理性为人之本性,但对于理性与感情、欲望的关系有各自不同的理解。在理性与感情、欲望的关系问题上,修行、修养显然有不同的形而上学基础。就儒家修养论而言,理性与情欲之间不是二元对峙,而是一元心性内的体用关系。就基督教的修行学而论,理性与激情(感情、欲望)是一种二元对峙,因理性属于对无限上帝的分有,而情欲属于有限的肉体生活。因此,情欲与理性的对立是必然而经常的,情欲对理性的服从是艰难而非必然的。修行的本意就是严格的自我制约和刻苦的自我训练。

　　基督教修行学与儒家修养论不同的是,儒家的修养虽然也指向超越性目的,但就其重心而言,是属于尘世的日常活动,而基督教修行虽然不反对履行尘世职责,但就其重心而言,是一种出世的宗教活动,重来生甚于今世。对于儒学的修养论而言,修养是一种灵魂的净化,是有社会化内容的,换言之,灵魂的净化与社会化过程是同一件事情。而修行作为一种灵魂的净化,虽然包含社会化的内容,但社会化只是灵魂净化的手段,即通向上帝的途径或阶梯。基督教将神圣或理想的实现寄托于宗教机构或宗教活动,以神圣或理想去对抗尘世,从而修行是一种培养超越尘世价值的活动。儒学将神圣或理想的实现寄托于社会活动特别是政治活动,以神圣或理想去美化尘世,甚至以神化个体君主作为达到理想的方式。

修行、修养作为人生的整体过程,自然会表现为不同的阶段。无论对于基督教还是对于儒家,修行或修养都是一个从低级境界向高级境界发展的过程。儒家修养与基督教修行虽然就发展阶段而言具有不同的方式,但是都有一个基本的共同点,那就是都从道德修养出发,逐步达到"天人合一"或"神人合一"的境界。修行、修养的最高境界从根本上来说都是一致的,如果有区别,也仅仅是理论把握方式的区别。在此意义上,也许可说儒学的修养论境界是一种道德型的天人合一境界,而基督教的修行学境界是一种宗教型的天人合一境界。如就前者而言,归于天或融于唯一,是一个永无止境的过程;而就后者而言,皈依上帝或神人如一,则是任何一个无助的人都可以得到的救助。

宗教行为实际上具有多重的含义。这并不仅仅是人在宗教活动中所体现出来的行为,也不仅仅是具有宗教含义的行为,而且这还应该是受到宗教信仰支配的行为,也还应该是与宗教心理相贯通的行为。

第七节　宗教人格的心理学考察

有研究探讨了儒家的人格结构及心理学扩展,认为研究儒家人格结构的思想是理解中国人人格结构的一把钥匙。[①] 首先从儒家经典论述中整理儒家主张的人格结构要素,然后分析其人格结构性质和功能,最后试图把这个模型推展为具有现代心理学意义的人格结构模型。儒家人格要素为"仁""礼""知"三要素。儒家人格结构的三要素可以解释"知命"主张,并能够说明诸如"仁道"终极追求和"内圣外王"的社会功能。这即儒家人格结构因素的关系和功能问题。

孔子的"仁"是人以博大之心"爱"人的理念、行为和境界。孔子的"礼"是人以"仁"为内在基础,以恭敬之心和传统礼仪为标准的社会心理和行为。"知"在孔子那里有不同的含义。就心理过程看,"知"是认知的过程;就人格

---

① 景怀斌. 儒家的人格结构及心理学扩展[J]. 现代哲学,2007(5):48-56.

品质看,"知"是智慧或理性的心理状态。"仁"决定了人的价值的性质和方向。在孔子看来,没有"仁","礼"和"乐"就失去了价值和必要。"仁"在孔子人格诸要素中处于核心的地位,规定了儒家人格结构的性质。"礼"则对人的行为具有规范作用。由于"礼"的规范功能,在孔子看来,"礼"规范了人的成长方向。在孔子的人格结构中,"知"是形成"君子"品质的心理前提。更重要的是,由于"知"是智慧的或理性的状态,"知"也就成为衡量君子的一个标准。"仁""礼""知"构成的整体所表现的性质是"德"。

儒家人格结构因素的性质和关系决定了儒家人格结构的"终极目标"(向上)和"社会功用"(向下)。就终极目标来看,具有"德"的属性的"仁""礼""知"要达到的目的是体悟"道"。在儒家看来,"道"是人应当遵从的人之为人的"仁道"。就人格结构的社会功能看,具有的是"知命"的社会功用。以"知命"为中介,儒家的人格结构因素"仁""礼""知"与外在环境,构成了互动的、积极的关系。这样的关系,既说明儒家的人格表现与一般人一样——受环境(命)制约,也说明儒家的人格表现与一般人不同——不是被动地、消极地受制于环境,而是以"知命"为前提,理性进退,追求"内圣外王"的人格精神。

儒家的人格结构可以转换为心理学意义的人格结构模式。第一,道德性。强调人格结构应表征出人的道德性。第二,终极性。儒家的人格结构认可人有终极性的生命追求。这体现在其"仁"的主张上。第三,规范性。这凸显了人对社会规范的认同。第四,智慧性。"智慧"源出于孔子人格结构中的"知",指个体对环境、自身、他人的效果性评价及反应。第五,境界性。"终极性""智慧性""规范性"蕴涵着发展性。第六,开放性。向上,是对世界的通透理解,深刻地认识人生的规律——"道",并按照规律行为;向下,能够通透理解人生遇到的种种苦困,达到"知命"的境界。从儒家的人格结构可以拓展出普适性心理学人格结构理论,其实用价值和经验研究可以进一步拓展。

有研究考察了道家人格结构的构建。① 研究从文化影响人格的视角出发,论述和阐释了道家之"道"的特征及道家思想文化对中国人特定心理行

---

① 涂阳军,郭永玉.道家人格结构的构建[J].西南大学学报(社会科学版),2011(1):18-24.

为特征的影响，并借由对道家人性论的分析，最终形成道家人格结构的理论模型，包括自然本真、知、情、意、行五大领域，这共同构成一个以道家"道"之"自然本真"为核心且一以贯之的有层级的有机整体。

由道家思想的"积淀"，"道"、人性、人生观、心理行为形成了一个以"自然本真"为核心特征的思想模式的有机整体，同样构成了一种民族性的文化心理结构。道家思想文化背景下形成的这种文化心理结构，对中国人之人性心理行为产生了重要影响。这种影响或者表现为可观察到的外在物象，或者表现为人们的行为方式，或者表现为人们的价值观念、思维方式与潜在假设。这正是道家文化对人之心理行为产生影响的最高层次，决定着人们的知觉、思维、情感和行为。

道——德——性是道家建构其人性论的思考逻辑。"真"与"伪"是道家人性论内容的内核。人性可能达到的高度是道家理想人格。道家追求的是一种自然本真的圆满人性，老庄均将其人生理想寓于特定的人格形态当中，从而形成了各自的理想人格，主要体现在老子对"圣人"以及庄子对"真人"等的描绘刻画之中。

有研究探讨了庄子的人格理论与现代中国人格建构。① 研究指出，儒家的理想人格是君子人格。君子应该有仁爱的善心、道义的追求、强烈的自律、快乐的人生和坦荡的胸怀。这一君子人格甚至成为中华民族认同的理想人格。与这种进取、有为、入世的君子人格正相反，道家塑造了一种遁世、出世、逍遥、无为、超越的理想人格。儒家重视君子人格的道德自律，道家重视真人人格的自然本性。儒家的君子现实可亲，道家的真人超越凡尘，庄子塑造的"真人""至人""神人""圣人""德人""大人""天人""全人"等都表现出这一特点。例如，庄子描述了真人的特点：一是真人不用心智思虑谋划一切事情；二是真人与常人有异，睡觉无梦，醒来不忧；三是真人齐生死，忘是非；四是真人"不以心捐道，不以人助天"。因此，庄子的理想人格是超越物欲的，是超越自我的。

宗教思想的传统和宗教学说的传统在有关人格的解说和塑造方面有着

① 李道湘.庄子的人格理论与现代中国人格建构[J].中国社会科学院研究生院学报，1997(4)：85 - 92.

非常重要的学术价值和理论意义,无论是对心理人格的解说还是对心理人格的塑造,都产生了独特影响。

第八节　宗教组织的心理学考察

有研究运用宗教社会学考察了现代社会的宗教组织及其特征。[①] 研究指出,"教会-教派类型学"是以西方基督教为主要研究对象而构建的一种理想型的组织类型学体系,这是从宗教社会学角度对宗教组织进行的分类,其分类的主要变量标准是宗教与社会的相互关系。教派是一种排他性的组织,其成员必须满足某些条件,诸如特定的戒律和宗教的实践。教会则是一种包容范围较广的组织,基本上对社会各阶层开放。从社会学的理论视角来看,宗教是一种社会实体,宗教组织是宗教的载体。宗教组织不是抽象的,而是具体的社会存在。同一宗教在不同的国家和地区也会有不同的组织形式和制度,同一宗教组织随着时代和社会的变迁,也在不断进行调整变化。但是,随着各种现代组织理论的不断介入,宗教社会学已经跳出了"教会-教派"分类的窠臼,出现了从各个不同的理论视角对宗教组织进行的研究。

一是开放系统理论。组织理论中的开放系统视角在 20 世纪 60 年代出现,重视组织与其环境的相互依赖关系,强调组织与其周围及渗透到组织要素之间的联系的交互纽带。在宗教社会学中,"开放系统"这个术语指的是,宗教组织像任何别的组织一样,并不是一个封闭的系统,由其他组织、社会机构、社会运动、政治与经济结构和任何其他社会特点等组成的周围环境,都能对宗教组织发生影响。组织自觉地与周围的社会环境的一定部分或方面相互作用与影响,随后又与别的部分或方面相互作用与影响。

二是理性选择理论。20 世纪 80 年代以后,理性选择理论应用到宗教社会学。认为必须超越社会学对宗教的传统预设,采取经济理性方式对人的

① 杨静. 现代社会的宗教组织及其特征——宗教社会学关于宗教组织的研究[J]. 上海大学学报(社会科学版),2004(2):104-108.

宗教行为进行研究。理性选择理论将经济学的观点带进宗教研究，提出宗教经济的概念，认为宗教经济正如商业经济由当前的市场和潜在的顾客组成，各种宗教组织都试图进入这个市场。作为宗教产品的供给方，通过其超自然信仰的报偿，提供更加多样的信仰选择，以迎合消费者的不同需要，达到争夺"顾客"（信徒）的目的。

三是新制度派理论。在宗教社会学的研究中，新制度学派认为，必须去关注宗教组织运行于其中的制度环境。特别是与其他的非营利性的组织相比，宗教组织的制度环境处于较低的水平，这将如何影响人们的选择和行为？制度规范的缺失使得人们很容易陷入骗局，错误地选择宗教组织，对于一个运转良好的宗教组织来说，这样的错误又将带来什么样的不利后果？

四是其他组织理论。资源动员论是社会运动理论中的一个流派，强调组织自身的社会资源动员能力是组织发展的一个重要因素。这一理论常被用于分析美国新兴宗教组织兴起的组织原因，大量研究证明，新兴宗教所拥有的强大的募捐能力促进了其组织的发展壮大。组织生态学是人口生态学在组织研究中的体现，运用生态学的方法研究组织在环境选择中的生死存亡以及组织行为的变化。其主要观点就是：许多组织变迁和社会变迁的过程并非是通过适应其组织环境，而是以新的组织形式来取代旧的。这一理论在方法论上的贡献就是将统计学大量应用于宗教社会学的组织研究。

近年来，在对儒教问题的学术争鸣之中，也引出了对宗教本质的有所不同的理解，以及对宗教的类型问题的诸多不同的看法。例如，有的学者认为，宗教可以有"混合宗教"与"独立宗教"之分。儒教就属于"混合宗教"，系宗教制度与世俗制度的混合。独立的宗教教团组织、教会或教区就属于独立宗教，其教义独立于其他宗教。还有的学者则将宗教区分为"超世宗教"与"现世宗教"。佛教等就可以归类为前一种"超世宗教"的类型，儒教则可以归属于后一种"现世宗教"的类型。还有的学者认为，宗教可以具有两种不同的存在形态：一种是制度化的宗教，如世界的三大宗教；另一种是精神化的宗教，其组织形式并不具备重要性，而旨在安身立命和精神关切的终极超脱与内在超越。

显然，在宗教群体或宗教组织之中，其宗教心理行为会与宗教个人或宗教个体有着重要的不同或区别。无论是从社会心理学的视角，还是从组织心理学的视角,都是超越了个体的对整体心理的考察和探索。

第九节　宗教传播的心理学考察

　　有研究探讨了宗教传播,指出宗教传播是扩大宗教影响的必然环节,这不仅是简单的个人行为,更是一种文化的扩张与信仰的移植。① 宗教传播包括组织的重建、教义的推广、行为的效仿与体验的形成。从一定意义上说,宗教传播是一把双刃剑。这种传播既可以促进文化的交流与融合,也可以加速其他文化的遗失或毁灭。从广义上说,宗教传播包括目的明确的"传教"与目的模糊的文化"扩散"。后者多发生于移民群体之中,传教意愿不强,但在客观上可起到与传教同样或更大的效果。宗教是一种复杂的社会现象。一般认为,宗教由四个部分所组成:组织、观念、行为、体验。其中,除了"体验"无法进行传播外,其他三者均属"传教"的范畴。宗教组织是信仰的"躯干"与制度保障,对传教士来说,只要不违反根本教义,组织形式上的"变通"都是允许的。宗教观念是宗教信仰的核心内容,"弹性"弱而"刚性"强。如果传教士言传身教,方法得当,持之以恒,终会获得受众的认同。宗教行为是信仰生活的主要内容,接受某种教义,通过传教士的"示范",也容易为信众掌握与履行。在这四者之中,宗教体验是因修持而产生的主观感受,具有的是突发性、短暂性、被动性、神秘性的特点,个体性强,无法模仿与重复,所以是最难以传播的内容。但是,体验毕竟是建立在宗教理论修养与行为修持的基础之上,所以,理论的传播与修持的操守为体验的形成创造了条件。

　　有研究从"权"与"场"的方面考察了宗教传播。② 研究指出,宗教是要把一种德的声音送达到人之所至的地方,是要把信念的种子撒播到有土壤的地方,是要规劝人们友好为善,如此,传播就是宗教的基本要务了。可是,尽管各个宗教都有自己的传播任务,却共同面临宗教传播的"权"与"场"的问

---

① 戴继诚. 宗教传播刍议[J]. 大连海事大学学报(社会科学版),2009(3):94-98.
② 李大华. 论宗教传播的"权"与"场"[J]. 深圳大学学报(人文社会科学版),2011(4):18-24.

题。"权"有权柄与权力的含义,"场"也有道场和市场的殊异。

权柄本身只是一种象征,某人手执权柄,意味着他拥有行使与权柄相应的权力。当权柄与权力一致的时候,权柄便是实在的,但当两者不一致的时候,权柄就成为了纯粹的象征,即掌握权柄的人并没有与权柄一致的实际权力。宗教传播的"场"包含了两种场:一是道场,即确定的常规的宗教活动的场所,如教堂、寺庙、道观等;二是市场,即宗教活动涉及和影响的范围。

权柄、权力可以兴教,却并不必然兴教。这可以是一个兴教的"方便之门",如果有了此门,便宜行事;然而,无此方便,却不可以说教不可兴。道场、市场,乃是兴教的方向,也为宗教的土壤。

其实,宗教传播包含宗教组织、宗教机构、宗教建制的传播,也包含宗教文化、宗教规范、宗教风俗、宗教习惯的传播,包含宗教信仰、宗教信念、宗教思想、宗教理论的传播,也包含宗教心理、宗教情感、宗教行为、宗教人格的传播。这就构成了宗教传播的基本内容。因此,可以对宗教传播进行不同层面的考察和解说,其中就包括宗教传播的心理学的考察。

那么,无论是在科学的宗教心理学中,还是在宗教的宗教心理学中,关于宗教传播的探讨和解说都是非常重要的构成内容。或者说,科学的宗教心理学所考察的宗教传播是属于科学的范围,宗教的宗教心理学所解说的传播则属于文化的范围。当然,两者之间也存在着交叉。科学的宗教心理学的解说可以进入宗教的视野,宗教的宗教心理学的解说也可以进入科学的视域。

宗教传播的心理学考察涉及关于宗教传播者的心理行为的考察和研究,涉及关于宗教传播的核心内容的心理层面的考察和研究,涉及关于宗教传播的方式途径的心理通道的考察和研究,也涉及关于宗教传播的接受者的心理行为的考察和研究。

第十节　宗教养生的心理学考察

宗教通常都强调永生的存在,因此都主张通过各种宗教的法门达于永生。这体现在各种各样的宗教养生的思想、方式和技术中。

有研究探讨了儒家的养生思想及其现代价值。[①] 研究指出,儒家文化是中华民族的宝贵遗产,儒家文化及其价值观已经成为中华民族精神的重要因素,儒家关注生命、重视修养、崇尚健康的养生思想,为积极进取的人生态度打下了思想基础。随着文明的进步、社会的发展,人们对健康的概念有了新的认识,完整的健康含意不仅指身体健康,还包括与环境、社会相适应的心理健康。古人对饮食、起居、劳逸三方面的养生内容,在很早就已达成"过犹不及"的共识,这不但与现代养生科学的研究成果相一致,还形成了一种具有崇尚节制、简约的独特养生文化,在今天仍然颇具启发意义与借鉴价值。

有研究考察了儒家的养生之道。[②] 研究指出,养生就是人的生命如何保养的问题。生命包括两个方面:身与心。养身需要科学、养心需要信仰。关于身心的关系,养身主要内容是营养充足和坚持运动,养心的内容主要是知道、寡欲、行义。用物质性的生活资料满足人的身体需要,这是基础性的。用知识、道义来满足人的精神需要,这是高层次的。两者比较,精神需要更重要。对于现代社会的急功近利的思潮来说,儒家强调精神境界的修养,有极大的现实意义。

关于身心关系的问题,也包括养身与养心的关系,中国古人有很多论述。无论儒家、道家、医家以及其他各家的见解多么不同,深入研究,就会发现其中多有相通之处。这就是强调心重于身,养心重于养身。养身与养心是人生的最重要的生活内容。养心,综合各家的说法,就是信仰。儒家养心的知道、寡欲、行义是儒家的信仰。

有研究探讨了道教养生思想的基本结构。[③] 研究指出,养生思想是道教教义的重要组成部分。道教的最高信仰是道,得道的最高境界是"形神俱妙,与道合真",由此成为仙人或真人。成仙就是与道合一,因此成仙是信仰的道与现实的人之间的联结点。成仙的理想是道教教义思想的核心之一,而养生,就是成仙理论与体系中不可或缺的组成部分。仙学理论是道教教

---

① 贾龙标.儒家的养生思想及其现代价值[J].河南师范大学学报(哲学社会科学版),2005(6):76-78.
② 周桂钿.儒家养生之道:养心重于养身——儒家养生中的科学与信仰[J].甘肃社会科学,2006(1):106-109.
③ 吉宏忠.道教养生思想的基本结构[J].中国道教,2003(1):18-21.

义和基本面貌与其他宗教相区别的标志。从这一角度看，包含在仙学理论中的养生思想，是道教特质的表现。

"重人贵生"既是中国传统思想文化的重要命题，也是中国传统养生文化的基础和出发点。道教既然以长生成仙为终极追求，那就必然要对人的生命价值作出判断，回答现实生命的意义等一系列重大问题。

元气论是道教养生观的基础。道教养生的基础是元气论。元气论是中国古代哲学、医学、养生学以及其他自然科学的思想基础和理论基础。道教在养生思想上全面继承和发展了元气论，并在此基础上形成了中国古代养生学的气功、服食、房中等实践方法和理论体系。

天人合一是有关养生在处理人与自然关系时的理论原则。道教养生思想的又一显著特点是，将人的养生实践活动置于一个宏观的环境中去考察和认识。人天观是道教养生思想的又一重要观点，是以中国古代思想中的"天人合一"理论为核心。道教养生思想中的人天观，主要体现在以下两方面。第一，认为人体的内环境系统与外界的自然境系统是一致的，两者有着共同的生成、变化和兴衰的规律。第二，人体与宇宙的结构是相同的。不仅人的身体器官构造与宇宙结构相应，而且通过阴阳五行八卦等符号体系，将天人结构巧妙地组合在一个同构体系中。

修炼方术是养生的技术体系和下手思路。这是一个实际操作的技术体系，代表和反映了对养生的基本认识和态度，并成功地将其转化为养生实践。第一是清静养生的思路。第二是运动养生的思路。第三是性命双修的思路。第四是众术合修的思路。

有研究考察了道教养生理念及其现代意义。[①] 研究指出，道教作为中国本土宗教，在其两千余年的历史传承中，不仅有着尊生贵生养生的传统，而且积累了丰富的养生理念与经验，值得深入挖掘、研究与整理。道教是重视现世生命存在的宗教。在道教看来，人的生命最可贵。因此，人生最重要的任务和最重大的目标，就是努力养护自己的生命。道教对生命价值的珍视，融会于道祖老子的观生、修生、存生、保生、贵生、爱生的思想理念中：观生即明道，就是考察人对生命的认识是否与道一致；修生即修道，就是通常所

---

① 冯正伟. 道教养生理念及其现代意义[J]. 中国宗教，2009(2)：32 - 34.

说的性命双修；存生即合道，就是把生命与道融为一体；保生即养道，就是保护好已有的与道相通的生命；贵生即重道，就是珍惜来之不易的生命；爱生即崇道，就是热爱生命，与道同享。由于道教的根本精神是"尊生贵生、生道合一"，因此，在道教的教义教规和思想文化中，就蕴含和积累了十分丰富的养生理念。那么，在道教养生理念中，最根本的原则就在于"归根复命、法乎自然"。老子把"归根复命、法乎自然"作为养生的指导原则，可以说抓住了养生的根本。道教养生理念的实践方式就是见素抱朴少私寡欲。一是形神统一问题。作为生命个体，要养护生命，就要保持形体与精神、生理与心理的和谐统一。二是内气和顺问题。作为生命个体，要养护生命，就要保持内气和顺，达到如婴儿般纯真的地步。道教的养生理念，十分丰富和深刻，带给人的是一种安身立命的智慧，让人领略生命的价值在于返璞归真。

有研究考察了道家精神与养生文化。[①]　研究认为，养生文化是一个基本自成系统的哲学思想、理论模式和实践方法的文化体系。这样一种文化体系是在中国古代特定的文化土壤中才能生成。就养生文化的发展与影响，对养生研究的重视和推进，大概除了中国的医家之外，没有任何一种文化可以同道家（包括道教）相媲美。

道家对人的生命价值和身心发展充满坚定信念和主动精神。不了解这一点，便不能理解何以道家思想会同养生文化发生如此的联系，以至于今天研究养生学史或养生理论、方法、流派均离不开道家和道教。道家精神、神仙理想一旦与养生方法相结合，便使古代养生文化充满理想色彩和生命活力。这就构成中国道教有别于世界其他宗教的重人贵生、养生治身的宗教特征。中国古代养生文化之所以与道教发生密切关系，主要是由于道教"重人贵生"的精神。

佛家虽不执著于身，但视身为道本，佛家养生，注重以修行来达到灵肉的升华解脱，完成人格的清净圆满，促成生活的和谐自在，成就心灵的安详明慧，拥有人生的福乐功德。[②]　从出世法而言是"修道"，从入世法而言即"养生"。

一是慈悲喜舍，利乐众生。予人快乐曰"慈"，拔人出世曰"悲"。这是佛家精神本旨所在，也是生命价值的体现。二是守戒保任，忍辱持道。佛家基

---

① 王家祐，郝勤. 道家精神与养生文化[J]. 中国道教，1990(2)：42-45.
② 释法宏. 佛家养生法要[J]. 中国气功科学，1997(10)：16-18.

本戒律有五戒：戒杀、戒盗、戒淫、戒酒、戒妄语。五戒是道德约束，是行为规范，也是养生法门。佛法有"八正道"，依之生活，必益于养生。"八正道"即："正见"，要慧照分明、见地正确；"正业"，要从事清净身业，行为不犯戒违法；"正命"，要生活合于正道；"正精进"，要不断修行；"正思"，对于佛法、人生要有正确的认识；"正语"，要不妄言、绮语、恶口和搬弄是非；"正念"，要消除妄念；"正定"，要专心修习禅定。佛陀说"置身于正道，是为最吉祥"。三是勤修禅定，勇猛精进。佛家炼养法门以四禅八定法为宗。禅定能生福德、喜乐、智慧、相好、庄严、自在、光明、和谐、圆满。四是法乐智慧，安详自在。人生的幸福也在于能拥有法乐，智慧、安详、自在，这一切属于更深层次禅修之功果。五是超尘入世，无所执著。佛家讲"要以出世的精神做入世的事业"。心无执著，气象自大，境界自高，功业自隆。养生也需要超越精神，舍人之难舍，行人之难行，才能证人之难证，得人之难得。六是空无忘我，无相功德。佛家讲"应无所住而生其心"。空无忘我，心无其心，不住一切相，这是修行与养生的至则，有一份执著就有一份烦恼束缚。

有研究对禅修进行了心理学分析，并探讨了禅修与中医养生的关系。[①]研究指出，作为调节心绪的一种手段，作为精神心理治疗的一种传统的方法，禅修已被中医学纳入到养生康复的范畴，并进一步加以丰富充实，其基本作用可以概括为两个方面。一是清静调神，强调心灵为一切身心现象的主宰，使各种意念归于静止。通过对禅定内容、特点等的了解，进一步认识到清净调神对中医养生的影响。二是佛教的参禅实为一种佛家气功，历代医家也从中汲取了很多积极有益的内容，从而进一步丰富了中医气功养生的内涵，对中医养生学也具有一定的影响。

养生心理学已经成为一个特定的研究领域，有着特定的研究课题。可以在养生心理学的范围内去探讨宗教养生的心理学。可以说，养生是东方文化传统或中国文化历史中的心理学智慧和心理学技术。养生心理学的探讨充分彰显了东方智慧中的养生思想和学说，以及养生的方式和技术。养生心理学的探讨涉及中国本土宗教心理学思想，关系到气功养生、静心养生、中医养生等重要方面。

---

① 翟向阳，魏玉龙. 禅修的心理学分析与中医养生[J]. 中医学报，2012(8)：961－963.

第十章　宗教心理行为探讨

人的宗教活动中包含着各种不同性质和表达的宗教心理行为。或者说，在人的宗教活动中，人的心理行为会有与宗教相吻合的独特性和特定性。那么，这种关于宗教心理行为的心理学探讨，就是宗教心理学的重要的研究内容或内容构成。这涉及宗教皈依、宗教崇拜、宗教狂热、宗教修行、宗教体验、宗教冥想等一系列方面，并构成了对宗教心理的心理学探讨的核心课题。

第一节　宗教皈依的心理学研究

有研究以基督教徒为对象，考察了社会转型与宗教皈依。[①] 研究指出，压力或危机事件的触发是现阶段民众接受基督教信仰的内在动力。现阶段民众最初接触基督教信仰的状态大致可以分为两类，即家庭式入教信徒和非家庭式入教信徒。家庭式入教信徒主要是子女承袭父母的信仰或家庭成员之间的相互影响。虽然家庭的宗教背景并不必然导致个人宗教信仰的发生，但家庭特有的宗教气氛使个人在心理上不排斥宗教，尤其是遇到特殊条件和机遇时，更有可能接近宗教。较之家庭式入教的信徒，非家庭式入教信徒最初接触基督教信仰的契机多与个人生活或生命历程中的压力或危机事件相关。皈依者所经验到的压力或危机事件大致可以划分为三种类型：（1）直接的生存危机，即皈依者个人或其至亲面临着疾病的折磨或死亡的威胁。（2）生活中的压力或挫折事件，包括个人婚姻生活的危机，周围人际关系的紧张，工作或职业生涯中的重大挫

---

① 梁丽萍.社会转型与宗教皈依：以基督教徒为对象的考察[J].世界宗教研究，2006(2)：72－81.

折。(3)心灵层面的困境,包括曾经的心灵创伤、孤独寂寞的困扰乃至于无意思感、无意义感、无价值感等,希冀通过信仰得到慰藉、温暖、意义和价值。

社会网络的示范和导引是民众接受和皈依基督教信仰的中介因素。可以发现,个体皈依的重要原因是皈依者个人生活出现了危机,特别是对非家庭式入教的教徒而言,危机是他们最初接触基督教信仰的内在动力。但是,危机与皈依之间并非直接对应的关系,皈依之所以能够发生,还在于准皈依者与基督教信仰之间的"会遇"经验,而社会网络的动员、示范与导引实现了准皈依者与基督教信仰之间的"会遇"。

"神迹"或"特殊的感应"对民众皈依基督教信仰具有催化的作用。中国社会民众接触和信仰基督教的过程,在一定程度上凸显出了"被动性"的特质。当然,这里所谓的"被动性"非指信徒是被"胁迫"入教,而是指多数人接受和皈依基督教信仰的过程均受到"社会网络"的动员和导引。

教义与礼仪通过对信仰者人格的转换逐步实现其信仰的内在化。随着信仰生活的展开,基督教徒在不断建构和重构其信仰背后的意义系统,信仰本身也逐步经历了由功利价值和工具价值向信仰践行和信仰承诺的转化过程,而这一过程的实现在很大程度上还依赖于基督教教义和礼仪对信仰者心灵和人格的塑造与转换。

在社会日益开放、宗教日益多元的时代,民众宗教信仰的选择也与宗教自身的信仰模式及其对信仰者信仰需求与世俗需求的满足程度相关。第一,基督教信仰为皈依者提供了一套系统而易懂的意义体系,促进了信仰者知性与德性的成长。第二,基督教团体为信仰者提供了人际温情和彼此之间相互照顾的支援系统。宗教徒的信仰内容中包含的不仅是神秘的宗教经验,而且集结着许多世俗生活的需求和渴望,将民众的宗教信仰简单地视为落后和迷信,实质上是对民众精神世界的极大误解和鄙视。

有研究考察了中国人的宗教皈依历程。[①] 研究指出,按照宗教心理学的观点,宗教皈依可以分为突发性的皈依和渐进性的皈依。突发性的皈依通常带有强烈的情感危机状态,这类皈依者一般可以准确地说出内心出现的"精

---

① 梁丽萍.中国人的宗教皈依历程:以山西佛教徒与基督教徒为对象的考察[J].宗教学研究,2005(1):118 - 125.

神转折"和"复苏"的时间、地点。渐进性的皈依,其信仰宗教的滋生是逐渐的、平稳的,没有剧烈的情感波动,个人精神生活也没有急剧的突然的变化。但是,关于中国人宗教皈依历程的研究表明,宗教徒的宗教皈依是一个渐进、单一的过程,并且更具有内生型皈依的特征,生活的压力挫折或生命的危机状态不是促使宗教徒皈依的普遍因素,但功利的欲求、心灵的空乏以及精神世界的不满足感是潜在涌动的促使教徒皈依宗教的内在张力。在当代宗教心理学的研究中,有研究者将皈依划分为外生型的皈依和内生型的皈依。前者是指因为外在事件而促成的皈依,后者则是因为皈依者内在心理的体悟而产生的皈依。综合分析量化与质化呈现的资料,中国社会宗教徒的皈依更接近是一个内生型的皈依。不同宗教信仰的宗教徒的皈依历程具有一定的差异,而不同文化程度宗教徒的皈依历程则具有显著的差异。何以有人信佛,而有人要信主,这不仅关涉个人不同的信仰机缘,亦关涉个人不同的神学观与价值选择,特别是在社会日益宽松、价值取向多元的背景之下。佛教在中国同时具有两种品格,一方面人们将佛教视为中国文化的一部分,对其有着更大的接纳空间;另一方面,由于民俗佛教的影响将佛教视为神仙方术及迷信,某些智识人士对其抱敬而远之的态度。站在科学心理学的立场之上,可以说,宗教皈依既赋予宗教徒生活的意义,又削减他们对于生活意义的认识;宗教信仰既启发他们的天性和潜力,又削弱他们融入社会生活的能力。宗教信仰之于个人的发展是一个复杂而又难以明确地加以界定的过程。

宗教皈依显然是一个心理的过程,有着复杂的心理历程。宗教皈依也是一个心理转换的过程,有着整个心理构成和活动的重要的改变。宗教皈依还是一个心理人格或心理品格上的改变和形成的过程。这对于宗教信徒来说是如此,对于宗教心理学的研究来说同样如此。

第二节　宗教崇拜的心理学研究

有研究讨论了中国古代宗教崇拜对象及天人关系之演变。[1] 研究指出,

---

① 宇汝松.试论中国古代宗教崇拜对象及天人关系之演变[J].兰州大学学报(社会科学版),2002(6):63-67.

　　中国古代宗教的崇拜对象是在特定的自然环境和人文环境下，从原始宗教发展而来，主要是"人"对抽象的"天"进行崇拜。后来，在儒道两家的批评和改造下，其崇拜对象逐渐由"神灵之天"向"义理之天""命运之天"以及"自然之天"演变。与之相应的天人关系，也由"天人相分"到"天人相通"，直至最后发展到"天人合一"的最高精神境界。

　　宗教是在原始人类发展到具备一定的想象能力、思维能力和组织能力，对自然界不可思议的现象表现出敬畏和依赖的情感时才得以产生的。中国原始宗教也具有上述宗教的共性。其崇拜对象历经自然崇拜、鬼魂崇拜、生殖崇拜、图腾崇拜和祖先崇拜，具有自发性、全民平等性、功利性和多神性等特点。中国古代宗教是对原始宗教的扬弃，其最大的特点是逐渐演化出至上之神"天"的观念，从而揭开了中国天人之学的序幕。"天"高度凝聚着中国人既敬畏又依赖的生活体验。中国古代宗教的天神崇拜，在内部疑天论和外部无神论思潮的夹攻下，渐渐丧失了人格化的神性。"天"向更加隐蔽力量的方向上发展。随后的儒家把"天"导入"义理之天""命运之天"的发展轨道，而道家则把"天"改造为"自然之天"。两家作为中国主流文化的代表，其实都是要把主观之天演变成客观的行为准则。孟子把孔子的"义理之天"和"命运之天"大大向前推进了一步。通过对人性的深入探究，孟子将孔子外在于人的"义理之天"，完全转变成内在于人的"义理之天"。孟子通过"尽心""知性"便可"知天"，"修身""养性"便可"立命"的一系列推演，目的是说明一切责任都在人们自身当中，怨不得天，怨不得地；如果人能"尽其心"，他不仅能安身立命，而且还获得了"天人合一"的最高精神境界。

　　先秦道家代表人物老庄都是用自然的、形上的哲学本体之"道"，去说明万物产生的根源及运动变化的规律，贬低社会的、人格化的"天"。道家对自然歌颂备至，对现实的人伦日用、政治生活采取蔑视的态度，用无为的自然之"道"去代替前人所崇拜的主宰之"天"，倡导返璞归真的理想人格，从而把中国古代宗教的最高崇拜对象推进到自然之"天"的新阶段。以老庄为代表的道家已把中国古代宗教的"神灵之天"，改造为具有客观规律性的"自然之天"，"天"与"人"在"道"中合一了。

　　总之，中国古代宗教崇拜对象历经"神灵之天""义理之天""命运之天"，到"自然之天"，与之相随的"天人关系"也相应地由"天人相分"到"天人相通"进而到"天人合一"的最高端和最理想的精神境界。

有研究考察了儒学与以"天""祖"崇拜为核心的中国人宗教信仰系统的发展。[①] 研究指出，千百年来，真正在中国人的精神系统中发挥作用的宗教观念是以"天""祖"崇拜为核心的宗教信仰系统。

夏商周三代迄于今，真正在中国人（尤其是广大百姓）的精神系统中发挥核心作用的宗教观念是什么？可以说，"上天"和"祖宗"是绝大多数中国人宗教信仰的核心内容。礼乐文化最早的表现形式就是对天神、地祇、人鬼的祭祀，这是一个神祭的传统，也是上古时期中国宗教文化的重要特点。总之，在中国人的心目中有两样东西是最神圣、最重要的：一个是上天，一个是祖宗。上天不能违，祖宗不能违。

千百年来，孔子创立的儒家文化在中国社会中起到了精神支柱的作用，是中国人的精神世界尤其是思想信仰的核心内容。但是，作为宗教的儒家文化却有先天的不足和局限。儒家文化既讲人又讲神，但在本质上倡导的是一种与神道对立的人道观念和人道精神，其基本性质是人文的、世俗的和非宗教的。毋庸讳言，儒家文化中也存在较多的宗教观念，但是，这些宗教观念并没有发展成为一种真正意义上的宗教。这是因为，以孔子为代表的儒家文化对中国人宗教观念的发展具有二重性。在孔子思想中，既有对天命、鬼神祭祀的肯定，又有对人文主义和理性精神的张扬，这种"二重性"既是对殷商时期宗教传统的继承，也是对其思想的新开展。孔子秉承三代以来的思想传统，既讲天，又讲人。从孔子的整个思想体系来看，孔子最关心的是现实的人和人生，其思想的核心是"仁"，他要求君子要进德修业，追求道德自觉。

敬天和祭祖是中国人宗教信仰系统中的两个重要内容。一般说来，"天"的地位要高于"祖"。但是，由于"天"担负的责任太大，要护佑天下人，而"祖"只需护佑自己的子孙，在这种情况下，人们对"祖"的情感自然要比"天"亲近得多。因此，在历史发展过程中，"祖"在中国人宗教信仰系统中的地位越来越高，祭祖活动越来越多，相对说来，敬天活动越来越少。显然，在

① 肖雁.儒学与以"天""祖"崇拜为核心的中国人宗教信仰系统的发展[J].世界宗教研究，2010(5)：165 - 170.

一个以人文主义和理性精神为基本特征和追求的儒学思想盛行的国度里，要想使宗教得到全面和完善的发展，几乎是不可能的事情。但是，在一个敬天、祭祖思想根深蒂固的国度里，要把宗教从人的思想观念和信仰系统中驱除出去，同样也是不可能的。

应该说，宗教崇拜不仅仅是社会仪式，也不仅仅是宗教活动，而且是心理行为的内化和表达。宗教崇拜的仪式、宗教崇拜的活动、宗教崇拜的过程，实际上就是人的心理行为的指向、投向、约定、约束等的进行。

第三节　宗教狂热的心理学研究

有研究从高峰体验与人格完善，考察了马斯洛的宗教心理学。[①] 研究指出，在马斯洛看来，被称为"高峰体验"的这种神秘体验可能是瞬间产生的、压倒一切的敬畏情绪，也可能是转瞬即逝的、极度强烈的幸福感，或是欣喜若狂、如醉如痴、欢乐至极的感觉；在这短暂的时刻里，体验者沉浸在一片纯净而完善的幸福之中，摆脱了一切怀疑、恐惧、压抑、紧张和怯懦；人的自我意识消失，个人不再感到与世界有任何距离，而是与世界融为一体；他们感到自己是真正属于这一世界，而不是站在世界之外的旁观者。他们发现遮掩知识的帷幕似乎一下子拉开了，自己窥见到了终极的真理、事物的本质和世界的奥秘。马斯洛通过研究，得出结论说，这种体验虽然往往很短暂，但却是个人生命中最快乐喜悦、最心醉神迷的时刻，同时是一种"目的体验""终极体验"或"存在体验"。在这一体验中，个人的认知能力、认知特性发生了深刻的变化：摆脱了功利取向的羁绊，超越了匮乏认知的褊狭，进入到存在认知的新境界，领悟到了"存在性价值"。

高原体验比高峰体验更主动，而且总是拥有一种认知的因素，高原体验由一种持续的启发感组成，并在日常的事物中能看到不可思议的东西。尽管高原体验也许不如高峰体验那么深刻和触动人心，但却更平静，也包含一种悲伤的因素。

---

① 陈彪. 高峰体验与人格完善——论马斯洛的宗教心理学[J]. 晋阳学刊, 2007(2): 70-73.

马斯洛的高峰体验或超越体验与宗教有什么样的关系呢？他首先认为，高峰体验与宗教神秘体验是不同的，不像后者那样是僧侣、圣徒和宗教家的专利，而是任何人在任何时刻都可能经历到的；也不像宗教经验那样一劳永逸，而是一种暂时的存在。但是，高峰体验却有一种宗教式的虔诚的态度，特别是在这种体验时刻或之后，个体会产生一种感恩，进而出现礼拜、谢意、崇拜、赞扬、供奉以及其他某些类似宗教崇拜的活动，内心充满包容一切的爱。

马斯洛反对传统的、割裂的宗教，看重其中个人的宗教体验，他的高峰体验和高原体验包含宗教体验，其实是种泛化的宗教式的经验，他的超越的自我实现者其实就是具有宗教情操的人。

有研究考察了宗教狂热形态的内涵、特征、成因及对策。① 研究指出，作为特殊意识形态，宗教有其特殊的存在形态。一般来说，宗教有广义与狭义之别。广义的宗教存在形态，是从整体上考察宗教发展轨迹中的不同属性，一般有国家宗教、民族宗教与民族信仰三种；狭义的存在形态是就个体表现而言的，即某一宗教在自身发展过程中，因本质的变化而表现出不同的外部形态，狭义宗教一般分一般形态、异化形态和狂热形态。

宗教异化之后，实质上已经背离了宗教的本质，成为异端与邪说。如果再进一步发展，就会走上极端化的道路，即进入狂热形态，这就使宗教完全蜕化成为危害社会、残害生灵的邪教了。宗教狂热的表现特征有如下六个方面。一是神化教主崇拜，实行精神控制。为了能够欺世盗名，几乎所有的宗教狂热分子都极力神化自己。二是编造异端邪说，蛊惑社会人心。所有的宗教狂热异端分子，都重视异端邪说的编造与宣传。三是组织形式严密，实行残酷统治。四是违背人性道德，生活荒淫无耻。任何宗教狂热分子都是对信徒施以残酷的压迫与令人发指的专制，而自己则荒淫无耻，无恶不作。五是扰乱社会秩序，颠覆合法政权。在狂热极端化的宗教组织中，纯宗教性地危害社会、残害生灵只占其中一小部分，大多数都是政治化的宗教。他们的最终目的是想借宗教之力，夺得政权，实现政教合一的残暴统治，这就更增加其社会危害性。六是丧心病狂，惨无人道，残害生灵。

---

① 唐亚豪.宗教狂热形态的内涵、特征、成因及对策[J].广西社会科学,2005(1)：11-13.

宗教狂热形态发展与存在的原因有如下四个方面。一是欺骗信徒,自吹超凡超圣的能力。这是任何一个狂热形态宗教教主最重要的一种手段。因为他不神化自己,就不可能树立绝对的权威,只有把自己变成"神",才会有教徒顶礼膜拜,俯首听命。二是制造恐怖,散布世界末日来临的谬论。宗教的产生本身就是因为人们的恐惧心理,因而,"末世论"是宗教狂热的突出特征。三是心理暗示,不断给教徒洗心洗脑。四是封官许愿,满足信徒出人头地的欲望。封官许愿也是教主们吸引人们迷信宗教,乃至狂热的一种惯用手段。

其实,宗教狂热是人的情感活动的非常重要的形式或形态,其中包含了复杂的认知倾向、情绪倾向和行为倾向。无论是从宗教心理学的角度去理解,还是从情绪心理学、社会心理学的角度去理解,宗教狂热都属于人类信仰活动中最鲜明最极端的心理行为表达。

第四节　宗教修行的心理学研究

宗教修行是宗教徒按照宗教的教义和宗教的方式,改变自己的心理行为,塑造自己的人格品性,实现自己的人生信仰的历程。这可以有不同的方式和方法。

有研究考察和比较了儒家修养论与基督教修行论。① 研究指出,无论是儒家的修养还是基督教的修行,就其实质而言,都是完成人之所以为人、实现人应当实现的目的;儒家反省的实质是诚意、诚心,基督教忏悔的实质则是返回或投靠上帝的绝对真实性;由两者在知情欲问题上之比较,可见强调理性、感情、欲望的和谐统一是两者的精髓;由修养方式之比较,可见两者关于人格平等和人格自强的理论倾向,认为强调人格的世俗依赖性是对两者的误解。在此基础上,研究阐释了两者在道德境界上具有的一致性,认为儒学虽然不是宗教,但在对道德境界的理解上与基督教相比具有相同的理论深度。

---

① 叶蓬.儒家修养论与基督教修行论的比较研究[J].孔子研究,2001(4):15-26.

在当代西方思想界,将精神修养或道德修养视为儒家文化和基督教文化融合的重要基础的观点,是一个较为流行的见解。这种情况不仅与精神修养或道德修养在双方文化中的重要地位有关,而且与精神修养或道德修养在当代人类生活中的重要性有关。

如果以现代眼光来看儒学的修养论,可以发现是一种集形上学、认识论、心理学、伦理学、修养说、人生学的特点于一身的理论类型。在某种意义上,可以说儒家的心性论是形上的修养论,而儒家的修养论是实践的心性论。同样,从现代的眼光来看,基督教的修行学也是集德性论、心理学、宗教学、形上学多种学科的特点于一身的。

修行的词义起码包含五个方面的内容:一是学习、教学、教导的意义;二是教训、培养、训练的意义;三是学说、理论、艺术的意义;四是组织、纪律、制度的意义;五是习惯、原则、方式的意义。修行如此宽泛的词义,与其担负体现人生的总体性的努力活动的概括性范畴的地位是相称的。事实上,修行在基督教中就是一种包括各层次的总体性人生活动的个体宗教活动。就儒家的"修养"范畴而言,虽然不一定包含像修行如此之多的词义,但缺少以上五方面的任何一个要素,也无法把握其具有的完整内容。

无论是修行还是修养,作为道德活动,最基本的意义都是心灵回到自身,即反省、反思、自省、内求。自我反省是人格在心理意识上建立的标志,因为在自我反省中意识主体已经把自己作为客体或放在客体的地位上来对待,完成了人格的初步自我超越。儒家的反省和天主教的忏悔,其本质都在于抛弃虚假而追求真实的生命。反省和忏悔的精神实质都是有限的真实或善向无限的真实或善的一种依归,所以反省和忏悔的目的都在于追求生命本真、强化个体心灵。偏离此点,反省和忏悔活动只能导致心理焦虑和自我折磨,导致生命力的弱化,从而失却其真实意义。意识不到此点,不仅无法理解忏悔的罪感基础,也无法理解反省的耻感基础。

修行、修养的一个重要内容就是使心灵的理性、感情、欲望达到水乳交融的和谐统一。儒学和基督教都以理性为人之本性,但对于理性与感情、欲望的关系,儒学与基督教有各自不同的理解。在理性与感情、欲望的关系问题上,修行、修养显然有不同的形而上基础。就儒家修养论而言,理性与情欲之间不是二元对待,而是一元心性内的体用关系。就基督教的修行学而论,理性与激情(感情、欲望)是一种二元对峙,因理性属于对无限上帝的分有,而情欲属于有限的肉体生活。因此,情欲与理性的对立是必然的,情欲对理性的服从是艰难的。修行的本意就是严格的自我制约和刻苦的自我训练。

修行、修养表现在现实生活中,主要集中于学习和生活两个方面。对于儒家而言,学习是修养最基本的途径之一。这种自得于心就是体验、体认、体察、体觉、体会、体味、体证、体悟道本体的功夫,或总称为体验的功夫。通过知行合一的体验把握本体,使心明意清、神与道会,才真正是自得于心。儒学的所谓修养,不是脱离现实社会的活动。儒家强调在日常生活的现实活动中进行修养。基督教修行学与儒家修养论不同的是,儒家的修养虽然也指向超越性目的,但就其重心而言,是属于尘世的活动,而基督教修行虽然不反对履行尘世职责,但就其重心而言,是一种出世的宗教活动,重来生于今世。

因入世与出世立场之区别,儒家修养论与基督教修行学对人的主体性有不同理解。儒家相信在现世通过修养人人皆可以为尧舜,由"格物、致知、正心,诚意、修身、齐家、治国、平天下"而与天地参。基督教则笃信对上帝的皈依。基督教是一种启示宗教,启示是基督教的基石。在基督教,人对上帝的认识依赖于上帝的启示,人绝对不可能依靠自己认识上帝。修行不仅依靠个体自身的努力,而且更主要的是依赖上帝的恩宠。如果不是来自上帝的超越性力量的帮助,人无法依靠自己完成修行。

修行、修养作为人生的整体过程,自然会表现为不同的阶段。无论在基督教还是在儒家,修养都是一个从低级境界向高级境界发展的过程。儒家的天人合一,基督教的与上帝交合,两者有着相似的体悟。修行、修养的最高境界从根本上来说都是一致的,如果有区别,也仅仅是理论把握方式的区别。在这个意义上,可以说儒学的修养论境界是一种道德型的天人合一境界,而基督教的修行论境界是一种宗教型的天人合一境界。

宗教的修行既是宗教意义和宗教范围中的重要活动,同时也是心理意义和行为意义上的重要活动。在心理学的视野中,宗教的修行是心理改变、人格改变、行为改变的重要过程。在这个过程中,体现出了一系列的心理行为的特定机制。无论是在科学的宗教心理学中,还是在宗教的宗教心理学

中,宗教的修行都属于改变人的心理行为或人格品性的最基本的或最根本
的途径。

第五节　宗教体验的心理学研究

宗教体验是在宗教活动中获得的心理感悟,是对宗教教理的体证和印
证。这包括敬畏、重生、开悟、合一、超拔、沉静、感应、欢喜、通达、澄明等的
心理体验。这也是在宗教学和心理学中得到关注和探讨的重要的宗教心理
行为。

有研究论述了宗教体验及其作用。[①]　研究指出,宗教体验是人在宗教活
动中的心态或体悟,也可以说是人的宗教活动的一个过程。这里涉及的是
宗教和体验。宗教的活动有其相应的体验,如人在崇拜某种神时产生的心
态或体悟,人在从事某种具体的宗教善行时所产生的心态或体悟等。

体验就要涉及体验的对象。宗教信奉者常常是在对神的崇拜中获得不
同一般的体验的。宗教的体验并非只能是对某种具体的神或神性实体的体
验,但至少是对一种信教者所追求的超验境界的体验。在各种有宗教性质
的活动中,信奉者都可能产生某种心态或体悟,这些都属于宗教的体验。宗
教体验有种种形式,如对崇拜对象的虔诚信奉并进而产生某种特殊的情感;
为达到某种境界而进行静坐冥观并进入某种精神状态等等。

许多宗教派别的根本宗旨是要追求世界或万物的最高主宰者,希望通
过对这种主宰者的崇拜或取悦而给自己带来幸福,或至少使自己避开不幸
和痛苦。但是,有不少宗教派别的根本宗旨是要认识世界或人生的超验的
"实在"或"实相"(如"涅槃"或"解脱"境界等),希望通过宗教的体验或体悟
来消除自身的"无知"或"无明"。在这些宗教派别或思想家看来,人的痛苦
是由"无知"或"无明"造成的,是由于不能认识或体悟最高实在或实相。要
获得真正的幸福或摆脱实际的痛苦,则要依靠宗教体验,使自身与最高实在
或实相契合。这样就达到了人的终极目的,获得了世界和生活的最高真理,

---

① 　姚卫群.宗教体验及其作用[J].长春工业大学学报(社会科学版),2004(2):1-4.

也就是得到了最终的幸福。

有研究对当代中国汉民族的宗教体验进行了研究。① 研究指出,中国民众并不重视对宗教义理、文本等宗教知识的追求,而更看重烧香拜佛的实践。宗教体验是宗教生活的核心内容。宗教体验不是一种理性的体验,而是一种非理性的体验。这与其他体验不同,宗教体验的被体验对象是超自然存在物的存在。如果将体验者与神的相遇理解为宗教体验的核心的话,那么宗教体验的过程主要就是一种超越理性的情感体验过程。体现在宗教信仰上,西方人比较注重宗教意识的理性因素——宗教义理或教义,中国人则从感性直观出发,注重情感性的宗教体验。在西方,高深、缜密的宗教义理能够促发人们的信仰。在中国,人们的信仰则更多是从特定的宗教体验开始的。力量、梦境、异觉、幻象、一体、圆满是宗教体验的多种形式。中国人有着广泛的宗教体验,最常见的宗教体验是:意识到命运对自己的控制力;意识到天命的控制力;意识到祖先的控制力;梦到龙、凤、蛇、鱼等预示吉祥或厄运的动物;梦到祖先;突然产生周身温暖、冰凉等神秘感觉;听到某种神秘的声音或音乐;经历灵魂附体;经历菩萨显灵;体验特异功能;体验到天人一体、物我两忘。值得人们关注的是,这些体验往往给体验者的生活带来积极的后果,使其在身体健康、心理情绪和人际关系方面均获得改善。宗教象征物的感召常使中国人产生某种信仰感悟。宗教体验催生了人们的宗教信仰,宗教体验与宗教信仰之间存在相关。宗教体验与宗教信仰相互作用、相互影响,体验催生信仰,信仰引发体验。

有研究以内丹修炼为例,考察了道教的宗教体验。② 道教的宗教体验就是指道教中带有神秘主义色彩同时又具有独特道教个性的体验。这里将道教真正意义上的宗教体验狭义地圈定在道教炼养的范围之内。道教中最具神秘主义意味,而且其体验现象有据可证的是唐宋以后逐渐兴起的"内丹之学"。内丹清修的技术,尽管不同门派、不同典籍的陈说各有不同,但大体同源同理。内丹修炼的次第大致可以分为筑基静功、炼精化气、炼气化神、炼神还虚、炼虚合道这五个阶段。

---

① 吴俊.体验与信仰——当代中国汉民族宗教体验研究[J].海南大学学报人文社会科学版,2009(3):277-282.
② 魏小巍.道教的宗教体验——以内丹修炼为例[J].现代哲学,2007(5):84-90.

内丹修习的技术、阶段和体验浑然一体，难以截然区分。入门的技术在不同的派别之间，针对修习者的不同个性会有所不同，从大的原则上可以是"洗心涤虑""虚心为基"，具体入手功夫有"静坐""调息""凝神""听息""导引""存思"，或者几种方式的某种组合，比如"心息相依"。但修习者的体验具有共通之处，这些体验同时也是达到某一修行次第的标志。

"内在的光亮"。内丹修炼最初的内在体验往往是浑沌中的"灵光一闪"。"光"在内丹修习中并不是一种"方法"，而是一种"证验"。即并不是因为将意念集中在冥想出来的"光"上，人便从纠缠中解脱了出来；正相反，是因为人已经进入了虚静的状态，才能见到"光"。

"内在的呼吸"。如果说对于光亮的体验，其主要技术在于"观"，而对于气息的体验，其秘诀则在于"听"。内丹修习的一种入门方法就是将心放下，"以听气息之往来"，"若听其气息似有似无，则凡息将停，胎息将现，而本心亦可得而见矣"。胎息是丹道"贵逆不贵顺"最突出的表现之一，修习者从"凡息"进入"胎息"便首先从呼吸上实践了生命过程的逆转，因为胎息本是胎儿在母体中的呼吸方式。同时，这种"内在的呼吸"的形成，也意味着人在一定程度上已经进入初始的浑沌状态，即实现"祖气"的发动，伴随着种种生理状态的变化，胎息是个体与虚无自然连通的最初验证。

"金丹的形成"。金丹是内丹修炼的阶段性成果。因其传说中的功效过于神妙，一直被视为道教独具特色的宗教神话。待内丹修炼到"金丹"形成，此后所有体验将成为道教的专利。从现代科学的视角看，"金丹"是不可理解的。有人认为"丹"就是自己的本来真性，因而是一种精神性的存在；有人认为"丹"是能量团，是以能量的方式存在的物质；也有人认为"丹"也是一种光，或一种气，或是光或气的凝聚。

内丹修炼获得的宗教体验基本不是"冥想"的结果。从体验本身来看，修习者见到"光亮"，却不是用眼睛看到；"胎息"发动，却不是口鼻的呼吸。对于身中的各种内景，既不是"看到"，也不是"听到"，不能说是"感觉到"，甚至也不能说是"直觉到"，而只能说是"体验到"。这种"体验"将对修习者的心性和身体同时发生影响，而且这两个方面的影响彼此结合，难以区分。但无论如何，这种影响都不是"情感的"，也不是"心理的"。这种体验从理论上说所具有的可实证性，使其有别于通常宗教学和神秘主义所说的"宗教体验"及"神秘体验"。这些体验一般不再具有个性化特征,而是所"证"到的人都会体验到的共性的或普遍的存在。

宗教体验是人的心理体验、情绪体验、行为体验和社会体验的重要构成部分。在心理体验的层面上,宗教体验是在特定生活领域和特定心理空间的特定的心理感受、心理呈现和心理觉悟。

第六节　宗教冥想的心理学研究

宗教冥想是宗教活动重要的构成部分,其中体现了宗教的理论、方法和技术的基本内容。西方宗教中的冥想与东方宗教中的冥想有非常重要的差别。把宗教冥想纳入心理学的考察范围,对于理解人的宗教心理、探索人的精神活动、解说人的心理成长,具有非常重要意义。

徐朝旭对禅宗心法及其与西方冥想观的异同进行了论述。[1] 研究指出,冥想的方法五花八门。有的是把注意力集中在某一客体上面,排除所有其他的思虑、感受、声音;有的是诵念咒语或播放音乐;有的是想象一些觉得轻松、愉快的景物或事情;有的是通过调整呼吸来进行冥想;有的是让思想顺其自然地进行,只须做意识的旁观者,既不要随波逐流,也不要干扰或中断思绪。这些方法有一个共同的特点,就是自觉地引导人的心理活动,让思维或感觉专注于某一方面,最终达到心理上的宁静。

有研究对基于心理学视域的冥想研究进行了考察。[2] 研究指出,冥想起源于五千年前的东方宗教和文化传统。随着历史的演变,冥想逐渐跨越了最初的宗教和文化的鸿沟,目前已经成为心理学研究的一个重要主题。心理学研究冥想始于 20 世纪 60 年代,这在某种程度上可以说是人本主义心理学兴起后的一个产物。

冥想不仅强调身体方面的放松,而且强调心理方面的放松,因此是一种综合性的身体、心理和行为训练。冥想有一些特定的练习技术和阶段,需要

①　徐朝旭. 论禅宗心法及其与西方冥想观的异同[J]. 厦门大学学报(哲社版),1996(3)：56 - 60.
②　任俊,等. 基于心理学视域的冥想研究[J]. 心理科学进展,2010(5)：857 - 864.

个体注意等多方面认知功能的参与,在此过程中还会产生微妙的心理体验变化。同时,尽管冥想的训练方式多种多样,但其最终目的都在于提升个体自身的生活意义。

当前国际上宗教学和心理学研究中普遍认同的是根据注意的朝向,将冥想分为沉浸(mindfulness)和专注(concentrative)两大类。沉浸强调开放和接纳,要求冥想时以一种知晓、接受、不作任何判断的立场,来体验自己在此过程中出现的一切想法和感受。专注则强调注意的集中,要求冥想过程中尽力将注意力放在感受呼吸、重复词语(咒语)、想象图像等心智或感知活动上,而摈弃任何想法和感觉干扰。事实上,各种冥想方式都是处于这两极之间连续体的某个位置上,更靠近前者就属于沉浸冥想,而更靠近后者就属于专注冥想。

关于冥想的研究已经有了很多,但概括起来看,就其研究领域而言主要可以分为两个方面。一个方面是关于冥想的神经机制的研究,另一个方面是关于冥想的心理功能的研究。

20世纪60年代,起源于东方宗教文化的冥想开始作为一个合理且重要的科学研究主题,进入了心理学的研究领域。根据注意朝向的不同,国际上普遍将冥想分为正念式(mindfulness/open monitoring)和聚焦式(concentrative/focused attention)两大类。正念式冥想强调开放和接纳,要求冥想时以一种知晓、接受、不作任何判断的立场,来体验自己在此过程中出现的一切想法和感受。聚焦式冥想则强调注意的集中,要求冥想过程中尽力将注意力放在感受呼吸、重复词语(咒语)、想象图像等心智或感知活动上,而摈弃其余想法和感觉干扰。

研究表明,冥想会使人的情绪认知变得更倾向于平和,即以一种更中性或中庸的认知方式,来看待原本具有一定积极或消极属性的对象。冥想使得被试的消极情绪认知发生了变化,其原本感知消极的东西变得不那么消极了。这说明冥想确实能影响被试的心理过程,可以使被试得到更大的放松和平静。研究者认为,受此平静状态影响,个体关于外界情绪刺激对自身影响的估量和评价都更客观和超脱。①

---

① 任俊,等. 冥想使人变得平和——人们对正、负性情绪图片的情绪反应可因冥想训练而降低[J]. 心理学报,2012(10):1339-1348.

宗教活动中的冥想可以有两种不同的考察和探索，也就是宗教的宗教心理学的考察和探索，以及科学的宗教心理学的考察和探索。这带来的可以是两种不同的理解和解说。那么，呈现在不同背景中的冥想，就成为两种不同的心理存在和心理结果。甚至宗教引导的冥想与科学引导的冥想能够达成的结果，无论是目的、指向、应用、途径和方式等等，都会有着差异和不同。

第七节　宗教灵性的心理学研究

灵性是人类的心灵具有的超越世俗生活和追求终极价值的本性和能力。宗教灵性是以宗教的方式去解说、激活和实现人的灵性。在西方文化和中国文化中，灵性都成为重要的关注内容，宗教灵性都成为重要的心理资源。

有研究考察了基督教的灵修与道教的性命双修。[①] 灵修生活在基督教的信仰中一直占有很重要的地位。如果说老一代基督教神学家还以神学教义为主的话，新一代的神学家中已经涌现出许多把基督教的灵修生活视为基督教生活中不可回避的重要部分。基督教关于内炼的思想一般就统称为"灵修"，一个"灵"字，切中了基督教内炼思想的要害，说明基督教所谓修炼主要是对灵性生命的修习，区别于道教内丹修炼主要在一个"气"上。"灵修"本身的意思实质上就指身心修养的过程，从以上的释义可以看出，"灵修"一词泛指各种宗教和法门身心修养的过程，"基督徒灵修"一词的释义也明确指出是包含身、心两方面的修养过程。在基督教灵修的阶段，最普遍而有代表性的就是所谓的"灵修三步"，即炼路、明路、合路。炼路在于炼净，在于除去罪过，克制偏情，攻打世俗和魔鬼，以免继续犯罪。明路在于修德行善，效法基督，利用耶稣及其教会恩赐的种种方法来圣化自己，接近天主。合路指人与天主的结合，即人与天主的亲密交往。三个阶段中的第一阶段

---

① 傅凤英. 灵修和性命双修——试比较基督宗教与道教内丹的内炼思想[J]. 宗教学研究，2008(2)：11 - 16.

是灵修生活的开始,通过自我内心省察和克制私欲偏情来求得内心的安宁;第二阶段是进一步净化的过程,重在默想基督的明白道理,效法基督,达于忘我、无我的境地;第三阶段是趋于更完美的境界,也就是人类与上帝融为一体。由上述"灵修三步"可以看出,三个阶段的修行主要是净化心灵的过程,偏重于心性的涤炼。

　　道教内丹内炼的实质,同样也是净化人的身心,但跟基督教的灵修有所不同。道教内丹明确将"净化身心"的内炼功夫分为性功和命功两个方面。在修性的层次上,道教内丹融合儒佛两家关于心性修养的理论,形成三教合一的心性修养论,特别是吸收佛教禅宗的精华,形成自己独特的以"致虚守静"为核心的心性修养理论。在性功上,道教内丹跟基督教灵修的过程很类似,都主张修心炼性,涤除心灵的瑕疵。道教内丹在修性的层面上,跟基督教倾向于指向道德行为的方式相比,更倾向于接近心理学的领域。道教内丹在重视心性修养的同时,力倡性命双修,反对独修一物,坚持性命并重。道教内丹以精、气、神三宝为基本药物,经过炼精化气、炼气化神、炼神还虚、炼虚合道等一系列功夫,使得形、气、神、道之间互相转化、步步超越,打通了形神障碍使其互融,达到形神兼顾、形神俱妙的境地,实现性功和命功的统一。

　　灵修与性命双修的主要区别就在于:基督教是以上帝为中心的被动修炼;道教内丹是以人为中心的主动修炼。基督教是人通过被动的修炼而跟上帝接近,其修养外在、无为,主要通过弥撒、默想、念经、祈祷甚至拜骷髅等外在形式,通过忏悔等求助于上帝,凭借上帝的恩宠和光顾,每个信徒从生命深处产生一种朝向基督完美人性的动力,如尊崇、敬拜、热爱、顺从、侍奉、取悦上帝的冲动,他们不再是为自己活着,而是为赐予他们新生命的救世主而活。道教内丹则是以人为主导,是以人的主动性修炼为前提。道教内丹追求与道合真,由后天返先天,也就是返本归根,从个体生命返回到生命的本源中去。在道教内丹那里,开发人的先天本性必须从自身出发,本性来源于道,修炼的目标就是回复本来真性,就是通过人自身的努力,通过性与命的修炼,逐步认识自我,开发自我,完善自我,生命高度开放,心灵彻底自由,达到道的境界。基督教是重性功轻命功;道教内丹是性功命功并重。道教内丹跟基督教灵修的最大区别在修命的层次上,相比较,基督教几乎不谈命的修炼,其灵修步骤主要偏重于理性。道教内丹非常重视命功,重视性命并重的双修,跟基督教相比有很大的主动性。

有研究考察了中国哲学中的"灵性主义"传统。① 研究指出,中国哲学不同于西方哲学的精神方向与智慧形态,就是"灵性主义"传统,这区别于西方哲学的"理性主义"传统,同时也与各种形式的"神秘主义"划清了界限。中国哲学传统之中具有一种独特的智慧,这种智慧的根本特征在于其不能被"工具合理性"所化约,没有科学知识那样的确定性和实证性,同时也不通过概念分析和逻辑推理的方式予以表达,因而与以"理性主义"为主流的西方哲学传统存在着巨大的差异。鉴于中国文化传统的这种智慧在形式上所表现出的上述特征,中西学界不少学者将其归结为"神秘主义"。但是,中国哲学传统中所体现出的这种智慧形态具有更丰富的思想内涵,"神秘主义"的名称并不能准确地把握这种智慧的实质,并且容易导致误解。简言之,两者之间的基本区别在于:"神秘主义"诉诸不可言说、不可传达的神秘体验,根本上是一种"非理性主义";中国哲学的这种传统不是"非理性的",而是"超理性的"。这种智慧逸出于概念语言的范围之外,无法通过认知理性思辨得以客观化,而只能诉诸一种直觉体悟,因而具有强烈的实践性格和价值色彩。同时,这种智慧又包含了一种特殊的"理性"于其中,是可言说、可理解、可传达的,其所描画的境界可以通过践履功夫而真实地达到。因此,可以将这种智慧称为"灵性主义"。这种"灵性传统"一方面揭示出理性主义的限制,展现出更高的价值层级和生命境界;另一方面对非理性主义和神秘主义予以拒斥,力图将超越之境落实为具体真实的生活实践。

中国"灵性主义"哲学传统之下的形而上学体现为"境界论"的特征。中国哲学中的"境界"不仅是主观意义上的"心境"或"观法",还是实践意义上的人格层级,具有客观性和现实性。就儒释道三家义理而言,"圣人""真人"或"慧人"的境界都是一种真实的精神层级,这种层级的达到建立在具体切实的修养功夫之上。因此,"圣人之境"不仅是成圣之人"所看"的境界,而且是成圣之人"所在""所做""所成"的境界,成就境界的关键一方面依赖于"觉

① 卢兴,等. 从牟宗三哲学看中国哲学的"灵性主义"传统[J]. 哲学动态,2010(7):49-55.

解"，另一方面依赖于"修行"。

有研究分析了灵性生活对个体基督徒的意义。① 研究指出，同一切宗教信仰一样，基督教信仰也不仅是一种观念性的东西，而且是一种被实践着的体系。基督教灵性生活表达的就是基督教信徒同所信仰的上帝之间的深刻关系及其状态。基督教的"灵性"不仅包括人的精神，而且也包括人的思想、意志、想象、情感与身体。基督教把阅读与学习圣经这一上帝的话语看作是灵性生活的首要功课。当然，基督教用于灵性培育的圣经学习，不是指客观的理性批判，而是指以祈祷的、信仰的心态去从中聆听上帝之道。这就涉及在基督教灵性生活中具有同等重要性的另一个灵性培育要素即祷告。祷告通常被理解成是信徒与上帝的交流与沟通，或者是对上帝的诉说以及让上帝对自己言说。基督教认为祷告是信仰的灵魂，缺乏祷告的信仰很快就会蜕变成无生气的信仰。祷告在基督教信仰与实践中一直具有十分重要的意义，是同基督徒灵性成长密切相关的宗教实践内容。从形式上讲，基督教中的祷告主要有三种常见类型。一是个体信徒的私人祷告，二是由信徒集体所做的公共祷告，三是由信徒专门为祈祷而举行的各类祈祷会。从内容上讲，祷告主要涉及崇拜、感恩、告解与恳求四个方面的内容。在基督教看来，灵性培育与成长必不可少的要素是为福音真理所做的见证。

依据《圣经》的教诲，基督教的灵性生活呈现出三个基本特征。首先，灵性生活是彻底的神灵中心论。基督对于基督教来说不是有些自由派神学所宣扬的那样只是由教会所保持的有关很久以前的一个好人的潜在记忆，而是他们生命中活生生的救主和朋友。依赖于圣灵，他们实现了面向上帝的灵性皈依。其次，灵性生活是彻底的神灵三一论。真正深刻的基督教灵性生活必定是对完全的三一论信奉与崇拜的生活，这是对圣父、圣子与圣灵在救人脱离罪恶，恢复被毁坏的人性，引导人们通向最终的荣耀，这一系列救赎行为中所发挥的不同作用的全面认信和接纳。最后，灵性生活还是彻底的双重世界论。基督教灵性坚持的双重世界论不是指对现有世界缺乏兴趣，而是指将现在的生活看作是通往神为人们所预备的世界与荣耀的预备与旅程，人们将依据此世面对上帝的态度与决定，来使自己承担彼世救赎与

---

① 董江阳.试析灵性生活对个体基督徒的意义[J].宗教学研究，2003(4)：71-78.

沉沦的后果。

有研究对将灵性融入心理治疗进行了综述。[①] 研究指出，近年来在美国，"将灵性融入心理治疗"成为心理治疗行业发展变化的趋势之一。"灵性"的大意是指一个人的超越性追求，即与自身以外的更大力量（上帝、自然等）的联系，或者也可以理解为信仰、价值体系以及相关的体验。传统宗教是灵性追求的一个重要方面。传统宗教是人类古老智慧的结晶，包含着许多有价值的理念、方法和技术。因此，借鉴传统宗教的方法，使心理治疗变得更有效，是心理治疗与灵性整合的趋势的一个侧面。

显然，尽管灵性的存在、灵性的生活、灵性的探讨很难为科学心理学或实证心理学所接受，但是，在宗教的思想中，在宗教的活动中，在宗教的生活中，有关灵性的概念、理论和方法，却依然有着独特的生命活力。这可以成为非常重要的心理学的资源，也就是宗教的资源、思想的资源、学术的资源。在资源的基础之上，才有可能去激活灵性的真正的活力。当然，宗教对灵性的关注，宗教学对灵性的涉及，心理学对灵性的探讨，这有着非常重要的差异或差别。但是，这种不同并不必然导致彼此的对立和隔绝。反而，在关于灵性的整合的探讨之中，也完全能够寻找到共同的内容、共同的方式和共同的运用。

第八节　宗教解脱的心理学研究

宗教解脱是指通过宗教信仰，将人从困境和沉沦中解救和释放出来。基督教强调解脱罪恶和解脱苦难，佛教强调解脱束缚和解脱苦海。解脱可以使心灵获得自由、智慧、安祥和澄明。

有体证者对解脱者的境界进行了论说。[②] 按照所表达的，所谓解脱，是学佛所仰求到达的，是最高理想的实现。解脱是针对系缚而说的。古人称之为"解粘释缚"，即除去系缚，便得自由。人（一切众生）生活在环境里，被

① 潘朝东.将灵性融入心理治疗(综述)[J].中国心理卫生杂志,2006(8)：538-541.
② 印顺.解脱者之境界[J].法音,1997(2)：5-9.

自然、社会、身心拘缚，什么都不得自由。不自由，就充满了缺陷与忧苦、悔恨与懊恼。学佛是要从这些拘缚障碍中透脱出来，获得无拘无滞的大自在。

使人们不得自在的系缚力，使人们生死轮回而头出头没的最根本的系缚力，是对于（自然、社会、身心）环境的染著——爱。学佛的，要得解脱与自由，便是要不为环境所转动，而转得一切。这就在于消除内心的染爱、执著，体现得自在的境地。心是这样的为境所转，自己作不得主。求解脱，是要解脱这样的染著。

佛法说有两种解脱：一、心解脱；二、慧解脱。这虽是可以相通的，但也有不同。依无明为本的认识错误，起染爱为主的贪嗔等烦恼，忧愁等苦痛。如能以智慧勘破无明妄执，便能染著不起，而无忧无怖。离无明，名为慧解脱，是理智的。离爱，名心（定）解脱，是情意的。这两方面都得到离系解脱，才是真解脱。

佛法的解脱，廓清无明的迷谬和染爱的恋著，所以必须定慧齐修。系缚人们的烦恼，必须用智慧去勘破，而不能专凭定力。佛法重智慧而不重禅定，理由就在此。所以定慧均修，得"俱解脱"，才契合解脱的理想。

要破除执障而实现解脱，在修持的过程上，略可分为三阶。一、于千差万别的事相，先求通达（外而世界，内而身心）一切法的绝对真如——法法本性空，法法常寂灭。二、虽然要悟入空性无差别（或称法界无差别），而不能偏此空寂，偏了就被呵为"偏真"，"沉空滞寂"，"堕无为坑"。原来，理不碍事，真不坏俗，世界依旧是世界，人类还是人类。对于自然、社会、身心，虽于理不迷，而事上还须要陶冶。这要以体悟的境地，从真出俗，不忘不失，在苦乐、得失、毁誉以及病死的境界中去陶炼。三、功行纯熟，达到动静一如，事理无碍。醒时、睡时、入定、出定，都无分别，这才是入世法与出世法的互融无碍，才能于一切境中得大自在。

解脱是从体悟真性而来。体悟是要离妄执，离一切分别。语言，文字，思想，都不是事物本身，所以要真实体悟一切法本性，非远离这些相——离心缘相、离语言相、离文字相不可。圣者的正觉，称为智慧，并非世俗的知识或与意志、感情对立的知识，而是在一味浑融中，知情意净化的统一。浑融得不可说此，不可说彼，而是离去染垢（无漏）的大觉。

证得诸法真性的境地，是不可以形容的，如从方便去说，那可用三事来表达。一、光明：那是明明白白的体验，没有一丝的恍惚与暗昧。不但是自觉自证，心光焕发，而且有浑融于大光明的直觉。二、空灵：那是直觉得于一切无所碍，没有一毫可粘滞的。经中比喻为：如手的扪摸虚空，如莲花的不著尘垢。三、喜乐：由于烦恼的滥担子，通身放下，获得从来未有的轻安、法乐。这不是一般的喜乐，是离喜离乐，于平等舍中涌出的妙乐。这三者，是彻悟真性所必具的。

得解脱者的心境与一般人是不同的。一是不忧不悔：圣者是没有忧虑的，圣者又是不悔的。二是不疑不惑：证解脱的，由于真性的真知灼见，从内心流露出绝对的自信，无疑无惑。三是不忘不失：体现了解脱的（在过程中可能有忘失），于所悟的不会忘失，如不会忘记自己一样。在日常的生活方面，解脱了的声闻圣者，偏重禅味，而漠视外界。他们的生活态度是自足的，"少事少业少希望住"，对于人事，不大关心。简朴，恬澹，有点近于孤独。

有研究对中国古代哲学中的"超越解脱"意识进行了考察。① 研究指出，把中国古代哲学中的"超越解脱"意识作为中国传统文化哲学的潜在层次进行研究，通过对儒家、道家、道教、佛禅各派所包含的"超越解脱"意识的剖析，说明中国古代哲学具有同一的生命归趋倾向，亦即中国古代哲学追求的人生最高境界是放弃对生命的社会价值的追求，将自我消融到自然世界之中，求得生命本身的愉悦适意和"在此"的永恒性。这与我国古代以看重生命的实在性为轴心的文化氛围分不开。

中国古代的儒家学派是主入世的，但在儒家哲学中也包含着"超越解脱"意识。表面看去儒家强调事物，实际上儒家往往不能执著于实在的事物而终其生命。他们的"保全性命""身心愉快"的事物前提和将个体人格凝聚在"为道德而道德"的形而上学的价值追求中，都已超越了实在的事物层次。至于通过体悟而将生命化入审美的人生境界之中，那便无异于道家的"道"和佛家的"解脱"了。

道家哲学的本质是出世精神。道家哲学的生命意向无疑具备着一种内在的超越性。老子从"大道废""有仁义"的观点出发，提出"绝仁弃义""见素

① 高杰.中国古代哲学中的"超越解脱"意识[J].青海师范大学学报（社会科学版），1993（1）：28－32.

抱朴""体道无为"的价值标准,显示了老子哲学对传统人格理想和生命观念道统的超越性意向。庄子无疑是肯定老子的"道"的超道德价值存在的,但庄子不像老子那样在设定一种政治目标的前提下来论证"道"的无限性、绝对性和永恒性、而主要论证的是得道之人——至人、神人、圣人——在精神上的无限性、绝对性和永恒性,并将此作为个体生命的终极目标来追求。道家的"超越解脱"意识更集中地体现在庄子身上。

道教与道家同源,但道家只是一个学术派别,而道教则是一种宗教。世界上任何一种宗教都是以超越世俗价值为其存在形态的,道教当不例外。尽管道教也有自然恬淡、少私寡欲的生活情趣和清静虚明、无思无虑的心理境界,与世俗社会价值形成直接的对照,但作为一种宗教更主要的特点在于贵生与希求长生的追求。

佛教认尘世为苦海,来世为福乐万全的真如净地,进入真如净地就是"成佛"。这也是佛教的最终目的。禅宗兴起后则认为"一切众生悉有佛性",既有佛性,众生皆可成佛。不仅如此,禅宗在其发展过程中,逐步废除了必经长期修炼,才能成佛的途径,开通了"渐悟"成佛和"顿悟"成佛之途。"顿悟说"认为佛理的整体不可分,故悟也不应有阶段之分。"渐悟说"则认为登峰造极必起自平地,故悟不能无阶渐之别。但是,顿悟和渐悟最后都趋于豁然开朗的大彻大悟。如果说悟的过程是排除尘世纷扰,超脱自我杂念的过程,那么,进入真如净地的大彻大悟,就是最后的解脱。

有研究对佛教与基督教解脱论的基本范式进行了比较。[①] 研究指出,解脱论是宗教教义的核心。佛教和基督教在解脱论之间存在以下四方面的主要区别:一是两种不同的信仰与解脱的范式(简称"信解范式"),即佛教的"人→神→人"范式与基督教的"神→人→神"范式;二是两种信解范式不同的理论基础,即"佛性论"与"《圣经》解释学";三是两种信解范式不同的出发点,即"性非善非恶论"与"原罪论";四是对两种信解范式发展影响最大的两种不同的哲学思想,即"中道涅槃观"与"过程神学"。

有研究考察和对比了中国本土宗教中的道家与禅宗的解脱论。[②] 研究

---

① 余日昌.佛教基督教解脱论基本范式比较[J].青海社会科学,2001(3):90-93.
② 李霞.道家与禅宗的解脱论[J].学术界,1996(3):17-21.

探讨了道禅解脱论的共同性与道禅解脱论的相异性。

首先是道禅解脱论的共同性。道禅解脱论的共同性主要表现在两者对解脱的意蕴、途径及境界的理解较为一致。其一,解脱之意蕴:自然无待与自在无累。"无待"意即主体摆脱对一切条件的依赖而获得的人格独立和人性自由状态,是道家对解脱之终极意蕴的理解。这在老子那里表现为主体对现实环境的独立和对自然人性的护持。老子这一自然解脱说被庄子发展为无待解脱说。"无待"在现实人生中的贯彻便是"遗物离人而立于独","遗物"是摆脱物质条件的约束,"离人"是脱离社会人群即现实环境的缚系,"立于独"则是超脱了物质条件与现实环境之后而获得的无所依待、无所束系的人格独立与人性自由状态,这一状态庄子称为"独与天地精神往来"。道家自然无待解脱说中的这一解脱意蕴在禅家的自在无累解脱说中得到了再现。慧能将解脱理解为消除一切内外束缚即是"三无":无念、无相、无住。无念侧重于消除内念之累,无相侧重于超脱外相之累,无住则是着重超脱由世欲纠葛而引起的情感之累。慧能认为达此"三无","若识本心,即本解脱",也可称为"自在解脱"。其二,解脱之途径:超越分别。被道禅共同理解为人性自然、个性自由与人格独立的解脱在现实中如何实现,这是其解脱论能否成立的关键。在此问题上,道禅又不约而同地走上了同一路径:超越分别。首先是超越物物之分与物我之别。其次是超越善恶之分与是非之别。再次是超越生死之分与苦乐之别。其三,解脱之境界:逍遥自由。当主体超越了一切外在分别与内在情念,实现了无外缚与无内累的无待无累之解脱后所达到的境界,道禅均认为这是一种绝对自由的境界。道家名之"逍遥",禅宗谓之自由。

其次是道禅解脱论的相异性。道禅解脱论的相异性主要表现为以下两点:其一,超越现实生活的解脱与寓于现实生活之中的解脱。道家设想的逍遥之解脱境界,人们事实上无法达到。庄子设置了"真人"境,此境界有六大特点:一是忘怀于物,二是淡泊无欲,三是超凡脱俗,四是体魄超人,五是不计生死,六是与"道"相合。这一境界显然不是在现实生活中所能实现得了的。禅宗更加重视现实生活。解脱获得自由也就意味着悟道成佛,这既不能通过某些普遍坐禅来达到,也不能通过舍弃现实生活、苦行坐禅来达到,而只能通过主体自身对现实人生的亲身感受、领悟、体验,来洞见人生之究竟;而对人生的领悟,对生活的体验,当然必须在真实的生活中,在日常的活动和普通的行为中进行。其二,背离政治伦常的解脱与协同政治伦常的解脱。道家的解脱要求超越现实政治伦常。道家把现实政治伦常看成是残害人之本性,束缚人之自由的枷锁,为了解脱与自由,他们主张摆脱这些枷锁,做一个傲世独行的逍遥者。禅宗却不同,不仅没有脱离现实政治伦常,还主张将个体修养与现实伦常统一起来,将个体解脱与现实政治协同起来。

解脱所带来的是自由,心灵的解脱所带来的就是心灵的自由。宗教的解脱具有的是宗教含义的自由。问题就在于,宗教的解脱显然具有心理学的含义和价值。这给心理学提供的就是关于心理的一种独特的理解,关于心理生活的一种独特的引导。心灵的解脱有着一系列的内在的过程或实际的步骤。这给心理学所提供的就是关于心理改变或意识转换的一种基本的方式,关于心理改变或意识转换的工具和技术。

第九节　宗教悲悯的心理学研究

悲悯是指对人间和人生苦难的感怀和同情。宗教悲悯是宗教倡导的慈悲和怜爱,这导出的是对人生和人心的拯救和救赎。基督教的博爱就包含了怜悯,佛教的慈悲则强调了离苦。

有研究论述了基督教和佛教中的悲悯意识。[①] 研究指出,宗教之所以为人接受,在于宗教的悲悯品格。悲悯产生的原因在于:个体有一种无可释怀的追求与那宇宙终极实在合一的宗教性形而上学冲动,在这种追求的过程中,会深切地感受到人的有限性与无限性之间的冲突,由之而体会到人类生存的普遍性苦难与悲剧性命运,故悲悯其实是对整个人类之无法排遣的悲剧性命运的悲悯。悲悯根植于人的形而上学本性中,属于人的"共通感",人通过悲悯而体悟到他的群体性。宗教信仰赋予悲悯以实践的品格,即救赎之爱意味着宽恕与牺牲。

---

① 胡伟希.论悲悯与共通感——兼论基督教和佛教中的悲悯意识[J].华东师范大学学报(哲学社会科学版),2012(4):49-58.

　　无论是基督教的教义也好,佛教的教理也好,其间总充满着对人世之不幸与苦难的刻画与描写。换言之,宗教信念对世界的意识是悲苦的意识。这种悲苦源自于对那无限的和完满的世界之向往,即认为存在有一个无限且完满的世界,而个体要追求这无限且完满的世界却不可达,故有悲苦。悲苦意识是个体在确立了有一个完美世界或最高终极实在之信仰后才出现的。

　　爱有喜爱、关爱、普爱、博爱。喜爱总是指向美好的事物,是因为该事物有值得喜爱的正面价值才会发生。关爱有许多种,最常见的有亲情之爱,友谊之爱,恋人之爱,等等。这些爱不同于通常喜爱的地方在于:对一个人的爱,并非一定因为他身上有某些优点而起,而乃因为这个人与我有某种关系而起。所谓普爱或博爱,就爱一个人来说,既非这个人身上有我喜爱的优点或价值,也并非与我存在某种关系,我之所以爱这个人,仅仅就因为他是一个人。所谓他是一个人,即意味着他与我是"同类"。宗教信仰中,像基督教与佛教所提倡的爱,就是这样的普爱或博爱。

　　人无法与无限的宇宙终极实在合一,却渴望并且追求这种合一,故人生有悲苦。宗教信仰的普爱即来源于人有普遍的悲苦意识这一事实。此中的精神学发生机制在于:当人在追求与宇宙终极实在合一的过程中出现悲苦意识时,这种悲苦会触发他产生"普世意识"。所谓普世意识,即他会意识到这种悲苦不仅是他个人的悲苦,而且是属于整个人类的苦难。从而,他会对整个人类的苦难有一种"感同身受"的切肤之痛和同情,由此而对整体人类之苦难与悲剧命运产生悲悯。可见,追求宗教性形而上学的冲动本身就会触发人的对于人类苦难的深切同情与悲悯。故对于宗教信仰来说,爱就是悲悯,爱人就是对遭受苦难的同胞或同类的悲悯,或者是对陷溺于悲剧性命运中无法自拔的整个人类的悲悯。

　　悲悯是对人的缺陷或罪恶的悲悯,是对整个人类苦难的悲悯,是对人类的精神性苦难的怜悯。人类遭遇的苦难从根本上说就是精神性的不完美所导致的。人类的精神性苦难不仅无法从根本上消除,而且人类会永远纠结于此种精神性苦难中而无法自拔。悲悯内在于人的存在结构,反映了人的精神本性。假如说苦难是人类永远无法摆脱的命运的话,那么,任何个体在面对或正视人类的这种悲剧性命运时,都会产生悲悯。

共通感除了是每个人都会有的共同心理感觉之外，更重要的特征是"可共感性"，即人们能通过这种可以普遍感受的心理而彼此相互感应，从而成为一种从精神意义上得以维系的共同体。共通感起着将不同个体从精神上加以联系和沟通的作用，不同的个体通过共通感而相互得以认同，即知道彼此属于同类。人为什么会产生这种叫做"悲悯"的共通感？这是因为悲悯作为人类的一种共通心理现象，存在于人的精神本性之中。真正的爱乃是由人类的这种天生具有的怜悯之心产生出来的。

由于世界（包括人类）从本性上或终极意义上来说是不完满或有限性的，因此，人们之所以爱这个世界或人类，并非其有某种可爱之处值得去爱，而实在是由于其不完美或残缺，引起悲悯，故才去爱。爱乃悲悯，悲悯之爱的行为准则是宽恕与牺牲，这才是宗教信念的爱。无论是像基督教或者佛教这样的以悲悯为怀的宗教，都将宽恕与牺牲作为其宗教伦理之最高信条，道理也在这里。

方立天考察和探讨过中国佛教慈悲理念的特质及其现代意义。① 研究指出，慈悲是佛教的核心理念之一，是佛教的重要伦理准则和理想价值观念，鲜明地体现了佛教的人文精神，构成为佛教人道主义思想的重要形态。

佛教的慈悲理念是建立在佛教世界观——缘起论的哲学基础上的。缘起论是说，世界万事万物都由因（直接原因）缘（间接原因）和合而生，也由因缘散失而灭。这是佛教解释人生、社会和宇宙种种现象产生、变化和消亡的基本理论。从缘起论又推导出"无我"论：就人来说，也是由各种因缘聚会而生，即生理的、心理的多种成分的组合，并没有一个真正的独立的自我存在。既然人不能作为自身的主宰，人生无常，毕竟空无，这就构成了人生痛苦、一切皆苦的价值基础。人有生老病死的痛苦，有欲望和追求得不到满足与实现的痛苦。这就形成人生的一种根本的需要——抚慰痛苦，缓解痛苦，祓除痛苦。佛教慈悲理念的重要性和必要性由此而被凸显出来。

从缘起论还能够推导出同体论和平等论。按照缘起论，没有任何事物可以离开因缘而独立产生和独立存在，同样，每个人也都与其他众生息息相关。从三世因果关系来看，其他众生在过去世可能就是自己的父母等亲人，

---

① 方立天. 中国佛教慈悲理念的特质及其现代意义[J]. 文史哲，2004(4)：68-72.

宇宙间各类生命实质上是一个整体。进一步说,佛、菩萨观照众生与己身具有同一的本性(同体),也就是一切众生皆具有存在的同一性、本质的同一性和至善的同一性。佛、菩萨也由此而生起与众生的绝对平等心,生起为众生拔苦与乐的慈悲心。这是佛教提出慈悲理念的必然性和践行慈悲理念的可能性的理论基础。

建立在缘起论哲学基础上的慈悲理念,成为佛教弘法度生的出发点。慈悲心是佛为众生阐说苦、集、灭、道四谛的内在动因,慈悲精神也贯穿于四谛的学说之中。在一定意义上可以说,慈悲标志着中国佛教的根本精神。

慈悲是梵语。"慈"是慈爱众生,给予快乐,"悲"是悲悯众生,拔除痛苦,两者合称为慈悲。简言之,慈悲就是"与乐拔苦"。佛教认为,慈从悲来,悲必为慈。"悲"原意为痛苦,由痛苦而生悲情。一个人深刻感受到自身的痛苦,也就能对他人的痛苦感同身受,产生悲情,自然和由衷地衍生出对他人的友情,并扩展为对一切众生的普遍平等的慈爱。慈与悲相辅相成,缺一不可。只有慈悲相连,才能产生"与乐拔苦"的践行和作用。

有研究对自悯与佛教慈悲观的自我构念差异进行了考察。[①] 研究指出,西方自悯的思想主要来源于佛教的慈悲观,后者体现为在困境下个体对自我的认识和评价:在自我认知维度,慈悲意味着客观认识自己以及自我与他人的关系;在自我体验维度,慈悲意味着以慈悲喜舍等积极情绪应对不利情况;在自我调控维度,慈悲意味着通过行为的自我约束及觉知力实践训练建立稳定健康的心理功能。西方自悯因其自身的哲学思维限制,没有触及佛教慈悲观核心理论,而佛教慈悲观的自我构念梳理有助于拓展、完善西方自我观的功能。

慈悲观作为佛教思想体系的核心概念,是佛教一切教义的根本准则。这与其他宗教有关悲悯的学说不同的是,佛教慈悲不是一种居高临下的单向度的同情,而是以"无我"为基础的,即超越自我中心的,既可自利、又可利他的双向的情感融合,是对生命深切关怀的自然体现。从知、情、意三个维度来解析佛教慈悲观的自我构念:自我认知维度对应于"同体大悲";自我体验维度对应于"四无量心";自我调控维度对应于"戒定"。

① 彭彦琴,沈建丹.自悯与佛教慈悲观的自我构念差异[J].心理科学进展,2012(9):1479-1486.

佛教慈悲观自我认知的理论具体包括两个方面：一是无我论；二是同体论。从心理学的角度来看，"无我"涉及个体对自我本质的认识，"同体"则体现出个体关于人我关系的建构。"同体大悲"意即将一切有情（人与动物）皆等同视之，感同身受，众生的苦乐即是我自己的苦乐。

四无量心是指"慈、悲、喜、舍"四种情绪，这是佛教慈悲观在情绪维度上的展开，是佛教专门对治情绪问题的最基本修行。慈无量心指以无量慈爱之心感化众生，令他人得到被关爱的欢乐；悲无量心指以无量悲悯之心救助众生，使他人脱离苦难；喜无量心指看到众生能离苦得乐，内心充满无以言表的喜悦；舍无量心指舍弃一切亲疏、仇怨之别，以平等之心帮助一切需要帮助的人。

戒与定是个体践行慈悲观的两条重要途径。一方面，佛教通过戒律规范个人的言行，以符合慈悲的教理；另一方面，佛教也通过禅定帮助个体提升自我的境界，以深化慈悲的理念。两者均指向个体对自我的调控。从心理学的角度来看，戒主要是从行为上进行自我约束以达到行为的自适，定则是从意识上进行自主调控以达到身心的和谐。

悲悯是人的日常生活之中的心理行为，但是被宗教提升到了宗教心理学的层面，并且是用来解说人的日常生活之中的悲悯心理。这实际上也应该和可以在科学的宗教心理学的层面得到探索和解说。

第十节　宗教宽恕的心理学研究

宽恕是指包容、原谅和放下。宗教的宽恕是宗教倡导的一种超越和超脱，也是宗教强调的一种起点和美德。宽恕带来了新的开始和展示了新的追求。

有研究探讨了中西文化传统中的"宽恕"。[①] 研究指出，中西文化传统中的宽恕是大不一样的。西方的"宽恕"是"为爱而爱"的终极关怀，体现了其

---

① 潘知常. 慈悲为怀：没有宽恕就没有未来——中西文化传统中的"宽恕"[J]. 江苏行政学院学报，2005（4）：28 - 33.

"原罪"的价值维度。原罪说使"罪"被绝对化、先天化,人的尊严、权利、责任被绝对化、先天化了,并由此造成了信仰维度的存在。这是对人的局限性的自知。中国的"宽恕"是纲常伦理的处理原则,体现了其"原善"的价值维度。"原善"说使属性、本性被绝对化、先天化,人是自己的救主,人性高于神性,罪恶只是外来的污染,因而不存在共同责任,只存在道德责任。这"宽恕"的是可以"宽恕"的,并非不可"宽恕"者。这是对人的局限性的无知。但是,只有"宽恕"不可"宽恕"者,宽恕才存在。所以中国文化传统中的"宽恕"不是"宽恕","慈悲"不是"慈悲"。

中国文化传统中关于宽恕的看法应该以孔子的"忠恕"作为界碑。孔子思想的核心一以贯之,概括而言,是"仁",分别言之,是"忠恕"。"忠"意味着己之所欲,是践行"仁"道的"尽己之心"方面,所谓"己欲立而立人,己欲达而达人";"恕"意味着己之所不欲,是践行"仁"道的"推己及人"方面,所谓"己所不欲,勿施于人"。西方文化传统意义上的"宽恕"在中国并没有出现。由孔子的"恕"道发展而来的"宽恕"充其量只是一种纲常伦理的处理法则。

西方文化传统中关于宽恕的看法与西方文化传统原罪的价值维度完全一致。信仰维度的存在是自由意志由恶向善的根本保证。这样,区别于中国文化传统,对于西方文化传统而言,关键却在于上帝是自己的救主,神性高于人性,因此要由神而人,要依赖启示忏悔与他力救赎,也就是要依赖救渡。全部人类历史因此被看作赎罪史、救赎史。

宽恕的研究被认为是当代心理学研究的新主题。[①] 长期以来,人们始终认为"宽恕是一个有着深刻宗教渊源的概念",直到最近才开始出现关于人际之间宽恕的心理学研究。宽恕和寻求宽恕的倾向会伴随人们的生命历程而逐渐发展成熟,宽恕与心理健康、心理治疗呈现正相关。当代心理学关于宽恕的研究越来越表现为对多种理论观点进行整合,呈现出良好的发展势头。

对于宽恕的哲学研究通常涉及有关宽恕是否应该被看作为是一种美德,以及如何利用宽恕来消除相互间的怨恨等方面的问题。在过去的几十年中,西方哲学界一直存在着一种倾向,即强调道德原则的主导位置和轻视

① 傅宏. 宽恕:当代心理学研究的新主题[J]. 南京师大学报(社会科学版),2002(6):80-86.

道德体验和道德态度的争论。换言之，这种哲学倾向更多关心对道德"存在"的研究，而不太重视道德"行动"的倡导。不过，正是由于这样一种争论的结果，在客观上最终却导致一种更看重宽恕行动的"德行理论"的兴起。

宗教兴趣对于心理学研究有着特定的影响。从 20 世纪 50 年代开始，一些牧师和对宗教有兴趣的心理健康专家们曾经尝试去通过运用宽恕来促进人们的心理健康，认为经验上帝的宽恕是解除那些病理性罪恶感的一个重要手段，而这种罪恶感恰恰是造成许多心理障碍的病理基础。与纯粹理论化和概念化研究迥然不同，从 20 世纪 80 年代开始，学术界开始出现了一些关注宽恕与人类心理健康和心理治疗相关命题的研究。

有研究基于东西方文化比较的研究，探讨了宽恕治疗。[①] 研究指出，文化影响着人的心理和行为，集体主义文化中的宽恕心理机制就与个体主义文化背景下的有所不同。第一，持集体主义观点者的首要目标是群体的需要，他们追求的是社会幸福，会为了恢复社会和谐而宽恕他人，而持个体主义观点者是为了获得个人利益（如增强幸福感、降低罪恶感）而宽恕他人。第二，持集体主义观点的人会为了保全自己和他人的面子而宽恕，且第三方的调解、劝说会更有利于这样的选择，显示出对他人威信的重视。持个体主义观点的人首先要维护的是自我的威信，他们选择宽恕是为了挽回在受到冒犯时丧失的自尊。第三，持集体主义观点的人把人际关系看作是同盟性质的，把宽恕看作是一个保持社会和谐的强制性义务，而不是个人选择。持个体主义观点的人把人际关系看作是契约性质的，具有互惠性，把宽恕看作是一个符合这种观点的个人选择。第四，持个体主义的宽恕者为了做到宽恕，更喜欢诸如专业心理疗法、自助资源和个体应对技能等手段。集体主义的宽恕者可能更喜欢听从第三方劝说、受权威影响。

李兆良对国外关于宽恕的心理学研究进行了评述。[②] 研究指出，宽恕的概念在 20 世纪全球化交往与和解的要求中成为普遍性的概念。20 世纪 90 年代以来，宽恕作为一种基本的和重要的社会和心理现象逐渐成为西方心理学研究的重要主题，并呈现出倍受关注的势头；有关宽恕的研究迅速兴

① 陶琳瑾,傅宏. 宽恕治疗：基于东西方文化比较的研究[J]. 医学与哲学(人文社会医学版),2010(6)：45－47.
② 李兆良. 国外关于宽恕的心理学研究述评[J]. 医学与社会,2009(3)：62－65.

起,在道德心理学、发展心理学、认知心理学、社会心理学、咨询和临床心理学以及积极心理学等相关领域中,都已经明确提出了对于宽恕现象的研究。引起心理学家对宽恕关注的主要原因之一是希望通过研究宽恕,有助于解决世界范围内的团体及个人暴力行为;原因之二是宽恕与健康之间存在某种关联。近年来,宽恕研究作为积极心理学视域下的一部分,日益显示出宽恕研究重要的学术价值和应用潜力。国外在宽恕的心理学理论和实证研究方面取得了丰富的研究成果,这些成果使得人们对宽恕的理解和认识不断深入和完善。

宗教理解中的宽恕、日常理解中的宽恕、科学理解中的宽恕,对宽恕的这三种不同的理解既有区别也有联系。从文化资源和心理资源的角度,可以将这三个不同方面的理解都当成是有价值的心理学资源。

第十一章　宗教心理学的定位

　　严格来说,宗教形态的心理学并不是一个特定的学科,而是包含了与宗教心理学学科的特定心理学资源。对于宗教形态心理学的定位可以有不同的层面,包括价值层面、资源层面、科学层面、传统层面、沟通层面。宗教形态的心理学在关于人的宗教心理行为的探索中具有非常重要的价值,这包括宗教心理学的价值定位,涉及宗教心理学作为资源、作为科学、作为传统和作为桥梁,在不同方面体现出宗教形态心理学的研究价值。

第一节　宗教心理学的价值定位

　　宗教的宗教心理学可以给科学心理学带来什么呢? 这涉及科学形态的心理学与宗教形态的心理学之间的关系问题。西方实证的科学心理学在诞生之后,就认为自己是唯一合理和合法的心理学,把其他所有形态的心理学包括宗教形态的心理学丢进了历史的垃圾堆,认为宗教提供的关于人的心理行为的解说和干预根本不具有实际的科学性质,也就没有任何学术价值。

　　其实,心理学或科学的宗教心理学为人类理解和干预自己的宗教心理和宗教行为提供了科学的方式、科学的理论、科学的方法、科学的工具和科学的手段,这使得人类从关于自己的宗教活动的盲目和愚昧中走了出来。但是尽管如此,宗教的宗教心理学实际上并没有真正消失和灭亡,仍然在宗教生活和现实生活的领域中发挥着自己的作用。应该说,宗教提供的心理学是依据宗教的生活和实践而得出的。普通人或者宗教信仰者在习得和掌握了这种宗教的宗教心理学之后，那这种心理学就会在普通人或宗教信仰者的生活中占据着十分重要的地位，就会对普通人或宗教信仰者理解他人的和自己的心理行为起着非常关键的作用。只不过，这种宗教的宗教心理学并不是科学心理学的组成部分。

显然，现在的问题就在于，这种宗教的宗教心理学对于科学心理学来说有什么意义和价值。可以肯定地说，对于理解和解说人的心理行为来说，科学形态的心理学已经替代宗教传统的心理学。但是，这种替代是否就意味着宗教传统的心理学已经没有了任何的意义和价值呢？宗教传统的心理学是通过宗教的方式和方法探讨和考察、说明和解说、影响和干预人的心理行为。其实，宗教传统的心理学提供的独特的心理学内容对现代科学心理学的研究具有重要的和历史的价值，只是这种价值迄今还没有得到系统的考察，更没有得到合理的利用。那么，如何梳理、分析、考察和探讨宗教传统的心理学，就成为十分重要的学术任务。

在宗教的宗教心理学中，也有关于人的心理行为的系统理解和解说。尽管这种独特的心理学并不具有科学的意义，却是一种重要的心理学传统资源。科学心理学的成长和壮大可以从宗教的宗教心理学中得到重要的启示，获取有价值的原料，提炼可利用的成分，补充能吸收的营养。这就是所谓资源的意义，资源的内涵，资源的挖掘，资源的利用，资源的消化，资源的吸收。当然，强调宗教形态的心理学作为资源，并不是要降低科学形态的心理学所具有的地位。反而是为了壮大科学形态的心理学，是为了提升科学形态的心理学的地位，是为了扩展科学形态的心理学的影响。

正因为宗教形态的心理学有双重的身份，即有科学的宗教心理学与宗教的宗教心理学之分，所以宗教形态的心理学所具有的价值可以体现在科学的价值与宗教的价值两个不同的方面。但是，无论是科学的宗教心理学还是宗教的宗教心理学，都具有学理的价值、学术的价值、思想的价值、理论的价值、方法的价值、应用的价值、生活的价值、历史的价值、现实的价值、未来的价值等不同方面的价值存在和价值体现。因此，宗教心理学的价值定位就属于多重化的或多样化的，这也就导致宗教心理学的多重的身份和多样的性质。宗教心理学可以成为资源，可以成为科学，可以成为传统，可以成为桥梁。

　　有学者在关于佛教对当代心理学发展的影响的研究中指出,佛教是一种重要的东方哲学文化,佛教的一些精神已经渗透进了当代的许多学科领域。① 在心理学领域,心理学在思想层面、理论层面和实践层面都能看到佛教的核心精神——人的苦难、人的欲望、摆脱苦难的涅槃和清除苦难的路径。因此,探求佛教文化在当代心理学中的生存状况,寻找心理学视野下的真实佛教,就成为当代心理学研究的一个基础性问题。

　　一是在思想层面,佛教正以一种哲学的方式影响着当代心理学的发展。佛教特定的活动方式、活动内容本身在当代心理学中并不多见,但支撑其活动方式、活动内容的哲学思想却成为当代心理学发展的一种重要精神内涵。从某种意义上说,正是借助对佛教文化精神的深刻理解,当代心理学正在融合传统心理学的科学主义取向与人文主义取向之间的长期对立。佛教文化虽然是一种宗教文化,但佛教文化并没有在自己的文化范式里出现太多的神性概念,相反在佛教文化里更多的是今天心理学中常讲到的感觉、体验、幸福和欲望等心理学概念,这就为佛教的思想进入心理学创造了条件。二是在理论层面,佛教一定程度上影响了当代心理学的发展趋势。积极心理学运动是当代心理学发展的一个新趋势,由于积极心理学独特的以人的积极力量和美德为研究对象,强调心理学不仅要帮助那些处于某种"逆境"条件下的人们知道如何求得生存并得到良好的发展,更要帮助那些处于良好条件下的普通人学会怎样建立起高质量的社会和个人生活。积极心理学运动产生的思想根源也许比较复杂,但是从其兴起的哲学背景中可以明显看到佛教哲学文化的影响。从本质上说,佛教强调人幸福与否不在于外在条件而在于人的内在思想就突出了人的主体性,而突出人的主体性作用正是当代积极心理学的价值核心。三是在实践层面,佛教对当代心理治疗产生了重大影响。心理治疗的本质在于通过个体自身的积极改变而主动建立起良好的生活意义,这实际上就是佛教所说的使人脱离苦难而涅槃。从本质上说,尽管佛教和心理学是两种性质不同的文化,但在人性这一问题上的共识为两者的相通提供了基础。

　　宗教心理学的价值定位包含三个不同方面的价值,也就是宗教学的价

---

① 　任俊.佛教对当代心理学发展的影响[J].宗教学研究,2007(3):112-116.

值、心理学的价值和生活性的价值。这提供了宗教学理解的心理层面、心理学理解的宗教层面、生活性理解的学理层面。因此,宗教形态的心理学,无论是科学的宗教心理学还是宗教的宗教心理学,都必然会涉及价值的问题、价值的取向、价值的引导、价值的弘扬、价值的定位等。

第二节　宗教心理学的资源定位

可以将宗教形态的心理学看成是心理学的资源,这就是宗教形态的心理学的资源定位。可以说,对于人生活来说,与自然资源的存在一样,心理资源也需要挖掘与提取。宗教形态的心理学提供的,就是心理学的历史资源、文化资源、思想资源、学术资源、学科资源、本土资源等,这些资源对于心理学的发展至关重要。

宗教形态的心理学可以属于心理学的历史资源。宗教形态的心理学具有关涉心理科学发展和促进人类社会发展的双重意义和价值。宗教形态的心理学的演变和发展,可以属于心理学一门学科的历史,也可以属于整个人类社会历史发展的缩影。心理的文化历史性和社会建构性逐渐成为心理学关注和讨论的焦点之一。社会建构论成为一种新的方法论取向,正在从不同的侧面向社会心理学、文化心理学、医学心理学、认知心理学、人格心理学等领域广泛渗透。新方法论的核心特征就是强调心理的社会文化建构性。新方法论认为,个体为了被社会承认和接受,需要通过各种途径学习,不断地将那些指导和确定思想、行为的社会文化模式内化为自己的心理模式。与此同时,语言作为文化的载体和体现,对人的思想、行为起着构造性的作用。

宗教形态的心理学可以属于心理学的文化资源。任何一门学科的生成、发展、进步、拓展都需要文化历史的资源,心理学同样如此。宗教形态的心理学的发展和研究与文化的演变和传承有着十分密切的关系。所谓宗教形态的心理学与文化的关系,就是指宗教形态的心理学在其研究、发展和演变的过程中,与文化的背景、文化的历史、文化的根基、文化的条件、文化的现实等所产生的实际关联。宗教形态的心理学与文化的关系有着特定的内涵,也经历了历史的演变。这包括经历了文化的剥离、文化的转向、文化的回归、文化的定位。宗教形态的心理学与文化的关系性质涉及文化性质的宗教心理学、跨文化性质的宗教心理学、本土的宗教心理学、后现代的宗教心理学。宗教形态的心理学与文化的关系会涉及宗教形态的心理学的单一文化背景,以及宗教形态的心理学的多元文化发展。宗教形态的心理学与文化的关系具有的意义,会涉及宗教形态的心理学的研究视野、研究领域、研究内容、基本理论、考察方法、实用技术、现实发展。

宗教形态的心理学可以属于心理学的思想资源。宗教形态的心理学的思想是关于人的宗教心理行为的理解和思考,也是有关宗教心理学研究的理解和思考。在人类思想史的演进历程中,宗教形态的心理学是属于思想史的非常重要的组成部分。宗教形态的心理学思想家们提供了在自己的特定思想基础之上的,关于人的宗教心理行为的解说、解释、解析,也提供了在自己的特定研究基础上的关于宗教形态的心理学探索的思考、思索、思想。宗教形态的心理学能够体现出来的有关人的宗教心理行为的思想,其思想的起源、思想的演变、思想的发展、思想的历史,都可以成为后来的研究可供借鉴的资源,可供运用的资源,可供创新的资源。

宗教形态的心理学可以属于心理学的学术资源。宗教形态的心理学的发展和演变会形成一种独特的学术传统。学术传统体现出来的就是特定的学术资源。宗教形态的心理学学术的活动,会涉及学术思想的创造、学术研究的推进、学术研究方法的定位、学术干预技术的发明等的活动。这些特定的学术活动都会与宗教形态的心理学的学术资源有着特定的关联。那么,分解、了解、理解宗教形态的心理学的学科和学术的基础和根基,就是十分重要的学术研究目标和研究内容。心理学的学术资源,宗教形态的心理学的学术资源,都是有待于普通人和研究者去进行深入挖掘的,也都是有待于普通人和研究者去进行细致提取的。

宗教形态的心理学可以属于心理学的学科资源。宗教形态的心理学在成为相对独立的心理学分支学科或研究门类前后,都与其他的学科存在着特定的关系。这种关系决定了心理学本身的发展和演变。但是,对宗教形态的心理学与其他相关学科的关系,目前尚缺乏系统和深入的探索。宗教形态的心理学与相关学科的关系经历了历史的演变,从宗教形态的心理学依附于其他学科的发展,到宗教形态的心理学排斥其他学科来保证自己的学术的独立性,到宗教形态的心理学开始寻求与其他学科的合作的关系,到宗教形态的心理学与其他学科应该建立共生的关系。这标志着宗教形态的心理学学科的成熟,也标志着宗教形态的心理学开始容纳所有学术的资源。这意味着宗教形态的心理学不仅借助其他学科的发展,而且也意味着宗教形态的心理学可以为其他学科的发展提供可以借用的资源。从不同学科的学术独立到不同学科的学术共生,这是一个新旧时代的重大的学术转换。

宗教形态的心理学可以属于心理学的本土资源。宗教形态的心理学也是在特定的文化土壤中产生和发展的。因此,本土宗教形态心理学的发展和演变,应该是立足本土的资源,应该是提取本土的资源,应该是利用本土的资源。在本土文化的基础之上来建构特定的宗教形态的心理学,是近些年来许多宗教心理学的研究者努力的方向。在中国本土文化的基础上来建构中国本土的宗教形态的心理学,是当前中国宗教心理学研究者追求的目标。回到中国本土文化之中,挖掘中国本土文化中的心理学资源,这已经成为许多中国宗教形态的心理学研究者的自觉行动。当然,不同的研究者着眼点也就不同,关注的内容也就不同,思考的方向也就不同。

第三节　宗教心理学的科学定位

科学的宗教心理学的探索在理论建构、研究方法和应用技术的方面都是属于规范科学的研究。或者说,科学的宗教心理学是研究宗教心理现象的实证科学分支。科学的宗教心理学是跨学科的科学研究,跨越了心理学、宗教学、社会学等不同的学科领域,所以是一门边缘学科的研究。科学的宗教心理学不同于宗教神学、宗教教派涉及的宗教的宗教心理学。任何的宗教教派都有由宗教的教义、教理和教规构成的信仰体系。科学的宗教心理学是把宗教活动中的信仰个体或信仰群体的心理行为作为研究对象和研究内容,是通过科学方法进行的科学考察和研究。

科学的宗教心理学的研究内容涉及人的宗教心理行为的方方面面。其实,在当代科学心理学的研究中,宗教心理学就是众多分支学科中一个具体的分支学科。作为科学心理学的分支，宗教心理学就是科学心理学家通过科学的方式和方法，去揭示、描述、说明、解释、影响和干预人的宗教信仰活动中的心理行为。按照梅多等研究者的理解，宗教心理学的研究考察的是宗教心理的性质和功能，包括宗教信仰的心理起因、宗教信仰的心理功能、宗教意识的发展和演变、宗教心理的培育和教育、宗教活动中的皈依心理、信仰的心理特征和作用、祈祷的心理历程和功能等等。宗教心理学的研究涉及宗教体验中的罪感和耻感、宗教培养中的良心与良知、宗教信仰中的意志与品质、宗教情感中的崇高与境界、宗教活动中的爱心与宽恕、宗教感受中的焦虑与恐惧、宗教成就中的幸福与满足、宗教引领中的成熟与美满、宗教活动中的合作与共享、宗教心理中的变态与罪恶、宗教生活中的质量与享受、宗教活动中的合作与共享、宗教意识中的成长与成熟。梅多等研究者将上述的一系列多样化的和复杂性的宗教心理学的研究内容，都归类为宗教意识的起因和功能、从心理学观点剖析的宗教经验、宗教视角中的某些心理学变量、宗教意识的特征及其测定、对宗教的评判性评价等几个大的方面。[①]这都是科学心理学能够以科学的方式和方法去探讨和探索、去影响和干预的方面，并提供的是科学的理解和阐释，进行的是科学的干预和影响。科学的宗教心理学诞生的时间很晚，或者宗教心理学成为独立学科的时间很短，至今不过一百多年的学科历史发展。

　　宗教心理学的研究内容可以涉及与人的宗教心理行为相关的方方面面。例如，宗教心理学的研究会涉及社会化的内容，宗教信仰、宗教信念、宗教观念、宗教认知、宗教情感、宗教体验、宗教行为等等，都可以通过社会化的过程，而进行代际之间和人际之间的传递。宗教心理学也涉及宗教的人格特性的方面。通常，宗教性被看作是人的人格品性的组成部分。这可以包括宗教的态度、宗教的经验、宗教的信念、宗教的行为等等。人的宗教性是先天的还是后天的，这也是心理学的研究所关注的内容。人的宗教性可以包括专制主义的人格、教条主义的人格，包括暗示感受、自我实现、寻求意义等，包括男女的宗教性的性别差异。宗教心理学也涉及人的宗教经验的研究，包括宗教经验的种类、宗教经验的形成和变化、宗教经验的影响和作

---

① 梅多，等.宗教心理学[M].陈麟书，等，译.成都：四川人民出版社，1990：1，127，277，405，521.

用、宗教经验的解说和解释。宗教心理学考察人的宗教信念,包括对宗教信念的调查和测量,对宗教信念与宗教情感的探讨,对宗教信念与宗教行为的解说,等等。宗教心理学也涉及关于崇拜、献祭和祈祷的研究。宗教心理学也考察宗教仪式和宗教治疗。宗教心理学也研究宗教的幸福感和恐惧感。宗教心理学也考察宗教与婚姻、宗教与工作、宗教与成就。宗教心理学也探讨宗教与身心健康的关系,包括身体健康、心理健康、自杀行为等等。宗教心理学也考察宗教教育和宗教辅导。宗教心理学也涉及典型和重要的宗教行为,包括慈善行为、越轨行为、犯罪行为、两性行为、心理偏见、利他主义、道德观念,等等。[①]

科学思想、科学理论、科学方法、科学技术等会在宗教心理行为的科学研究中得到确立。这也就使得宗教形态的心理学的发展能够走入科学常轨。在规范科学或实证科学的方向上,科学的宗教心理学的研究能够成为宗教的宗教心理学的非常重要的制衡力量,并发挥科学描述、科学解释、科学干预的现实作用。

第四节　宗教心理学的传统定位

中国的本土文化中有着非常独特的心理学探索和心理学传统。对中国本土的传统心理学存在着十分不同的学术理解。有在西方科学心理学框架下的理解,有从中国本土文化传统出发的理解,有片段破碎和语录摘引的理解,有完整系统和深入全面的理解,有限于传统和解释传统的理解,有立足发展和力求创新的理解。中国本土的心理学传统应成为中国科学心理学发展的有益的文化资源、思想资源、学术资源。新心性心理学就是立足本土心性学说资源的心理学创新。

中国是一个历史悠久的文明古国,有着博大精深的文化传统。但是,在世界现代文明的进程中,中国一度落在了后边。在中国本土传统文化的框架中,并没有诞生出现代意义上的科学。中国的现代科学是从西方传入的。

---

① 阿盖尔.宗教心理学导论[M].陈彪,译.北京:中国人民大学出版社,2005.

同样，在中国本土文化中，也没有诞生出西方现代意义上的科学心理学。中国现代的科学心理学也是从西方传入的，也带有西方文化传统的印记。

那么，在中国发展自己的科学心理学时面临的一个非常重要的问题就是，中国的本土文化中有没有自己的心理学传统。如果有，那么这种本土的心理学传统具有什么性质？包含什么内容？应该如何理解、解说、阐释和对待这种本土的心理学传统？可以肯定的是，中国本土的文化传统中有自己独特的心理学传统。因此，最重要的问题就在于，中国本土的心理学传统能否成为中国科学心理学发展和创新的有益资源。所以，如何理解中国本土的心理学传统，就成为决定中国心理学未来发展的一项基础性的和发展性的研究任务。[①] 到目前为止，在对中国本土传统心理学的研究中，出现过一些十分不同的见解和观点。总结起来，共有如下的几种不同的理解。

一、中西方文化中不同的宗教观

有研究对中西宗教精神进行了比较研究。[②] 研究表明，中国宗教和西方基督教的基本精神有着很大的不同，其差异主要表现在以下五个方面。第一，基督教所代表的文化系统是一种神圣目的论的世界观；中国宗教所代表的文化系统则是非神圣目的论的世界观。第二，在神灵体系上，中国是多神论；基督教则是典型而且严格的一神论。第三，中国宗教认为人性本善，在道德实践上强调"人皆可为圣贤"；基督教则是以原罪论为其基础，强调人性的不完满，在道德实践上追寻上帝的启示。第四，在对人生的关注上，中国宗教追求现世苦难的解脱和现世幸福的获得；基督教则追求彼岸的幸福，强调对现世苦难的忍受和顺从。第五，中国宗教以人为中心，强调依靠人自身的努力得到解脱，对神采取功利的态度，可称之为"役神"；基督教则以神为中心，强调神对人的拯救，把人的活动视为神的意志的体现，以荣耀神为人生的使命，可称之为"敬神"。

中西文化之差异，从根本上说，在很大程度上导源于中西宗教的基本精神之不同。以儒教为主的中国宗教具有强烈的人本主义色彩，而以基督教

---

① 葛鲁嘉.中国心理学的科学化和本土化——中国心理学发展的跨世纪主题[J].吉林大学社会科学学报,2002(2):5-15.
② 马宇航.人与神——中西宗教精神之比较研究[J].社会科学战线,2002(2):190-194.

为主的西方宗教则带有显著的神本主义特征。基督教代表的文化系统,是一种目的论世界观。神圣目的论的要旨在于历史体现神圣的计划,最终使世界包括人复归于神圣,这种世界观贯穿整个西方文化。以儒教为代表的中国宗教则有着完全不同的宇宙图景。在中国人的思维视野中,从来就不曾有过神圣秩序的本体界与现象界相分离的观念结构。中国人的世界观模式,可称之为非神圣目的论的世界观模式。此种观念模式,与中国传统各家思想皆可相通,可以说是中国各民族所共有的关于世界人生的基本观念或态度。中西的宗教精神存在着巨大差异。可以说,中国宗教是从人出发来看待和设计一切的,基督教则是从神出发来看待和设计一切。

有研究考察了中西宗教精神的差异。① 研究指出,宗教是把支配人们日常生活的外部力量幻想地反映为超人间、超自然力量的一种社会意识,以及因此而对其表示信仰和崇拜的行为,是综合这种意识和行为并使之规范化的社会体系。这是世界文化整体中的一种特殊形态,也是世界文化发展链条上的一个环节,不同的宗教在本质上反映了不同文化的典型特征。中西的宗教精神不同。

一是西方宗教是人神相分,中国宗教则是"天人合一"。两重世界的划分使人们的思维与行为实践大大超越了人本身的圈子,呈现出一种向外探求、追求的状况。这为西方文化培育了一种主动进取、积极向上、视野开阔的精神倾向,使之成为西方人文化心理的一个有机组成部分,至今仍根植于西方社会,具有相当的生命力。在与自然合一、最终又与人合一的思想指导下,儒家让人反身内向,明确追求一种人间的现实生活,认为要"入世""有为","修身、齐家、治国、平天下"。追求在"人治"中达"仁""礼",推崇"为天地立心,为生民立命,为往圣继绝学,为万世开太平"的理想人生,呈现出世俗化的特点。道教把"道"(与"天"相似)作为决定宇宙运行方式的实体,"道"不仅左右着人类,也左右着宇宙间所有的神。"道"乃"造化之根,神明之本,天地之元"。人的终极出路就是要返归自然,与道合一,天人一体。佛教在中国本土的立足和最初传播是与道家思想传统相融合的结果。为了适应中国文化传统,佛教在传播中曾广泛采用道家术语。

---

① 李勤. 中西宗教精神的差异[J]. 云南师范大学学报(哲学社会科学版),1994(2):22-27.

二是西方宗教是统一的一神信仰，中国宗教则是多元化、分裂化的。基督教是严格的一神教，认为宇宙间的主宰只有一个，即上帝。宇宙间的一切事物都是上帝按照等级秩序和预定目的安排的。上帝既是一神，又包括圣父、圣子和圣灵三个位格。由此信仰出发，基督教建立了一套包括上帝论、创世论、人性论、原罪论、基督论、救赎论、圣灵论、末世论、教会论、圣母论、天使论等在内的完整的教义。中国的宗教却给个人绝大的自由，让人们在自己内心去把握宗教情操。无论是儒家的人际关系条文，或是道教的生命情调，甚至佛教的各种养心养性的方法，都是在自由选择的方式中去求取个人的宗教经验。因此，大多数中国人心目中崇拜的神并不是统一的。

三是西方宗教的爱有较强的平等意识，中国宗教的爱则有差等。中西宗教都有一个重要的特点，就是极为重视人与人之间的伦常道德，在这方面都是以别人为本位，将自己放在一个次要、附属的位置，都是以"爱心"取胜。但是，儒家的"仁爱"与基督教的"博爱"又有不同。基督教认为，世上的男女老少都是上帝的儿女。在上帝与人之间确定了等级关系，但在人间却没有引出这种等级观念。儒家则倡导一种"爱有差等"的观念。

有研究对中西宗教精神进行了比较研究。[①] 研究指出，中国宗教和西方基督教的基本精神有很大的不同。主要表现在三个方面：第一，中国宗教以人为中心，强调依靠人自身的努力得到解脱；基督教以神为中心，强调神对人的拯救，把人的活动视为神的意志的体现，以荣耀神为人生的使命。第二，在对人生的关注上，中国宗教追求现世苦难的解脱和现世幸福的获得，注重实际；基督教追求彼岸的幸福，强调对于现世苦难的忍受、顺从。第三，中国宗教具有一种宽容精神；基督教则具有强烈的独断性、排他性。

宗教（作为思想体系）和哲学一样，代表着人类文化的深层结构。中西文化之差异，从某种意义上说导源于中西哲学和中西宗教的基本精神之不同。正是基于此，有些学者把中国文化称为"儒家文化"或"儒教文化"，把西方文化称为"基督教文化"或"两希文化"（古希腊和古希伯来）。因此，考察中西宗教精神之差异，对于认识中西文化之异同、吸取西方文化之精华、促进中国文化之发展，都是非常有意义的。中西宗教在精神、制度和物质三个

---

① 尚九玉.中西宗教精神之比较研究[J].北京师范大学学报(社会科学版)，1997(3)：82-88.

层面上存在着很大的差别。

一是人本与神本。中国宗教具有强烈的人本主义色彩,与之相比,西方宗教则具有显著的神本主义特征。所谓宗教,简而言之,就是人对神的信仰。在这种信仰体系中,神、人、神人之间的关系是其基本构成要素。中西宗教精神人本与神本的差异集中体现在关于三者的观念不同。首先,中西宗教关于神的观念有很大的不同。基督教的上帝被奉为宇宙间的唯一真神,至高无上,全知、全善、全能、全在,是宇宙自然和世界万物的创造者,是世界万物运动变化的支配者。与基督教不同,人是中国宗教关注的中心,其最终目的是人的幸福而不是神的尊严。其次,中西宗教对人的看法也有很大的不同。关于人的本性,中国宗教受儒家文化性善论的影响,基本上对人性持肯定的看法。中国佛教认为人有佛性,这是人觉悟成佛的根据。道教认为人有道心,有先天之性,此为人修道的前提。基督教对人性基本上持否定的看法,认为人有原罪和罪性。

二是现世与来世。在宗教看来,生死的界限把人的生命历程划分为截然不同的两个部分:现世和来世。中国宗教重现世,追求今世的满足和完满;基督教重来世,以彼岸的永生为最高目标。这种区别主要表现在中西宗教神灵体系的构成、宗教信仰的目的、对现实人生的看法、修道的方式方法等方面。中国宗教神灵的功能主要是满足人现世的要求和愿望,保佑人此世的平安与幸福,基督教的上帝则满足人们对于来世幸福的祈求。

三是宽容和独断。中国的宗教具有一种宽容精神;西方的基督教则是一种独断的宗教,一神至上。首先,就神灵观念和神灵体系来说,中国宗教基本上是多神教,崇拜不止一个神灵;基督教则是典型的一神教,只崇拜一个神灵。其次,中国宗教的宽容精神还表现在各派宗教的协调共处上。道教、佛教、祖先崇拜和鬼神崇拜是中国传统社会中的主要宗教信仰。与中国宗教相比,基督教是一神教,强调唯我独尊,唯我为真。除了基督教,其他的任何宗教都是假宗教、异教;只有基督教的上帝是唯一的真神,其他宗教信仰的神灵则都是魔鬼和邪灵。

有研究探讨了古代中国宗教的基本精神。[①] 研究指出,中国宗教的基本

---

① 吾敬东. 古代中国宗教的基本精神[J]. 上海师范大学学报(哲学社会科学版),2008(3):14-22.

传统在于,古代中国宗教与原始宗教保持了连续性。由此,原始信仰或宗教中的一些基本元素都在以后的中国宗教中得到了体现,其中两个最重要的方面就是多神信仰和巫术崇拜。上述基本传统在道教、佛教和儒教中均有体现。

中国的宗教是一种典型的多神信仰。中国宗教从原始宗教或自然宗教那里继承了完整的信仰传统。在这样一个信仰传统里,首先应当有各种自然崇拜。这包括各种与农耕活动密切相关的气候、气象与天象之神,诸如风雨云雷、日月星辰;也包括早期人们生活和居住的周围环境之神,诸如四方山川、江河湖海;还应包括各种神异动物。其次是各种与氏族生活和文化传统相关的美好故事与英雄传说,以及各种鬼魂观念,还有创世神话,这些可以归为人神与鬼魂崇拜,而这其中最重要的一个内容就是祖先崇拜。中国宗教不仅是多神信仰的,而且是多教信仰的。并且,这种多教还是经过融合的。

中国的宗教不仅有典型的多神信仰,而且还有典型的巫术崇拜。首先,巫术崇拜体现在国家生活之中。巫术在中国国家生活中的作用是祭祀。对古代中国国家生活来说,祭祀是一项最基本或最重要的制度,位于国家生活的底层,直接承担着与重大事务相关的通天仪式的职能。其次,巫术崇拜不仅体现于国家生活,而且还更广泛地反映在社会或民间生活中。在古代中国,这类巫术被称为方术。历代的方术主要有:占星、望云省气、择日、风角、式法、七政、元气、挺专、须臾、孤虚、龟卜、筮占、易占、逢占、占梦、厌劾、蛊术、祠禳、面相、骨相、星命、八字、太乙、六壬、奇门遁甲、扶乩、建除、丛辰、堪舆。

可以说,正是因为中西方文化的巨大差异,导致在中西方文化传统之中的宗教观和宗教精神的巨大差异。因此,在宗教心理学的研究中,就必须考虑到中西方文化之间的不同。这涉及宗教心理行为之间的不同,以及在宗教心理行为研究上的不同。

二、在西方心理学框架下的理解

中国发展自己的心理科学,走的是一条十分曲折的道路。如果去除新中国成立初期的苏联化过程,去除"文化大革命"时期的政治化过程,就其根本方面和主流发展来说,中国现代的心理学一直都是在引进和模仿西方的科学心理学。可以说,中国现代的科学心理学就是外来的、传入的。伴随着这个进程,虽然有一些学者曾经试图去发掘、提取和阐释中国历史上和文化传统中的心理学思想,但是他们持有的框架、衡量的标准、评价的尺度、提取的内容等,仍然是西方科学心理学提供的。实际上,这些研究者就是在按照西方科学心理学的筛子去筛淘中国本土文化传统中的心理学内容。正是按照西方科学心理学的标准或尺度来看,关于中国本土传统心理学的研究至少得出如下几个相关的结论。

一是认为在中国的文化传统中并没有诞生所谓现代意义上的心理学,所以也就谈不上什么中国的心理学传统。或者说,在中国的文化传统中,只有一些孤立的、零碎的和片段的心理学猜测和心理学思想,而并没有出现现代意义上的心理科学。或者说,在中国的文化传统中,就根本没有或并不存在什么心理学的东西。例如,在高觉敷主编的《中国心理学史》中就提到,在西方的科学心理学传入中国之前,中国根本就没有什么心理学,有的只是某种关于人的心理的思想猜测。①

二是认为中国文化传统中存在和具有一些思辨猜测的和主观臆断的心理学思想。这些心理学的思辨猜测缺乏科学的依据和科学的证明。所以,此类的心理学思想只具有历史的意义,而不具备现实的意义;只具有哲学的意义,而不具备科学的意义。在这样的主张和观点看来,中国古代思想家提供的心理学猜测,至多不过是安乐椅中的玄想,根本就是无法确证的或无法证实的推论。这些所谓的心理学思想是应该被科学心理学抛弃和取代的。

三是认为中国文化传统中的心理学思想完全可以按照西方科学心理学的尺度来进行挖掘、分类和梳理。在对中国本土传统心理学思想的研究中可以看到,从中国古代思想家的所谓心理学思想中分离出来的,是所谓的普通心理学思想、教育心理学思想、社会心理学思想、生理心理学思想、发展心理学思想、管理心理学思想等等。②③ 因此,充斥在中国心理学思想史研究

---

① 高觉敷.中国心理学史[M].北京:人民教育出版社,1985:1-2.
② 杨鑫辉.心理学通史(第一卷)[M].济南:山东教育出版社,2000:2.
③ 杨鑫辉.中国心理思想史[M].南昌:江西教育出版社,1994:11-12.

中的都是贴标签式的方法,得出的都是一些十分费解的和特别奇怪的结果,如孔子的普通心理学思想,等等。

可以肯定地说,在中国本土的文化传统中,并没有产生出西方意义上的科学心理学,也不应该按照西方心理学的理论框架来理解中国本土文化中的心理学。这就必须转换现有的西方心理学的理论框架,而应该设置一个新的文化学的框架。显然,西方心理学在心理学的研究中贯彻的是无文化或弃文化的方式。但是,这实际上是西方心理学的单一文化支配的原则或单一文化通行的原则被贯彻在关于中国本土心理学的理解之中。这需要的是心理学研究的文化学的转向。①

正是在这种理解之下,所谓的宗教心理学就是西方心理学中的一个学科,在此之外的宗教心理学探索就应该打入冷宫。这显然是应该破除的宗教心理学框架。

三、从中国本土文化出发的理解

如果完全放弃西方科学心理学的研究框架,而是从中国本土文化传统出发去理解,或者说,如果重新确立一个更合理的和更适用的参考系,那就可以得出完全不同的研究结果和研究结论。② 其实,中国本土的文化传统中也有一套自己独特的心理学。这实际上也是系统的心理学,而不仅仅是一些零碎的和片段的心理学思想。在特定的文化传统中,有没有或者是不是系统的心理学,可以按照如下三个标准来衡量。第一个标准是看有没有一套独特的心理学术语、概念和理论,可以用来描述、说明和解释人的心理行为;第二个标准是看有没有一套独特的心理学研究方式和研究方法,可以用来考察和揭示人的心理行为;第三个标准是看有没有干预人的心理行为的手段和技术,可以用来影响和改变人的心理行为。那么,按照这样三个标准来衡量,中国的文化历史或文化传统中也同样具有系统的心理学。这种心理学传统有自己的理论建树,有自己的探索方式,有自己的干预技术。只不过这种心理学不是西方文化中的所谓科学心理学意义上的。

---

① 葛鲁嘉,陈若莉.当代心理学发展的文化学转向[J].吉林大学社会科学学报,1999(5):79-87,97.
② 葛鲁嘉.大心理学观——心理学发展的新契机与新视野[J].自然辩证法研究,1995(9):18-24.

中国本土文化传统中的心理学也有自己独特的理论概念和解说，当然，这不同于西方科学心理学提供的概念和解说。例如，中国的思想家所说的心、心性、心理，所说的行、践行、实行，所说的知、觉知、知道，所说的情、心情、性情，所说的意、意见、意识，所说的思考、思想、思索，所说的体察、体验、体会，所说的人格、性格、人品、品性，所说的道理、道德、道义、道统等，都有其独特的心理学含义。对这些独特心理学术语的探讨，可以为中国心理学的发展提供十分重要的学术资源。把中国本土的心理学术语和概念与西方外来的心理学术语和概念进行比较的话，就可以得出对心理学的新的理解。

中国文化传统中的心理学也有自己独特的验证理论假说的方式和方法，而不仅仅就是思辨和猜测。当然，在中国的本土文化当中，并没有产生出西方科学意义上的实证方法或实验方法。但是，中国古代的思想家却提出知行合一的原则，也就是践行或实践的原则。任何的理论解释或理论说明，包括心理学的理论解释和理论说明，其合理性要看能否在生活实践中获得预期的结果，或者行动实现的是否就是理论的推论。这形成的是另外一套验证理论的途径。把西方科学心理学的研究方法与中国传统心理学的验证方法相对比的话，那就是实验与体验的对应，那就是实证与体证的对应。体验的方法或体证的方法就是中国本土心理学独特的方式和方法。

中国文化传统中的心理学也有自己独特的干预心理行为的手段和技术，并形成了对人的心理生活的引导、扩展和提升。人的心理就有了横向的扩展和纵向的提升的可能。心理的横向扩展就在于能够包容更多的内涵，包容天地，包容他人，包容社会，包容自己等。心理的纵向提升就在于能够提高或提升心灵的境界。这是一种纵向比较的心性心理学。人与人不是等值的，而是有心灵境界的高下之分。境界最低下的就不是人，而是畜生。境界最高尚的就是圣人。因此，中国本土的心性心理学是境界等差的学说，是境界高下的学说，是境界升降的学说。心理的差异实际上也就成了德行的差异、品德的差异、人品的差异、为人的差异、境界的差异。反思、反省就成为重要的手段和技术。

四、文献片段和语录摘引的理解

正因为是以西方的科学心理学为尺度和标准，所以在抽取和摘引中国古代思想家的心理学思想的过程中，所得出的就是一些文献片断摘引的语录。这等于打碎了一个完整的东西，而又把一些碎片按照不同的方式进行了重新的组合。所以，在中国古代心理学思想的研究中，最常见的就是摘引中国古代思想家的语录，然后对其进行从古代汉语到现代汉语的翻译和解释。

对中国本土心理学传统的这种文献片段和语录摘引式的理解，使人们看到的仅仅是中国古代思想家以非常肤浅的形式，或者以非常幼稚的话语表达出来的某种前科学形态的心理学猜想。如果按照西方科学心理学的标准，这些萌芽形态的"心理学思想"只具有历史遗迹的意义，而没有现代科学的价值。这仅仅表明了中国文化历史中有过某些关于人的心理行为的猜想或猜测。这满足的是某些人的十分幼稚的文化虚荣心。对中国本土心理学传统的研究就成了考古发掘和博物展览，就成了历史清理和装订造册。

在这种方式下的对中国古代心理学思想史的研究程序，就是着重翻阅中国古代的历史典籍，并从古代典籍中去寻找古代思想家说明和解释人的心理行为的话语段落。然后把古代的文言文翻译成现代的白话文，再按照现代的科学心理学去理解其中的所谓心理学的含义，再去评价这些含义对科学心理学的意义和价值。甚至就仅仅是为了证明，中国古代的心理学猜想是在西方科学心理学之前，是比西方的心理学思想家更高明和更伟大的发现。

这样的关于中国古代心理学思想史的研究方式和方法，就常常演变成非常肤浅的文字游戏、语言游戏、智力游戏、思想游戏、猜想游戏、组装游戏。而且，更严重的问题还在于，这种类型的研究已经变成一种研究习惯、研究方式、研究思路、研究态度和研究定势。这使得对中国本土心理学思想的研究变成了翻译的活动、猜想的活动和解释的活动。

五、系统完整和深入全面的理解

如果放弃片段破碎和语录摘引的理解，而进行完整系统和深入全面的理解，那就可以看到，在中国本土的文化传统中，存在着十分独特的心理学。尽管这种心理学不是西方文化意义上的科学心理学，但也是一种非常系统的心理学探索。中国古代思想家提供的心理学可以称之为心性学说。如果进一步引申，这种心性学说就是心性心理学，就是一种独特的心理学传统，就是中国本土文化对心理学事业的独特贡献。

中国文化传统中的非常独特和重要的理论贡献就是心性学说。在中国的文化历史和文化源流中,不同的思想派别有不同的心性学说。不同的心性学说则发展出了不同的对人的心理的解说。首先是儒家心性说。儒家的学说是由孔子和孟子创立的。儒家学说的重心在于社会,或者说在于个体与社会的关系。儒家强调的是仁道。当然,仁道不是外在于人的存在,而就存在于个体的内心。那么,个体的心灵活动就应该是扩展心灵的活动,是超越一己之心来体认内心仁道的过程,是践行内心仁道来行道于天下的经历。只有觉悟了仁道,并且按仁道行事,那就可以成为圣人。只有践行了仁道,并且依仁道行政,那就可以胜任王者。这就是内圣外王的历程。其次是道家心性说。道家的学说是由老子和庄子创立的。道家学说的重心在于自然,或者说在于个体与自然的关系。道家强调的是天道。当然,天道也不是外在于人的存在,而就潜在于个体的内心。那么,个体也可以通过扩展自己的心灵,而体认天道的存在,并循天道而达于自然而然的境界。再次是佛家心性说。佛家的学说是由释迦牟尼创立的,是从印度传入中国的,并经历了本土化或中国化的改造。佛家学说的重心在于人心,或者说在于个体与心灵的关系。佛家强调的是心道。当然,心道相对于个体而言是潜在的,是人的本心。那么,个体可以通过扩展自己的心灵而与本心相体认。

心理学的研究都有自己的研究方法。那么,科学心理学运用的方法就是科学的研究方法。但是,在特定的科学观的限定之下,所谓的科学就是实证的科学。实证的科学运用的是实证的方法。心理学在成为独立的科学门类之后,就力图以实证主义的科学观来衡量自己的科学性。那么,是否运用了实证方法,就成为心理学研究是否科学的一个根本的尺度。但是,在中国文化中的传统心理学运用的方法不是实证的方法,而是体证的方法。所谓体证的方法,就是通过意识自觉的方式,直接体验到自身的心理,并直接构筑了自身的心理。所以说,体证至少有两个重要的特点。一个是心性的自我觉知,一个是心性的自我构筑。① 首先是内圣与外王。中国本土的心理学

---

① 葛鲁嘉. 中国本土传统心理学的内省方式及其现代启示[J]. 吉林大学社会科学学报,1997(6):
25 - 30,94.

传统都十分强调知行合一的原则,都主张内在对道的体认和外在对道的践行。这就是所谓的内圣外王的基本含义。内修要成为圣人,体道于自己的内心。外王要成就王道,行道于公有的天下。其次是修性与修命。正因为人心与天道是内在相通的,所以个体的修为实际上就是对天道的体认。天道贯注给了个体,就是人的性命。那么,对天道的体认就是修性与修命。再次是渐修与顿悟。个体的修为或体悟有渐修与顿悟的不同主张。渐修是认为修道的过程是逐渐的,是一点一滴积累而成的。顿悟则认为道是不可分割的,只能被整体把握,被突然觉悟到。这是体道的不同途径和方式。

六、限于传统和解释传统的理解

从认为中国本土文化中根本没有自己的心理学传统,到认为中国本土文化中有自己独特的心理学传统,这是一个根本性的进步和变化。这可以引导对中国本土心理学完全不同的探索和研究。但是,从认为中国本土文化中有自己独特的心理学传统,到从学术研究出发去挖掘、梳理和阐释中国本土的传统心理学,却常常存在仅限于传统和仅解释传统的局限。[1][2][3] 无论是回到传统还是遵循传统,都变成了一种自我封闭的心理学史或中国心理学思想史的研究,这在很大程度上不是推进中国心理学的发展,而是大大限制了中国心理学的发展。

限于传统和解释传统就是回到传统和遵循传统。也许,在心理学的研究中,承认中国传统文化中也有自己独特的心理学,这是一种进步。但是,在心理学的研究中,如果仅仅是限于传统、解释传统和回到传统,那是一种倒退。承认在中国本土的文化传统中有自己独特的心理学,并不是要贬低和放弃现代的科学心理学,并不是要证明和确定现代科学心理学的学术贡献早在中国文化历史中就已经完成。其实,对中国本土文化中的心理学传统的研究和探索,就是要立足本土的传统,就是要借用本土传统的心理学资源。对于中国本土心理学传统的挖掘,不是为了展示,而是为了创新。任何

① 杨鑫辉.诠释与转换——论中国古代心理学思想史研究方法的新发展[J].南京师大学报(社会科学版)南京师大学报(社会科学版),2002(4)：95-101.
② 杨鑫辉.中国心理学史论研究[J].江西师范大学学报,2001(4)：18-22.
③ 燕国材.关于中国古代心理学思想研究的几个问题[J].心理科学,2002(4)：385-390,508.

学科的发展都需要资源,心理学的发展也是如此。那么,中国本土的文化和传统中的心理学对中国心理学的发展来说,就是一种十分有益的学术资源。

当然,任何的资源都是需要挖掘、利用和转化的。对中国心理学的发展来说,本土文化的资源也是需要筛选和提炼的。重新去发现古典文献,仔细去阅读古典文献,认真去解释古典文献,详尽去分析古典文献,这都不是心理学研究最终的目的。其实,对中国本土传统心理学进行研究的最终目的,就是要奠定创新的基础,提取创新的资源,确立创新的立场,启动创新的程序,就是要获得创新的结果。这就必须突破限于传统和解释传统的理解,而必须确立立足发展和力求创新的理解。

七、立足发展和力求创新的理解

中国本土文化传统中的独特心理学就是心性学说,这种心性学说也可以称为心性心理学,在此基础上的新发展则命名为新心性心理学。中国本土文化中的心性心理学仅仅是传统意义上的古老心理学,中国心理学在新世纪的发展并不是要回复到原有的老路上去,而是一种创新,是在汲取中国本土文化资源基础上的创新,所以称其为新心性心理学。新心性心理学立足中国本土文化中的心性学说,但又是一种全新的和独特的心理学探索和创造。新心性心理学的探索主要由六个部分内容构成,涉及心理学的学科资源、心理学的学科基础、心理学的研究对象、心理学的对象背景、心理学的对象成长和心理学的学科反思。第一部分涉及的是心理资源,是对心理学的历史、现实和未来形态的考察。第二部分涉及的是心理文化,是对西方的心理学传统和中国的心理学传统的跨文化解析。第三部分涉及的是心理生活,是对心理学研究对象的一种新理解和新视野。第四部分涉及的是心理环境,是对心理与环境关系的一种新的思考和分析。第五部分涉及的是心理成长,是对超越了心理发展的心理成长的新心性心理学的探索。第六个部分涉及的是心理科学,是对心理学的命运与前途的全景考察。

心理资源的探索针对的是可以生成和促进心理学发展的基础条件。心理学的发展有着自己的文化历史的资源。心理学有着十分不同的历史发展和长期演变的各种形态。所有不同的心理学形态都是心理学的发展可以借用的思想文化资源。心理学资源可以体现为不同的心理学历史源流,也可以体现为不同的心理学现实演变，也可以体现为不同的心理学未来发展。
这包括常识形态的心理学、哲学形态的心理学、宗教形态的心理学、类同形
态的心理学、科学形态的心理学和资源形态的心理学。当代心理学的发展
不应该是抛弃由自身创造的各种不同形态的心理学，而应该是将其当作自
己学术创新可以借用的文化历史资源，从而扩大自己的视野，挖掘自己的潜
能，丰富自己的研究，完善自己的功能。心理学的成长要有自己植根的社会
文化土壤。这就是心理学的社会文化资源。心理资源既可以成为心理生活
的资源，也可以成为心理科学的资源。心理学面临着如何理解、看待、保护、
挖掘、提取、转用资源的问题。

　　心理文化的探索是从跨文化的角度，对生长于不同文化根基和相应于
不同心理生活的中西心理学传统进行比较和分析，探讨彼此之间沟通的可
能性和心理学发展的新道路。① 起源于西方文化的科学心理学，立足客观的
研究方法和客观的知识体系，提供了对心理现象的合理的理论解释和有效
的技术干预，但这仅仅揭示了人类心灵和精神生活的一个部分或侧面。起
源于中国文化的本土心理学也是自成体系的心理学探索，中国本土心理学
传统揭示了有意义的内心生活和给出了自我超越的精神发展道路。西方的
心理学传统是中国现代科学心理学的直接来源，目前则正在经历本土化的
历程和改造。中国本土的心理学传统在西方文化中的流传，也使西方的科
学心理学得到启示和受到影响。促进两者的沟通，将有助于形成新的心理
学科学观，并推动心理学的新发展。确立心理文化的概念，在于重新审视西
方心理学的文化适用性，并推进对其进行改造；在于重新审视中国本土心理
学传统的文化资源性，并推进对其进行挖掘。这有利于合理对待从西方引
入的心理学，开创中国自己的心理学发展道路。

　　心理生活的探索是试图从中国心理文化的传统入手，重新理解和认识
心理学的研究对象。原有的西方式的科学心理学，是从研究者的感官印证
的角度出发，把心理学的研究对象确立为心理现象。这把人的心理类同于
物的物理，而忽视了人的心理的一个非常重要的特性。那就是人的心理是

---

① 葛鲁嘉.心理文化论要——中西心理学传统跨文化解析[M].大连：辽宁师范大学出版社，1995：
　　300.

自觉的,心理的活动能够自觉到自身。这种心理的自觉不仅是自我的觉知和意识,而且是自我的建构和创造。这就不是把人的心理理解为心理现象,而是理解为心理生活。心理生活不是已成的存在,而是生成的存在。心理生活在人的生活中是处于核心的地位,所以应该成为心理科学关注的中心。但是,心理科学诞生之后,为了使之成为所谓真正意义上的科学,许多心理学研究者力求使心理学向当时相对成熟的自然科学靠拢。这就使得心理学把心理现象定位为心理学的研究对象,而放弃或忽略了心理生活的意义和价值。这其中的一个非常重要的原因是人们已经习惯了按西方心理学设立的标准来衡量和建设心理学。一旦放大了视野,特别是从中国本土文化的视角出发,就会认识和理解到有关心理学研究对象的完全不同的内容范围。因此,心理生活应该在心理科学中占有重要的位置,成为当代科学心理学发展的核心性内容。

心理环境的探索是试图从人类心理的视角重新理解环境。对于心理学研究来说,如何理解环境,决定了如何理解人的心理行为和人的生存发展。物理的环境对人来说,仅仅是外在的,间接的。只有心理的环境对人来说才是内在的,直接的。人的心理行为不是孤立的存在,不是封闭的存在。但是,在心理学的发展历史中,心理学家却很少系统地和深入地考察和分析过环境。心理学直接面对的是人的心理行为,环境也许并不是心理学应该关注的内容。但是,随着心理学的成熟和发展,随着对人的心理行为的了解和理解的深入和细致,心理学的研究领域也在扩展和放大,对环境的理解和解释也就必然要发生变化。显然,就非常有必要对环境进行重新的思考。那么,一个重要的心理学概念就是心理环境。心理环境是人的心理觉知和觉解的环境,是人赋予了意义和价值的环境。这已经超出了物理意义上的和生物意义上的环境。心理环境对人的影响是最切近的和最直接的。人可以在心理上分离出自己所处的环境,并针对这样的环境调整或调节自己的心理行为。所以,心理觉解到的环境是人建构出来的环境。融入了人的创造,就使得心理环境的含义超出了自然的、物理的、生物的、社会的和文化的环境的界限。人对心理环境的创造体现在心性主导的创造性构想,这可以突破自然的、物理的、生物的、社会的、文化的环境;也体现在心性支配的创造性活动,这可以改变自然的、物理的、生物的、社会的、文化的环境。

心理成长的探索是把着重于成熟和发展转向着重于成长和提升,把着重于生物和生理转向着重于心理和心性,把强调心理的直线发展转向于全面扩展,把强调心理的平面扩展转向于纵向提升。心理成长的概念含义涉及心理成长的基础、过程、目标、阻滞。心理成长有着特定的文化内涵、文化创造、文化思想、文化方式、文化源流。心理成长与心理文化的特定关系就在于心理成长的心理文化资源、心理文化差异、心理文化沟通、心理文化促进。心理成长与心理生活的特定关系就在于涉及人的心理生活的含义、扩展和丰富。心理成长与心理环境的特定关系就在于探索人的心理环境的含义、建构和影响。心理成长与心理资源的特定关系就在于挖掘心理资源的含义、构成和价值。心理成长实际上就是心理生成的过程,是生成的存在、是创造的生成。心理成长会关系到个体的心理成长,是个体生活的建构、是心理生活的建构。心理成长也关系到群体的心理成长,是群体的共同成长,是群体的心理互动,是群体的心理关系,是群体的成长方式。心理成长也会关系到人类的心理成长,是种族的心理,是民族的成长,是心理的成熟,是生活的质量。

心理科学的探索是关系到心理科学本身的学术反思、学术突破和学术建构。这可以带来关于如何推进心理学的学术进步、如何扩展心理学的学术空间、如何引领心理学的学术未来、如何确立心理学的本土根基、如何激发心理学的学术创新等一系列方面的最重要的学术突破。对于心理科学和心理科学的发展来说,最重要的是心理学的科学理念。这涉及心理学的科学观,包括科学观的含义、功能、变革和确立。心理学的科学观存在着对立,也就是小科学观与大科学观的对立,封闭的科学观与开放的科学观的对立。心理学的科学观经历了演变和变革,其中就包括自然科学的科学观、社会科学的科学观、人文科学的科学观。科学观或者心理学的科学观具有的是文化的内涵或性质。心理学的科学尺度彰显的是心理学的科学内核和科学标准。这在心理学的研究中就会有着强调和偏重理论中心、方法中心和技术中心的不同。心理学有着自己的科学基础,这包括哲学思想的基础,科学认识的基础,科学技术的基础,科学创造的基础,科学发展的基础。心理学的科学内涵涉及学科的科学性、研究的科学性、应用的科学性。心理学具有自己的学科或科学的资源,这涉及心理资源、资源分类、文化资源、思想资源、历史资源。心理学的科学发展涉及科学心理学的起源、科学心理学的演变和科学心理学的前景。心理学拥有的科学理论涉及心理学的理论建构、心理学的理论构造、心理学的理论形态、心理学的理论演变、心理学的理论创新。心理学的科学方法涉及心理学的方法论，心理学的方法中心、心理学的研究方法、研究方法的科学性、研究方法的多样性、研究方法的适用性。心理学的科学技术涉及心理学的技术思想、技术应用、技术手段、技术工具、技术变革。心理学的科学创新则涉及创新的基础、创新的途径、创新的氛围、创新的方法、创新的体现。

第五节　　宗教心理学的联通定位

　　蕴含在宗教中的或由宗教提供的宗教心理学具有十分丰富的心理学学术意义和学术价值。当然，关注和探讨宗教的宗教心理学并不是在贬低和忽视科学的宗教心理学，而是在为其寻找和挖掘重要的学术资源。这主要可以体现在如下几个方面。

　　首先，宗教的宗教心理学以宗教的方式给出了关于信仰、信念、价值定位、价值追求等人的心理的意向性方面的解释和阐释。这正是实证科学的心理学在自己的历史发展中有所回避、有所放弃、有所否定的方面。在科学心理学诞生之后，科学心理学家曾经把运用实证方法看作是心理学作为科学的唯一尺度。所谓实证的方法，实际上是建立在研究者感官证实基础之上的。那么，对于人的心理的意向性方面来说，却是研究者的感官无法直接把握到的，因而是科学心理学的研究本身无法证实的或无法揭示的。所以，无论是人的信仰、人的信念、人的意向、人的价值等等，都是很难给予合理的科学探索，也都是很难运用科学的方法证实。既然无法加以科学的证实，就意味着这是可以放弃的或是可以忽略的存在，就意味着这是根本不实的或完全虚假的存在。因此，在相当长的历史时段里，实证的科学心理学并没有去认真系统地研究和考察人的心理的意向性或价值性的方面。或者，对信仰信念和价值取向的研究，实证的心理学至多是将其当作客观的对象加以考察的，仅仅是去描述、证明或验证其作为心理现象的存在。这样的研究就只能是中立的、客观的和价值无涉的。因此,实证心理学的研究根本就无法去说明和解释、无法去给出和引导对人的心理生活来说是非常重要的价值取向、价值定位、价值赋予、价值评判、价值取舍等。这就等于心理学研究放弃了原本在人的心理生活中起着非常重要作用的价值问题。当然,科学心理学的当代发展,正在努力去填补这样的缺失,正在努力去克服自己的不足。那么,从宗教形态的心理学中,就可以获取相关的学术资源。

其次,在宗教的宗教心理学中,宗教家或宗教学者还把人的一些独特的心理行为放在了一个重要的位置上,给予了十分特殊的关注,进行了宗教方式的探索。可以说,这些独特的心理行为是在人的宗教以外的其他活动领域中很少存在的,或者是在人的宗教以外的日常生活中很少出现的。但是,这些独特的心理行为却在人的日常宗教信仰的生活中占有着十分重要的地位。这实际上就包括在宗教活动中的那种奇异体验,那种茅塞顿开,那种出神入化,那种心悦神服,那种顿然开悟,那种宁静平和,那种幸福安详,那种超拔解脱,那种喜悦极乐。这也包括宗教信仰者实际上得到的种种关于美好、高尚、圣洁、完善、永恒等的心理体验;种种对事物本质、对存在价值、对高峰体验、对终极意义、对神圣使命、对神人相合等的心理体悟。超个人心理学就试图扩大心理学的研究领域,而将所有上述的方面都纳入到心理学的研究领域中来。[①] 藏传佛教也强调心灵具有觉醒的潜能。一旦摆脱无明的遮蔽,心灵就会体验到宁静和快乐。这里重视的是断念心、觉悟心和菩提心。[②] 宗教体验、心理体验、极乐体验,等等,其实都可以成为心理学的研究内容。那么,关于体验的心理学考察,也就成为一个非常重要的心理学研究主题和概念范畴。[③] 然而,对于这些独特的心理行为的考察,对于这些涉及内在体验和精神追求的解说,正是实证的科学心理学研究中所长期遗留的和缺少考察的研究空白,也正是实证的科学心理学所必须面对的和应该攻克的研究难题。尽管宗教的宗教心理学并不是以科学的方式去说明和解释上述那些独特的心理行为,但其却是以宗教的方式体现了这些心理行为的现实存在和宗教意义。

① 林方. 心灵的困惑与自救[M]. 沈阳:辽宁人民出版社,1989:250-251.
② 莫阿卡西. 荣格心理学与西藏佛教[M]. 江亦丽,等,译. 北京:商务印书馆,1994:18-19.
③ 瓦西留克. 体验心理学[M]. 黄明,等,译. 北京:中国人民大学出版社,1989:19.

再次,宗教的宗教心理学还给出了各种各样的、十分独特的、特别不同的、力求实现的和达成目标的方式、手段、途径、步骤、程序等等。无论是基督教、伊斯兰教,还是佛教,都提供了净化人的心灵自我、提升人的精神境界、引导人的向善追求的方式和方法。例如,佛教中的禅宗心理学实际上就提供了关于达成顿悟的、入静的、止念的、超拔的、无牵无挂的、无虑无忧的、无滞无碍的、精神解脱的、大彻大悟的、欢喜极乐的等境界的方式和方法。对于改变、转换或提升人的心理境界来说,这些技术和手段既是十分独特的,也是功效显著的。其实,宗教形态的心理学正是通过相应的技术和手段,来改变人的心理和提升人的境界,来验证自己的理论和确立自己的学说。这种由宗教提供的体验和体证的方法,对于心理学的研究和应用来说,有着重要的可借鉴的价值。当然,怎样提取和借用宗教形态的心理学资源,是心理学研究者必须面对的问题。

可以肯定地说,宗教形态的心理学是一种十分必要的传统资源,是一种十分必要的文化资源,是一种十分显要的学术资源,是一种十分主要的心理资源。对于本土心理学的发展来说,非常关键的不仅是自己的学术目标,而且是自己的学术资源。那么,实际的问题就在于,本土心理学应该怎样去挖掘宗教形态的心理学的历史资源,应该怎样去提取宗教形态的心理学的传统资源,应该怎样去利用宗教形态的心理学的学术资源,应该怎样去转换宗教形态的心理学的创新资源。这就是考察、探索和研究宗教形态的心理学实际具有的意义和价值。

中国本土心理学的当代发展,目前正在寻求的就是原始性的创新活动。中国现代的心理学有过太多的对外国心理学的引进和模仿,而十分缺少的和特别稀有的就是创新,特别是原始性的创新,尤其是立足本土文化资源的原始性理论创新。因此,中国本土心理学的发展必须认真地对待各种文化传统中的、特别是本土文化传统中的那些心理学的资源。这是中国本土心理学的学术的根本,也是其发展的基础,也是其创新的起点,也是其思想的源泉,也是其成长的养分,也是其突破的动力。

第十二章　宗教心理学的未来

解析和探究宗教形态的心理学，将影响到宗教心理学的未来发展，并涉及宗教心理学与宗教、哲学、科学、文化、生活和未来之间的关系。这一系列的关系给出了宗教形态的心理学的未来定位和未来出路。宗教形态的心理学的未来不仅关联到宗教心理学的学科发展，而且关联到整个心理学的学术进程。

第一节　宗教心理学与宗教

宗教有着庞杂的内容。正是宗教的系统包含着宗教心理学的探索，也正是宗教的繁荣促进着宗教心理学的研究。因此，宗教心理学与宗教有着天然的、必然的和实然的关联。

有研究探讨了禅宗的心灵之道。[①]　研究指出，禅宗强调以心传心，明心见性，因此也称为佛心宗或心宗。但是，禅宗有别于一般的印度佛教。与印度佛教的基本教义相比，禅宗去掉了其神秘性和思辨性，成为一种生活的智慧。不仅如此，禅宗也不同于一般的中国佛教。唯识宗就主要是深入细致地论述了人的意识是如何产生和迷误，同时人又是如何转识成智。天台宗则倡导的是圆顿止观，去体悟事物的即空即假即中，亦即圆融三谛。华严宗则显示了觉悟者已经证悟的如来藏清净体。与这些宗派不同，禅宗凸显的是个体的心灵瞬间直接了悟自身的本性。可以说，禅宗是中国智慧对于印

---

① 彭富春.禅宗的心灵之道[J].哲学研究，2007(4)：80-88.

度佛教最具创造性解释的独特产物。正是因为如此,禅宗弥补了中国精神结构中的缺失,丰富了本土心灵解说中的维度。

慧能的禅宗既不倡导片面的读经,也不主张单一的禅定。因此,禅宗之禅并不是禅定之禅,而是智慧之禅。在这样的意义上,禅宗是佛教史上的一次伟大创新。首先,禅宗直接继承了涅槃有宗的佛性思想。有宗主张一切众生皆有佛性,不仅对于善人,而且对于恶人,佛性都是永远长存的。佛性是人不生不灭的内在本性。因此,任何人都有觉悟成佛的可能性。其次,禅宗也采用了般若空宗的中观思想,也就是不二或者无二。不二法门是大乘佛教的一般思维方式。这一法门否定了人们非此即彼的思维方式。这既不是一般语言所断定的某一方面,也不是这一方面的对立面,当然也不是这两者的综合而产生出来的第三者。毋宁说,这是在上述语言的描述之外的:非此非彼,亦此亦彼。

作为中国化的佛教,禅宗采用了儒家的基本思想。儒家的思想是关于人的现实世界的学说,强调各种道德伦理规范。这些也可以通用于禅宗。在这样的社会规范中,人一方面约束自己的心理行为,另一方面遵守人际的关系秩序。比起儒家而言,禅宗更具道家的色彩,人们甚至认为禅宗就是道家化的佛教。道家否定世俗世界,主张归隐山水,采用玄学化的思想和学说,这些都可以在禅宗身上找到或显或隐的影子。

不管禅宗在何种程度上受到印度和中国传统思想的影响,这都是一种独特的创造性智慧。禅宗的创造性在于:对佛教的基本理论——戒定慧三学重新进行了革命性的解释。戒学所指是佛教徒的规范、戒律。慧能接受了佛教关于戒律特别是大乘菩萨戒律的基本思想,但以作为自性的佛性对之重新进行了解释,并称之为无相戒。定学所指是超越欲界和断除烦恼,是心处一境或摄心一处。所谓禅定是指心灵专注一境的修炼活动及其状态。但是,禅与定仍有一定的差异。禅是静虑止念而观照内心;定是心不散乱而止于一处。于是,作为心灵自身净化的过程,禅定就包括观和止两个方面。慧学所指是显发本性和断惑证理。佛教所说的智慧是对于诸法破除了一切迷情妄相的真知。慧学修习的次第分别为闻所成慧、思所成慧、修所成慧、证所成慧。根据慧能的观点,心就其本性而言,不仅有智慧,而且就是智慧。慧能将戒定慧三学完全内在化和心灵化了。通过这种变革,禅宗成为中国历史上一种新的智慧之学。

禅宗智慧不仅把佛理解为佛性，而且理解为自性。与世界上任何的一神教或多神教不同，佛教中的佛并不是在任何意义上的上帝或神灵，不管是自然神还是人格神。佛意味着觉悟，也就是觉悟人生和世界的真理。因此，佛也就是佛性。那些觉悟了的人之所以为佛，是因为可以被佛性规定。人是特别的存在者。人有心灵，甚至人就是心灵，因为人的一切存在不仅显现为心灵的活动，而且在根本上被心灵的性质规定。虽然心是复杂的、多变的，但是心性却是唯一的、永恒的，因此这就是本性、本心、真心、真如心、自性心、清净心。这个本心便是觉悟之心。因此，人的自性也就是人的心灵。心灵可以觉悟自己的自性，所以可以说心灵就是知道自己作为自性存在的自性。一般而论，性与心是不同的：性是存在的规定，心是人性的规定。但是，禅宗理解的性与心是同一的：性生发了心，而心通达了性。在这样的关联中，性就是心，心也就是性。自性就是自心，甚至两者可以合二为一，称为心性。禅宗的革命性就在于，禅宗不仅将佛的佛性理解为自性，而且将人的自性解释为本心。

佛就是觉悟。首先是自觉。佛就是证悟了自己不生不灭的真如本性。其次是觉他。佛慈悲为怀，普度众生，以自己的智慧来教化迷情，让众人发菩提心，达清净地。最后则是觉满。佛不仅上求菩提，而且下化众生，悲智双运，福慧双足，因此功德圆满。虽然自性或佛性常在，但是佛性又常被遮蔽。因为每个人天生就具有佛性，所以才有可能迷失，而遮蔽自己的佛性。一方面，人的自性并不是原始无明的，而是清净的；另一方面，人的自性又不是完全不受他物的影响，而是时时处在迷误之中。不过，自性的清净是内在的、必然的和永恒的，而自性的迷误则是外在的、偶然的和暂时的。但是，自性的迷失形成了无明、烦恼和种种罪过。人的自性的迷失在根本上表现为人的自心的迷失。这就是心灵蒙蔽了自身或受到了蒙蔽。心迷就在于起念，起念正是指邪念的生起。佛教所说的邪念就是三毒，即贪嗔痴。这在于当心灵起念的时候，其意向是指向于外在事物的。一旦心灵为外在事物所规定，就会失去其自身的本性。这也就意味着自心的迷失。

迷误的人们如何才能够觉悟呢？慧能将觉悟表述为无念，并认为无念就是禅宗最基本的修行法门。无念仍然是心灵的活动，但无念是不执著于万物,也就是不被外物遮蔽。这里的念是指被外物污染之念,而不是指纯洁之念。无念就是要消除被外物污染之念,而达到纯洁之念。所谓的纯洁之念就是禅宗追求的真如本性,因而无念也是真如之念。念包含杂念和纯念两种对立的语义,因此无念也就具有两种不同的意义。当念是杂念的时候,无念就是否定这种念头;当念相反是纯念的时候,无念就是显示这种念头。如果说无念主要从否定方面而言,那么开悟则主要从肯定方面而言。无念就是开悟,开悟就是无念;无念是去蔽,开悟就是显示。去蔽就是为了显示。

有研究分析了中国传统神学的三大宗教意识。[①] 研究指出,中国传统宗教神学形成了一个多层次的宗教信仰结构,即以天子为中心的上层、以儒释道为代表的中层和以庶民百姓为主体的下层。在这多层次结构的宗教信仰中,就个体宗教信仰者来说,是互相交叉的,即皇帝宰臣既是上层祭祀崇拜的信奉者或主持者,同时也可以是佛教、道教的信徒,庶民百姓亦然。因此,中国传统宗教神学就成为中国封建宗法制度的一大精神支柱——神权,其宗教理论则构成了"天人合一"与"天人并尊"的宗教哲学本体论意识,"天人感应"与"天人相通"的宗教心理机制,以及"神道设教"与"鬼神迷信"的宗教社会制控功能意识。

首先是"天人合一"与"天人并尊"的宗教哲学本体论意识。"天人合一"与"天人并尊"的宗教哲学本体论意识,是在中国原始自然宗教向人为神学宗教过渡中逐渐形成并得到发展的。经过漫长封建社会先哲们的不断认同与改造,成为"天人合一"的哲学思想,这一哲学思想之发端实在于中国传统宗教神学和中国古老神话。"天人合一"与"天人并尊"的宗教哲学本体论意识,从原始宗教的重祖先、古老神话重先民的凡世的创举业绩,到周公、孔子重人文的思想,一脉相承,积聚了中国注重人道的传统。"天人合一"宗教哲学的本体论框架,不仅仅有宗教理论,而且有一套宗教礼仪,这个礼仪就是延绵二千多年的以"天地君亲师"为主的系列崇拜仪式。"天人合一"与"天人并尊"的宗教哲学本体论意识,其具体表现为"天命神学"与"圣贤崇拜"。

其次是"天人感应"与"天人相通"的宗教心理机制。"天人合一"的宗教哲学思想在宗教的表征上是"天人并尊"的崇拜形式,儒家的"隆君师"导致

---

① 石衍丰.试析中国传统神学的三大宗教意识[J].世界宗教研究,1995(2):11-20.

"圣贤崇拜",道教的"长生成仙"导致"仙真崇拜",而"天人并尊"的崇拜礼仪导致"天人感应"的宗教心理机制。总之,"天人合一"的宗教哲学本体论意识正需要"天人并尊"的宗教崇拜仪式和"天人感应"的宗教心理机制去体验它,因此它们之间有一种必然的有机联系。最初的"感应"就是原始宗教的祭祀有福、报答心理、图腾与氏族的神秘感应心理,巫术力图控制外界的心理等综合而产生的。中国人的"善有善报,恶有恶报,不是不报,时候不到"的"天人感应"的宗教心理机制,使常人平时重视的是畏天命、积功德(包含积阴德)、求平安,偶尔遇灾难祸事,求神拜佛,希望化凶为吉,保佑平安。这种"天人感应"的宗教心理机制是建立在此岸世界,是为祈求现实世俗生活的幸福。黎民百姓求安居乐业,子孙昌盛;帝王将相求风调雨顺,国泰民安,帝基永祚,官运亨通。

再次是"神道设教"与"鬼神迷信"的宗教社会制控功能意识。中国传统神学"神道设教"的社会制控功能意识源远流长。一般认为,"神道设教"的首倡者是中国儒家学派,这在《论语》中已见端倪。"君子有三畏:畏天命、畏大人、畏圣人之言。"这里的天命、大人、圣人三位一体,人们必须敬畏,这是"天人合一"的本体论意识。但小人不畏天命,轻蔑大人,不尊圣人,怎么办? 那就是敬鬼神。

如果从宗教的哲学和文化层面进行剖析就会发现,"天人合一"与"天人并尊"的宗教哲学本体论意识,"天人感应"与"天人相通"的宗教心理机制、"神道设教"与"鬼神迷信"的宗教社会制控功能的意识,是三位一体的,是有机联系的,是缺一不可的,共同构成了中国传统神学的三大宗教意识。

宗教心理学有宗教的源流,有宗教的归属,有宗教的传统,有宗教的根基,有宗教的依据,有宗教的功能。当然,科学的宗教心理学也有宗教的提升,也有宗教的变革,也有宗教的引导,也有宗教的解说,也有宗教的矫正。宗教心理学的双重存在和双重身份也就决定了宗教心理学与宗教的更复杂的关系。

第二节　宗教心理学与哲学

因为哲学与宗教结成关系的方式不同,也就形成了不同形态的宗教哲学,并在学术上产生了对宗教哲学的不同理解。分析起来,至少可以区分出三种宗教哲学。第一种是将对宗教所作的哲理性思考称为宗教哲学。在这里,哲学是站在宗教之外,通过对宗教的哲理性透视而与宗教形成关联。显然,宗教哲学区别于神学,因为神学是站在宗教之内为宗教信仰作辩护的。宗教哲学之所以要选择宗教之外的客观立场,乃是由宗教哲学的研究目的决定的。宗教哲学既不能仅仅由于传统或权威便轻易接受任何教义,与此同时,也不应因宗教问题十分神秘或过于崇高而放弃理智理解的可能性。宗教哲学批判面对的应当是各种宗教信仰。假若这些信仰经得起检验,那就必须是可以理解和推敲的;假若这些信仰值得去相信,那就必须具备符合理性的充分证据。置身于宗教之内的神学家则不然,他们对宗教的哲学思考是以信仰为鹄的,以教义为准则。第二种是将对宗教信仰所作的哲理性论证和辩护称为宗教哲学。在此,哲学是将自己作为工具交给宗教使用的,完全是为宗教信仰服务。从立场上来看,这与前一种宗教哲学不同,是站在宗教之内说话的。就实质而言,这属于为宗教教义作论证的神学。不过,也不能轻率地将其与神学完全等同。因为哲学讲究理性,而有的神学是完全反理性的。就拿基督教来说,其神学就有自然(理性)神学与启示神学之分。其中的启示神学只强调对神启的顺从,根本反对人的理智。如果要说宗教哲学属于神学,那只能是属于其中的自然(理性)神学而不是全部。哲学作为世界观,指明了人的生存处境和人与神、人心与世界的关系,从而为人的宗教信仰提供了理论前提和思想依据。运用哲学的思维方式可以使对宗教信仰的说明和论证系统化、理论化、明朗化。哲学具有保护信仰的功能。第三种是将宗教中蕴含的宇宙论、认识论、人生论等思想称为宗教哲学。宗教确实也有自己的哲学,这种哲学算得上是哲学大家族中的一员,可名之为宗教哲学。①

有研究探讨了哲学、宗教和神学之间的关系。② 研究指出,哲学、宗教和神学之间具有多样关系,具有互惠关系。三者的区别体现在:哲学研究万有本体或整个实在的第一原则;宗教涉及人和神之间的关系;神学特别是基督

---

① 吕鹏志. 宗教哲学导论[J]. 四川大学学报(哲学社会科学版),1997(3):31-38.
② 豪斯特·塞岛,刘平. 作为哲学的宗教和作为宗教的哲学——论哲学、宗教和神学之间的关系[J]. 华东理工大学学报(社会科学版),2006(2):93-95.

教神学在于解释《旧约》和《新约》中神圣启示的内涵。从比较来看，哲学和宗教之间的区别是：宗教直接献身于神，哲学直接依赖于理；宗教以献身于神圣权威的信仰为基础，哲学以依赖于人类理性权威为根本；宗教热望获得拯救与神通，哲学志在获得本源与反思。宗教和哲学之间的共同点在于都具有实在主义精神。从比较宗教和神学来看，宗教和基督教神学在信仰神上是一致的，但神学以科学方式研习神圣启示的内涵。从比较哲学和神学来看，哲学没有信仰，神学具有信仰，其共同点是实在主义。

在现代的宗教视域中，不仅基督教如此，佛教也如此，人们试图用人类某种独一无二的灵性活动将宗教和哲学统一起来，这类尝试举不胜举。在现代西方的哲学传统中，所谓的基督教哲学已经形成了自身独特的样式与特征，是出自基督教信仰中的种种前提。当然，在宗教日益全球化的时代，在东方世界中也曾出现日本佛教学派将佛教和西方哲学相结合。总的来讲，在全世界兴起了哲学宗教化的"运动"，一种"虔诚的思维"正在成形，并从一开始就被引向某种绝对原则，宗教徒们称之为神圣，但是这已成为一个哲学难题，以至于在生存论意义的生命体验中，哲学皈依了宗教，而不是相反。

宗教直接献身于神，并将之作为始初的对象，而形而上学并不是将神作为其对象，其对象是此岸世界中的万有，其中包括人，也就是"作为存在的存在"。宗教方法也不同于哲学方法。的确，宗教以将自身献身于神圣权威的信仰为基础，而哲学在其自身的知识领域之中则是自主的，以人类理性为其唯一权威。宗教和哲学之间的差别表现在各自不同的人性态度上。哲学仅仅提出关于世界和人类的本性、生命和死亡的意义等"终极问题"。神学能够给出问题的解决方案，哲学则无法提供问题的最终答案。

应该说，宗教心理学与哲学的关系是心理学与哲学关系的延伸。心理学曾经依附于哲学而产生和存在，也曾经脱离和排斥哲学而存在和发展，现在，心理学也已经重新定位自己与哲学的关系，依赖哲学的反思而确立和修订自己的理论预设或前提假设。宗教心理学也同样是如此。宗教心理学曾经依附于哲学而产生和发展，也曾经脱离哲学而存在和发展，而现在已经在重新考量哲学的价值和作用。

第三节　宗教心理学与科学

　　宗教与科学归属于两个不同的世界,活跃于两个不同的领域,栖身于两种不同的文化,生成于两种不同的生活。宗教心理学与科学的关系就是从中引出的。

　　有研究考察了科学与宗教关系的三个层次。[①] 研究指出,合理的科学与宗教关系的理论应具备以下两个基本点。一是超越科学与宗教关系的二元模式,从科学和宗教与人类把握世界的其他基本方式的复杂的多元关系出发,来理解科学与宗教的关系;既坚持科学是人类文明的基础,又强调宗教是人类文化的本质。二是能合理解释下列典型事实:中世纪及文艺复兴时期宗教对科学的压制;宗教与科学在发生学上的关系;牛顿、波义耳等科学家为什么能同时成为虔诚的宗教信徒? 为什么爱因斯坦、普朗克等人都深深感受到了科学活动中宗教的精神价值,并对科学与宗教的关系作了本质相同的阐述? 作为两种文化现象的科学与宗教,是人类把握世界的不同方式。人类把握世界的基本方式具有"世界图景""思维方式"和"价值规范"的三重内涵。科学与宗教是既为人类提供了宗教的世界图景和科学的世界图景,也为人们的思想和行为提供了各自的"思维方式"和"价值规范"。

　　首先是科学的世界图景与宗教的世界图景的相互作用。科学的解释是对自然现象本质的揭示,宗教的解释虽然也是对"为什么问题"的回答,但提供的却是一个直观化的、象征性的世界图景。科学解释的可接受性是建立在对象本质的把握、概念意义的明晰、概念联结的逻辑,以及经验证实的基础之上;宗教解释的可接受性则是建立在人对虚幻的"神"的超经验的信仰,以及宗教概念框架中存在的或多或少用理性的能力无法彻底说明的神秘性因素基础之上。科学解释是发展的、可批判的,宗教解释则依存于信仰和皈依,自认为提供了关于一切的终极解释,不能接受和容忍来自宗教内部的批判等。

[①]　曹志平.科学与宗教关系的三个层次[J].自然辩证法研究,2002(10):62-65.

其次是科学的思维方式与宗教的思维方式的相互作用。科学与宗教作为人类把握世界的基本方式，都蕴含着与各自的存在和价值相适应的思维方式和解释原则。科学是理性的事业，诉诸的是可检验的事实，在自然客体的存在状态与人类本质力量的耦合关系中，把握自然规律，理解自然现象。宗教则以信仰为核心，是从"神"的存在这个第一原则出发来解释人和世界，一切活动都以强化人对"神"的信仰为中心。

再次是科学的价值规范与宗教的价值规范的相互作用。所谓"价值规范"就是对人们的价值取向、价值认同、价值选择、价值评价和价值践履等的规范。作为文化现象的科学与宗教，各自通过自己价值的实现，影响和改变着人们的社会价值观。

有研究对当代科学与宗教关系的研究进行了述评。[①] 研究指出，科学与宗教的关系问题是科学史学界长期关注的一个热点问题。传统的观点认为，科学与宗教的关系是一种根本对立与冲突的关系（简称"冲突论"），这一看法至今在社会大众中仍然广泛流行。但是，在当今西方学术界，这一观点遭到了许多学者的否定。

在科学与宗教关系问题上的"冲突论"，是长期以来和直到如今仍然为学者和大众所持有的一种观点。但是，近年来，"冲突论"作为一种经过筛选的或过于简化的历史解释受到广泛的批评，主要原因是科学与宗教之间经常以复杂的方式相互作用。例如，在牛顿身上出现的是，科学以某种方式与基督教相互作用。而且，近代史上的许多争论出现在科学内部和宗教内部，而不是出现在科学与宗教两者之间。从逻辑的角度讲，科学与宗教之间可以有四种相互关联的模式，即冲突、独立、对话与交融。实际上，宗教不仅包含认知因素，还包含信念、拯救和教义之类的启示因素，也包含祭拜礼仪、社会结构、宗教组织等社会因素。科学不仅限于理论，还包含研究方法、实验活动以及科学共同体的社会结构、经济因素和心理因素。因此，科学与宗教之间不仅包含有认知关系，而且包含非认知关系。

首先，科学与宗教之间的关系问题是一个异常复杂的问题，不仅存在历史学与逻辑学意义上的"实然关系"，也存在规范论与价值论意义上的"应然

---

① 刘魁. 当代科学与宗教关系研究述评[J]. 国外社会科学, 2004(4)：32 - 37.

关系"。其次,科学与宗教的关系是在一定社会、历史与文化环境中发生的,总是与一定社会历史时期的政治、经济与文化问题联系在一起。所以,在考虑这个问题时,应当从多学科角度进行综合研究,避免按照某种预定的主观模式去裁剪历史。再次,科学与宗教的关系不仅涉及现代科学与基督教的关系问题,也涉及传统科学、后现代科学与基督教的关系,还涉及与其他宗教的关系。最后,科学与宗教的关系还体现在研究方法上,需要各种不同形式的研究方法与手段的整合和匹配。除了传统的比较研究法、史学考证研究法、传记研究法、文本研究法、功能研究法、语言学研究法之外,还应当考虑吸收宗教社会学、科学社会学、文化学、人类学的研究成果与方法。

宗教与科学的关系必然影响到宗教心理学与宗教科学的关系,这直接关系到的就是宗教心理学的双重身份或双重存在,也就是科学的宗教心理学与宗教的宗教心理学。这两种不同的宗教心理学具有的关系,就决定了宗教心理学探索的基本定位和核心内容。研究无论是从单面性或单向性的关系出发,还是从双面性或共生性的关系出发,都应采纳符合社会发展规律和心理学发展规律的方法。

第四节　宗教心理学与文化

心理学、心理学的研究、心理学的学科发展、心理学的学术演变,都与文化有着非常直接和极其重要的关联。当然,最根本的不是心理学是否与文化有关联,而是心理学与文化的关系是一种什么性质的关系。在心理学的众多分支学科中,有一些分支学科是与社会文化关联非常密切的。那么,考察和探讨这些分支学科有关文化的内涵,就可以理解和阐释心理学与文化的特定关联。这其中就包括文化心理学的学科,跨文化心理学的学科。当然,要说明心理学与文化的关系性质,除了考察特定的心理学分支学科,还可以考察在心理学发展中显露出来的特定研究取向和研究思潮。其中就包括心理学本土化的研究思潮,心理学多元文化论的研究思潮。这都给心理学的发展带来了关键性的、标志性的变化和进步。

文化心理学原本是心理学中默默无闻的、非常弱小的分支学科,但是近年来有大兴的趋势。文化心理学是通过文化来考察和研究人的心理行为的心理学分支学科。① 在当代，文化心理学有较为迅猛的发展，正在受到人们越来越多的关注。② 文化心理学的兴起与主流心理学面对的困境有关。③ 文化心理学有着自己的发展线索，④也有自己的方法论困境。⑤ 按照余安邦的考察，文化心理学实际上经历了三个重要的发展时期。在不同的时期里，文化心理学的知识论立场、方法论主张、研究进路特色及研究方法特征都有重要的变化。⑥ 20 世纪 70 年代之前，是文化心理学发展的第一个时期。在这个时期，文化心理学的研究目标是在追求共同和普遍的心理机制。当时的文化心理学假定了人类有统一的心理机制，从而致力于从不同的文化中去追寻这一本有的中枢运作机制的结构和功能。研究者通常是采用跨文化的理论概念和研究工具，来验证人类心理的中枢运作机制的普遍特性。20 世纪 70 到 80 年代中期，是文化心理学发展的第二个时期。在这个时期，文化心理学开始关注人类心理的社会文化的脉络。当时的文化心理学转而重视人的心理行为与文化母体的联系，特别是从社会文化的脉络去考察和说明人的心理行为。这就不是从假定的共有心理机制出发，而是从特定的社会文化出发。这一方面是指有什么样的社会文化，就有什么样的心理行为模式。这另一方面是指运用特定文化的观点和概念来探讨和说明人的心理行为的性质、活动和变化。20 世纪 80 年代中期之后，是文化心理学发展的第三个时期。在这个时期，文化心理学强调人的主观建构、象征行动及社会实践的文化意义。那么，文化就不再是外在地决定人的心理行为的存在，而是内在于人的觉知、理解和行动的存在。社会文化的环境和资源的存在和作用，取决于人们捕捉和运用的历程和方式。正是人建构了社会文化的世界，人也正是如此而建构了自己特定的心理行为的方式。此时的文化心理学开始更多地从解释学的观点切入，通过解释学来建立文化心理学的知识。文化心理学也被认为是心理学在方法论上的突破。⑦

①　李炳全，叶浩生. 文化心理学的基本内涵辨析[J]. 心理科学，2004(1)：62 - 65.
②　余德慧. 文化心理学的诠释之道[J]. 本土心理学研究，1996(6)：146 - 199.
③　李炳全，叶浩生. 主流心理学的困境与文化心理学的兴起[J]. 国外社会科学，2005(1)：4 - 12.
④　田浩. 文化心理学的发展线索[J]. 内蒙古师范大学学报(哲学社会科学版)，2005(6)：92 - 95.
⑤　田浩. 文化心理学的方法论困境与出路[J]. 心理学探新，2005(4)：7 - 10，30.
⑥　余安邦. 文化心理学的历史发展与研究进路[J]. 本土心理学研究，1996(6)：2 - 52.
⑦　李炳全. 论文化心理学在心理学方法论上的突破[J]. 自然辩证法通讯，2005(4)：40 - 45.

在心理学的众多学科分支中,跨文化心理学也越来越受到关注和重视。特别是在近些年来,跨文化心理学成为心理学研究中的一门显学。在一个不长的历史时段中,跨文化心理学也同样获得了非常迅猛的发展。所谓的跨文化心理学,是对文化的变量进行综合比较的心理学研究,是通过文化的变量来考察和研究人的心理行为异同的一门重要的心理学分支学科。[①] 该学科是研究和比较不同文化群体中的被试,以检验现有心理学知识和理论的普遍性,其根本目的是为了建立普遍适用的心理学或人类的心理学。[②] 显然,跨文化心理学涉及人的心理行为的文化特性,但其目前的研究立场和研究方式却仍然存在着较大的争议。[③] 大部分的跨文化心理学研究都是以西方心理学为基调,采纳的是西方心理学的理念、框架、课题、理论及方法等。那么,通过此类研究得出的普遍适用的心理学或全人类的心理学,就只能是西方心理学支配的心理学。

目前的跨文化心理学研究的确在方法论上存在着重大的困难与障碍。例如,跨文化心理学有两种不同的研究策略,即主位的(emic)研究和客位的(etic)研究。通常的理解,主位的研究是指从本土的文化或某一文化的内部出发来研究人的心理行为,而不涉及在其他文化中的适用性问题。客位的研究则是指超出特定的文化,从外部来研究不同文化中的人的心理行为。显然,大部分的跨文化心理学研究采取了客位的研究策略。但是,这样的研究策略常常是以西方文化为基础或以西方心理学为基调。杨国枢曾仔细地分析过主位的研究取向与客位的研究取向的内在含义。他认为这两个研究取向有三个对比的差异:一是所研究的现象或是该文化特有的,或是该文化非特有的;二是在观察、分析和理解现象时,研究者或是采取自己的观点,或是采取被研究者的观点;三是在研究设计方面,或是采取跨文化的研究方式,或是采取单文化的研究方式。杨国枢认为,原有的跨文化心理学研究主要采取的是以研究者的观点探讨非特有现象的跨文化研究。在这样的研究

① 郭英. 跨文化心理学研究的历史、现状与趋势[J]. 四川师范大学学报(社会科学版),1997(4):90-95.
② Vijver, F. V. D. The evolution of cross-cultural research methods. In David Matsumoto(Ed.), *The handbook of culture and psychology*. New York:Oxford University Press, 2001, pp. 78-92.
③ 李炳全. 文化心理学与跨文化心理学的比较与整合[J]. 心理科学进展,2006 (2):315-320.

方式中,来自某一文化的心理学者(通常是西方学者,特别是美国学者),将其发展或持有的一套心理行为概念先运用于对本国人的研究,进而再运用于对他国人的研究,然后就得出的结果进行跨文化的比较。这种研究方式正在受到质疑和批评,一些跨文化心理学的研究者也正在寻求更好的、更合理的研究方式,如客位和主位组合的研究策略、跨文化本土研究策略等。①

　　心理学本土化的研究思潮和研究趋势,本土心理学的研究定位和研究策略,都不同于或区别于跨文化心理学的研究,都容纳了或超越了跨文化心理学的研究。本土心理学是兴起于对西方文化的支配性地位和主导性约束的反叛和反抗,是来自对西方心理学的唯一合理性和普遍适用性的质疑和挑战。② 对本土心理学研究的基本梳理表明,本土心理学主要是体现在三个重要的努力方向上:一是反思和批判西方心理学,反对西方心理学独霸的支配性地位;二是挖掘和整理本土的传统心理学资源,寻求新的发展基础和研究平台;三是创立和建设本土的科学心理学,形成和构建与本土的社会文化、与本土的心理行为、与本土的思想理论相吻合的心理学理论、方法和技术。

　　心理学本土化是一个世界性的潮流,在不同的国度、不同的文化、不同的传统中都有所体现。中国心理学的本土化是其中非常重要的努力。中国本土心理学的发展有着自己的学术追求和目标。可以说,在中国心理学的成长历程中,科学化与本土化是中国心理学发展的两个重大主题。③ 心理学中国化有着自己的学术演进和发展目标。④ 新心性心理学的理论建构就属于中国本土心理学的原始性理论创新。⑤ 中国心理学的本土化发展历程是非常值得探讨的学术标本。可以说,中国心理学的本土化起步的时间非常晚,但发展的速度却非常快。中国心理学的本土化研究和本土化历程,在一

① 杨国枢. 我们为什么要建立中国人的本土心理学[J]. 本土心理学研究,1993(1):6-88.
② Kim, U. Culture, science, and indigenous psychologies: An integrated analysis. In David Matsumoto(Ed.), *The handbook of culture and psychology*. New York:Oxford University Press,2001,pp. 54-58.
③ 葛鲁嘉. 中国心理学的科学化和本土化——中国心理学发展的跨世纪主题[J]. 吉林大学社会科学学报,2002(2):5-15.
④ 葛鲁嘉. 心理学中国化的学术演进与目标[J]. 陕西师范大学学报(哲学社会科学版),2007(4):118-123.
⑤ 葛鲁嘉. 新心性心理学宣言——中国本土心理学原创性理论建构[M]. 北京:人民出版社,2008:41-42.

个比较短的时期里取得了相当数量和相当重要的成果。从中国心理学本土化的发展历程来看,可以将其大致地区分为两个阶段:第一个阶段是保守的本土化研究时期,时段大约是从 20 世纪 70 年代末期到 80 年代末期;第二个阶段是激进的本土化研究时期,时段大约是从 20 世纪 90 年代初期到现在。

在保守的本土化研究时期,中国本土的心理学者主要反思和批判西方心理学在研究内容上的褊狭,检讨和重估西化的中国心理学对解释中国人心理的缺陷,开辟和推动本土化的心理学具体研究。但是,这仍然是一个保守的时期,其主要特征在于仅仅试图扩展西方心理学的研究内容,使中国心理学转而考察中国人的心理行为。这在科学观上并未能够超越西方心理学,或者说仍然是受西方心理学的研究方式的限制。这个阶段的研究是以中国人作为被试,但使用的工具、方法、概念和理论还是西方式的。

在激进的本土化研究时期,中国本土的心理学者主要反思和批判西方心理学在研究方式上的局限,力图摆脱西方心理学和舍弃西化心理学,尝试建立真正本土的心理学。这就进入了一个激进的时期或阶段,该阶段主要的特征在于开始试图评鉴和扩展西方心理学的研究方式,使中国心理学开始突破西方心理学的小科学观的限制,寻求更超脱的和多样化的研究方法和理论思想。但是,这个阶段的研究还带有相当的盲目性。研究更多样化,但更具杂乱性。研究带有更多的尝试性,而缺少必要的规范性。当前的研究没有相对一致的衡量和评价研究的标准。

心理学的发展曾经建立在单一文化的背景或基础之上。多元文化论者认为,传统西方心理学建立在一元文化的基础上,只能适合西方白人的主流文化。因此,他们主张和坚持文化的多元性,强调把心理行为的研究同多元文化的现实结合起来。就世界范围来讲,存在着不同的国家和地区,有着不同的文化传统。如东方国家的集体主义的文化传统,强调群体的一致性、个人的献身精神、群体成员之间的相互依赖,等等。如西方国家的个体主义的文化传统,强调个人的独立、个人的目标、个人的选择和个人的自由,等等。就一个国家来说,由于存在着不同的种族,因而也存在着不同的文化。在美国这样的移民国家,文化的多元性就十分明显,存在着白人文化、黑人文化、亚裔文化、同性恋文化、异性恋文化等多种文化形态,是典型的多元文化国家。在多元文化的国家里,如果仅以一种文化作为研究的范例,其研究的结论就无法解释其他群体的行为,所以多元文化论者都反对心理学中具有的普遍主义(universalism)的观点。传统的心理学研究排斥了文化的存在,其发现和成果被认为是可以忽略文化因素而"普遍"通用的。有很多的研究者对普遍主义的假设有质疑,但由于文化因素在实验研究中很难加以控制,也就采纳了普遍主义的假设。这在社会心理学的研究中十分严重,尽管文化对群体行为有十分重要的影响,但实验的社会心理学家仍热衷于在实验室中研究社会行为,以得到一个普遍主义的研究结论。从反对心理学的普遍主义出发,多元文化论者对西方心理学中的"民族中心主义"提出了强烈批评。

心理学的发展,或者心理学的全球化发展,面对的是多元文化的存在、多元文化的资源和多元文化的发展。这也是心理学必须面对的文化的多元化存在,以及在多元文化背景下人的心理行为的多元化体现和心理学在多元文化中的发展。心理学中的多元文化论运动强调文化的多样性,认为传统的西方心理学仅仅是建立在白人主流文化的基础之上。心理学研究中的多元文化论的主张,反对心理学研究中盛行的"普遍主义"。文化的多元化也就是心理行为的多元化,也就是心理学研究的多元化。这也就导致认为在一种文化下的心理学研究的结果,不能够被无条件地和无选择地应用到另一种文化中去,心理学的研究应该同多元文化的现实结合起来。

有研究对宗教文化进行了考察和论述。① 研究指出,宗教是大多数民族和民族国家的精神支柱和文化的精神方向,宗教文化是中华文化和人类文化的有机组成部分。宗教在经济全球化迅猛、科技高度发达、人文主义空前显扬的当代世界,其文化功能仍展示出巨大的特殊作用。宗教在民族文化中的地位和作用有不同类型。宗教的文化性与宗教的特质紧密相连。宗教文化与世俗文化的互动表现为良性与恶性的交替和并存。宗教文化论是中国本土宗教理论的新成果,其理论价值深化了人们对宗教的本质、结构和功能的认识。宗教文化学的研究丰富了宗教史和文化史的内容。宗教文化论的现实意义在于为引导宗教与社会相适应开辟了更广阔的空间,并会助益宗教本身的健康发展。

---

① 牟钟鉴.宗教文化论[J].西北民族大学学报(哲学社会科学版),2012(2):33-40.

　　"宗教是文化"这一表述并不是关于宗教的定义,也不是说宗教等同于文化。这是在特定语境下产生的特定话语,是针对以往人们忽略宗教的文化属性,今天则强调宗教的文化内涵和功能而提出来的。说宗教是文化,一是相对于教义信仰而言,试图打破以往平面和狭窄的"宗教教义教理教派"的研究,即不局限于把宗教仅仅看成超世的信仰和信众的事情,或只满足于从认识论角度把宗教归结为唯心论和有神论,而要把宗教的研究扩展成广阔的文化学的视野,看到宗教不单是一种精神信仰,还是一种社会活动和文化活动,是社会历史文化的有机组成部分,因而要从人类文化发展史研究世界宗教,从中华文化发展史研究中国宗教,揭示宗教丰富多彩的文化内涵。二是相对于政治话语而言,试图突破以往简单和片面的阶级分析,不能把宗教的社会功能只归结为私有制下"地主资产阶级麻痹人民反抗意志的思想工具",即"宗教鸦片论",那是对马克思主义宗教观的片面理解,而要看到宗教的多种功能,尤其是创造人类文化的功能,即使是宗教的政治功能也有正负两重性。宗教积极的社会文化功能应该得到认可。宗教文化论对于改变人们只从负面看宗教,而能够与时俱进,视宗教为社会正常文化现象,并给予理解和应有的尊重,起了很大的作用。

　　宗教文化论的基本主张就在于,宗教是人类精神文化中的高层文化。宗教是原始文化包罗万象的纲领,是孕育后来各种精神文化门类如哲学、道德、文学、艺术、科学等的最初母胎。宗教是人类最早的成系统的和全覆盖的文化形态。宗教是大多数民族和民族国家的精神支柱和文化的精神方向。当以人为本的世俗文化出现以后,以神为本的宗教文化缩小了流行的范围,但宗教以其超世的神圣性、对现实苦难(生老病死、命运遭际)的抚慰功能和传统的巨大惯性,成为民族的精神家园,居于民族文化的核心地位,维系着民族共同体的延续和道德风俗。宗教在民族文化中的地位和作用有不同类型。宗教的文化性与宗教的特质紧密相连。宗教文化与世俗文化的互动表现为良性与恶性的交替和并存。

　　对于宗教心理学来说,无论是宗教的宗教心理学,还是科学的宗教心理学,都与文化有着密不可分的关系和关联。文化与科学的发展是相匹配的,文化也与宗教的发展是相吻合的。这就将科学的宗教心理学与宗教的宗教心理学植根于特定文化的土壤,放置于特定文化的氛围。

第五节 宗教心理学与生活

宗教心理学与人的现实生活有着直接的、密切的关系。有研究考察了宗教崇拜的社会心理功能。① 研究指出，宗教崇拜是一种制度化的、特殊的社会行为，具有特殊的社会心理内涵。由于其具有的社会心理功能常常为人们所忽视或不解，因而大大增加了宗教崇拜的神秘性。宗教崇拜既有与其他仪式行为和宗教行为相一致的社会心理功能，又有着可以满足人们某些特殊心理需要，由特殊心理机制导致的特殊社会心理的功能。宗教崇拜具有心理慰藉、社会教化和社会认同三方面的功能。

对宗教崇拜进行心理分析，不同于宗教社会学家将崇拜视为纯粹的社会现象，只强调宗教崇拜的社会性；也不同于宗教心理学家把崇拜理解为个体的内部过程，只强调宗教崇拜的个体性。从社会心理学的角度来看，宗教崇拜是一种特殊的社会行为，有其心理的机制、功能，有其独特的体验等心理过程，其中心理的层面是不能忽略的。宗教崇拜虽然是个体参与进行的，包含着个体的心理过程和行为，但本质上，宗教崇拜是社会心理，包括个体的社会心理和群体的社会心理两个部分。

宗教崇拜具有心理慰藉的功能。宗教的社会心理功能，从个体角度讲，最明显的是心理慰藉。宗教安慰的特殊性在于，使人们接受宗教观念，把信徒面对的矛盾冲突转移到现实生活之外，以期得到神灵的救助，从而摆脱困扰，使心灵得到抚慰。因此，在宗教崇拜中，信徒恪守着自己的宗教信仰，身体力行宗教规范和戒律，竭力追求与神相会的体验，以此达到排解现实矛盾与冲突的目的。

宗教崇拜具有社会教化的功能。通过宗教崇拜，社会向个体灌输宗教意识和宗教规范，向个体展开宗教生活的内容。通过这样一个过程，把一个非信徒转变为一个笃信宗教的信徒。因此，参加宗教崇拜是个体社会化的过程，这一过程的特殊之处在于信徒角色的社会化过程，进一步说，是以信

---

① 杨宜音. 略论宗教崇拜的社会心理功能[J]. 世界宗教研究，1996(2)：120 - 124.

徒角色的社会化为"显"功能,而完成另外一些"隐"功能。崇拜仪式的内容不仅不脱离俗世生活,反而紧紧围绕着信徒生活中的事件进行。对于降生、成年、婚姻、疾病、升变和死亡等人生重大转折,都有相应的宗教仪式。这些仪式不仅在教化个体如何扮演信徒角色,而且是将一整套宗教价值观、人生观以仪式的方式灌输给信徒,使之成为宗教文化的承担者和体现者。

宗教崇拜具有社会认同的功能。宗教崇拜在宗教的社会整合功能中具有特别的作用。这不仅是指宗教崇拜的群体性、重复性和教化功能,而且也是指通过宗教崇拜而达到的社会认同。从社会心理学的角度看,宗教崇拜不仅聚合了信众,更重要的是使信众在心理上认同而达到社会整合。宗教的社会整合功能在心理层面上是通过社会认同来完成的。根据群体心理学的社会认同理论,社会认同又包括社会类化、社会比较和社会区辨三个子过程。通过崇拜仪式,信徒学习和获得了新的宗教角色,完成了社会认同的第一个心理过程——社会类化,即将自己认定为某一宗教群体中的一员。由于不同宗教群体以各自有特色的仪式行为来标识自己的信仰体系,宗教崇拜又为信徒提供了完成社会认同的第二个心理过程——社会比较。通过与其他社会群体的比较,宗教崇拜带来的是社会群体之间的分辨,即以仪式作为区辨内群体(ingroup)和外群体(outgroup)的标志。

有研究对灵性资本进行了考察。① 研究认为,灵性资本是指为了获得精神和物质上的持续收益,个体从宗教和其他信仰中接受的有关人生的意义、目的、使命和价值的认知。灵性资本在扩展人们选择的范围和质量上发挥了重要作用。通常灵性与人们对终极问题的思考相联系:宇宙的源头是什么? 生命的本质是什么? 人生的目的是什么? 到底存不存在一种终极的力量(上帝、道)或价值(真理、爱)等。通常认为,灵性与宗教有所区别。宗教是有关崇拜和归属某一组织的仪式、经文和方法,是在外部寻求和表现的。灵性则是对内部存在的运作,是有关个人意识、目的方向、普适价值、帮助他人和体验幸福的。灵性资本目前主要有三种定义:一是将灵性资本定义为适宜于个体或文化的灵性知识和经验的数量,而且将"灵性"一词看成是意

---

① 张志鹏. 灵性资本:内涵、特征及其在转型期中国的作用[J]. 南京理工大学学报(社会科学版),2010(2):27-33.

义、价值和目的。二是将灵性资本定义为是指灵性和宗教实践、信仰、网络及制度的效果，对个体、团体和社会具有一个可度量的影响。三是将灵性资本看成是文化资本。

具体来说，个体为了使有限的生命实现收益最大化，必须确立一系列有关人生意义、目的和使命的认知，这些认知是个体进一步选择的基础，也直接决定了选择的质量、机会和范围。这些认知并不能够从科学实验中得出，主要来自宗教和其他信仰。可以说，拥有人生的目的、了解人生的机遇、有集体感、有家庭观、有劳动观、有自信心等，都是拥有灵性资源的表现。

在灵性资本的度量上，可以从四个层面分别进行。第一个层面是对人生意义认知的度量，一端是在任何情况下人生都非常有意义，一端是认为人生根本没有意义。第二个层面是对人生目的认知的度量。一端是我对自己的人生目的一无所知，一端是我对自己的人生目的非常明确。第三个层面是对使命感认知的度量。一端是我的人生没有任何使命，一端是我的人生具有非常重要的使命。第四个层面是对价值观认知的度量。一端是在主要价值观上的包容性极低，一端是在主要价值观上的包容性很高。

灵性资本的概念在中国很少用，但这并不表明中国就不存在灵性资本。毕竟，一个没有灵性资本的社会是不可想象的，也是无法存在的。一个人在成长的过程中，总是要逐步确定人生的意义、目的、使命和价值。中国人当然也不例外，同样要思考这些问题，并给出自己的答案。从中国转型期的过程来看，灵性资本同样发挥了极其重要的和不可替代的作用，尽管这一点也同样被长期忽略了。首先，灵性资本赋予了中国人生活和发展的意义，改变了人们未来的预期效用。其次，灵性资本扩展了人们选择的范围，改善了资源配置的效率。再次，灵性资本提供了工作的使命和动力，改变了人们的成本收益计算。当个体从灵性中获得做事情的使命感后，他通常会改变成本收益比较的方式，提高对收益的预期。最后，灵性资本为合作提供了道德基础，有利于创新行为的发生。

其实，无论是科学的宗教心理学，还是宗教的宗教心理学，都会通过自己特定的方式进入到人的生活之中。这关系到科学背景下的人的现实生活，也涉及宗教背景下的人的现实生活。在人的关联到宗教的实际生活中，无论是科学的宗教心理学的解说和干预，还是宗教的宗教心理学的理解和影响,都会成为重要的依据和引导。

第六节　宗教心理学与未来

宗教形态的心理学会面对着未来的各种可能发展和演变。这包括了宗教的宗教心理学和科学的宗教心理学。宗教与科学的未来也就预示了宗教的宗教心理学与科学的宗教心理学的未来。

有研究考察了中国宗教的当代走向。[①] 研究指出,中国当代社会正在开始一个"文化寻根"和"文明溯源"的高潮,这种文化意识的重建不可避免地会体现中国宗教传统的厚重、积淀。这也可以促进中国社会的宗教理解,对中国文化的性质重新反思和定位。在中国上下五千年的历史中,宗教的文化象征意义和文化构建作用都是不可否认的,对此一直没有非常系统的梳理和总结,以致不少人甚至一些知名人士认为中国是一个"无宗教"的国度,没有"宗教"传承乃是中华民族的"特性"。其实,这是对中国文化性质的一种歪曲或误解,由此亦使中国文化体系似乎游离于世界文明之外,成为世界文明的一个"特例"或处于"边缘化"的境遇。这根本就不符合中国历史的事实,无意中也贬低了中华文化的意义和地位。

在人的精神生活领域,宗教还在发挥着它的影响力。当代中国社会随着经济增长、科技进步、生活改善,宗教活动出现了"复兴",这说明中国人在物质生活得以改善的条件下,仍然需要精神生活的充实。宗教对抑制现实社会的物质追求和生态破坏有着批判的警示功能。此外,宗教活动也有心理调适、心灵疏导的功能,使人疏解压力,达到一种超脱、平静的境界。人的存在有许多方面是以其精神方式来表述的,其中也有宗教信仰的参与。这种精神活动几乎贯穿在整个人类长河的发展过程之中,并还将继续延伸。

一方面,一些思想家将宗教的永恒性与人性相关联,提出人性中天赋而有"宗教性"。既然潜意识是人的本能,宗教以此为本源,自然是人的本能存在,当然就永远存在了。还有一些社会学家将宗教与社会结构、社会秩序、

---

① 卓新平. 中国宗教的当代走向[J]. 学术月刊,2008(10):5-9.

社会稳定联系起来考察，也赞成"宗教永存"的观点。

另一方面，近代以降，关于宗教的未来，也有一种越来越强的声音，那就是"宗教消亡"论。启蒙时代以后一些著名的思想家，从百科全书派到青年黑格尔派，从费尔巴哈到马克思，再到孔德等，都明确地主张宗教必将消亡。诸种"宗教消亡"论对于"消亡"方式的看法是不相同的。一种"宗教消亡"是指宗教在社会发展过程中，由于科学、教育与现代经济发展而不可避免自然消亡；而另一种是指采取人为的行动去废除宗教、消灭宗教。①

宗教长期存在的基础究竟是什么呢？从社会学的角度来看，这个基础就在于，宗教在过去、现在乃至将来，都可以满足人们的某种需要。现代文明的一个特征，就是多元——社会多元、文化多元、思想多元、宗教多元。现代社会为宗教的多元提供了合适的土壤和气候。

在未来，宗教心理学具有的两种不同的类别将会有更多的交叉，将会有更多的互动，将会有更多的融合。当然，这在更大程度上取决于宗教的发展和心理学学科的发展。关于宗教心理学的未来，无论是在宗教领域还是在科学领域，都会有更多的资源化的处理。宗教形态的心理学是非常重要的心理资源和科学资源。

首先，科学的宗教心理学将会更多地关注宗教性。宗教心理学的研究中将会更多地容纳宗教的特殊性，包括在宗教中提供的关于人的心理行为的理解、解说、影响和干预。科学的宗教心理学的研究不会简单地以"去宗教性"来排除或排斥宗教性的内容，不会简单地将宗教心理行为还原到遗传机制、生理机制、社会机制和文化机制上。

其次，宗教的宗教心理学将会更多地容纳科学性。这意味着宗教心理学的研究不会简单地停留在宗教性上，甚至是以宗教性来排斥科学性。宗教心理学的研究将会汇聚科学研究的内容和宗教探索的内容。当然，这会将宗教与科学的关系问题引入到宗教心理学的研究和探索之中。精确的定量研究将会在宗教心理学的研究中得到推广或推展，实证研究得出的结果将会在宗教活动和宗教理解中得到运用或应用。

再次，宗教心理学研究的内容将会得到极大丰富。这意味着科学的宗

---

① 高师宁.试论宗教的未来[J].学海,2012(1)：27 - 32.

教心理学的研究将会在宗教活动和宗教心理的层面上，得出更多的研究结果，包括更多的研究资料，更多的理论解说，更多的研究方法，更多的干预技术，更多的探索工具。很显然，两种宗教心理学之间的简单排斥，只会使两种不同的宗教心理学的考察受到损失。那么，两者相互之间的借用，双方彼此之间的促进，会使宗教形态的心理学本身有更大的发展和更大的影响。

最后，宗教心理学研究的方式将会得到极大拓展。这种拓展会使得宗教心理学的学术地位和生活地位得到极大提升。宗教形态的心理学非常需要在自身获取更丰富的资源，并能够将这种资源转用于自身的未来发展上。无论是科学的宗教心理学还是宗教的宗教心理学，其研究的方式都体现了宗教心理学的独特性。在坚持科学真理的原则下，宗教心理学原有研究中的局限性将会得到改观。宗教心理学将会获得一个更大的发展空间。

显然，宗教形态的心理学开始具有了一个更包容的、更开阔的、更合理的和更恰当的存在方式。这积蓄的是宗教形态的心理学发展所需的各种必要的条件和资源，这带来的是宗教心理学成熟所需的各种养分和环境。

参考文献

一、中文部分

阿盖尔,等.宗教社会心理学[M].李季桦,等,译.台北:巨流图书公司,
1996.

阿盖尔.宗教心理学导论[M].陈彪,译.北京:中国人民大学出版社,2005.

安伦.宗教共同体的多维度[J].世界宗教研究,2012(1).

蔡德贵.儒学儒教一体论[J].中山大学学报(社会科学版),2001(5).

蔡仁厚.儒家心性之学论要[M].台北:文津出版社,1980.

曹志平.科学与宗教关系的三个层次[J].自然辩证法研究,2002(10).

岑岱楠.试论宗教学理论的科学观[J].世界宗教研究,2005(3).

陈彪.埃里克森宗教心理学思想及其贡献[J].世界宗教研究,2003(4).

陈彪.高峰体验与人格完善——论马斯洛的宗教心理学[J].晋阳学刊,
2007(2).

陈彪.宗教研究的心理学视角:历史、理论与方法[J].世界宗教文化,
2011(1).

陈兵.佛教的宗教信仰心理观[J].法音,2001(5).

陈兵.佛教心理学[M].广州:南方日报出版社,2007.

陈兵.自在之行——佛法正道论[M].北京:华夏出版社,2009.

陈兵.自性清净心与本觉[J].四川师范大学学报(社会科学版),2010(3).

陈村富.宗教传播与文化交流[J].世界宗教研究,2002(1).

陈树林.精神分析学理论价值的神学阐释——蒂利希对精神分析学与基督
教神学的对比分析[J].学术研究,2004(6).

陈刚.罪感与救赎——基督教的基本精神及其嬗变[J].江海学刊,1995(6).

陈麟书. 论世界三大宗教的基本特征[J]. 宗教学研究,1984(1).

陈麟书. 宗教与文学艺术[J]. 宗教学研究,1984(S1).

陈绿平,刘学兰. 西方关于宗教与心理健康研究的现状及趋势[J]. 华南师范大学学报(社会科学版),2009(2).

陈明. 全真道修炼方式与精神健康[J]. 求索,2010(2).

陈明. 儒教：作为一个宗教[J]. 哲学分析,2012(2).

陈勤建,衣晓龙. 当代民间信仰研究的现状和走向思考[J]. 西北民族研究,2009(2).

陈荣富. 对马克思主义宗教观涵义的阐释[J]. 浙江社会科学,2007(3).

陈永胜,陆丽青,梁恒豪. 美国宗教心理学研究的历史、现状与问题[J]. 心理科学进展,2005(3).

陈永胜,梁恒豪,陆丽青. 宗教心理学在美国的发展历程及态势探析[J]. 世界宗教研究,2006(1).

陈永胜,沈洋. 詹姆斯的宗教心理学思想新探[J]. 世界宗教研究,2007(3).

陈永胜,林琳,王琪. 略论西方宗教心理学中无神论与有神论话语权的争夺[J]. 科学与无神论,2009(6).

陈永胜. 弗洛伊德精神分析宗教心理观新探[J]. 科学与无神论,2010(2).

陈永胜. 现代西方宗教心理学理论流派[M]. 北京：人民出版社,2010.

陈永胜. 马克思主义宗教心理学基本理论建设论纲[J]. 科学与无神论,2012(1).

陈永艳,张进辅,李建. 迷信心理研究述评[J]. 心理科学进展,2009(1).

陈语,等. 正念冥想对情绪的调节作用：理论与神经机制[J]. 心理科学进展,2011(10).

程德祺. 民俗与民俗信仰[J]. 苏州大学学报(哲学社会科学版),1990(3).

程雅君,张钦. 道教养生与生态智慧[M]. 四川大学学报(哲学社会科学版),2005(3).

程雅君. 道教禁戒中的养生智慧——以行为医学析之[J]. 西南民族大学学报(人文社科版),2005(4).

迟延萍. 试论现代心理学与东方佛教的融合[J]. 陕西师范大学继续教育学报,2000(1).

崔艾举,郑德明. 论信仰、科学、宗教与迷信的关系[J]. 山西高等学校社会科学学报,2007(2).

　　崔光成,赵阿勐,陈力.宗教信仰与人的心理行为[J].齐齐哈尔医学院学报,2008(14).

　　崔伟奇.后现代语境下的科学与宗教的关系[J].学术研究,2006(2).

　　戴继诚.宗教传播刍议[J].大连海事大学学报(社会科学版),2009(3).

　　戴建宁.论宗教经验的本质特征[J].宁夏社会科学,1991(5).

　　丁峻.体验——人与世界的价值契通[J].宁夏社会科学,1988(1).

　　丁峻.宗教的意象价值和符号功能——兼论文化与宗教的变化形态[J].齐鲁学刊,1992(5).

　　董江阳.试析灵性生活对个体基督徒的意义[J].宗教学研究,2003(4).

　　董尚文.当代西方宗教语言研究方法论分析(上)[J].哲学动态,2002(7).

　　董尚文.当代西方宗教语言研究方法论分析(下)[J].哲学动态,2002(8).

　　董宣如,孔克勤.星象学的人格心理研究[J].心理科学,2003(4).

　　杜红燕.科学与宗教关系五论[J].世界宗教文化,2003(4).

　　杜维明.儒家思想新论——创造性转换的自我[M].曹幼华,等,译.南京:江苏人民出版社,1991.

　　段德智.从存有的层次性看儒学的宗教性[J].哲学动态,1999(7).

　　范丽珠.西方宗教理论下中国宗教研究的困境[J].南京大学学报(哲学·人文科学·社会科学版),2009(2).

　　方立天.佛教哲学[M].北京:中国人民大学出版社,1986.

　　方立天.般若思维简论[J].江淮论坛,1989(5).

　　方立天.佛教与中国传统文化[J].天津社会科学,1989(6).

　　方立天.心性论——禅宗的理论要旨[J].中国文化研究,1995(4).

　　方立天.禅、禅定、禅悟[J].中国文化研究,1999(3).

　　方立天.中国佛教慈悲理念的特质及其现代意义[J].文史哲,2004(4).

　　方立天.慧能创立禅宗与佛教中国化[J].哲学研究,2007(4).

　　方立天.佛教文化发展样式:传承与创新[J].中国宗教,2009(4).

　　封德平."理性"、"经验"和"神秘体验"——兼论认知路线的新划分[J].河南社会科学,2006(4).

　　冯正伟.道教养生理念及其现代意义[J].中国宗教,2009(2).

　　傅凤英.灵修和性命双修——试比较基督宗教与道教内丹的内炼思想[J].

宗教学研究,2008(2).

傅宏.宽恕:当代心理学研究的新主题[J].南京师大学报(社会科学版),2002(6).

甘满堂.灵验与感恩——汉民族宗教体验的互动模式[J].民俗研究,2010(1).

高惠珠.超越科学与宗教对话的跨学科研究——国外科学与宗教关系研究新动向综述[J].哲学动态,2007(11).

高杰.中国古代哲学中的"超越解脱"意识[J].青海师范大学学报(社会科学版),1993(1).

高觉敷.中国心理学史[M].北京:人民教育出版社,1985.

高岚,申荷永.中国文化与心理学[J].学术研究,2000(8).

高山,等.关于智慧的心理学探讨[J].西南交通大学学报(社会科学版),2005(1).

高师宁.西方马克思主义的宗教观[J].宗教学研究,1998(1).

高师宁.世俗化与宗教的未来[J].中国人民大学学报,2002(5).

高师宁.宗教社会学在中国[J].中国人民大学学报,2004(5).

高师宁.试论宗教的未来[J].学海,2012(1).

高颖.原始佛教的心理思想[J].宗教学研究,2007(1).

高兆明.耻感与存在[J].伦理学研究,2006(3).

葛鲁嘉.心理文化论要——中西心理学传统跨文化解析[M].大连:辽宁师范大学出版社,1995.

葛鲁嘉,等.天命与中国民众的心理生活[J].长白论丛,1995(5).

葛鲁嘉.大心理学观——心理学发展的新契机与新视野[J].自然辩证法研究,1995(9).

葛鲁嘉.超个人心理学对西方文化的超越[J].长白学刊,1996(2).

葛鲁嘉.中国本土传统心理学的内省方式及其现代启示[J].吉林大学社会科学学报,1997(6).

葛鲁嘉,陈若莉.当代心理学发展的文化学转向[J].吉林大学社会科学学报,1999(5).

葛鲁嘉.中国心理学的科学化和本土化——中国心理学发展的跨世纪主题[J].吉林大学社会科学学报,2002(2).

葛鲁嘉. 中国本土传统心理学术语的新解释和新用途[J]. 山东师范大学学报(人文社会科学版),2004(3).

葛鲁嘉. 对心理学方法论的扩展性探索[J]. 南京师大学报(社会科学版),2005(1).

葛鲁嘉. 体证和体验的方法对心理学研究的价值[J]. 华南师范大学学报(社会科学版),2006(4).

葛鲁嘉. 心理学中国化的学术演进与目标[J]. 陕西师范大学学报(哲学社会科学版),2007(4).

葛鲁嘉. 新心性心理学宣言——中国本土心理学原创性理论建构[M]. 北京:人民出版社,2008.

葛荣晋. 儒家哲学智慧与寻找人生快乐[J]. 社会科学战线,2012(3).

宫哲兵. 宗教人类学的现代转变[J]. 世界宗教研究,1999(4).

顾家山. 2000—2010 年我国宗教心理学研究现状的文献计量学分析[J]. 中国健康心理学杂志,2011(7).

郭本禹. 当代心理学的新进展[M]. 济南:山东教育出版社,2003.

郭齐勇. 儒释道三教中的心理学原理[J]. 湖北大学学报(哲学社会科学版),2008(3).

郭斯萍,陈四光. 精神性:中西方心理学体系结合的对象问题[J]. 南京师大学报(社会科学版),2012(3).

郭英. 跨文化心理学研究的历史、现状与趋势[J]. 四川师范大学学报(社会科学版),1997(4).

郭永玉. 静修与心理健康[J]. 南京师大学报(社会科学版),2002(5).

海俊亮. 关于伊斯兰文化的思考与展望[J]. 中国穆斯林,2007(4).

韩凤鸣. 宗教:虚拟的终极和内在的天堂[J]. 南京师大学报(社会科学版),2008(4).

韩慧娟,刘昌. 宗教体验及其神经基础的研究[J]. 宗教学研究,2008(2).

韩慧娟,刘昌. 宗教体验的神经生理基础[J]. 心理科学进展,2008(5).

韩慧娟,刘昌. 宗教体验的情绪活动与生理活动研究[J]. 世界宗教研究,2010(2).

韩民青. 宗教:情感与认识未分化的文化[J]. 东岳论丛,1992(2).

豪斯特·塞岛,刘平. 作为哲学的宗教和作为宗教的哲学——论哲学、宗教和神学之间的关系[J].华东理工大学学报(社会科学版),2006(2).

洪修平.试论道家、佛教眼中的知识与智慧——兼论中国禅宗的"自性般若"思想[J].哲学研究,2010(9).

胡春风.宗教与科学关系探析[J].南京社会科学,2007(12).

胡伟希.论悲悯与共通感——兼论基督教和佛教中的悲悯意识[J].华东师范大学学报(哲学社会科学版),2012(4).

胡伟希.信念生活如何可能[J].社会科学,2012(4).

胡潇.宗教信仰的文化心理[J].湖南社会科学,1991(2).

胡潇.哲学的反思与超验[J].现代哲学,2006(4).

胡自信.宗教语言初探[J].北京第二外国语学院学报,2004(6).

黄诚.儒家"心性论"的系统架构及其思想开展[J].江西社会科学,2009(6).

黄剑波.宗教人类学的发展历程及学科转向[J].广西民族研究,2005(2).

吉宏忠.道教养生思想的基本结构[J].中国道教,2003(1).

吉姆·尼尔森.西方宗教心理学的历史：理论和方法[J].世界宗教文化,2011(1).

季红真.中国现当代文学中的宗教意识[J].文学评论,1996(5).

贾林祥.试论儒家的意义治疗思想[J].医学与哲学(人文社会医学版),2007(11).

贾龙标.儒家的养生思想及其现代价值[J].河南师范大学学报(哲学社会科学版),2005(6).

江峰.自我控制——中国宗教的情感修行模式[J].宗教学研究,2007(2).

景怀斌.儒家成德精神动力的心理学分析[J].孔子研究,2003(3).

景怀斌.儒家的人格结构及心理学扩展[J].现代哲学,2007(5).

赖永海.佛性学说与中国传统文化[J].哲学研究,1987(7).

赖永海.近现代"人生佛教"与儒学的"人本"哲学[J].江苏社会科学,2000(3).

赖永海.对"顿悟"、"体证"的哲学诠释[J].学术月刊,2007(9).

李炳全,叶浩生.文化心理学的基本内涵辨析[J].心理科学,2004(1).

李炳全,叶浩生.主流心理学的困境与文化心理学的兴起[J].国外社会科学,2005(1).

李炳全.论文化心理学在心理学方法论上的突破[J].自然辩证法通讯,

2005(4).

李炳全.文化心理学与跨文化心理学的比较与整合[J].心理科学进展,2006(2).

李大华.论宗教传播的"权"与"场"[J].深圳大学学报(人文社会科学版),2011(4).

李道湘.庄子的人格理论与现代中国人格建构[J].中国社会科学院研究生院学报,1997(4).

李峰.宗教社会学研究的新视角:宗教组织研究[J].宗教学研究,2005(1).

李建东.西方文学中的宗教情感与宗教心理[J].河南师范大学学报(哲学社会科学版),1999(1).

李景林.教养的本原——哲学突破期的儒家心性论[M].沈阳:辽宁人民出版社,1998.

李勤.中西宗教精神的差异[J].云南师范大学学报(哲学社会科学版),1994(2).

李霞.道家与禅宗的解脱论[J].学术界,1996(3).

李晓航.心理学研究工具与心理学的发展[J].心理科学,2010(1).

李小花.试述宗教与科学关系的复杂性[J].科学技术与辩证法,2007(3).

李英,席敏娜,申荷永.正念禅修在心理治疗和医学领域中的应用[J].心理科学,2009(2).

李英,席敏娜.从神灵到神灵意象——宗教心理学研究新进展[J].西南民族大学学报(人文社会科学版),2012(2).

李幼穗,张镇.精神信仰的心理学涵义[J].天津师范大学学报(社会科学版),2002(6).

李幼穗,李维,吕勇.信仰现状的心理学研究[J].心理科学,2002(6).

李幼穗,吕勇,李维.当代民众信仰状况及其相关因素的心理学研究[J].心理与行为研究,2003(3).

李幼穗,李双.当代民众信仰状况与社会安定意识相关研究[J].心理科学,2004(1).

李云华.探究宗教存在的心理因素[J].中国宗教,2003(7).

李云华.民间信仰与宗教[J].中国宗教,2004(9).

李兆健,郑直.禅学与心理治疗[J].上海精神医学,2009(4).

李兆良. 国外关于宽恕的心理学研究述评[J]. 医学与社会,2009(3).

里奇拉克. 发现自由意志与个人责任[M]. 许泽民,等,译. 贵阳:贵州人民出版社,1994.

梁工. 圣经研究对心理学文论的建构意义[J]. 平顶山学院学报,2011(1).

梁工. 对耶稣的深层认知:耶稣心理传记概论[J]. 河南大学学报(社会科学版),2011(6).

梁恒豪. 浅谈荣格的基督教心理观[J]. 世界宗教文化,2011(1).

梁丽萍,王文波. 论宗教与迷信的联系和区别[J]. 太原师范学院学报(社会科学版),2003(1).

梁丽萍. 关于宗教认同的调查与分析[J]. 世界宗教研究,2003(3).

梁丽萍. 中国人的宗教心理——宗教认同的理论分析与实证研究[M]. 北京:社会科学文献出版社,2004.

梁丽萍. 中国人的宗教皈依历程:以山西佛教徒与基督教徒为对象的考察[J]. 宗教学研究,2005(1).

梁丽萍. 社会转型与宗教皈依:以基督教徒为对象的考察[J]. 世界宗教研究,2006(2).

梁漱溟. 人心与人生[M]. 上海:上海人民出版社,2005.

林方. 心灵的困惑与自救[M]. 沈阳:辽宁人民出版社,1989.

林国平. 关于中国民间信仰研究的几个问题[J]. 民俗研究,2007(1).

铃木大拙,弗洛姆. 禅与心理分析[M]. 孟祥森,译. 北京:中国民间文艺出版社,1986.

刘成有. 论伊斯兰文化的基本特征[J]. 云南社会科学,2002(1).

刘春蕾,冯大彪. 儒家内省对当代心理学的启示[J]. 吉林师范大学学报(人文社会科学版),2008(5).

刘春晓. 基督教精神与西方文化传统[J]. 郑州大学学报(哲学社会科学版),2008(6).

刘广锋. 禅宗顿悟的时空意识[J]. 河南教育学院学报(哲学社会科学版),2009(4).

刘华. 佛教禅学的精神治疗心理学思想[J]. 安徽师范大学学报(人文社会科学版),2000(1).

刘建军. 后现代语境下基督教文化形态的基本特征[J]. 东北师大学报(哲学

社会科学版),2006(2).

刘建军.当前基督教文化的转型与走势[J].河南大学学报(社会科学版),2009(3).

刘金成.性命双修、身心和谐——浅谈道教的生命智慧及其现代意义[J].中国道教,2012(1).

刘魁.当代科学与宗教关系研究述评[J].国外社会科学,2004(4).

刘莉萍.论儒学与中国宗教信仰的关系[J].伦理学研究,2006(5).

刘敏.论宗教境界与审美境界[J].社会科学研究,2003(4).

刘兴华,等.心智觉知认知疗法:从禅修到心理治疗的发展[J].中国临床心理学杂志,2008(3).

刘月琴.伊斯兰文化理论及实践(上)[J].西亚非洲,2006(8).

刘月琴.伊斯兰文化理论及实践(下)[J].西亚非洲,2006(9).

楼宇烈.探求合乎东亚文化传统的宗教学研究理论[J].中国宗教,2008(10).

卢兴,吴倩.从牟宗三哲学看中国哲学的"灵性主义"传统[J].哲学动态,2010(7).

陆丽青.冯特的宗教心理学思想研究[J].世界宗教研究,2008(3).

陆丽青.冯特的宗教观[J].宗教与民族,2009(6).

陆丽青.弗洛伊德论宗教思想研究综述[J].世界宗教研究,2010(2).

陆丽青.弗洛伊德论宗教观念产生的心理根源[J].社会科学战线,2010(5).

罗安宪.中国心性论第三种形态:道家心性论[J].人文杂志,2006(1).

罗安宪.敬、静、净:儒道佛心性论比较之一[J].探索与争鸣,2010(6).

罗坚.西方文学中的宗教意识[J].广西民族学院学报(哲学社会科学版),1991(1).

罗义俊.儒家智慧与安身立命[J].学术月刊,1994(1).

罗映光.对佛教、基督教及伊斯兰教在中国传播及其本土化的思考[J].四川大学学报(哲学社会科学版),2005(6).

罗中枢.论信、信念、信仰、宗教信仰的特征及意义[J].宗教学研究,2007(2).

吕翠凤,高懿德.论信仰的心理活动基础[J].山东师范大学学报(人文社会科学版),2009(3).

吕大吉.关于宗教本质问题的思考[J].中国社会科学,1987(5).

吕大吉.宗教与科学[J].云南社会科学,1988(4).

吕大吉.概说宗教禁欲主义[J].中国社会科学,1989(5).

吕大吉.宗教是什么？——宗教的本质、基本要素及其逻辑结构[J].世界宗教研究,1998(2).

吕大吉,魏琪.关于三大神学问题的哲学思考[J].世界宗教研究,2004(1).

吕大吉,魏琪.试论宗教与哲学的关系[J].世界宗教研究,2005(2).

吕大吉.宗教是一种社会文化形式[J].社会科学战线,2007(6).

吕鹏志.宗教哲学导论[J].四川大学学报(哲学社会科学版),1997(3).

吕锡琛.全真道的心性道德修养论探析[J].宗教学研究,2001(2).

吕占华.弗洛伊德的宗教起源论透视[J].河北师范大学学报(哲学社会科学版),2002(3).

麻天祥.宗教哲学方法论的理论探索[J].中国宗教,2006(10).

麻天祥.中国宗教哲学思维模式的理论探索[J].中国宗教,2007(10).

马冰洁,商卫星.佛教的顿悟心理思想[J].内蒙古师范大学学报(哲学社会科学版),2007(6).

马前锋,曾蔚.弗洛伊德关于宗教起源的心理分析[J].青海师范大学学报(哲学社会科学版),2008(5).

马晓燕,赵继伦.论宗教境界的人生价值[J].宗教学研究,2008(2).

马秀梅.伊斯兰文化的心理学内涵[J].青海民族研究(社会科学版),2001(1).

马宇航.人与神——中西宗教精神之比较研究[J].社会科学战线,2002(2).

梅多,等.宗教心理学[M].陈麟书,等,译.成都:四川人民出版社,1990.

蒙培元.浅论中国心性论的特点[J].孔子研究,1987(4).

蒙培元.心灵的开放与开放的心灵[J].哲学研究,1995(10).

蒙培元.追寻生命的智慧[J].北京大学学报(哲学社会科学版),2010(2).

孟娟,彭运石.体验的回归：人本心理学启发式研究方案评析[J].南京师大学报(社会科学版),2009(2).

缪勒.宗教学导论[J].陈观胜,等,译.上海:上海人民出版社,1989.

莫阿卡西.荣格心理学与西藏佛教[M].江亦丽,等,译.北京:商务印书馆,1994.

牟钟鉴.儒、佛、道三教的结构与互补[J].南京大学学报(哲学·人文科学·社会科学版),2003(6).

牟钟鉴.从比较宗教学的视野看中国宗教文化模式[J].中国宗教,2007(7).

牟钟鉴.宗教文化论[J].西北民族大学学报(哲学社会科学版),2012(2).

牟宗三.心体与性体(上、中、下册)[M].上海:上海古籍出版社,1999.

那瑛.常人宗教与社会基础秩序的重建[J].理论探讨,2012(3).

南怀瑾.禅宗与道家[M].上海:复旦大学出版社,1991.

倪梁康.宗教经验与般若现象[J].江苏社会科学,2009(5).

牛宏.解释和阐释——论宗教理论的思维类型[J].西藏大学学报(社会科学版),2011(4).

牛苏林.从"鸦片论"、"幻想论"到"掌握论"——辨析马克思主义宗教观的理论基石[J].世界宗教文化,2012(6).

牛延锋.唯识、禅思与意境说的产生和发展[J].辽宁师范大学学报(社会科学版),2006(6).

潘朝东.将灵性融入心理治疗[J].中国心理卫生杂志,2006(8).

潘朝东.心理治疗与咨询中的灵性干预[J].中国心理卫生杂志,2007(7).

潘桂明.中国禅宗思想历程[M].北京:今日中国出版社,1992.

潘知常.慈悲为怀:没有宽恕就没有未来——中西文化传统中的"宽恕"[J].江苏行政学院学报,2005(4).

彭飞,张小远.宗教与心理健康关系的研究综述[J].医学与哲学,2010(10).

彭富春.禅宗的心灵之道[J].哲学研究,2007(4).

彭鹏."心"的探索:从东方到西方[J].自然辩证法通讯,2011(3).

彭彦琴,张志芳."心王"与"禅定":佛教心理学的研究对象与方法[J].西北师大学报(社会科学版),2009(6).

彭彦琴,胡红云.现象学心理学与佛教心理学——研究对象与研究方法之比较[J].南京师大学报(社会科学版),2010(4).

彭彦琴,江波,杨宪敏.无我:佛教中自我观的心理学分析[J].心理学报,2011(2).

彭彦琴,胡红云.佛教禅定:心理学方法论研究的一种新视角[J].心理学探新,2011(4).

彭彦琴,胡红云.内证:中国人文主义心理学之独特研究方法[J].自然辩证法通讯,2012(2).

彭彦琴,沈建丹.自悯与佛教慈悲观的自我构念差异[J].心理科学进展,2012(9).

彭彤.论"宗教经验"的概念、核心和特征[J].四川大学学报(哲学社会科学版),2000(4).

普慧."史"与宗教[J].南开学报(哲学社会科学版),2007(3).

普慧.史与宗教信仰[J].东方丛刊,2007(3).

秦惠彬.伊斯兰文明[M].北京:中国社会科学出版社,1999.

任俊.佛教对当代心理学发展的影响[J].宗教学研究,2007(3).

任俊,等.基于心理学视域的冥想研究[J].心理科学进展,2010(5).

任俊,等.冥想使人变得平和——人们对正、负性情绪图片的情绪反应可因冥想训练而降低[J].心理学报,2012(10).

任丽新.汉族社会的民俗宗教刍议[J].民俗研究,2003(3).

单纯.论宗教与哲学的关系[J].东方论坛,2010(3).

桑杰端智.藏传佛教心理学内涵与文化更新[J].西北民族大学学报(哲学社会科学版),2005(1).

尚九玉.中西宗教精神之比较研究[J].北京师范大学学报(社会科学版),1997(3).

沈德立,杨治良.心理学研究工具刍议[J].心理科学,2007(2).

施炎平.先秦儒家智慧观念初探[J].华东师范大学学报(哲学社会科学版),2001(3).

石林,李睿.正念疗法:东西方心理健康实践的相遇和融合[J].中国临床心理学杂志,2011(4).

石文山,叶浩生.具身认知:佛学的视角[J].心理学探新,2010(5).

石文山,西方宗教心理学研究的"去宗教性"倾向[J].徐州师范大学学报(哲学社会科学版),2011(1).

石衍丰.试析中国传统神学的三大宗教意识[J].世界宗教研究,1995(2).

释法宏.佛家养生法要[J].中国气功科学,1997(10).

世瑝.社会心理学的一个分支学科——宗教心理学[J].社会学研究,1987(5).

世瑝.宗教心理学[M].北京:知识出版社,1989.

宋抵.民俗性迷信的文化功能及其心理特征浅释[J].社会科学战线,1996(6).

宋广文.宗教心理功能初探[J].求是学刊,1996(4).

宋兴川.重视我国宗教心理学问题的研究[J].贵州民族研究,2003(2).

宋兴川,乐国安.我国精神信仰研究的现状及发展趋势[J].青海师范大学学报(哲学社会科学版),2005(1).

宋兴川,乐国安.心理学视野中的信仰研究[J].云南民族大学学报(哲学社会科学版),2006(1).

宋兴川,乐国安.哲学性向、生活事件与精神信仰关系的研究[J].心理学探新,2006(3).

孙昌武.关于中国宗教思想史的研究[J].南开学报(哲学社会科学版),2006(5).

孙昌武.关于"宗教思想"的研究[J].南开学报(哲学社会科学版),2007(3).

孙时进,邹昊平.巫术的心理学分析与批判[J].心理学探新,2001(4).

汤夺先.伊斯兰教对地缘政治格局中民族心理的调适功能——以新疆地区为例[J].江南社会学院学报,2005(2).

汤一介.论儒家的境界观[J].北京社会科学,1987(4).

汤一介.禅宗的觉与迷[J].中国文化研究,1997(3).

汤一介.论"天人合一"[J].中国哲学史,2005(2).

汤一介.论儒、释、道"三教归一"问题[J].中国哲学史,2012(3).

唐小蓉,陈昌文.《古兰经》:伊斯兰的精神世界与行为导向[J].新疆社会科学,2006(5).

唐亚豪.宗教狂热形态的内涵、特征、成因及对策[J].广西社会科学,2005(1).

陶琳瑾,傅宏.宽恕治疗:基于东西方文化比较的研究[J].医学与哲学(人文社会医学版),2010(6).

陶思炎,铃木岩弓.论民间信仰的研究体系[J].世界宗教研究,1999(1).

田浩.文化心理学的方法论困境与出路[J].心理学探新,2005(4).

田浩.文化心理学的发展线索[J].内蒙古师范大学学报(哲学社会科学版),2005(6).

涂阳军,郭永玉.道家人格结构的构建[J].西南大学学报(社会科学版),

2011(1).

瓦西留克. 体验心理学[M]. 黄明,等,译. 北京：中国人民大学出版社，1989.

万明钢,杨宝琰. 宗教心理学研究方法的分歧与整合[J]. 民族教育研究，2008(2).

汪芬,黄宇霞. 正念的心理和脑机制[J]. 心理科学进展,2011(11).

王家祐,郝勤. 道家精神与养生文化[J]. 中国道教,1990(2).

王金娥. 宗教信仰的情感基础[J]. 河南大学学报(社会科学版),1996(5).

王丽,韩凤鸣. 信仰思维的心理描述[J]. 四川大学学报(哲学社会科学版),2010(6).

王萌. 太虚的心理学研究及其意义[J]. 西南民族大学学报(人文社科版),2005(4).

王求是,刘建新. 不思善恶,本性自现——禅宗的心性思想与罗杰斯的心理治疗理论之比较[J]. 宗教学研究,2007(3).

王昕亮. 当代西方宗教心理学研究综述[J]. 国外社会科学,2006(3).

王昕亮,乐国安. 宗教与认同：宗教对自我认同发展的作用分析[J]. 心理学探新,2010(6).

王燕琴. 民间信仰对中国宗教发展的影响[J]. 宗教学研究,2006(3).

王永智. 论宗教信仰与人的需要[J]. 齐鲁学刊,2011(6).

王云萍. 道德心理学：儒家与基督教之比较分析[J]. 道德与文明,2002(3).

王志成. 宗教相遇、宗教多元论与人的成长——宗教间关系的理论反思[J]. 浙江大学学报,2002(2).

王志成,思竹. 宗教多元论与宗教对话[J]. 浙江学刊,2002(4).

王志成,安伦. 全球化时代宗教的发展与未来[M]. 上海：学林出版社,2011.

吴俊. 体验与信仰——当代中国汉民族宗教体验研究[J]. 海南大学学报(人文社会科学版),2009(3).

魏博辉. 打开信仰者心灵的钥匙——论宗教语言的象征性[J]. 中国宗教,2010(1).

魏德东. 宗教社会学的范式转换及其影响[J]. 中国人民大学学报,2010(3).

魏小巍. 道教的宗教体验——以内丹修炼为例[J]. 现代哲学,2007(5).

魏小巍.宗教体验与道教信仰的确立[J].华东师范大学学报(哲学社会科学版),2010(6).

魏屹东.科学社会学方法论:走向社会语境化[J].科学学研究,2002(2).

魏屹东.科学哲学方法论:走向语境化[J].洛阳师范学院学报,2002(3).

乌丙安.中国民间信仰[M].上海:上海人民出版社,1999.

乌格里诺维奇.宗教心理学[M].沈翼鹏,译.北京:社会科学文献出版社,1989.

吴俊.论宗教信仰与宗教行为的分离——以"中国汉民族宗教体验调查"为例[J].世界宗教研究,2008(4).

吴俊.体验与信仰——当代中国汉民族宗教体验研究[J].海南大学学报人文社会科学版,2009(3).

吴云贵.伊斯兰文明中的人文思想[J].宗教学研究,2008(3).

吴云贵.伊斯兰宗教与伊斯兰文明[J].阿拉伯世界研究,2009(1).

吴倬.宗教信仰与人的精神境界[J].上海交通大学学报(哲学社会科学版),2005(5).

吾敬东.古代中国宗教的基本精神[J].上海师范大学学报(哲学社会科学版),2008(3).

夏昌奇,王存同.当代中国超常信仰的经验研究——兼论中国宗教的内容与格局[J].社会学研究,2011(5).

祥贵.崇拜心理学[M].北京:大众文艺出版社,2001.

肖雁.儒学与以"天""祖"崇拜为核心的中国人宗教信仰系统的发展[J].世界宗教研究,2010(5).

谢新华.宗教研究范式的比较:社会事实与经验宗教[J].民族论坛(学术版),2011(7).

辛世俊.简论宗教情感[J].思想战线,1990(3).

辛世俊.论宗教的信仰功能[J].宗教学研究,1995(Z1).

邢东风.禅的可说与不可说——兼谈现代禅学研究的方法问题[J].哲学研究,1996(1).

邢东风.参究与研究:把握禅的两种方式[J].北京大学学报(哲学社会科学版),1996(3).

邢东风.禅悟与诗悟[J].世界宗教研究,1997(2).

熊韦锐."正念"疗法产生与发展的历史根由及其理论缺失[J].医学与哲学（人文社会医学版），2010(10).

熊韦锐，于璐.西方心理学对禅定的功效研究[J].心理科学进展，2010(5).

熊韦锐，于璐.正念疗法———一种新的心理治疗方法[J].医学与社会，2011(1).

徐朝旭.论禅宗心法及其与西方冥想观的异同[J].厦门大学学报（哲社版），1996(3).

许才义，杨玉荣.论宗教经验的神秘性与非神秘性的两个维度[J].江汉大学学报（人文科学版），2010(2).

学诚.佛教文化的社会价值与影响[J].世界宗教文化，2012(2).

燕国材.关于中国古代心理学思想研究的几个问题[J].心理科学，2002(4).

燕国材.论精神心理学与东方文化及其关系[J].探索与争鸣，2008(4).

燕国材.佛教心理学的基本范畴[J].南通大学学报（社会科学版），2012(1).

杨国枢.我们为什么要建立中国人的本土心理学[J].本土心理学研究，1993(1).

杨静.现代社会的宗教组织及其特征——宗教社会学关于宗教组织的研究[J].上海大学学报（社会科学版），2004(2).

杨乐强.宗教多元主义如何可能[J].江汉论坛，2005(11).

杨淑琴.儒释道精神与中国人的宗教心理[J].北方论丛，2004(2).

杨维中.论先秦儒学的心性思想的历史形成及其主题[J].人文杂志，2001(5).

杨鑫辉.中国心理学思想史[M].南昌：江西教育出版社，1994.

杨鑫辉.心理学通史（第一卷）[M].济南：山东教育出版社，2000.

杨鑫辉.中国心理学史论研究[J].江西师范大学学报（哲学社会科学版），2001(4).

杨鑫辉.诠释与转换——论中国古代心理学思想史研究方法的新发展[J].南京师大学报（社会科学版），2002(4).

杨彦春，段明君.宗教文化与心理治疗的相关问题[J].中国临床康复，2005(9).

杨宜音.略论宗教崇拜的社会心理功能[J].世界宗教研究，1996(2).

杨楹.解读"宗教"的新视角——宗教思维方式探究[J].学术界，2000(4).

杨玉辉.道教对人的心理的认识[J].华中科技大学学报(社会科学版),2004(1).

杨玉辉.道家的先天人格和后天人格探讨[J].社会科学研究,2005(3).

姚南强.西方宗教社会学研究的新取向[J].华东师范大学学报(哲学社会科学版),2009(4).

姚卫群.佛教的"涅槃"观念[J].北京大学学报(哲学社会科学版),2002(3).

姚卫群.佛教的"轮回"观念[J].宗教学研究,2002(3).

姚卫群.宗教体验及其作用[J].长春工业大学学报(社会科学版),2004(2).

姚卫群.奥义书中的"解脱"与佛教的"涅槃"[J].华东师范大学学报(哲学社会科学版),2012(1).

姚新中,刘莉萍.早期儒家和犹太——基督教传统中的智慧观:比较研究的思考[J].湖南大学学报(社会科学版),2012(1).

姚学丽,陈昌文.试探中国伊斯兰教的心理慰藉和情感宣泄作用[J].新疆社会科学,2004(5).

叶浩生.西方心理学研究新进展[M].北京:人民教育出版社,2003.

叶蓬.儒家修养论与基督教修行论的比较研究[J].孔子研究,2001(4).

伊安·巴伯.当科学遇到宗教[M].苏贤贵,译.北京:三联书店,2004.

伊言.回族文学与民族心理刍议[J].宁夏社会科学,1994(5).

印顺.解脱者之境界[J].法音,1997(2).

于璐,熊韦锐.正念疗法的兴起、发展与前景[J].学理论,2011(12).

于向东.宗教艺术学初探[J].东南大学学报(哲学社会科学版),2010(1).

余安邦.文化心理学的历史发展与研究进路[J].本土心理学研究,1996(6).

余德慧.文化心理学的诠释之道[J].本土心理学研究,1996(6).

余虹.禅悟境界与仙道境界[J].哲学研究,2007(7).

余青云,张海钟.基于正念禅修的心理疗法述评[J].医学与哲学(人文社会医学版),2011(3).

余日昌.佛教基督教解脱论基本范式比较[J].青海社会科学,2001(3).

余永胜.论禅宗修行解脱观的逻辑形成与发展[J].宗教学研究,2004(1).

宇汝松.试论中国古代宗教崇拜对象及天人关系之演变[J].兰州大学学报(社会科学版),2002(6).

宇汝松.试论宗教与科学在认知机制上的融通[J].济南大学学报(社会科学

版),2008(4).

袁晓松.论心理需要是宗教信仰的一个深层动力和重要原因[J].内蒙古师大学报(哲学社会科学版),1995(4).

乐国安,王昕亮.宗教信仰与心理治疗:社会认知的角度[J].南开学报(哲学社会科学版),2009(4).

翟向阳,魏玉龙.禅修的心理学分析与中医养生[J].中医学报,2012(8).

翟志宏.托马斯难题:宗教信念的认知合理性是否可能[J].世界宗教研究,2010(1).

詹姆斯.宗教经验之种种:人性之研究[M].唐钺,译.北京:商务印书馆,2002.

詹姆斯.宗教经验种种[M].尚新建,译.北京:华夏出版社,2008.

詹石窗,宋野草.大道修行的自我快乐[J].中国道教,2011(1).

张粹然.禅宗与心理治疗[J].成都大学学报(社科版),2004(1).

张福.从世界宗教史看宗教的异化及演变规律[J].云南师范大学学报(哲学社会科学版),1999(6).

张广保.金元全真道内丹心性学[M].北京:生活·读书·新知三联书店,1995.

张纪梅,许树村,常存库.佛教——一种特殊方式的心理治疗[J].医学与哲学,2002(7).

张纪梅.以心起灭天地　以心普度众生——略论佛教对中国人心理的模塑[J].健康心理学杂志,2004(1).

张敬悬,翁正,刘桂花.宗教文化与心理卫生[J].山东医科大学学报(社会科学版),1996(1).

张桥贵.宗教民俗学刍议[J].宗教学研究,1992(Z1).

张钦.《道德经》得"道"心理历程初探[J].宗教学研究,1996(2).

张尚仁.庄子悟道论的哲理思维[J].思想战线,2010(1).

张世满.伊斯兰教三大禁忌成因初探[J].山西大学学报(哲学社会科学版),1996(1).

张西平,卓新平.本色之探——20世纪中国基督教文化学术论集[M].北京:中国广播电视出版社,1998.

张贤根.信念:在伦理与信仰之间——西方科学家宇宙宗教感情透视[J].·

湖北民族学院学报（哲学社会科学版），2002（1）.

张相轮.宗教信仰和宇宙宗教情感［J］.自然辩证法研究，1992（12）.

张再林，张云龙.试论中国古代"体知"的三个维度［J］.自然辩证法研究，2008（9）.

张增一.科学与宗教：一个正在兴起的新领域［J］.国外社会科学，2000（2）.

张之沧.论迷信、宗教和科学［J］.自然辩证法研究，1996（8）.

张志刚.宗教经验晚近研究掠要［J］.北京大学学报（哲学社会科学版），1992（6）.

张志刚.20世纪宗教观研究［M］.北京：北京大学出版社，2007.

张志鹏.灵性资本：内涵、特征及其在转型期中国的作用［J］.南京理工大学学报（社会科学版），2010（2）.

赵行良.试论佛教对中国民俗文化的影响［J］.青海社会科学，2006（5）.

郑杰文.论民俗系统的二重性结构［J］.民俗研究，1991（4）.

郑开.道家心性论研究［J］.哲学研究，2003（8）.

钟年.试论宗教与民族心理［J］.中南民族学院学报（哲学社会科学版），1991（4）.

钟年.宗教意识论略［J］.黑龙江民族丛刊，1993（4）.

钟年.人类学视野下的宗教——中国乡村社会控制中的一种力量［J］.东南文化，2000（7）.

周昌乐.从当代脑科学看禅定状态达成的可能性及其意义［J］.杭州师范大学学报（社会科学版），2010（3）.

周桂钿.儒家养生之道：养心重于养身——儒家养生中的科学与信仰［J］.甘肃社会科学，2006（1）.

周建平.宗教崇拜的认识根源［J］.长沙电力学院学报（社会科学版），1998（3）.

周普元，姚学丽.宗教心理学视阈下的詹姆斯"中介项"评述［J］.世界宗教研究，2011（2）.

周普元，彭无情.中国宗教心理学研究的历史、现状与未来［J］.北方民族大学学报（哲学社会科学版），2012（1）.

周普元.皮亚杰的儿童宗教意识述评［J］.世界宗教研究，2012（4）.

周一骑.论中国的心性修养之学的若干特色［J］.南开大学法政学院学术论

丛（下），2002(S2).

朱海滨. 民间信仰——中国最重要的宗教传统[J]. 江汉论坛，2009(3).

朱锡强. 三大宗教起源谈[J]. 徐州师范大学学报（哲学社会科学版），1997(2).

卓新平. 基督教文化概览[J]. 中国宗教，1996(3).

卓新平. 中国宗教的当代走向[J]. 学术月刊，2008(10).

二、英文部分

Baars, B. J. *In the theater of consciousness*. New York：Oxford University Press，1997.

Beit-Hallahmi, B. & Argyle, M. *The psychology of religious behaviour, belief and experience*. London：Routledge，1997.

Bem, S. & Looren de Jong, H. *Theoretical issues in psychology: A introduction*. London：Sage Publications，2006.

Botterill, G. & Carruthers, P. *The philosophy of psychology*. Cambridge：Cambridge University Press，1999.

Bradley, B. S. *Psychology and experience*. New York：Cambridge University Press，2005.

Brdar, I(ed.). *The human pursuit of well-being: A cultural approach*. New York：Springer，2011.

Crisp, R. J. （Ed.）. *The psychology of social and cultural diversity*. Wiley-Blackwell，2010.

Dockett, K. H., Dudley-Grant, G. R., & Bankart, C. P. *Psychology and Buddhism: From individual to global community*. New York：Kluwer Academic Publishers，2004.

Doherly, M. *Theory of mind: How children understand others' thoughts and feelings*. East Sussex：Psychology Press，2009.

Fave, A. D., Massimini, F., & Bassi, M. *Psychological selection and optimal experience across cultures*. New York：Springer，2011.

Franklin, S. S. *The psychology of happiness: A good human life*. New York：Cambridge University Press，2010.

Garbarino, J. *The positive psychology of personal transformation*. New York: Springer, 2011.

Kim, U. Culture, science, and indigenous psychologies: Anintegrated analysis. In David Matsumoto(Ed.), *The handbook of culture and psychology*. New York: Oxford University Press, 2001.

Kim, U. , Yong, K. S. , & Hwang, K. K. *Indigenous and cultural psychology: Understanding people in context*. New York: Springer, 2006.

Levine, M. *The positive psychology of Buddhism and yoga*. New Jersey: Lawrence Erlbaum Associates Publishers, 2008.

Markus, H. R. , & Kitayama, S. Culture and the self: Implications for cognition, emotion, and motivation. *Psychological Review*, 1991(2).

Paranjpe, A. C. , Ho, D. Y. F. , & Rieber, R. W. *Asian contributions to psychology*. New York: Praeger, 1988.

Ratner, C. *Cultural psychology and qualitative methodology*. New York: Plenum Press. 1997.

Robinson, D. N. *Consciousness and mental life*. New York: Columbia University Press, 2007.

Shweder, R. A. *Thinking through cultures: Expeditions in cultural psychology*. Cambridge, MA: Harvard University Press, 1991.

Spilka, B. & McIntosh, D. N. *The psychology of religion: Theoretical approaches*. Westview Press, 1997.

Strongman, K. T. *The psychology of emotion: From everyday life to theory*. John Wiley & Sons Inc. , 2003.

Tien-Lun Sun, C. *Themes in Chinese psychology*. Singapore: Cengage Learning, 2008.

Upton, J. C. (Ed.). *Religion and psychology: Research progress*. New York: Nova Science Publishers, Inc. , 2008.

Varela, F. J. , Thompson, E. , & Rosch, E. *The embodied mind: Cognitive science and human experience*. Cambridge, MA: The MIT Press, 1991.

Vijver, F. V. D. The evolution of cross-cultural research methods. In David

Matsumoto(Ed.), *The handbook of culture and psychology*. New York: Oxford University Press，2001.

Ward，C. ，Bochner，S. ，& Furnham，A. *The psychology of culture shock*. New York: Routledge，2001.

Wilber，K. *No boundary: Eastern and western approaches to personal growth*. Boston，MA: Shambhala Publications，1979.

Wulff，D. M. *Psychology of religion: Classic and contemporary view*. John Wiley & Sons，Inc. ，1997.

后　记

在我自己的中国本土心理学研究规划以及新心性心理学的理论创新建构中，经过长期的思考和研究，在不断充实、系统构想后，共形成五个系列二十八个专题研究。一是新心性心理学系列的研究，包括六个专题研究：心理资源论析、心理文化论要、心理生活论纲、心理环境论说、心理成长论本、心理科学论总。二是心理学形态系列的研究，这包括六个专题研究：常识形态的心理学、哲学形态的心理学、宗教形态的心理学、类同形态的心理学、科学形态的心理学、资源形态的心理学。三是理论心理学系列的研究，包括六个专题研究：新理论心理学、心理学科学观、心理学新思潮、心理学本土化、心理学方法论、心理学价值论。四是心理学新探系列的研究，包括五个专题研究：科学心理学、本土心理学、东方心理学、文明心理学、体证心理学。五是本土心理学系列的研究，包括五个专题研究：心性心理学、智慧心理学、儒家心理学、道家心理学、佛家心理学。

这五个系列二十八个专题，原本是希望通过系列论文发表出来，但是在研究中，内容不断扩展了，我觉得还是应该以学术专著的形式加以细化表达要更好。当然，这就使得我自己背负起了极为沉重的学术压力。但是，这又是我极大的学术乐趣，快乐无比的研究和写作历程使我欲罢不能。其实，这二十八个专题研究中，《心理资源论析——心理学的历史、现实和未来的形态》《心理文化论要——中西心理学传统跨文化解析》《心理成长论本——超越心理发展的新心性心理学主张》等都已经陆续正式出版。《心理生活论纲——心理生活质量的新心性心理学探索》《心理科学论总——心理学命运与前途的全景考察》《常识形态的心理学——心理学的生活形态和日常存在》《哲学形态的心理学——哲学心理学与心理学哲学》《宗教形态的心理学——宗教传统和研究的心理学智慧》《心理学本土化——中国本土心理学的选择与突破》等也已经完成写作,交付出版。

这部《宗教形态的心理学——宗教传统和研究的心理学智慧》学术专著,就是第二个研究系列"心理学形态系列"中排第三序位的研究专题。这是我自己的系列化本土心理学研究的一个主题,与其他主题既相互关联,又相对独立。在完整、系统地研究和写作这部学术专著之前,我曾经陆续发表过几篇与宗教形态心理学有关的论文,也在几部学术专著中涉及部分内容,但都还是片段的、粗略的、简短的研究和写作。这部学术专著则是系统的、完整的、深度的和扩展的研究结果。

在长期不懈的研究中,滚雪球一样的学术扩展,也让我自己常常有停下来休养的念头。我在指导学生的学业和学术研究方面竭尽了全力,尽管我在心理上无比快乐,但身体上却常常让自己有时时袭来的疲惫。特别在1999年的时候,因为积劳成疾,我倒在了外出新疆讲课的途中,差一点失去生命。2000年,我重新回到了讲台,回到了研究中,转眼又在自己的专业领域度过了十几年。这些年里,我回到了自己学术研究的高峰。但是,毕竟我已经50多岁了,尽管学术上的追求让我精神百倍,但岁月不饶人,渐渐老去,已是不争的事实。

只是,我已经不可能让自己停下来,我希望能够把自己长期思考的学术想法一一实现。我只有抓紧时间,全力研究,不停写作。学术上的开拓和积累,思想上的突破和创新,理论上的建构和推展,已经成为我非常专一的人生目标。可以说,我不怕冷落,不惧交锋,不畏权威,我只是担心自己没有抓紧时间。

我的学生们已经开始在学术上崭露头角,我也相信他们会继承我的学术追求。这是让我最欣慰的。数十年高校教师的职业生涯,我培养了一大批优秀的学生。我总是不停地在他们耳边讲,希望他们追上我、超过我!我已经等来了这一天。学术的创造,学生的成长,是我最快乐的事情。学术的成就和学生的成熟,给予我荣耀。

我希望在自己的有生之年,能够写一部学术思想成长历程的自传,通过这种方式来记述自己的生命历程、学业历程、学术历程、思想历程和生活历程。其实,很多事情已经不重要了,重要的是,能把自己的生活感悟和体会,把自己的学术经历和经验,把自己的思想创造和追求记录下来,给自己,也留给后人,算是一个总结和一种积累吧。

我几十年前在英国留学的时候,我的英国导师是一位基督教的信仰者,他曾经询问过我:"你有宗教信仰吗?"我说"没有"。他随口回了一句:"那你是一个很可怕的人!"多少年过去了,我还是常常想起这句话。其实,我早就发现,我除了没有特定宗教的信仰,去掉"宗教"二字的所有心理层面我都有。我有自己的信仰,有自己的信念,有自己的虔诚,有自己的体验,也有自己的修行!这都是我自己的心理生活和心理历程,也都是我自己的心理创造和心理建构。《宗教形态的心理学——宗教传统和研究的心理学智慧》这部著作,给了我一个很好的机遇与空间,让我能够以自己的方式来表达关于宗教和心理,关于宗教学和心理学的理解和解说。

行走在人世间,每一个人都需要强大的精神力量,需要坚定的心理信念,需要恒久的内在驱动!

感谢谢冬华编辑,感谢他的诚意,感谢他的劳动,感谢他的付出!

葛鲁嘉

吉林省长春市吉林大学

2015 年 8 月 22 日

图书在版编目(CIP)数据

宗教形态的心理学:宗教传统和研究的心理学智慧 / 葛
鲁嘉著. –上海: 上海教育出版社，2015.12
（心理学形态研究系列）
ISBN 978–7–5444–6475–8

Ⅰ. ①宗… Ⅱ. ①葛… Ⅲ. ①宗教心理学 – 研究
Ⅳ. ①B920

中国版本图书馆CIP数据核字(2015)第299592号

责任编辑 谢冬华
封面设计 郑　艺

心理学形态研究系列

宗教形态的心理学
——宗教传统和研究的心理学智慧
Zongjiao Xingtai de Xinlixue
—— Zongjiao Chuantong he Yanjiu de Xinlixue Zhihui

葛鲁嘉　著

出　　版	上海世纪出版股份有限公司
	上 海 教 育 出 版 社
	易文网 www.ewen.co
地　　址	上海永福路123号
邮　　编	200031
发　　行	上海世纪出版股份有限公司发行中心
印　　刷	启东市人民印刷有限公司
开　　本	700×1000　1/16　印张20.25　插页4
版　　次	2016年6月第1版
印　　次	2016年6月第1次印刷
书　　号	ISBN 978–7–5444–6475–8/B·0104
定　　价	62.00元

(如发现质量问题，读者可向工厂调换)